Die große Enzyklopädie

Handarbeiten leicht gemacht

Die große Enzyklopädie
von Judy Brittain und Sally Harding

Handarbeiten - leicht gemacht

Band 2

Gobelin-Stickerei
Makramee
Teppichknüpfen
Flechten * Weben
Patchwork

TOMUS VERLAG MÜNCHEN

Auf ein Wort

Wer Freude am Selbermachen hat und sich gern mit schönen Dingen umgibt, findet in diesem zweiten Band der großen Enzyklopädie ,,Handarbeiten – leicht gemacht" eine Fülle von Anregungen zu den Themen: Gobelin-Stickerei, Makramee, Flechten, Teppichknüpfen, Weben und Patchwork. Das Buch eröffnet die Möglichkeit, sich auch an weniger bekannten Techniken zu versuchen – und es darin zur Meisterschaft zu bringen! Handwerklich Begabte, die gern mit gröberen Materialien umgehen, können ihren gestalterischen Fähigkeiten beim Flechten rustikaler Matten oder bei Makramee-Knüpfereien freien Lauf lassen. Aber auch allen im Stricken, Häkeln und Sticken Erfahrenen wird es Spaß machen, einmal die vertrauten Gebiete zu verlassen und Neuland zu entdecken.

Damit Ihnen auch ungewohnte Arbeiten leicht von der Hand gehen, haben wir besondere Sorgfalt darauf verwendet, alle nötigen Grundtechniken besonders klar und ausführlich darzustellen. Folgen Sie nur Schritt für Schritt den zahlreichen detaillierten Zeichnungen, und Sie werden schnell auch solche Techniken erlernt haben, die Ihnen heute noch völlig neu sind.

Natürlich erwartet Sie in diesem Buch mehr als nur die Erklärung der verschiedenen Handarbeitstechniken. Wir haben einfache Modelle zum Nacharbeiten entworfen, die sich mit ihren ausführlichen Anleitungen gut als erster Einstieg in eine neue Materie eignen, beispielsweise einen Gürtel in der Cavandoli-Knüpftechnik, ein besticktes Geldtäschchen, ein gewebtes Kinderwestchen. Schnell werden Sie auf diese Weise genügend Sicherheit entwikkeln, um sich an eigene Entwürfe heranzuwagen. Holen Sie sich Anregungen dazu von den schönsten alten und modernen Handarbeiten aus vielen Ländern.

Damit eröffnet sich die Möglichkeit, die interessanten Beispiele mit neuen, selbstgeschaffenen Mustern nach eigenen Vorstellungen abzuwandeln. Jede gelungene Handarbeit trägt zur Selbstverwirklichung bei. Dieses Buch vermittelt die nötige Technik – was Sie jetzt allein brauchen, ist Phantasie und Mut zur Kreativität.

Viel Spaß dabei und gutes Gelingen!

Der Inhalt auf einen Blick

Gobelin-Stickerei

Makramee Flechten Teppichknüpfen Weben

Patchwork

Gobelin-Stickerei

Worauf es bei der Gobelin-Stickerei ankommt

Gobelin-Stickerei unterscheidet sich von der herkömmlichen Zierstickerei durch den Stickgrund, auf dem sie ausgeführt wird: Man arbeitet nicht auf Stoffen, sondern auf Stramin. So bezeichnet man das grobgewebte, versteifte Material, das durch die Stickerei völlig überdeckt werden muß. Dies erfordert natürlich ein gewisses Maß an Geduld – was der Gobelin-Stickerei den Ruf einer eintönigen Sisyphus-Arbeit eingebracht hat, bei der Tausende winziger, gleichförmiger Stiche aneinandergesetzt werden müssen. Wie unberechtigt dieses Vorurteil ist, wird jeder bald erkennen, der dieses Kapitel durchblättert. Gobelin-Stickerei macht Spaß, denn sie ist vielseitig und setzt der Phantasie keine Grenzen! Unten können Sie sich einen Überblick darüber verschaffen, was Ihnen die folgenden 33 Seiten zu bieten haben.

1 Sticktechniken

Fast jeder kennt den Perlstich, der auch den französischen Namen „Petit point" trägt – das bedeutet soviel wie „kleiner Punkt". Damit ist der Stich, auf den sich die klassischen Stickereien ausschließlich beschränkten, treffend beschrieben. Aber damit sind die Möglichkeiten der Gobelin-Stickerei noch lange nicht erschöpft!
Neben den traditionellen Gobelinstichen gibt es eine Menge phantasievoller Zierstiche, mit denen Sie eine Stickerei abwechslungsreich gestalten können. Als Beispiele seien nur der schottische Stich, der Smyrna-Kreuzstich und der Muschelstich genannt. Wählen Sie zwischen über 20 Stichen und Stichkombinationen – wenn Sie umblättern, haben Sie die ganze Vielfalt vor Augen. Probieren Sie doch einfach alle Stiche durch. Dann kommen die Stickideen von selbst. Beachten Sie auch die praktischen Hinweise, wie man einen Faden ohne Knoten befestigt und mit mehreren Nadeln stickt.

2 Anregungen

Damit die Erklärung der Techniken nicht zu trocken anmutet, finden Sie zwischendurch prächtige Farbfotos alter und moderner Stickereien. Es wird Ihnen sicher nicht schwer fallen, anhand dieser zahlreichen Beispiele eigene Ideen zu entwickeln. Oft sind die Muster und Motive so groß abgebildet, daß Sie sie direkt abzeichnen oder gleich nachsticken können. – Wer Lust hat, etwas zu sticken, aber nicht so recht weiß, auf welche Gegenstände er seinen Fleiß verwenden soll, findet hier Anregungen. Besonders beliebt ist die „Malerei mit der Sticknadel"; Sie werden deshalb in diesem Kapitel viele reizvolle Stickbilder entdecken. Für eher praktisch Veranlagte haben wir auf den Seiten II/18–19 eine Reihe von Vorschlägen zusammengestellt – vom Fußbänkchen bis zur Tischdecke.

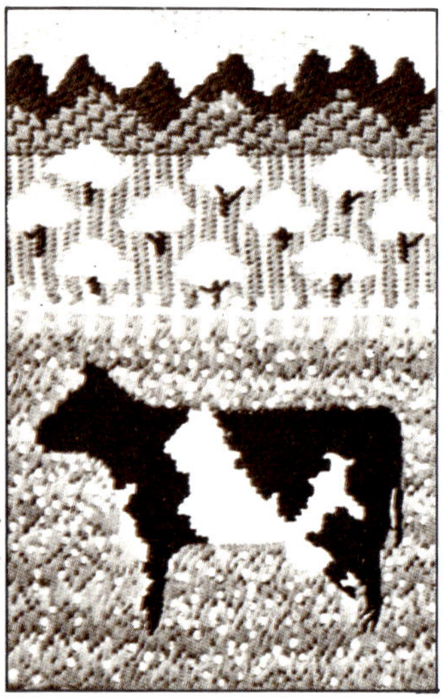

Zu diesem Stickbild mit der idyllischen ländlichen Szene gibt es auf S. II/38 eine genaue Vorlage

3 Florentiner Arbeit

In Italien hat sich zur Zeit der Medici eine besonders prachtvolle Art der Gobelinstickerei entwickelt: die Florentiner Arbeit, auch als Bargello-Stickerei bekannt. In den auffallenden, flammenartigen Mustern spürt man das Temperament ihres Herkunftslandes Ungarn. Auf den Seiten II/22–23 sind einige typische Beispiele dieser Art von Stickerei abgebildet, die sicher auch bei uns ihre Liebhaber finden wird. Denn die eindrucksvollen Muster lassen sich sehr leicht und zügig sticken. Man muß nur in der ersten Reihe genau zählen; alles Weitere ergibt sich wie von selbst. Viel Spaß macht das Sticken vierseitiger, kaleidoskopartiger Muster (S. II/23 und 25), die hübsche Kissenbezüge abgeben.

4 Tips fürs Entwerfen

Wer gern selbst entwirft, sollte die Seiten II/26–31 genau studieren. Dort finden Sie viele Ratschläge, wie Sie Ihre Stickereien effektvoller gestalten können. Ein Beispiel: Einfarbige Perlstich-Hintergründe tragen wenig zur Wirkung des Hauptmotivs bei und sind dazu noch wirklich langweilig zu sticken. Soll der Fond nur in einer einzigen Farbe gehalten werden, kann man ihn wenigstens durch interessante Stiche auflockern. Auch durch Hintergründe mit feiner Marmorierung oder raffiniert abgestuften Farbübergängen gewinnt eine Stickerei. Besondere Beachtung verdienen auch die Oberflächenstruktur und die Umrandung einer Stikkerei.

5 Teppich-Stickerei

Daß in der Gobelin-Technik auch Teppiche gestickt wurden, verdanken wir der Konkurrenz der teuren Orientteppiche. Um den enormen Geldabfluß in den Orient zu verhindern, entstanden in Europa ab dem 16. Jahrhundert Manufakturen, in denen Gobelins nach Teppichmustern hergestellt wurden. Solche traditionellen Motive sind auf S. II/33 gezeigt. Wer an der Gobelin-Stickerei Gefallen gefunden hat, sollte sich auch einmal an einem Teppich versuchen. Verwenden Sie groben Stramin und dicke Teppichwolle, die den Stramin völlig überdeckt. Für den Anfang empfehlen wir kleinere Stücke. Als erster Einstieg eignet sich gut der winzige Puppenteppich von S. II/32, mit dem Sie sich für den Anfang sicher nicht übernehmen!

6 Anleitungen

Wollen Sie sich noch nicht an eigene Entwürfe heranwagen? Ist Ihnen die Technik der Gobelin-Stickerei noch neu? Dann tun Sie sich leichter, wenn Sie sich an genaue Anleitungen halten. Deshalb haben wir für Sie einige hübsche Kleinigkeiten zum Nacharbeiten entworfen, die auf den Seiten II/34 und 39 farbig abgebildet sind: eine Buchhülle, ein Geldtäschchen, ein Nadelkissen, einen Gürtel, ein Lesezeichen und zwei Stickbilder. Vielleicht gefällt Ihnen das eine oder andere dieser Modelle, die alle nur wenig Aufwand erfordern. Hat man solche kleinen Handarbeiten erfolgreich bewältigt, wächst der Mut zu größeren Objekten.

7 Abschlußarbeiten

Am Anfang des Kapitels steht die Auswahl des Materials und die Vorbereitung des Stickgrunds (siehe rechte Seite). Am Schluß erfahren Sie, wie Sie Ihre Arbeit fachmännisch vollenden. Zunächst muß die Stickerei gespannt werden. Stickbilder werden danach auf eine Holzplatte aufgezogen, Wandbehänge und Teppiche versäubert und gefüttert. Außerdem zeigen wir Ihnen, wie Sie Stuhlpolster selbst beziehen können. Nach alledem sind Sie gerüstet, Ihr erstes Werk in Angriff zu nehmen – viel Spaß dabei!

Was Sie für Gobelin-Stickereien alles brauchen

Das Wichtigste, was Sie mitbringen müssen, ist ein bißchen Geduld – die kleinen Gobelinstiche lassen sich zwar flink sticken, dafür muß aber der ganze Stickgrund bedeckt werden. An Handwerkszeug brauchen Sie nur wenig: außer Nadel, Faden und Stramin nur noch eine Schere und einen Fingerhut (falls Sie mit diesem gern umgehen). Was Sie bei der Wahl des Materials beachten müssen, erfahren Sie unten.

Die Nadeln

Gestickt wird mit stumpfen Sticknadeln, die in verschiedenen Stärken erhältlich sind: von Nr. 13, der dicksten Nadel für grobe Teppichwolle, bis zu Nr. 24, einer extrem feinen Nadel. Die Nadel muß so dünn sein, daß sie gut durch den Stramin gezogen werden kann; sie muß aber dick genug sein, damit das Stickgarn leicht durch das Öhr gleiten kann. Besorgen Sie sich gleich mehrere Nadeln in der gewünschten Stärke – eine für jede Farbe! Dann können Sie mit mehreren Farben gleichzeitig arbeiten. Die gerade unbenutzten Nadeln läßt man einfach hängen.

Der Stickgrund

Stramin für Gobelinstickerei ist in unterschiedlicher Webdichte erhältlich, die nach der Anzahl der Gewebekaros pro Zentimeter gemessen wird. Unten sind drei verschiedene Straminarten abgebildet. Alle geraden Stiche (S. II/16) müssen auf einfachem Stramin gestickt werden. Doppelstramin ist ideal für Kreuzstiche; für feine Details können die Doppelfäden auseinandergeschoben werden. Teppichstramin eignet sich für sehr grobe Gobelins. Versäubern Sie die Kanten durch Umkleben oder Umheften und lassen Sie ringsum mindestens 7 cm unbestickt. Stramin ist so steif, daß man meist keinen Rahmen braucht.

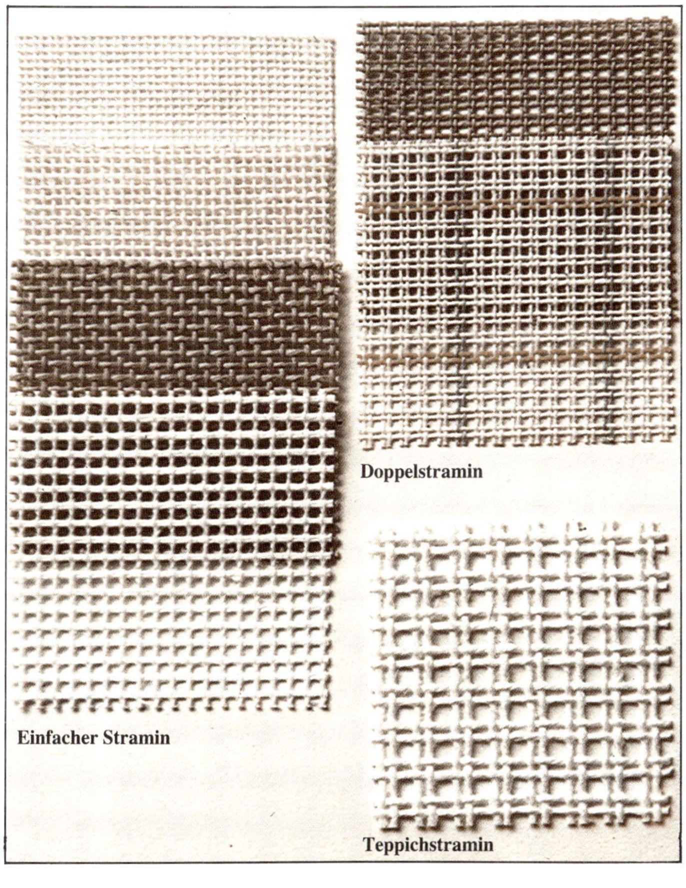

Einfacher Stramin

Doppelstramin

Teppichstramin

Die Fäden

Für Gobelinstickereien eignen sich Garne aus jedem Material: von Wolle und Baumwolle bis zu Seide, Silber- und Goldfäden. Das Garn muß nur dick genug sein, damit die Stickerei den Stramin völlig verdeckt. Sticken Sie nie mit zu langen Fäden, die leicht ausfransen oder sich verwickeln können!

Wollgarn besitzt einen „Strich", den man fühlt, wenn man die Wolle zwischen Daumen und Zeigefinger durchgleiten läßt; Sie sollten es vermeiden, gegen den Strich zu sticken. Sehr feines Garn nimmt man meist mehrfach; dabei lassen sich Metallfäden gut untermischen. Auch mit Strick- und Häkelgarn kann man übrigens gut sticken.

Die Vorlagen

Anfänger arbeiten am besten mit fertigen Vorlagen, die in drei Ausführungen erhältlich sind. Am einfachsten stickt es sich auf Straminen, auf die das Muster in den entsprechenden Farben aufgedruckt ist. Diese Vorlagen werden meist zusammen mit dem dazugehörigen Stickgarn verkauft. Sie brauchen die Flächen nur noch nachzusticken und können sich ganz auf die Sticktechnik konzentrieren. Bei Zählvorlagen entspricht jedes Karo auf dem Papier einem Gewebekaro. Für vielstrapazierte Stickereien wie z. B. Stuhlbezüge sollte man trassierte Vorlagen verwenden, bei denen das Muster mit waagrechten Geradstichen vorgestickt ist. Auch eigene Entwürfe führt man nach einer dieser drei Methoden aus. Unten sind die drei Vorlagenarten abgebildet.

Bedruckte Vorlagen
Auch eigene Entwürfe können Sie direkt auf den Stramin aufmalen oder mit Hilfe von Kohlepapier übertragen

Zählmuster
sind auf Karopapier oder, bei sehr feinen Stickereien, auf Millimeterpapier aufgezeichnet. Verschiedene Symbole geben die einzelnen Sticharten wieder

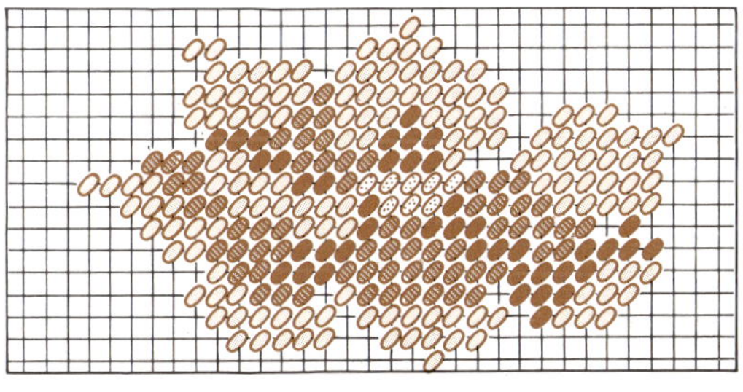

Trassierte Vorlagen
Falls Sie selbst trassieren wollen, sticken Sie Ihren Entwurf mit Geradstichen vor, die auf Doppelstramin zwischen den doppelten Querfäden ausgeführt werden

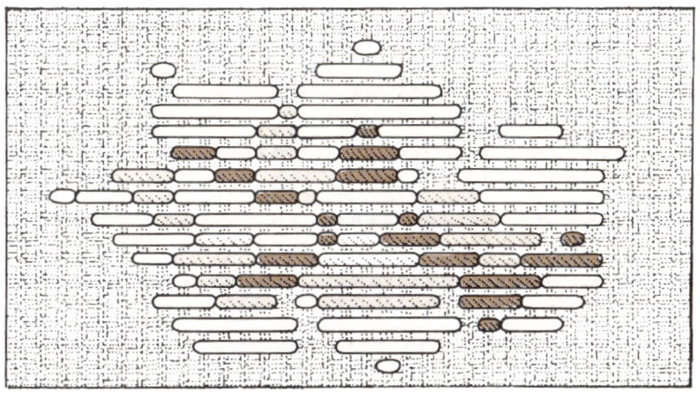

Alle Gobelinstiche auf einen Blick

Viele glauben, Gobelin-Stickerei bestehe nur aus dem bekannten Petitpoint- oder Perlstich, und halten sie deshalb für eintönig. Diesen Irrtum wollen wir hier ausräumen und die ganze Vielfalt der Stichvariationen aufzeigen. Gobelinstiche lassen sich in fünf Gruppen einteilen: Kreuzstiche, Schrägstiche, Geradstiche, Schlingstiche und Sternstiche. Für jede Stichgruppe haben wir eine Musterprobe ausgearbeitet. Für die Geradstiche wurde Stramin mit 10 Fäden pro cm verwendet, für alle anderen gröberer Stramin mit 7 Fäden pro cm.

Kreuzstiche

Schrägstiche

Geradstiche

Schlingstiche

Sternstiche

Die einzelnen Stiche

Hier sind die wichtigsten Stiche der Musterproben noch einmal im Detail abgebildet, damit man sie besser erkennt.

Kreuzstiche

Kreuzstich

Langer Kreuzstich mit Steppstich

„Pfeffer und Salz“

Schrägstiche

Schottenstich

Mailänder Stich

Gestufte Schrägstiche

Jacquardstich

Geradstiche

Ungarischer Stich

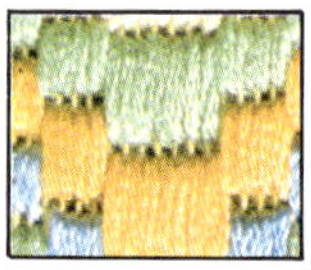

Gerader Gobelin-Füllstich

Gestufter gerader Gobelinstich

Florentiner Stich

Schlingstiche

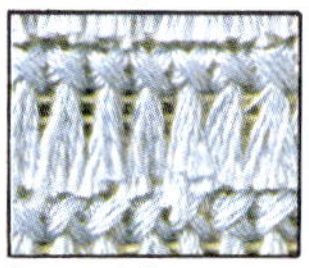

Samtstich

Querliegender Kettenstich

Muschelstich

Samtstich und Maschenstich

Sternstiche

Sternstich

Lochrosette

Auch ein Mustertuch kann ein kleines Kunstwerk sein

Beim Sticken von Mustertüchern stellte man sein Können unter Beweis, lernte gleichzeitig aber auch neue Stiche kennen. Rechts sehen Sie eine moderne Version – das ganze Gegenteil von einer trockenen Übungsaufgabe! Wie wär's, wenn Sie anhand eines ähnlichen Entwurfs alle neuen Stiche einübten, die Ihnen gefallen? Die Stiche, die unten nicht aufgeführt sind, hat sich die Stickerin selbst ausgedacht. Bald können Sie das auch!

Übersicht

1 Schräger Gobelin-Füllstich
2 Mosaikstich vor einem Hintergrund aus Schrägstichen
3 Jacquardstich
4 Schräger Gobelinstich mit Knötchenstich und Smyrna-Kreuzstich
5 Versetzt gestickter Kreuzstich
6 Ungarischer Stich
7 Schräger Gobelinstich
8 Kreuzstich
9 Mailänder Stich
10 Maschenstich
11 Perlstich, diagonal in zwei Richtungen gestickt
12 Knötchenstich
13 Langer Kreuzstich mit Steppstich
14 Schräger Gobelinstich
15 In Quadraten gestickter gestufter Schrägstich

Ein Stickbild als „Mustertuch"
Das „Sofa vor dem Fenster" setzt sich aus vielen kleinen Musterproben zusammen, so daß das Ganze an eine Patchwork-Arbeit erinnert. Beachten Sie die feinen Farbübergänge beim Himmel!

Schrägstiche

Perlstich

Dieser auch unter dem Namen ,,Petit point" bekannte Stich ist der meistbenutzte aller Gobelinstiche überhaupt. Viele Stickereien beschränken sich ausschließlich auf den Perlstich; man kann ihn aber auch zusammen mit anderen Stichen für Hintergründe, Konturen und als Füllstich verwenden. Er wird schräg über nur ein Fadenkreuz gestickt und liegt immer in derselben Richtung. Wenn möglich, sollte man ihn lieber diagonal als waagrecht arbeiten, da sich dann der Stoff nicht so leicht verzieht.

So stickt man diagonal

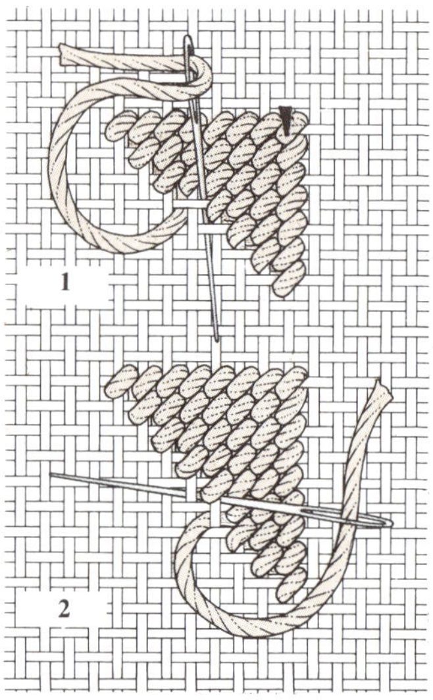

1 Verwenden Sie einfachen Stramin; beginnen Sie links oben und arbeiten Sie in Schrägreihen nach rechts unten. Stechen Sie aus, führen Sie die Nadel schräg nach rechts oben über ein Fadenkreuz. Stechen Sie dort ein und zwei Fäden weiter unten wieder aus. Bilden Sie den nächsten Stich.

2 In der zweiten Reihe füllt man die entstandenen Zwischenräume von unten nach oben aus. Sticken Sie schräg nach rechts über ein Fadenkreuz; stechen Sie zwei Fäden weiter links wieder aus. Beenden Sie so die Schrägreihe.

So stickt man waagrecht

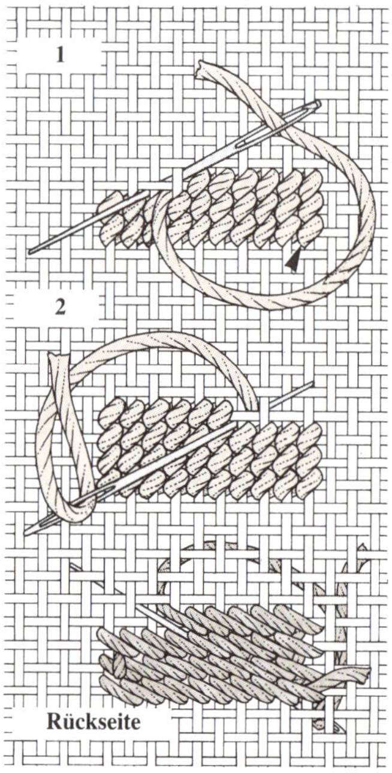

Wenn kleine Flächen nicht diagonal bestickt werden können, arbeitet man in waagrechten Hin- und Herreihen.

1 Sticken Sie schräg nach rechts oben über ein Fadenkreuz. Stechen Sie zwei Fäden weiter links und einen weiter unten wieder aus, und schließen Sie den nächsten Stich an.

2 Arbeiten Sie die nächste Reihe genauso, aber in die entgegengesetzte Richtung. Stechen Sie immer in die Einstichstellen der Vorreihe.

Die Rückseite der Arbeit

Auf der Rückseite sieht man lange Schrägstiche, die alle in derselben Richtung liegen.

Unterlegter Perlstich

Auf Doppelstramin gearbeiteter Perlstich wird mit einem Querfaden unterlegt, damit der Stramin völlig überdeckt ist. Die Stickerei wirkt leicht erhaben und ist sehr strapazierfähig; die Technik eignet sich also besonders für Stuhlbezüge. Genauso lassen sich auch andere kurze Stiche unterlegen.

Und so wird's gemacht

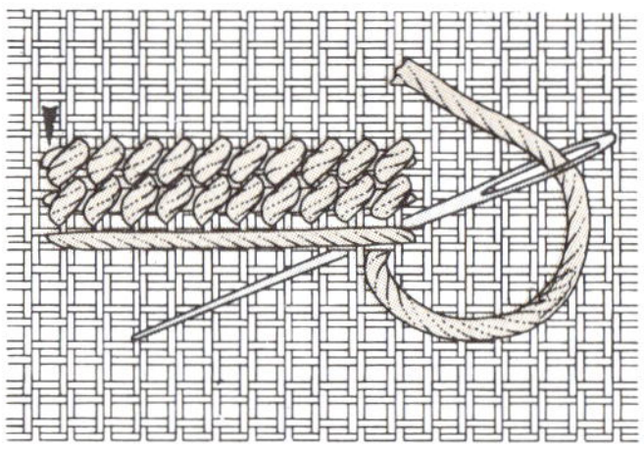

Stechen Sie aus und sticken Sie einen langen, waagrechten Stich von links nach rechts. Übersticken Sie nun diesen quergelegten Faden von rechts nach links mit Perlstichen, wie auf der Abbildung gezeigt.

Schräger Gobelinstich

Dieser vielseitige Stich wird auf einfachem Stramin gearbeitet. Man stickt ihn wie den waagrechten Perlstich, umgreift dabei aber mindestens einen senkrechten und zwei waagrechte Gewebefäden. Die Stiche lassen sich also in der Länge und in der Schräglage nach Belieben variieren. Mit dem schrägen Gobelinstich erhalten Sie eine deutlich gerippte Oberfläche.

Praktische Tips zum Stickbeginn

Sticken Sie nicht mit zu langen Fäden, denn sie erschweren nicht nur die Arbeit, sondern fransen auch schneller aus und bedecken dann den Stramin nicht mehr richtig.

Der Anfang und das Ende des Fadens sollten möglichst nicht verknotet werden. Knoten erzeugen Unebenheiten auf der Rückseite der Stickerei und können sich leicht auflösen oder durch den Stramin rutschen. Unten wird gezeigt, wie man die Fadenenden überstickt. Die Oberfläche Ihrer Stickerei kann auch ungleichmäßig werden, wenn Sie Reihe für Reihe an derselben Stelle mit einem neuen Faden beginnen. Variieren Sie in diesem Fall die Fadenlänge, um dies zu verhindern.

So fängt man an

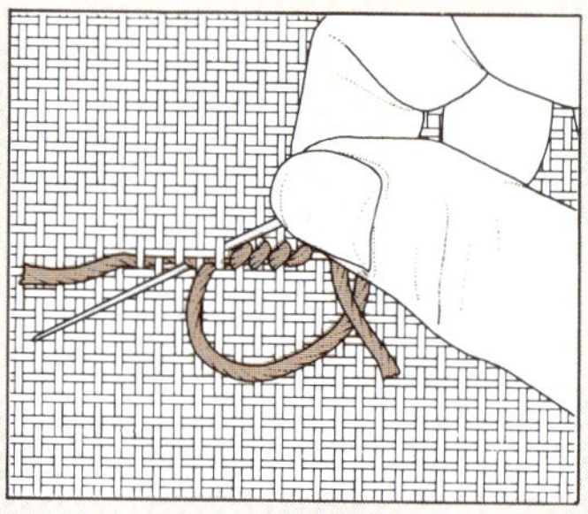

Halten Sie das Fadenende auf der Rückseite fest und übersticken Sie es mit ein paar Stichen, die es befestigen.

So hört man auf

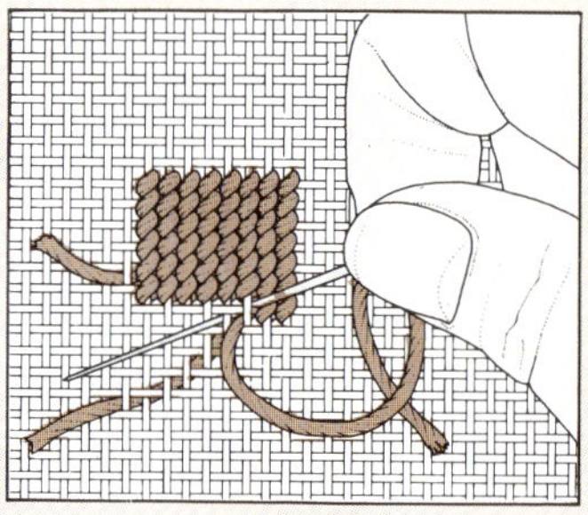

Sticken Sie mit dem neuen Faden einige Male über das Ende des alten Fadens. Schneiden Sie den Rest ab.

Verzahnter Gobelinstich

Dieser Stich eignet sich sehr gut zum Füllen großer Flächen und für feine Farbübergänge. Er ist meist höher und steiler als der schräge Gobelinstich, da er gewöhnlich über einen senkrechten und fünf waagrechte Fäden gearbeitet wird. Die Reihen überlappen sich um einen Gewebefaden. Sticken Sie auf einfachem Stramin.

Und so wird's gemacht

Man stickt waagrechte Reihen in beliebiger Richtung. Stechen Sie die Nadel zur Vorderseite durch. Führen Sie sie einen Faden nach rechts und fünf Fäden nach oben. Stechen Sie fünf Fäden weiter unten neben der ersten Ausstichstelle wieder aus. Arbeiten Sie auf diese Weise weiter.
Die nächste Reihe wird so angeschlossen, daß die Stiche den untersten Gewebefaden der Vorreihe mit umgreifen. Die Stichhöhe kann variiert werden.

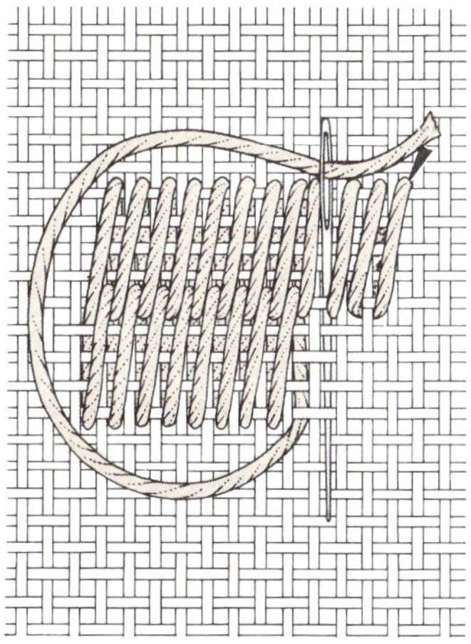

Wie man Schrägstiche abstuft

Viele Muster werden aus abgestuften Schrägstichen gebildet. Aus ihnen setzen sich auch der Schottenstich und der Jacquardstich von S. II/10 zusammen, die Sie mit Hilfe der Abbildung selbst nachsticken können. In unserem Beispiel wurden sieben Schrägstiche über die angegebene Zahl von Fadenkreuzen zu einem Karo gestickt.

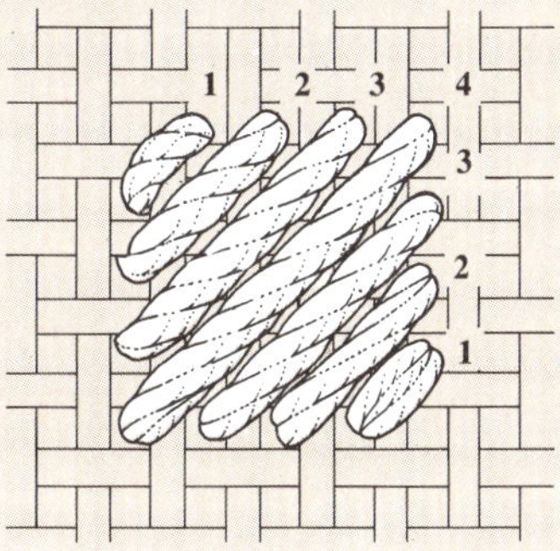

Mailänder Stich

Auch dieser Stich besteht aus Schrägstichen, die in der Länge abgestuft sind. Man arbeitet den Mailänder Stich in versetzten Dreiecken.

Und so wird's gemacht

Sticken Sie vier Reihen Schrägstiche nach folgendem Muster: in der ersten Reihe abwechselnd einen Stich über ein Fadenkreuz, den nächsten über vier Fadenkreuze; in der zweiten Reihe abwechselnd über zwei und drei Fadenkreuze; in der dritten Reihe abwechselnd über drei und zwei Fadenkreuze, und in der vierten Reihe über vier und ein Fadenkreuz. Diese vier Reihen werden wiederholt.

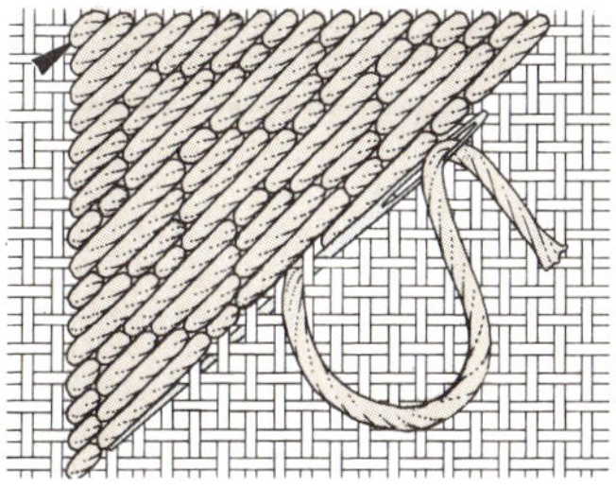

Sternstiche

Einfacher Sternstich

Vielleicht ist Ihnen derselbe Stich schon von der Lochstickerei auf Leinen bekannt. Acht Stiche laufen strahlenförmig vom Mittelpunkt aus zu den Kanten eines Quadrats. Am besten wirken die Sterne, wenn sie mit dickem Garn auf einfachem Stramin gestickt werden, so daß sie den Grund ganz verdecken.

Und so wird's gemacht

Sie können die Sterne in beliebiger Richtung aneinandersetzen. Beginnen Sie am Sternrand und sticken Sie jeden Stich zur Mitte hin über zwei Fäden, Eckstiche über zwei Fadenkreuze. Lassen Sie zwischen zwei Stichen jeweils zwei Fäden frei. Der fertige Stern bedeckt ein Quadrat von vier waagrechten und vier senkrechten Fäden. Sticken Sie die Sterne dicht an dicht.

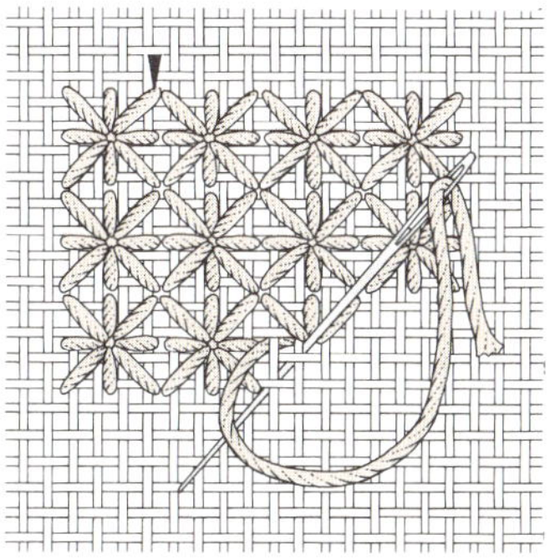

Lochrosette

Die Lochrosette hat viel Ähnlichkeit mit dem Sternstich, ist aber doppelt so groß und besteht aus sechzehn sternförmig angeordneten Stichen. Zum Schluß wird die Lochrosette mit kleinen Steppstichen umrandet. Auch dieser Stich kann übrigens bei der Lochstickerei verwendet werden.

Und so wird's gemacht

1 Stechen Sie am Rand des Quadrats bei der Pfeilspitze aus. Sticken Sie einen Stich nach links unten über vier Fadenkreuze zum Mittelpunkt. Stechen Sie zwei Fäden links vom Ausgangspunkt wieder aus. Nach diesem Muster wird Stich an Stich im Kreis aneinandergesetzt, bis die Rosette fertig ist. Zwischen zwei Stichen bleiben jeweils zwei Fäden frei. Dabei wird ein Quadrat von acht waagrechten und acht senkrechten Fäden bedeckt.

2 Zum Schluß wird die Lochrosette ringsum mit Steppstichen umrandet, die jeweils über zwei Gewebefäden gearbeitet werden.

Wertvolle alte Gobelins

Früher spielte die Gobelin-Stickerei eine große Rolle bei der Innenausstattung der Häuser: Ein gemütlicher Salon wäre ohne Gobelins an den Wänden und bestickte Sessel undenkbar gewesen. Gobelin-Stickerei gehörte damals zu den Hauptbeschäftigungen der Frauen.
Viele dieser faszinierenden alten Stickereien geben interessante Aufschlüsse über das Leben in früheren Zeiten. Ihr Reiz liegt vor allem in der Einfachheit der Figuren und in der sorgfältigen Abstimmung der Farben und Materialien. Studieren Sie sie genau – vielleicht erhalten Sie dabei Anregungen für Ihre eigenen Entwürfe!

Dieser farbenfrohe englische Gobelin aus dem 17. Jahrhundert zeigt Abraham und die Engel

Seide, Wolle und Metallfäden wurden bei diesem spanischen Gobelin aus dem frühen 16. Jahrhundert verarbeitet. Dargestellt ist die Stadt Tarragona

Sessel aus Amerika (18. Jahrhundert)
Die Rückenlehne ist mit einer bezaubernden ländlichen Szene bestickt. Durch die unterschiedliche Stichrichtung der verzahnten Gobelinstiche kommt der Eindruck einer äußerst bewegten Landschaft zustande

Geradstiche

Gerader Gobelinstich

Sticken Sie ihn wie alle Geradstiche auf einfachem Stramin. In der Ausführung ist er der einfachste und am schnellsten zu arbeitende aller kleinen Gobelinstiche. Die dichte, gerippte Oberfläche wird noch strapazierfähiger, wenn die Stiche unterlegt werden.

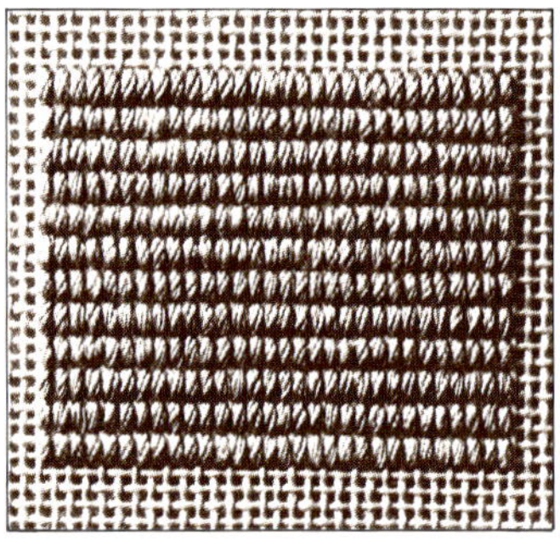

Und so wird's gemacht

1 Stechen Sie links oben aus und zwei Fäden weiter oben wieder ein. Führen Sie die Nadel zwei Fäden weiter unten und einen Faden weiter rechts wieder heraus und sticken Sie den nächsten Stich. Die nächste Reihe schließt man von rechts nach links an den unteren Rand der Vorreihe an.

2 Sticken Sie für den unterlegten Gobelinstich einen langen, waagrechten Stich von links nach rechts. Übersticken Sie diesen Querfaden in der Rückreihe wie gezeigt.

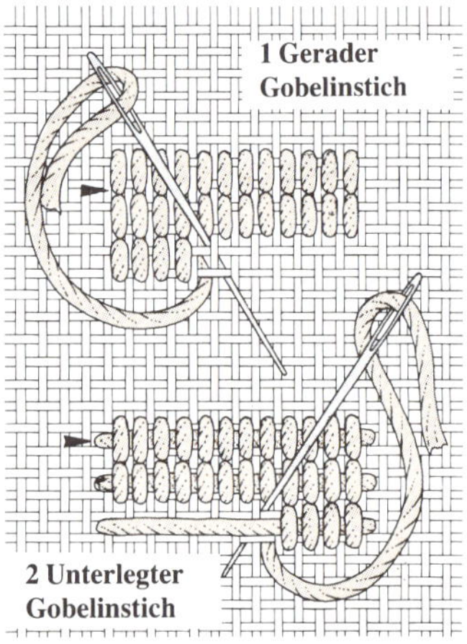

Gobelin-Füllstich

Mit diesem Stich, der ebensogut gerade wie schräg gestickt werden kann, lassen sich rasch große Flächen füllen. Er eignet sich hervorragend für feine Schattierungen, denn die Reihen überlappen sich um drei Gewebefäden. Verwenden Sie dickes Garn, das den Stramin völlig bedeckt!

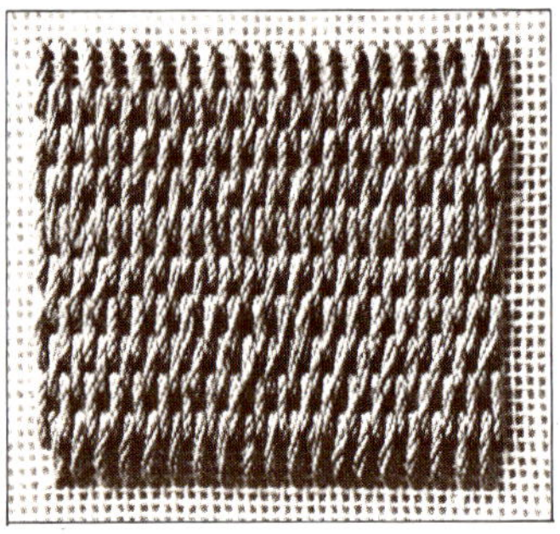

Und so wird's gemacht

1 Sticken Sie in waagrechten Hin- und Herreihen. Stechen Sie links oben aus und führen Sie die Nadel über sechs Fäden gerade nach oben. Stechen Sie ein und zwei Fäden rechts vom Ausgangspunkt wieder aus. Arbeiten Sie auf diese Weise eine Reihe gleich langer Geradstiche.

2 Schließen Sie die nächste Reihe von rechts nach links an. Sticken Sie die Stiche so zwischen die Stiche der Vorreihe, daß die oberen Einstichstellen drei Fäden über den unteren Einstichstellen der Vorreihe liegen. Der schräge Gobelin-Füllstich wird genauso gearbeitet.

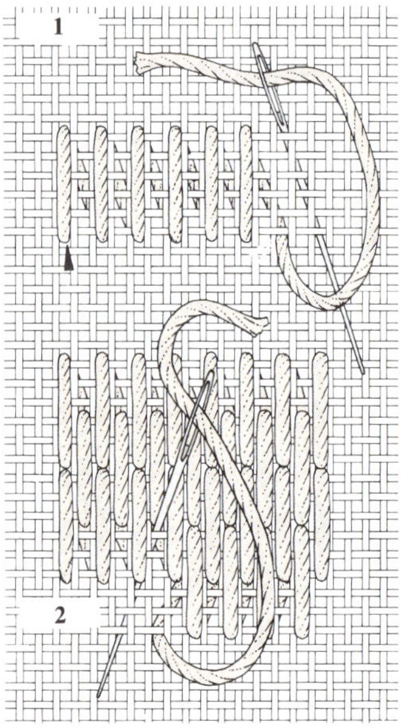

Ungarischer Stich

Dieser Stich besteht aus aneinandergesetzten Rauten von je vier abgestuften Geradstichen. Man kann aber auch kleinere Rauten von zwei kurzen Geradstichen und einem längeren Mittelstich arbeiten. Dann läßt man zwischen jeder Raute zwei Gewebefäden frei, zwischen die der lange Mittelstich der nächsten Reihe eingestickt wird.

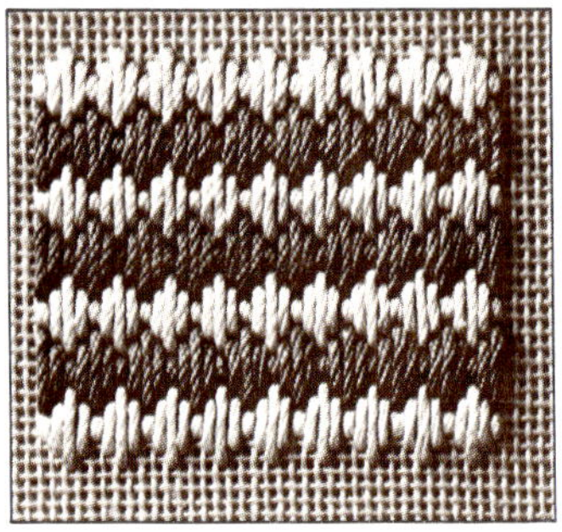

Und so wird's gemacht

Sticken Sie in wiederholter Folge vier Geradstiche über zwei, vier, sechs und wieder vier Fäden. Die folgenden Reihen werden so gearbeitet, daß die langen Mittelstiche auf die kurzen Stiche der Vorreihe treffen. Man kann nach jeder Reihe die Farbe wechseln.

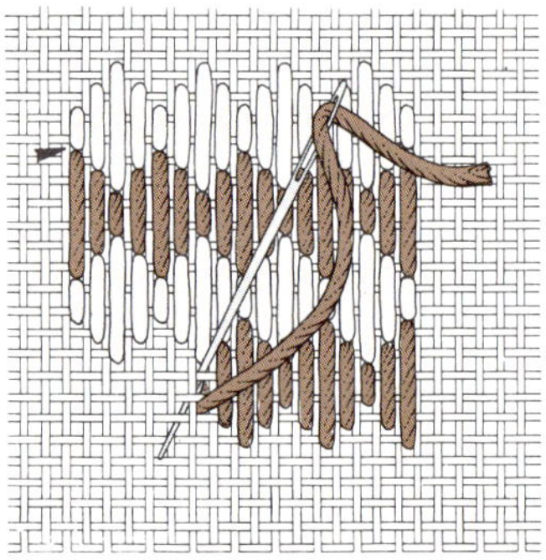

Mosaikstich

Dies ist eine Variante des kleinen ungarischen Stichs. Sticken Sie abwechselnd einen Schrägstich über ein und zwei Fadenkreuze. In der zweiten Reihe füllt man die Lücken.

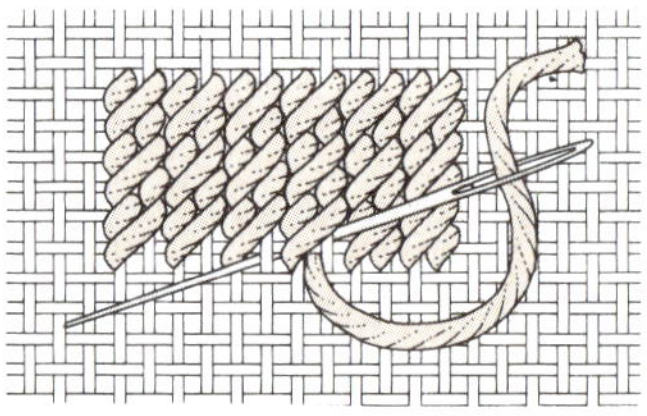

Freies Sticken mit Geradstichen

Die Umrisse der Motive wurden durch verschieden lange, senkrechte oder waagrechte Geradstiche herausgearbeitet.

Kreuzstiche

Klassischer Kreuzstich

Meist arbeitet man ihn auf Doppelstramin. Achten Sie darauf, daß alle oberen Stiche in der gleichen Richtung liegen und die Kreuze den Stramin ganz abdecken. Den klassischen Kreuzstich stickt man entweder in waagrechten oder in diagonalen Reihen. Eine beliebte Variante ist das ,,Pfeffer und Salz"-Muster von S. II/10. Man stickt dazu zunächst große Kreuzstiche über je vier Fadenkreuze. Anschließend arbeitet man mit Kontrastgarn Reihen nach links und rechts gerichteter Schrägstiche über je zwei Fadenkreuze, und zwar so, daß sie die Arme der großen Kreuze überschneiden. Wenn Sie die Abbildung auf S. II/10 genau betrachten, wird es Ihnen leichtfallen, den Stich nachzusticken.

Musterprobe
Bei dieser Probe sind Stramin und Stickgarn gut aufeinander abgestimmt, denn die Kreuzchen verdecken den Stramin ganz und gar

So stickt man waagrecht
1 Stechen Sie beim Pfeil aus und schräg links oben über einem Fadenkreuz wieder ein. Führen Sie die Nadel einen Doppelfaden weiter unten wieder heraus.
2 Führen Sie die Nadel schräg nach rechts oben und stechen Sie ein. Stechen Sie bei der letzten Ausstichsstelle wieder aus und schließen Sie das nächste Kreuz.

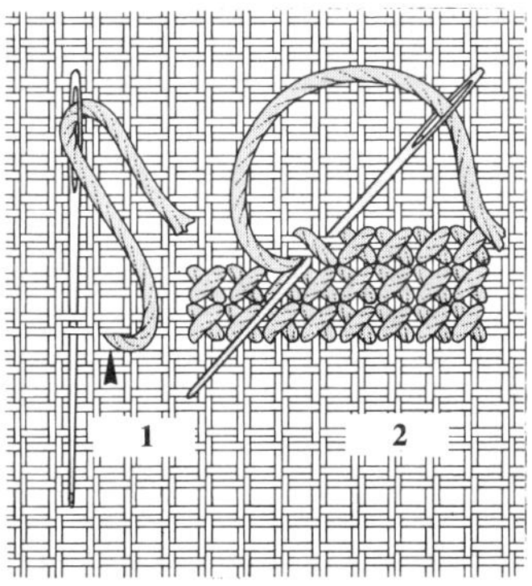

So stickt man diagonal
Beginnen Sie unten links. Stechen Sie beim Pfeil aus und sticken Sie einen Schrägstich über ein Fadenkreuz nach links oben. Stechen Sie einen Doppelfaden weiter unten wieder aus und kreuzen Sie den ersten Stich wie oben beschrieben. Stechen Sie einen Doppelfaden weiter links wieder aus und schließen Sie den nächsten Kreuzstich in der gleichen Weise an.

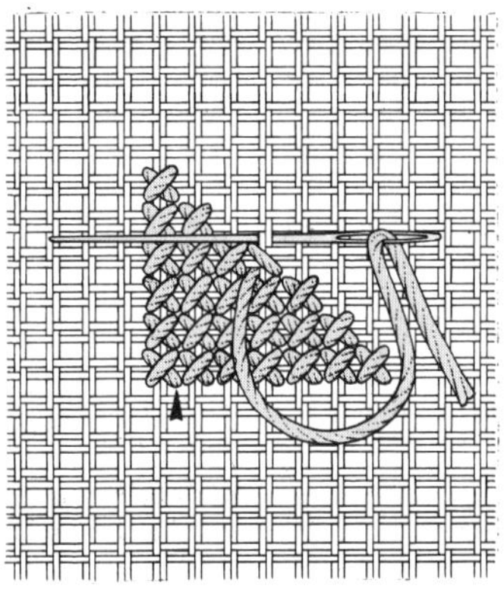

Smyrna-Kreuzstich

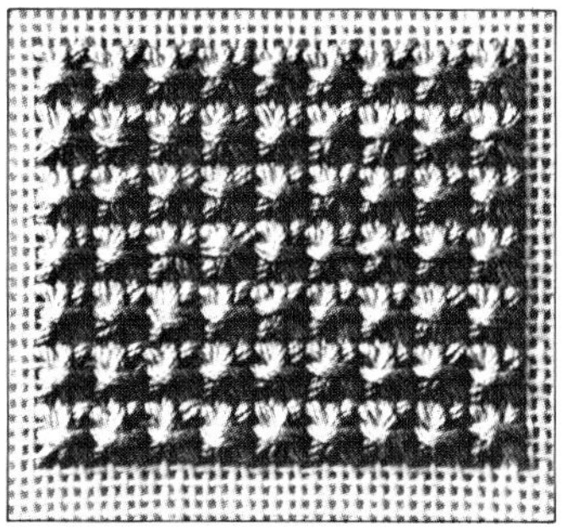

Dieser einfach zu arbeitende, wirkungsvolle Stich erzeugt eine dichte Oberflächenstruktur. Er kommt dadurch zustande, daß über ein normales Kreuz ein aufrechter Kreuzstich gestickt wird. Der Stich sieht fast wie ein Sternstich aus.

Und so wird's gemacht
1 Sticken Sie in waagrechten Reihen. Stechen Sie beim Pfeil aus und sticken Sie einen großen Kreuzstich aus zwei über vier Fadenkreuze laufenden Schrägstichen. Stechen Sie nach dem zweiten Schrägstich zwei Fäden weiter rechts und vier Fäden weiter unten wieder aus.
2 Sticken Sie über vier Fäden einen senkrechten Geradstich nach oben.
3 Stechen Sie zwei Fäden weiter links und zwei Fäden weiter unten wieder aus und überstikken Sie das Grundkreuz mit einem waagrechten Stich. Stechen Sie an der Grundlinie wieder aus und schließen Sie das nächste Kreuz an.

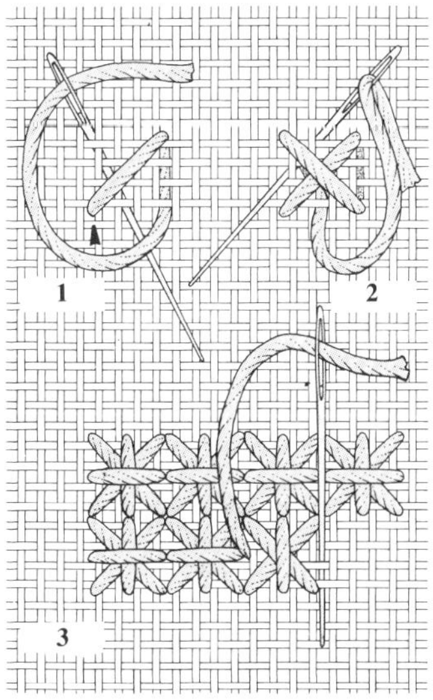

Langer Kreuzstich mit Steppstich

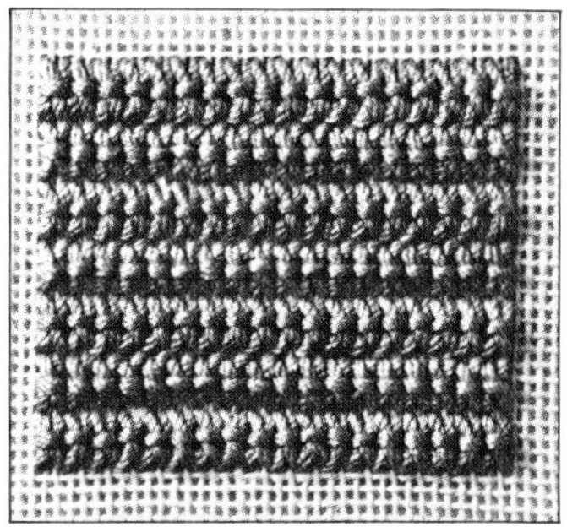

Bei diesem schnell zu arbeitenden Füllstich wird ein länglicher Kreuzstich mit einem Steppstich kombiniert. Meist verwendet man dabei einfachen Stramin. Wenn die Steppstiche in einer anderen Farbe ausgeführt werden sollen, arbeitet man zunächst alle Kreuzstiche und stickt dann eine Steppstichreihe über die Kreuzungspunkte.

Und so wird's gemacht
1 Stechen Sie bei der Pfeilspitze aus und machen Sie einen Kreuzstich über vier waagrechte und zwei senkrechte Fäden. Stechen Sie dann zwei Fäden weiter links und zwei Fäden weiter oben wieder aus, so daß sich die Nadel links vom Kreuzungspunkt befindet.
2 Sticken Sie einen waagrechten Stich quer über das Kreuz, der zwei Gewebefäden umgreift. Stechen Sie zwei Fäden weiter unten an der Grundlinie wieder aus, so daß Sie den nächsten Kreuzstich anschließen können. Arbeiten Sie die Stiche dicht aneinander.

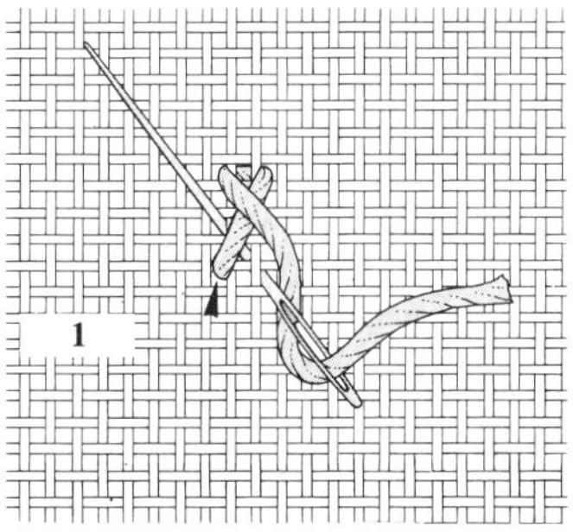

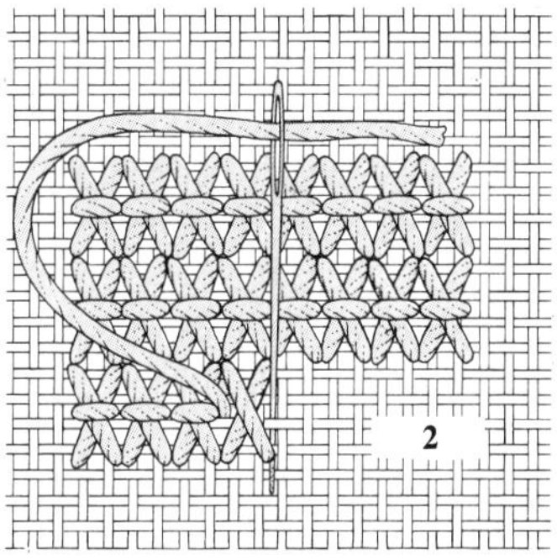

Ideen und Anregungen

Natürlich kann man Gobelin-Stickereien gut als attraktiven Schmuck an die Wand hängen. Daß sich daneben aber auch viele nützliche Dinge herstellen lassen, beweisen unsere auf diesen beiden Seiten zusammengestellten Vorschläge. Verwenden Sie besonders strapazierfähiges Material bei Arbeiten, die stark beansprucht werden. Trassierte Vorlagen tragen zur Haltbarkeit der Stickereien bei.

1	**Mustertuch**	6	**Tischdecke**
2	**Stickbild**	7	**Tasche**
3	**Klingelzug**	8	**Fußbänkchen**
4	**Kissen**	9	**Hausschuhe**
5	**Stuhlbezug**	10	**Teppich**

Auf der Suche nach Vorlagen

Auch Zeichnungen oder Fotos eignen sich oft als Vorlagen für Gobelin-Stickereien, wenn man die Motive etwas vereinfacht, komplizierte Umrisse begradigt und die Anzahl der Farben einschränkt. Wie hübsch solche schlichten Entwürfe aussehen können, zeigen die Beispiele rechts und unten.

Landschaftsbilder
Die Serie links zeigt zwölf Landschaften zu verschiedenen Tageszeiten. Jedes Bild gibt eine andere Stimmung wieder. Unten sind vier Motive noch einmal vergrößert abgebildet, damit Sie sie leicht nachsticken können

Sofapolster mit großflächigen Motiven

Regenbogen

Dämmerung

Sonnenaufgang

Sonnenuntergang

Alle Farben des Regenbogens
leuchten auf diesem Kissenbezug. Der moderne Entwurf schachtelt vier umrahmte Einzelmotive ineinander. Das Mittelmotiv zeigt Florentiner Muster

Gedeckte Brauntöne
wurden für diese Stickerei, ebenfalls ein Kissenbezug, kombiniert. Als Vorlage diente ein traditionelles Teppichmuster

Um die Jahrhundertwende entstand dieses englische Abendtäschchen

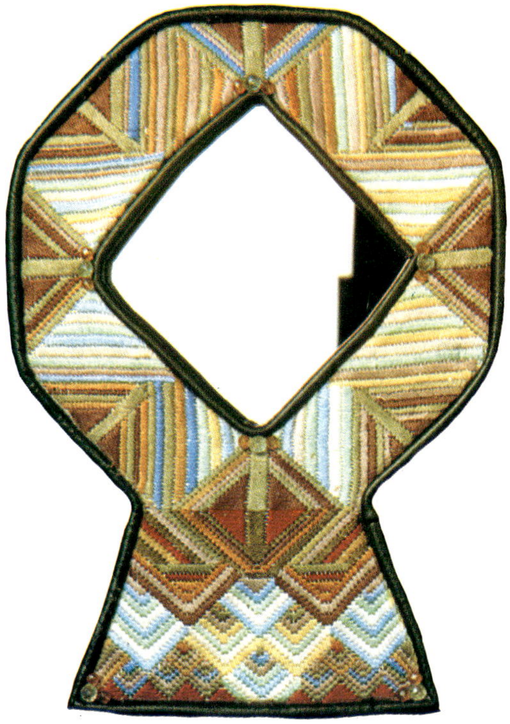

Eine mit Leder eingefaßte Gobelinborte umrahmt einen kleinen Handspiegel

Der quadratische Bilderrahmen wurde mit winzigen Motiven bestickt

Schlingstiche

Kettenstich

Wahrscheinlich ist Ihnen dieser Stich schon vom Sticken bekannt. In der Gobelin-Stickerei verwendet man ihn hauptsächlich als Füllstich. Die Oberfläche wirkt fast wie gestrickt. Zwischen den Längsreihen läßt man zwei Fäden Abstand.

Und so wird's gemacht

Arbeiten Sie von oben nach unten. Stechen Sie beim Pfeil aus und halten Sie den Stickfaden mit dem linken Daumen fest. Stechen Sie beim Ausgangspunkt wieder ein und führen Sie die Nadel zwei Fäden weiter unten innerhalb der Fadenschlinge wieder heraus. Ziehen Sie den Faden fest. Wiederholen Sie diesen Vorgang bis zum Reihenende; die letzte Schlinge wird mit einem kleinen Geradstich festgehalten.

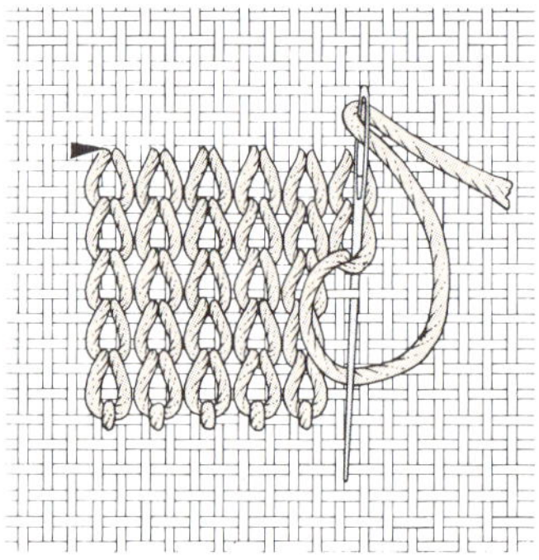

Maschenstich

Dieser Stich ist auch unter dem Namen Kelimstich bekannt. Mit grobem Garn gestickt, erinnert er an Gestricktes. Arbeitet man ihn mit feinem Garn, sieht er aus wie gewebt. Am besten eignet sich einfacher Stramin.

Und so wird's gemacht

1 Beginnen Sie rechts unten und arbeiten Sie in senkrechten Hin- und Rückreihen. Stechen Sie aus und einen Faden weiter rechts und vier Fäden weiter oben wieder ein. Führen Sie die Nadel einen Faden weiter links und zwei Fäden weiter unten wieder heraus.
2 Beim letzten Stich der Reihe stechen Sie nicht nach unten, sondern zwei Fäden nach links. Nun arbeitet man die Rückreihe nach unten.
3 Stechen Sie vier Fäden nach unten und einen Faden nach rechts. Führen Sie dann die Nadel hinter zwei waagrechten und einem senkrechten Faden nach links oben. Schließen Sie den nächsten Stich an.

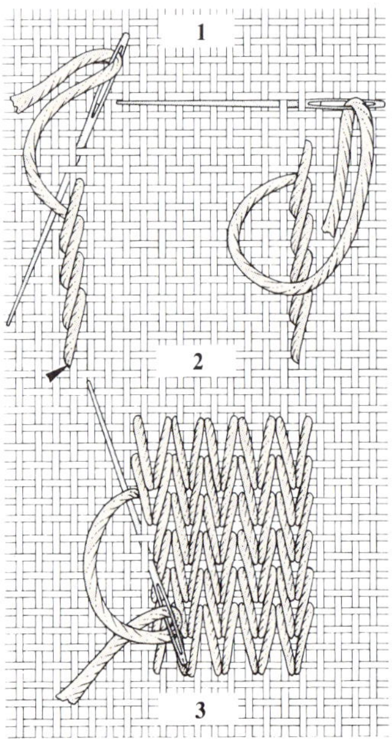

Samtstich

Dieser Stich ähnelt dem Flor eines Teppichs und kann als Füllstich oder für reliefartig hervorgehobene Motive verwendet werden. Sticken Sie ihn auf Doppelstramin, am besten mit dicker Wolle oder mit mehrfach genommenen Wollfäden. Die Schlingen werden zum Schluß durchtrennt und auf die gleiche Länge gebracht.

Und so wird's gemacht

1 Stechen Sie beim Pfeil aus und stechen Sie schräg nach rechts oben um ein Fadenkreuz. Die Nadel wird wieder beim Ausgangspunkt herausgeführt.
2 Stechen Sie rechts oben wieder ein und einen Doppelfaden weiter unten wieder aus. Lassen Sie dabei eine Fadenschlinge hängen, die Sie auch um eine Stricknadel wickeln können.
3 Stechen Sie nun schräg nach links oben um das Fadenkreuz. Führen Sie die Nadel bei der letzten Ausstichstelle wieder heraus und bilden Sie den nächsten Stich.
Ist die Stickerei fertig, werden alle Schlingen durchgeschnitten und auf dieselbe Länge zurechtgestutzt. Sie können die Schlingen aber auch ganz lassen.

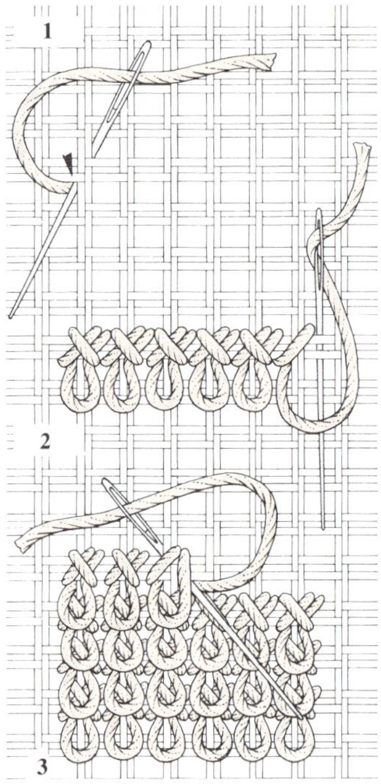

Muschelstich

Sticken Sie diesen dekorativen Borten- und Füllstich in Hin- und Rückreihen.

Und so wird's gemacht

1 Stechen Sie sechs Fäden nach oben und unter einem Längsfaden nach links durch.
2 Stechen Sie sechs Fäden weiter unten ein und einen Faden weiter links wieder aus.
3 Machen Sie noch zwei weitere Geradstiche. Stechen Sie nach dem letzten Stich einen Faden nach rechts und drei Fäden nach oben; der Faden liegt rechts von der Nadel.
4 Legen Sie den Faden quer über die Geradstiche und stechen Sie einen Faden weiter rechts wieder ein. Führen Sie die Nadel links vom letzten Geradstich wieder heraus.
5 Sind alle Stiche auf diese Weise gearbeitet, schlingt man einen andersfarbigen Faden ringförmig um die kleinen Querstiche, die die Geradstiche zu einzelnen Büscheln zusammenfassen.

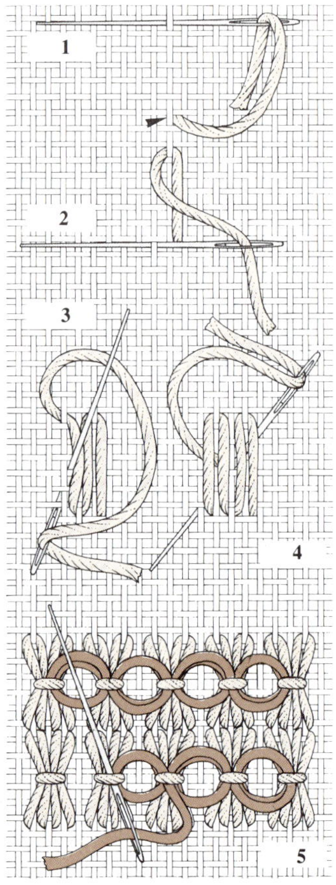

Grundierstiche

Hintergründe brauchen nicht eintönig zu sein! Hier schlagen wir Ihnen einige Kombinationen aus je zwei Stichen vor, mit denen Sie große Flächen auflockern können. Die Stickerei wirkt noch lebhafter, wenn Sie zweifarbig arbeiten.

Geradstich mit Farnstich

Dieser Grundierstich setzt sich zusammen aus je zwei Reihen gestufter waagrechter Geradstiche, deren Nahtstelle in einer Zickzacklinie verläuft. Daran schließt sich eine Reihe Farnstiche an; sie werden rechts außen beschrieben.

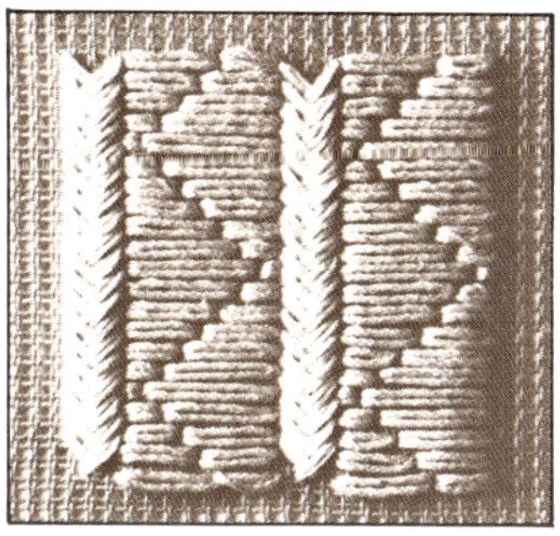

Und so wird's gemacht
Arbeiten Sie eine senkrechte Reihe waagrechter Geradstiche, die in regelmäßiger Folge über 1, 2, 3, 4, 5, 6, 5, 4, 3 und 2 Gewebefäden gestickt werden. Ist die Reihe fertig, setzen Sie eine zweite Geradstichreihe mit derselben Stichfolge daneben. Die längsten Stiche der zweiten Reihe müssen dabei auf die kürzesten der ersten Reihe treffen. Arbeiten Sie eine Reihe Farnstiche direkt in die Kante der Geradstichreihen. Jeder Stich wird über zwei waagrechte und drei senkrechte Gewebefäden gestickt (Anleitung rechts außen). Sticken Sie auf diese Weise Gerad- und Farnstichreihen im Wechsel. Hübsch sieht es aus, wenn Sie mit zwei Schattierungen derselben Farbe arbeiten.

Grätenstich mit Perlstich

Sticken Sie je eine senkrechte Reihe nach oben gerichteter Grätenstiche (Anleitung siehe rechts außen) und Perlstiche im Wechsel.

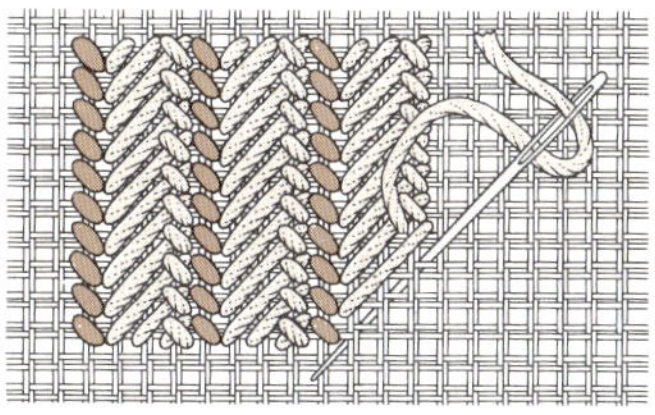

Zweigstich mit Farnstich

Wechseln Sie zwischen Farnstichreihen und Doppelreihen von Zweigstichen. Beide Stiche werden rechts außen erklärt.

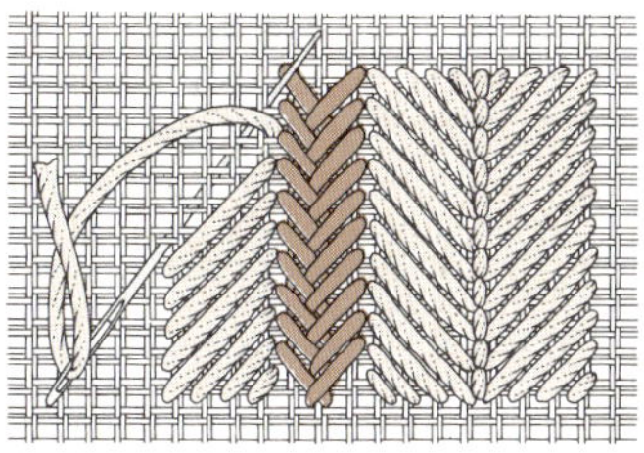

Farnstich

Mit diesem Stich erhält man eine dekorative gerippte Oberfläche. Er besteht aus senkrechten Reihen von Schrägstichen, die im rechten Winkel zueinander liegen und überlappend gestickt werden. Man setzt die senkrechten Reihen nahtlos aneinander.

Und so wird's gemacht
1 Arbeiten Sie von oben nach unten. Stechen Sie beim Pfeil aus. Führen Sie die Nadel über zwei Fadenkreuze schräg nach rechts unten. Stechen Sie einen Faden weiter links wieder aus.
2 Sticken Sie einen Schrägstich über zwei Fadenkreuze nach rechts oben. Stechen Sie einen Faden weiter unten und drei Fäden weiter links wieder aus. Schließen Sie nun den nächsten Stich an.

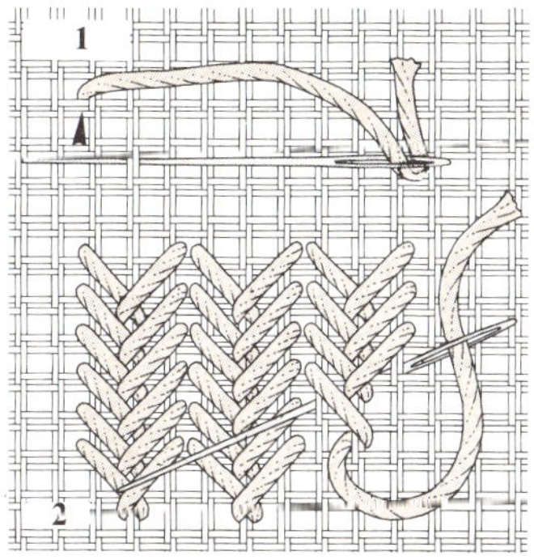

Grätenstich

Dieser Stich bildet v-förmige Musterreihen. Er besteht aus langen Schrägstichen, die abwechselnd am oberen und unteren Ende von kurzen Schrägstichen gekreuzt werden. Arbeiten Sie auf Doppelstramin.

1 Arbeiten Sie die erste Reihe von oben nach unten. Stechen Sie beim Pfeil aus und sticken Sie einen Schrägstich über drei Fadenkreuze nach rechts oben. Stechen Sie einen Faden weiter links wieder aus.
2 Kreuzen Sie den langen Schrägstich mit einem kurzen Stich schräg über ein Fadenkreuz nach rechts unten. Führen Sie die Nadel drei Fadenkreuze nach links unten und stechen Sie direkt unter dem ersten Stich wieder aus. Beenden Sie die Reihe.
Schließen Sie die zweite Reihe von unten nach oben so an, daß sich die Schrägstiche in die Gegenrichtung neigen. Sie können diesen Stich auch mit zwei Farben arbeiten.

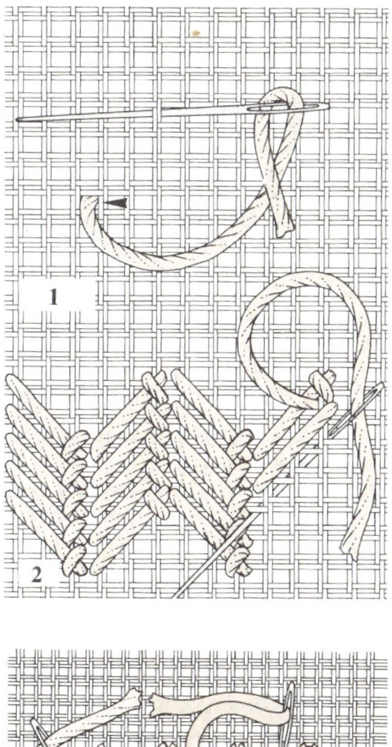

Zweigstich

Sticken Sie abwechselnd von oben nach unten und umgekehrt zwei entgegengesetzt geneigte Reihen von Schrägstichen, die z. B. zwei Fadenkreuze übergreifen. Dann wird zwischen je zwei Reihen eine Steppstichreihe gearbeitet.

Flammende Florentiner Muster

Unverwechselbar sind die prachtvollen, an Flammen erinnernden Muster der Florentiner Stickerei. Ihren zweiten Namen, ,,ungarische Stickerei", verdankt sie folgender Überlieferung: Im 15. Jahrhundert soll die ungarische Braut eines Medici diese eigenartige Technik mit den temperamentvollen Mustern und Farben aus ihrem Heimatland mitgebracht haben. Was so schwierig aussieht, ist ganz einfach zu arbeiten – siehe übernächste Seite!

Gotisches Muster

Wogende Spitzen

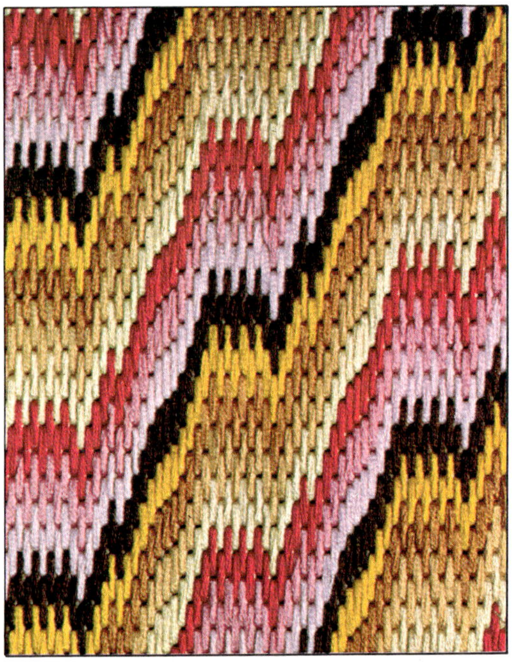

Geflammte Schrägstreifen

Zacken mit Streifen

Spiegelmuster

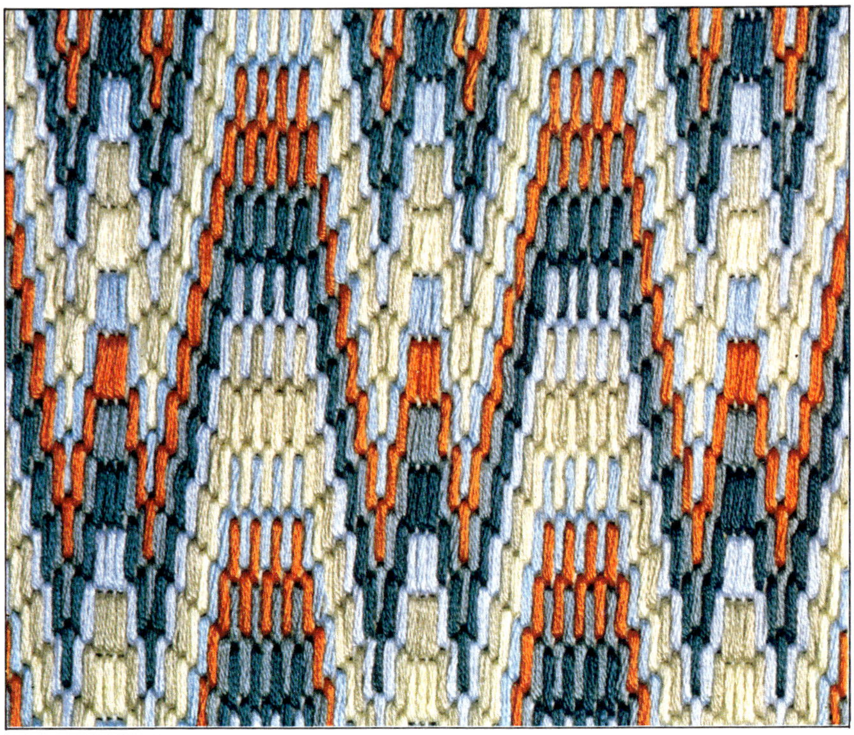

Versetztes Zickzackmuster

Kuppeln und Gräben

Vierseitiges Florentinermuster

Musterproben
Hier wurden verschiedene Florentiner Muster schwarz umrandet und zu einem ungewöhnlichen Mustertuch zusammengestellt

Die Technik der Florentiner Stickerei

Was Sie beachten sollten

In der Ausführung ist die Florentiner Stickerei sehr einfach – sie wirkt nicht durch komplizierte Sticktechniken, sondern durch die Vielfalt und die raffinierte Anordnung der Farben. Beliebt sind Hell-Dunkel-Kontraste, die scharf gegeneinander abgesetzt werden oder allmählich ineinander übergehen können. Nie fehlgehen kann man mit mehreren Schattierungen derselben Farbe.

Der Florentiner Stich besteht aus senkrechten Geradstichen, die zu regelmäßigen oder unregelmäßigen Zickzacklinien versetzt werden. Beim Sticken ist es entscheidend, die erste Musterlinie genau auszuzählen. Alle folgenden Reihen schließen sich dieser ersten an; das Muster ergibt sich dabei von selbst. Gewöhnlich stickt man ein Muster durchgehend mit Stichen derselben Länge. Verwenden Sie einfachen Stramin und Garn, das dick genug ist, um den Grund völlig zu überdecken. Meist wird jede Musterreihe in einer anderen Farbe gestickt.

Florentiner Stich

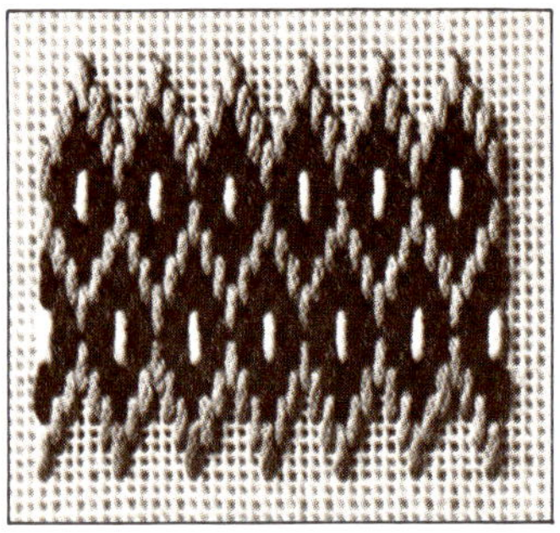

Er ist auch als Bargellostich und als Flammenstich bekannt. Die Länge der Geradstiche kann von Muster zu Muster variieren, sie sollten aber mindestens drei und nicht mehr als sechs Querfäden umgreifen. Am Beispiel rechts zeigen wir Ihnen, wie die typischen abgestuften Muster entstehen.

Noch ein Tip: Halten Sie für jede Farbe eine fertig eingefädelte Nadel bereit. Dann verlieren Sie beim Farbenwechsel keine Zeit und das Muster wächst schneller.

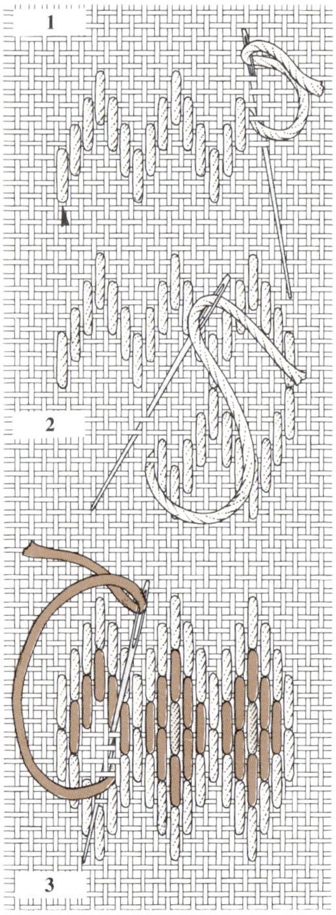

Und so wird's gemacht

1 Arbeiten Sie von links nach rechts. Stechen Sie beim Pfeil aus und sticken Sie einen Geradstich über vier Fäden nach oben. Schließen Sie drei Stiche derselben Größe an, jeweils um zwei Fäden nach oben versetzt. Sticken Sie die nächsten drei Stiche versetzt nach unten, die folgenden drei wieder nach oben, bis die Reihe fertig ist.

2 Für ein Rautenmuster beginnt man die nächste Reihe mit einer absteigenden Stichfolge.

3 Verwenden Sie für die dritte und vierte Reihe eine andere Farbe. Sie werden nach demselben Schema wie oben in die Rauten eingestickt. Der letzte Stich, der das Zentrum der Raute ausfüllt, wird in einer dritten Farbe gestickt. Anschließend wird die unterste Stichreihe wieder zu Rauten ergänzt (siehe Schritt 2).

Vorschläge für die Stichführung

Die Zickzackreihen einer Florentiner Arbeit können in der Form von Treppen, Spitzen und Zacken oder Wellen gestickt werden (siehe unten). Diese Formen lassen sich auch miteinander kombinieren. Auf der rechten Seite finden Sie genaue Vorlagen für einige der Muster von S. II/22 und 23.

So stickt man Treppen

Treppen entstehen, wenn man mehrere Stiche nebeneinander über dieselbe Anzahl von Gewebefäden arbeitet.

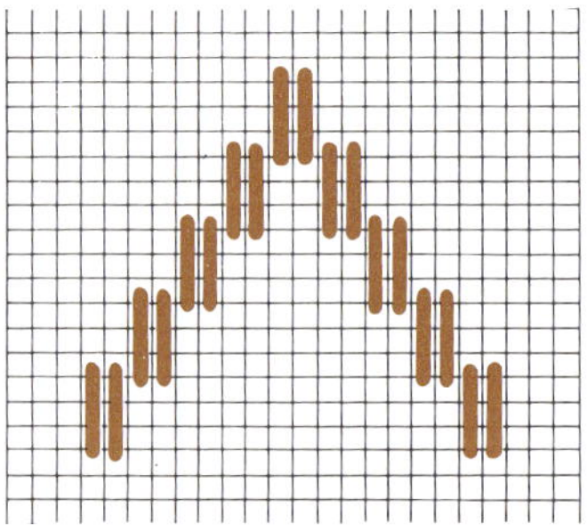

Treppe mit Doppelstichen

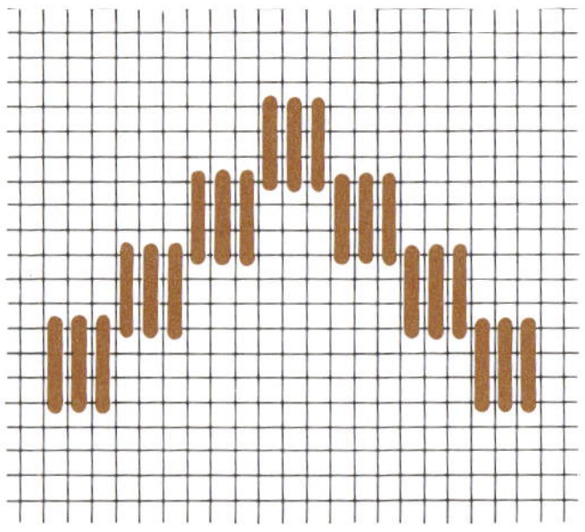

Treppe mit dreifachen Stichen

So stickt man Spitzen

Gewendet wird jeweils mit einem einzigen Stich. Steile Zacken entstehen durch lange, stark versetzte Stiche. Sanftere Linien erzielt man mit kurzen Stichen, die man unterschiedlich abstufen kann.

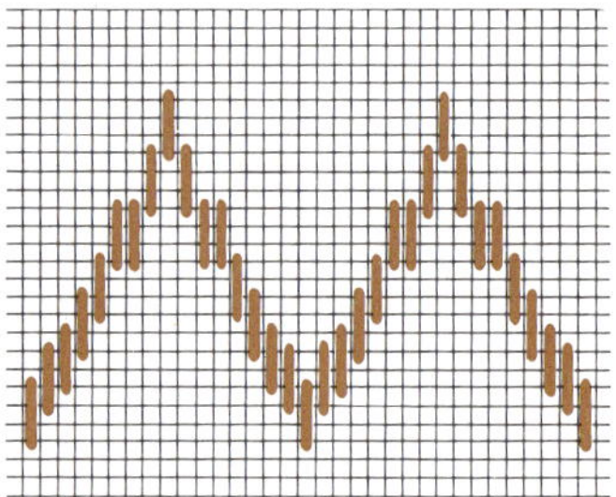

Unterschiedlich abgestufte Spitze

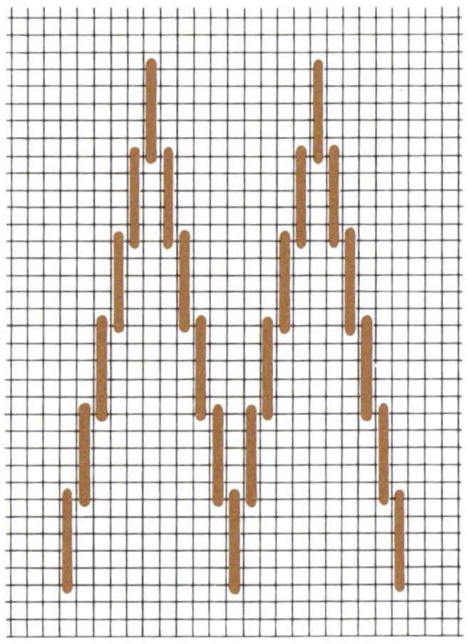

Für die steilsten Spitzen arbeitet man die Geradstiche über sechs waagrechte Gewebefäden und versetzt sie jeweils um fünf Gewebefäden

So stickt man Wellen

Wendet man mit mehr als einem Stich, werden die Spitzen zu Wellen. Sie können auch mit Treppen kombiniert werden.

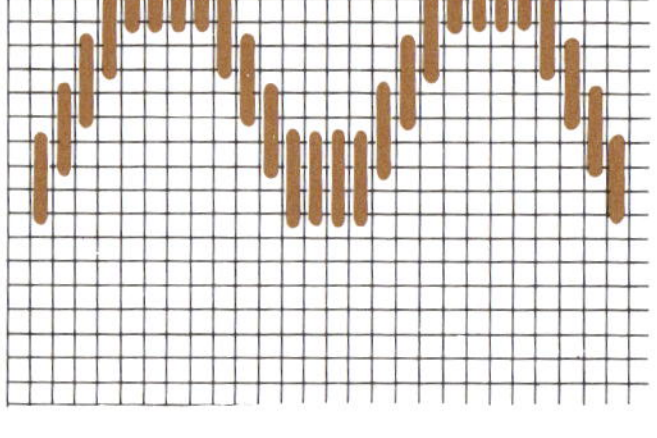

Wellen mit flachen Wendepunkten

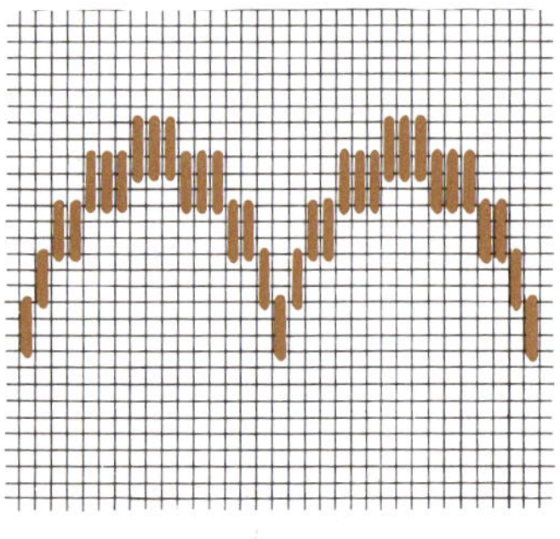

Wellen und Treppen kombiniert

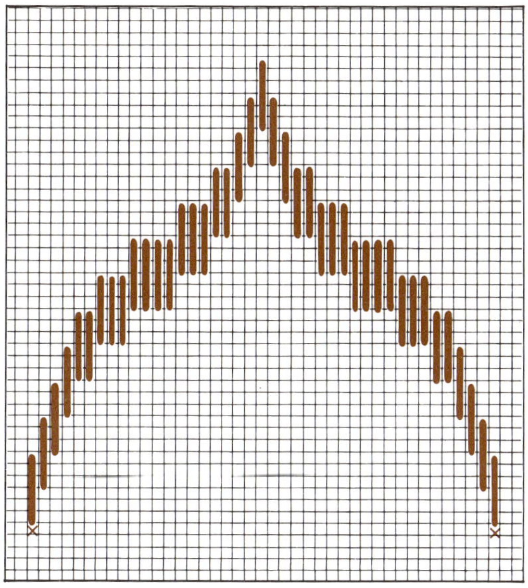

Kuppeln und Gräben
Die Stiche umfassen sechs Fäden und sind um jeweils drei Fäden versetzt. Die durch ein Kreuzchen bezeichneten Stiche sind identisch. Gestickt wurde mit sieben Farben (S. II/23)

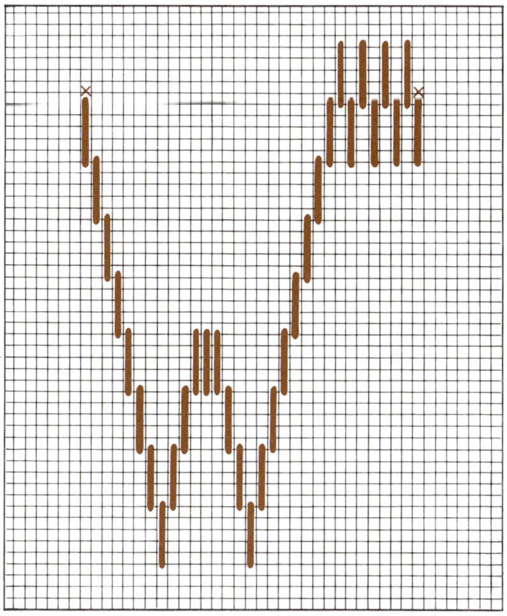

Versetztes Zickzackmuster
Die Länge der Stiche beträgt sechs Fäden; sie wurden jeweils um einen Faden versetzt. Das Muster wurde in sieben Farben gearbeitet (S. II/22)

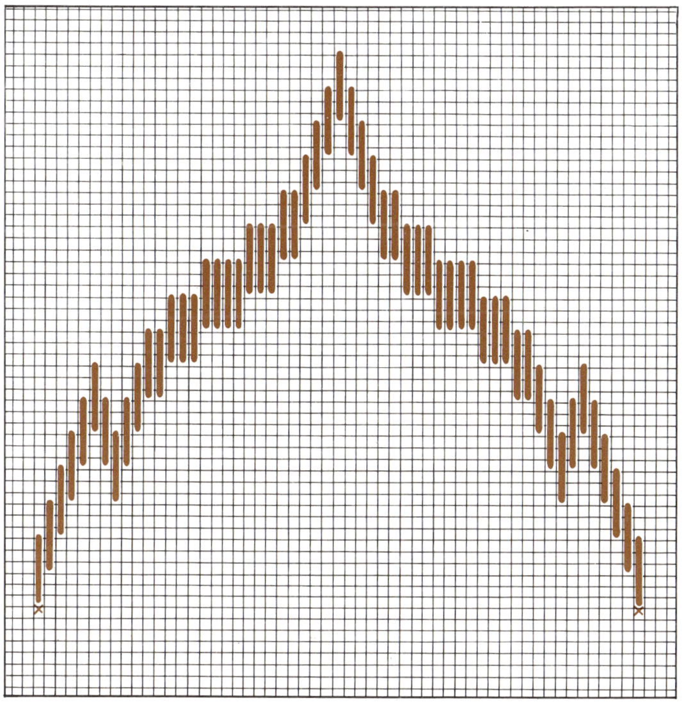

Wogende Spitzen
Auch hier umgreifen die Stiche sechs Fäden und wurden um drei Fäden versetzt. Das Muster setzt sich aus acht Farben zusammen (S. II/22)

Sticken im Quadrat

Den Zauber eines Kaleidoskops strahlen die vierseitig gestickten Florentiner Muster aus, von denen eines auf der vorletzten Seite abgebildet ist. Schneiden Sie ein Stück Stramin quadratisch zu und zeichnen Sie von Eck zu Eck die Diagonalen ein. So erhalten Sie die vier schräggeschnittenen Viertel des Musters, das auf zwei verschiedene Arten gestickt werden kann.

So stickt man von außen zur Mitte hin

Am einfachsten ist es, mit der Außenlinie des Musters zu beginnen, denn dann ergeben sich die inneren Reihen von selbst. Die Musterlinie muß sich aus zwei spiegelbildlichen Hälften zusammensetzen; beginnen Sie deshalb in der Mitte eines Viertels und sticken Sie die andere Hälfte gegengleich. Arbeiten Sie dann in der Runde weiter und ändern Sie die Stichrichtung jedesmal, wenn Sie eine der schrägen Trennungslinien überschreiten.

Man beginnt an der Außenkante
Achten Sie beim Sticken der ersten Musterreihe darauf, daß ihre Mitte genau über dem Mittelpunkt des Stramins liegt, sonst wird das Muster schief. Bei der Zeichnung links handelt es sich übrigens um die Vorlage zu dem auf S. II/23 farbig abgebildeten Muster

So stickt man von der Mitte nach außen

Hier ist die Stickerei weniger festgelegt, denn man entwickelt das Muster erst allmählich, von Runde zu Runde.

Man beginnt in der Mitte
Den Ausgangspunkt bilden vier Stiche durch das Mittelloch, die zu einem Kreuz angeordnet sind. Entwickeln Sie das Muster beim Fortgang der Stickerei und füllen Sie jedes Viertel auf dieselbe Weise

Raffinierte Hintergründe

Gobelin-Stickereien erfordern oft einen zurückhaltenden Hintergrund, der die Wirkung des Hauptmotivs unterstreicht. Hintergründe sind weniger eintönig zu arbeiten, wenn man sich ein wenig Mühe gibt, sie phantasievoll und abwechslungsreich zu gestalten.

Einfarbiger Grund

Meist werden dafür Perl- oder Kreuzstiche verwendet. Doch viele andere, interessantere Stiche eignen sich ebenso gut! Der ungarische Stich, der Mailänder Stich und verzahnte oder gestufte Geradstiche nehmen dem einfarbigen Hintergrund seine Monotonie, ohne die Wirkung des Hauptmotivs zu stören.

Schattierter Grund

Solange die Übergänge fein genug abgestuft sind, kann man auch mehrere Farben in einen Hintergrund einarbeiten, ohne vom Motiv abzulenken. Dazu dreht man Stränge verschiedener Farbtöne neu zusammen. Arbeiten Sie mit Spaltgarn.

Und so wird's gemacht

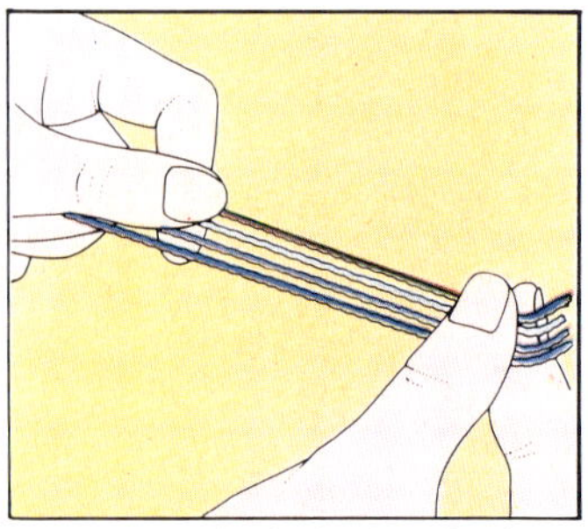

1 Wählen Sie drei oder vier benachbarte Farbtöne eines mehrfachen Stickgarns.

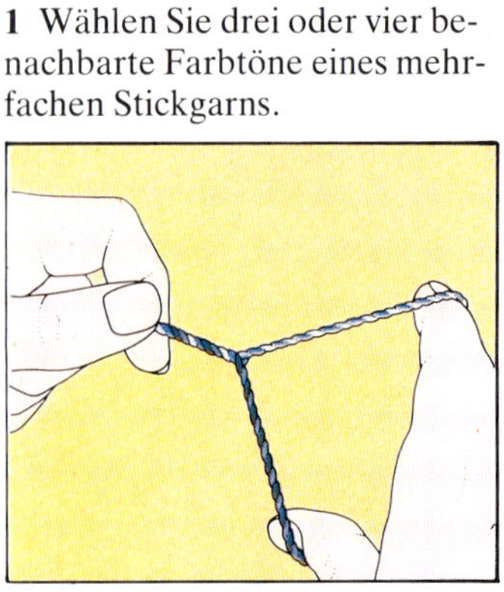

2 Trennen Sie die einzelnen Stränge und drehen Sie mehrere Farben neu zusammen.

So erhält man feine Farbübergänge

Eine der beiden Möglichkeiten, Farbübergänge zu gestalten, haben Sie bereits kennengelernt: das Zusammendrehen mehrerer Farbtöne zu einer neuen Mischfarbe. Soll eine an alte Stickereien erinnernde Wirkung erzielt werden, so stickt man unregelmäßige Felder in Farbtönen, die ineinander übergehen. Verwenden Sie dazu verzahnte und gestufte Schräg- oder Geradstiche. Die oben abgebildete Stickerei wurde in dieser Technik gearbeitet, die sich auch gut zum Ausbessern alter Gobelins eignet. Die zweite Methode ist noch einfacher: das Sticken mit vorschattiertem Garn. So entstanden die Bilder unten.

Licht und Schatten spielen auf dieser Wiese
Der Effekt wurde durch vorschattiertes Stickgarn erzielt, dessen Töne von Weiß bis Dunkelgrün reichen. Verzahnter Gobelinstich ahmt die Struktur des Grases nach

Himmel mit zarten Wolkenschleiern
Mit derselben Stichart und ebenfalls mit vorschattiertem Garn wurde der Himmel dieses Bildes gestickt. Die zarten Farbübergänge täuschen feine Wolkenschleier vor und lassen den Horizont in weite Ferne rücken

Hintergründe mit dezentem Muster

Oft fügt sich auch ein gemusterter Hintergrund harmonisch in das Gesamtbild einer Stickerei ein, solange die Hauptmotive dadurch nicht erdrückt werden. Wählen Sie deshalb keine zu kräftigen Farben für den Fond. Bei unseren beiden Beispielen unten wurden die Vordergrundmotive zusätzlich durch eine vom Fond verschiedene Stichtechnik hervorgehoben.

Teppich mit Muschelmotiven

Blumenstickerei
Vor dem geometrischen Hintergrund aus pastellfarbenen Schrägstreifen heben sich die unregelmäßigen Blatt- und Blütenformen gut ab. Auch Gitter, Karos oder Rauten eignen sich als unauffällige Hintergrundmuster

Teppich mit Schmetterlingen
Die Schmetterlinge sitzen auf runden Inseln, die mit Florentiner Mustern ausgestickt sind

Marmorierungen

Wunderschön wirken die großen Muschelschalen des oben abgebildeten Teppichs, deren sanfte Übergänge von Hell nach Dunkel den Eindruck schillernden Perlmutts hervorrufen. Ein ebenso gelungenes Beispiel für raffinierte Farbeffekte ist der Mittelteil des Bettüberwurfs rechts, bei dem zarte Farben marmorartig ineinander verfließen. Seidengarn verleiht der Stickerei zusätzlichen Glanz.

Bettüberwurf mit Marmormuster

Gobelinstickerei auf Stoff

Wem die Hintergrundstickerei zu aufwendig ist, der kann statt auf Stramin auf Stoffe sticken, die mit einem passenden Muster bedruckt sind. Auf gröbere, gleichmäßig gewebte Stoffe kann direkt gestickt werden, bei anderen nimmt man ein Stück Stramin zu Hilfe, das später entfernt wird. Lassen Sie rings um das Motiv 5 cm unbestickt.

Auf Stoff gesticktes Gobelinmotiv

Und so wird's gemacht

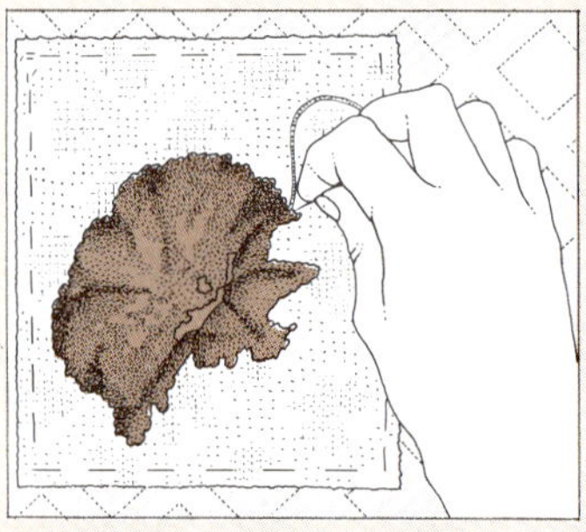

1 Übertragen Sie das Muster auf den Stramin und heften Sie ihn auf den Stoff. Sticken Sie durch beide Lagen.

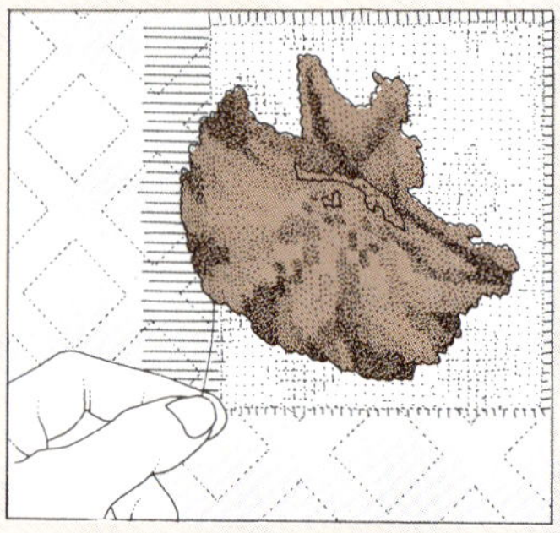

2 Ist die Stickerei fertig, werden die Straminfäden einzeln herausgezogen.

Tips, Tricks und besondere Effekte

Gobelinstickerei bietet so vielfältige Möglichkeiten – man muß sie nur zu nutzen verstehen! Die Beispiele auf dieser Seite sollen Sie dazu anregen, verschiedene Stiche und Garne geschickt zu kombinieren. Damit lockern Sie nicht nur die Oberfläche Ihrer Stickerei auf, die Arbeit daran wird auch abwechslungsreicher. Gerade bei Stickbildern sollten Sie sorgfältig abwägen, welche Stiche die einzelnen Motive am besten zur Geltung bringen. Dabei spielt auch der gezielte Wechsel der Stichrichtung eine große Rolle. Für Vorhänge gibt es einen besonderen Trick.

Schrägstiche verschiedener Länge und Richtung erwecken bei der Gartenmauer und Hauswand den Eindruck von Ziegelsteinen

Hier kommt es auf die Stichrichtung an
Die plastische Wirkung des Heuhaufens beruht auf dem freien Wechsel der Stichrichtung. Die faserige Struktur des Grases wird dadurch anschaulich wiedergegeben. Achten Sie darauf, daß der Stramin nirgends hervorblitzt

Der Trick mit dem Vorhang
Wo der Hintergrund durch die Spitzenvorhänge durchscheint, wurde er um eine Nuance heller und in einem anderen Stich gestickt als hinter den bloßen Fensterscheiben. Das Ergebnis ist wirklich verblüffend!

Reliefeffekte

Eine weitere Möglichkeit, die Oberfläche einer Gobelinstickerei aufzulockern, besteht darin, einzelne Motive reliefartig hervorzuheben. Entweder unterlegt man dazu die Stickerei mit langen Geradstichen oder man arbeitet mit Stickstichen, die bereits in sich selbst eine plastische Wirkung besitzen. Besonders geeignet ist dafür der Samtstich (siehe S. II/20), dessen Schlaufen nach Wunsch aufgeschnitten werden können.

Beide Möglichkeiten der Reliefdarstellung wurden bei dem Stickbild rechts benutzt. Die plastisch hervortretenden Blätter der Pflanze wurden mit Geradstichen unterlegt und dann mit Plattstichen nachgestickt. Aufgeschnittene Samtstiche verleihen der Tischdecke einen dichten Flor. Die Fransenkante wurde nachträglich eingeknotet. Samtstiche sehen übrigens auch hübsch aus, wenn die Schlingen erhalten bleiben. So erhielt die unten abgebildete Borte ihre flauschige Oberfläche.

Bortenmuster mit Relief
Hier wechseln Kreuzstich, Sternstich und ungeschnittener Samtstich. Die Schlingen erinnern an Frottee.

Dieses Blumenmotiv
können Sie als Borte wiederholen oder zu einem Strauß zusammenstellen. Die Blütenblätter bestehen aus aufgeschnittenen Samtstichen; in der Mitte wurden Perlen mit eingestickt. Stengel und Blätter setzen sich aus gestuften Geradstichen zusammen.

Perlen- und Reliefstickerei wurden bei diesem Stickbild kombiniert

So stickt man mit Perlen

Mit großen perlenbestickten Flächen können Sie Ihrer Stickerei einen Anstrich von Kostbarkeit verleihen. Aber auch sparsam verwendet, verfehlen sie ihre Wirkung nicht: Mit Perlen können Sie Einzelmotiven und Details Glanzlichter aufsetzen. Unten steht, wie die Perlen aufgestickt werden.

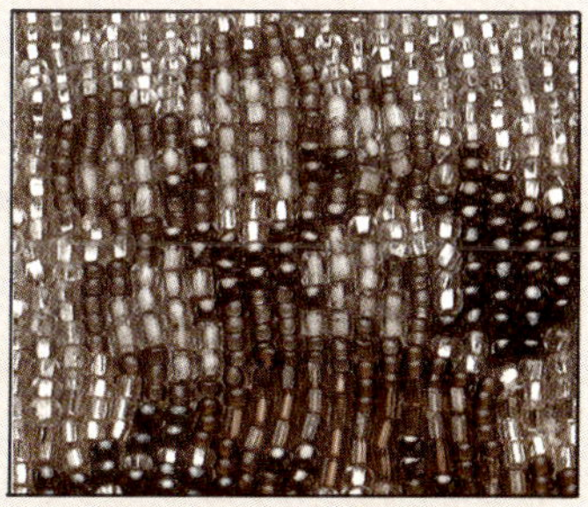

Ausschnitt aus der Perlenstickerei

Hochstickerei

Damit lassen sich große Flächen rasch besticken. Fädeln Sie erst die Perlen auf.

Und so wird's gemacht

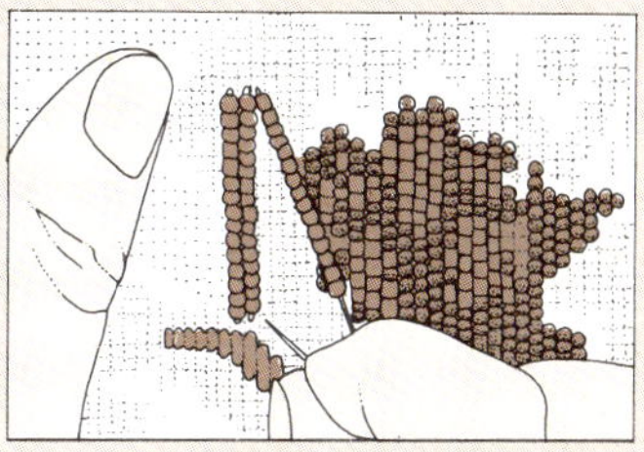

Legen Sie die Perlenschnur auf den Stramin und nähen Sie mit einem zweiten Faden kleine Stiche darüber.

Perlstich-Befestigung

Nur je eine Perle auffädeln!

Und so wird's gemacht

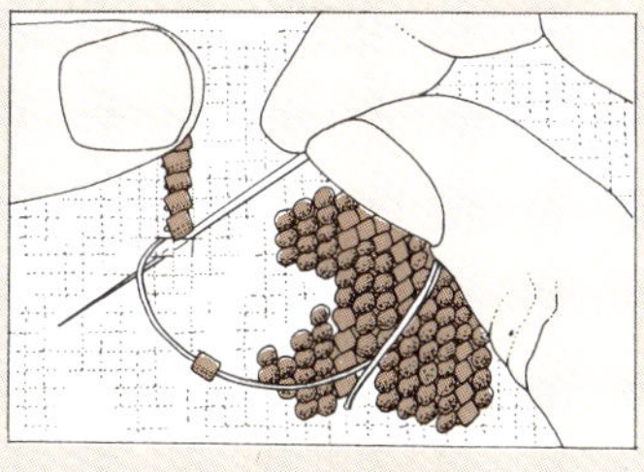

Stechen Sie zur Vorderseite durch, fädeln Sie eine Perle auf und befestigen Sie sie mit einem normalen Perlstich.

Suchen Sie sich den passenden Rahmen

Was Sie beim Entwerfen beachten sollten

Ein Stickbild ist erst dann vollendet, wenn es von einem passenden Rahmen eingefaßt wird – den man, wie die Beispiele auf diesen Seiten zeigen, auch sticken kann! Die Randbordüre, die das Hauptmotiv einrahmt, kann in verschiedener Form und Breite gearbeitet werden, je nachdem, ob sie als unauffällige Abschlußkante, als dekorative Umrahmung oder sogar als wichtiger Teil des Gesamtentwurfs gedacht ist. Überlegen Sie daher schon vor dem Stickbeginn, mit welchem Rahmen Sie Ihre Stickerei umgeben wollen, damit ein harmonisches Gesamtbild entsteht. Auch die Farbgebung ist bei der Gestaltung des Rahmens entscheidend. Hellere Farben lassen das Hauptmotiv hervortreten, dunklere Farbtöne drängen es zurück.

Wie breit wird der Rahmen?
Oben läßt der breite, dekorative Rahmen das Stickbild etwas in den Hintergrund rücken. Es verliert an Eigenständigkeit und bildet mit der Umrandung ein neues Ganzes. Unten wurde es noch einmal ohne Rahmen abgebildet. Der Unterschied ist frappierend: Dasselbe Bild wirkt viel direkter, da nichts mehr von ihm ablenkt. Ähnliches ließe sich bei der breit umrandeten Stickerei auf der rechten Seite beobachten, wenn man die Randborte abdeckt.

Für dieses Blumenbild ergibt sich die Fensterform als Rahmen fast von selbst

Ein Rahmen muß nicht rechteckig sein

Die klassischen Bildformen sind natürlich Rechtecke oder Quadrate. Dies sollte Sie nicht davon abhalten, mit anderen Formen zu experimentieren. Versuchen Sie dabei, eine Beziehung zwischen dem Stickmotiv und seiner Umrandung herzustellen. Für einen Blumenstrauß zum Beispiel bietet sich ein kreisförmiger oder ovaler Rahmen an. Bei dem Stickbild links könnte sich ein Rund- oder Spitzbogen eng um den Baum schmiegen. Auch eine inhaltliche Beziehung ist denkbar, wie etwa die Form eines Schiffes für ein Seestück oder ein Stern für ein Himmelsbild. Hübsch wirken auch Fenster- und Türbilder.

Himmelsbild in Sternform

Bunte Muster für die Rahmen

Je breiter die Randbordüre angelegt ist, desto mehr Möglichkeiten bieten sich, sie durch verschiedene Farben und Muster zu beleben. Lassen Sie sich von den Abbildungen auf dieser Seite anregen! Streifen, Karos, Rauten und Zickzacklinien lassen sich zu attraktiven geometrischen Mustern zusammenstellen. Auch regelmäßig wiederholte bildliche Motive wie z. B. Blumen oder Blüten, die man auch versetzt anordnen kann, sehen hübsch aus.

Gartenlaube, bunt eingerahmt

Achtung bei den Ecken!

Bei fortlaufenden Mustern muß die Gestaltung der Ecken rechtzeitig vorausgeplant werden. Am einfachsten ist es, die Eckquadrate zunächst auszusparen und am Schluß einfarbig auszusticken. Bei dem rechts abgebildeten Teppich wurde ein einzelnes Blumenmotiv ins Eck gesetzt. Geometrische Muster läßt man meist im Winkel von 45° zusammenlaufen.

Eckausschnitt mit Rosenmotiv

Wie man gerade Linien überspielt

Rahmen lassen sich geschickt in den Gesamtentwurf einbeziehen, wenn man die starre Grenzlinie zwischen Mittelmotiv und Randbordüre überspielt. In dem Stickbild unten ragen die Blüten und Blätter des Hauptmotivs weit in den Rahmen hinein. In der darunter abgebildeten Stickerei dient das Fenster zugleich als Umrahmung des Bildes. Die Geranien drängen jedoch in üppiger Blütenpracht über diese Abgrenzung hinaus. Man kann auch den Rahmen in die Bildfläche ausufern lassen.

Blätter und Blüten überlappen den geometrischen Rand

Geranien auf dem Fensterbrett

So stickt man Teppiche

Seit dem 16. Jahrhundert stickte man Gobelinteppiche nach dem Muster der sehr viel teureren gewebten oder geknüpften Orientteppiche. Auch heute noch lohnt es sich, die Muster und Farben der alten Meisterwerke genau zu studieren, wenn man selbst Teppiche sticken will. Die Farben haben übrigens alle ihre besondere Bedeutung: So ist Weiß die Farbe der Trauer, gelb die der Frömmigkeit, Rot die des Glücks, des Reichtums und der Freude. Blau ist in der Mongolei die Farbe der Stärke, in persischen Teppichen symbolisiert sie dagegen den Himmel. Grün ist die heilige Farbe des Islam und steht in Gebetsteppichen stellvertretend für das Paradies.

Moderner Teppich Kühne geometrische Muster zeichnen diesen modernen Entwurf aus. Große Arbeiten wie dieser werden aus mehreren Teilen zusammengenäht. Anschließend überstickt man die Nahtstellen

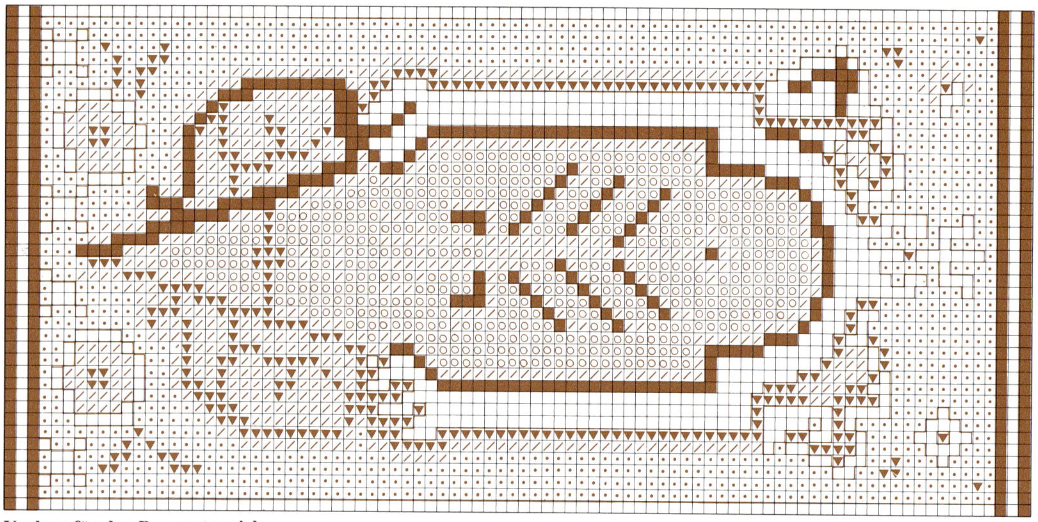

Vorlage für den Puppenteppich

Puppenteppich

Wer sich an größere Stücke nicht heranwagt, findet vielleicht Gefallen an diesem Miniaturteppich. Er ist für ein Puppenhaus gedacht und kann direkt nach der Vorlage links gestickt werden. Arbeiten Sie mit Perlstich auf Doppelstramin, bei dem 48 Fäden auf 10 cm treffen. Wandeln Sie die Farben nach Belieben ab!

Die Farben

- ○ **Korallenrot**
- • **Scharlachrot**
- / **Hellgelb**
- □ **Ocker**
- ▼ **Fahlblau**
- ■ **Dunkelblau**

Der fertige Teppich ist hier in Originalgröße abgebildet

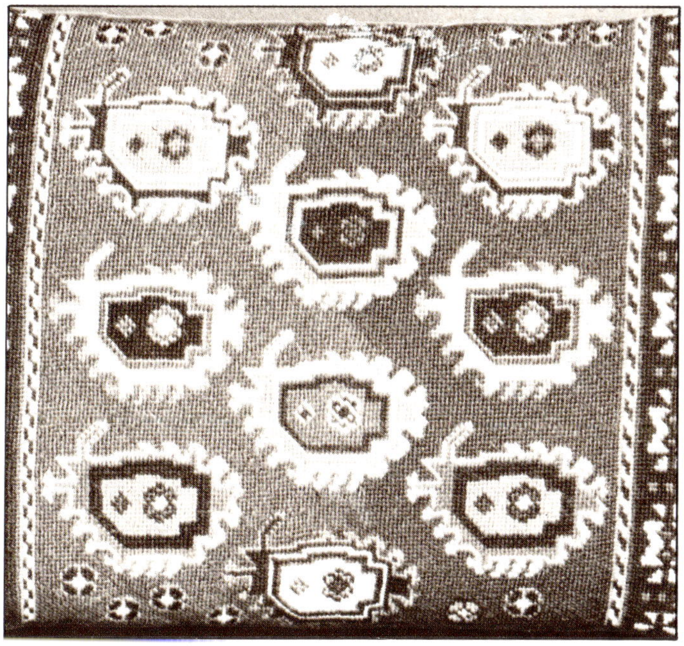

Polster in Gobelintechnik
Auch Polster- und Kissenbezüge können nach traditionellen Teppichmustern entworfen werden, wie die oben abgebildete moderne Arbeit, die in Spanien entstand. Die Garne wurden mit Pflanzenfarben eingefärbt, daher die leicht unregelmäßige Tönung. Zum Schluß wurde die Stickerei zu einer Rolle zusammengenäht und mit einem Stück Schaumstoff prall gefüllt

Teppich aus Portugal
Diese ganz in Kreuzstichen gestickte Arbeit entstand im 18. Jahrhundert. Die Ranken- und Blütenmuster wurden besonders fein ausgeführt

Traditionelle Teppichmuster

Charakteristisch für die in den Orientteppichen verwendeten Motive sind ihre geometrische Form und starke Stilisierung. Manche Motive sind symbolisch, andere aus der Natur abgeleitet. Sie entwickelten sich über Jahrhunderte hinweg und bieten noch heute viele Anregungen beim Entwurf eines neuen Musters.

Viele hübsche Dinge zum Selbermachen

Wer sich nicht gleich an eigene Entwürfe wagen will, findet auf den nächsten sechs Seiten Anleitungen für hübsche und praktische Kleinigkeiten: eine Buchhülle, einen Geldbeutel, ein Nadelkissen und einen Gürtel (siehe unten). Außerdem haben wir für Sie zwei Stickbilder entworfen. Das erste ist rechts abgebildet; wäre es nicht ein originelles Geschenk für einen Hobbymaler?

Buchhülle

Geldbeutel

Nadelkissen

Malkasten, Federhalter und Stifte

Gürtel

Anleitungen für die Buchhülle und das Stickbild „Malkasten, Federhalter und Stifte“

Perlenbesetzte Buchhülle

Mit dieser Hülle verwandeln Sie Ihr Lieblingsbuch in einen Prachtband. Perlen, Pailletten und dekorative Eckbeschläge, die es im Bastelgeschäft zu kaufen gibt, verleihen der Stickerei zusätzliche Glanzeffekte. Die fertige Hülle mißt etwa 11,5×15 cm; Sie können das Muster aber leicht auch anderen Maßen anpassen.

Was Sie an Material alles brauchen

Schneiden Sie einfachen Stramin auf mindestens 18×20,5 cm zu. Außerdem benötigen Sie Stickgarn in zwei Grüntönen, Beige, Eisgrau und Rostrot; 140 blaue Perlen, je 50 orange Perlen und Pailletten, ein Stück Karton und Futterstoff im passenden Farbton.

Und so wird's gemacht

Zeichnen Sie das Muster auf den Stramin und sticken Sie es nach der Vorlage unten mit geraden Gobelinstichen nach. Nähen Sie am Rand und zwischen den rostroten Kreisen die Perlen und Pailletten auf. Schneiden Sie aus Karton zwei 11,5×15 cm große Rechtecke und einen 1,5×15 cm großen Streifen aus. Schneiden Sie aus dem Futterstoff vier 19×17,5 cm große Rechtecke zu. Nähen Sie je zwei davon an drei Kanten zusammen. Wenden Sie die Hüllen und schlagen Sie die zugenähten Längsseiten 5 cm nach innen zu einer Einstecklasche um. Schieben Sie die Kartonstücke in das Futter. Beziehen Sie auch den Buchrücken und nähen Sie alle Teile von Hand aneinander. Säumen Sie die Stickerei und nähen Sie sie mit winzigen, unsichtbaren Stichen auf das vordere Hüllenfutter. Bringen Sie an den Ecken die Beschläge an.

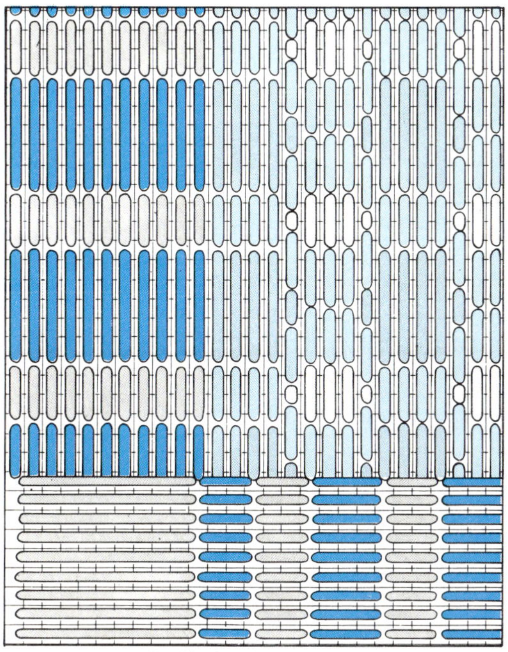

Die Stickvorlage gibt die linke Ecke der Buchhülle wieder. Erweitern Sie das Muster auf die gewünschte Größe

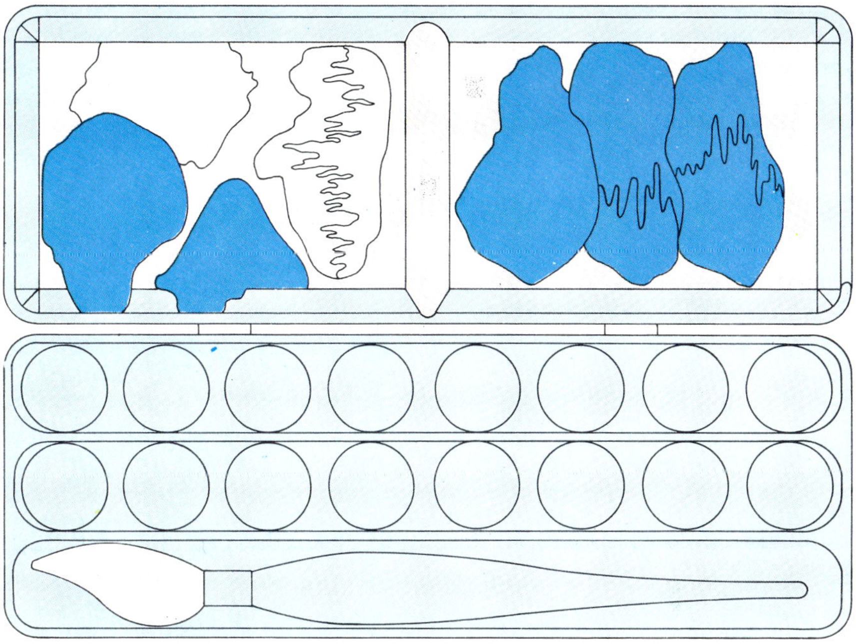

Stickbild „Malkasten, Federhalter und Stifte“

Malkasten

Die fertige Stickerei mißt 35×25 cm. Übertragen Sie den Entwurf auf den Stramin. Wie man Motive vergrößert, wurde in Band 1 auf S. I/109 erklärt. Dem Foto links können Sie die Farb- und Stichverteilung entnehmen. Alles wurde in Geradstichen gestickt.

Federhalter und Stifte

Schneiden Sie den Stramin zu einem 35×30 cm großen Rechteck zu. Übertragen Sie die Motivumrisse und sticken Sie sie mit senkrechten und waagrechten Geradstichen aus. Zum Schluß können Sie die Stifte ausschneiden und die Kanten nach hinten umnähen.

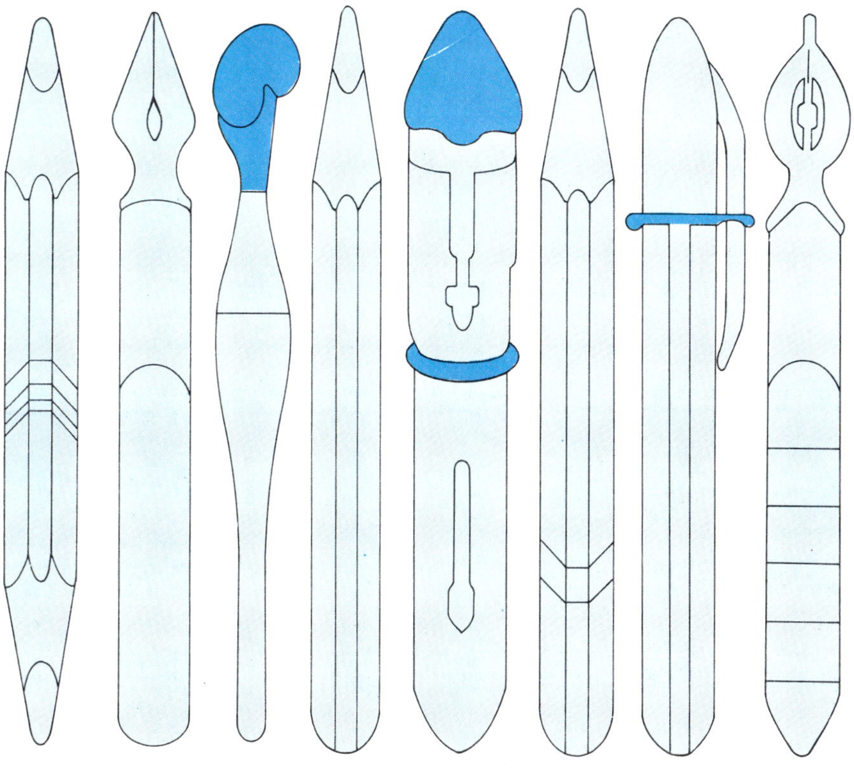

Anleitung für den Gürtel

Der fertige Gürtel

Die Stickerei

Der Gürtel links ist auf der vorletzten Seite in Farbe abgebildet. Das Muster setzt sich aus sechs Farben zusammen. Stimmen Sie den Gürtel farblich auf die Kleidungsstücke ab, zu denen Sie ihn tragen möchten.

Was Sie an Material brauchen
Sticken Sie auf einfachem Stramin, der so fein sein sollte, daß 90–100 Fäden auf 10 cm treffen. Sie benötigen einen Streifen von 10×102 cm. Schneiden Sie je ein Stück aufbügelbare Versteifung und farblich passenden Futterstoff aus Leinen auf dieselbe Größe zu. Außerdem benötigen Sie je 25 m Stickgarn in sechs Farben, eine möglichst flache rechteckige Gürtelschnalle ohne Dorn und Klebstoff, der sich für Textilien eignet.

Und so wird's gemacht
Zeichnen Sie die Gürtelumrisse auf den Stramin. Die Stickerei ist etwa 4 cm breit; die Länge richtet sich nach Ihren persönlichen Maßen. Beginnen Sie am spitz zulaufenden Ende des Gürtels; arbeiten Sie nach der unten abgebildeten Stickvorlage. Halten Sie für jede Farbe eine eingefädelte Nadel bereit, dann kommen Sie schneller voran. Die fertige Stickerei muß gespannt werden (S. II/40).

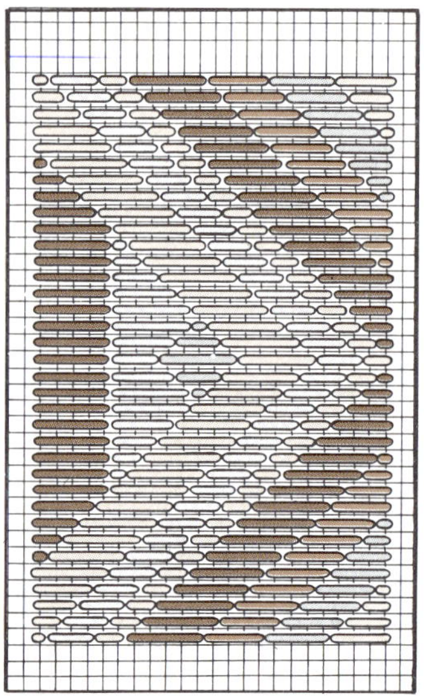

Stickvorlage
Wiederholen Sie diesen Rapport

Das Füttern

Der in Form gespannte Gürtel muß versteift und gefüttert werden. Auf diese Weise versäubert man die Kanten und macht den Gürtel gleichzeitig auch haltbarer.

Und so wird's gemacht

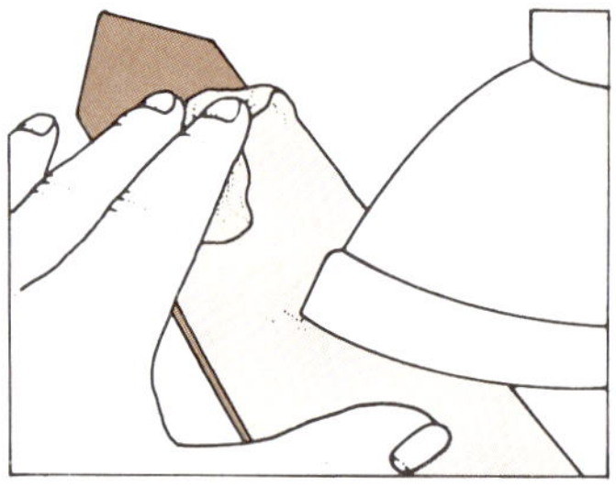

1 Schneiden Sie die Versteifung auf die Größe der Stickerei zu und bügeln Sie sie auf die Rückseite des Gürtels auf. Das Bügeleisen muß dazu ziemlich heiß eingestellt werden.

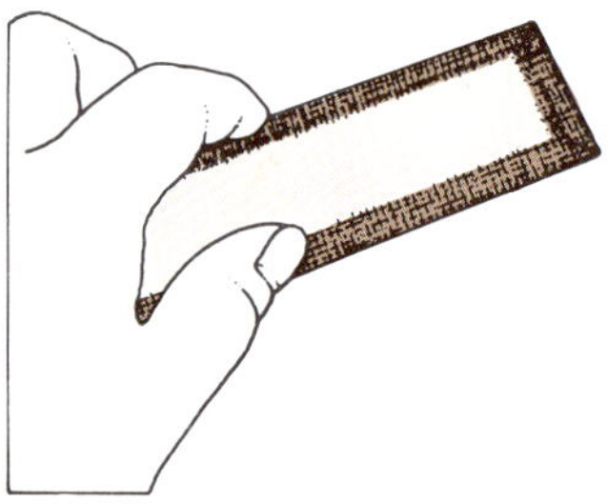

2 Schneiden Sie den Stramin rings um die Stickerei so zurück, daß eine Nahtzugabe von 7 mm übrig bleibt. Schneiden Sie die Ecken schräg ab. Bügeln Sie die Kanten nach innen um und kleben Sie sie mit dem Textilkleber sorgfältig fest.

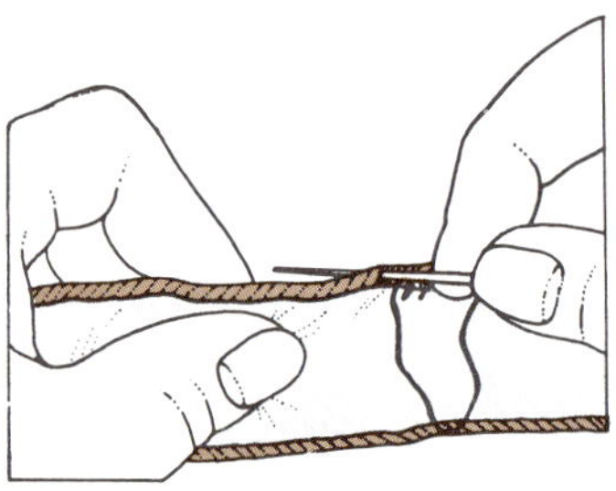

3 Schneiden Sie das Leinenfutter mit 7 mm Nahtzugabe zu. Bügeln Sie die Kanten auf die linke Seite um und nähen Sie das Futter von Hand auf die Rückseite des Gürtels.

Die Gürtelschnalle

Der Steg der Schnalle muß genau der Gürtelbreite entsprechen. Die Schnalle wird mit besticktem Stramin überzogen und mit einem Stück Stoff am Gürtel befestigt.

Und so wird's gemacht

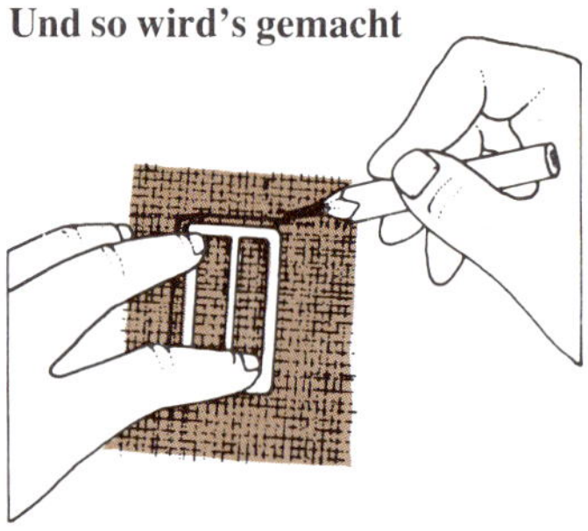

1 Übertragen Sie die Umrisse der Schnalle auf ein kleines Stück Stramin. Sticken Sie die Schnallenform in der gewünschten Farbe nach (Muster siehe Abbildung).

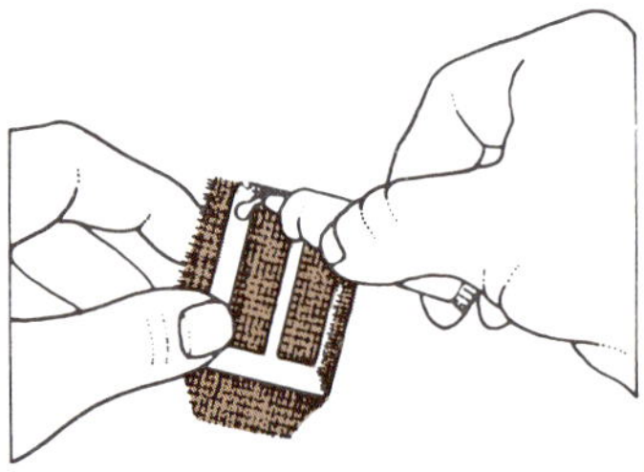

2 Schneiden Sie die Straminkanten bis auf 7 mm Nahtzugabe zurück; schrägen Sie die Ecken ab. Kleben Sie die Stickerei auf die Schnalle. Schlagen Sie die Kanten nach innen um und kleben Sie sie sorgfältig auf der Schnalle fest.

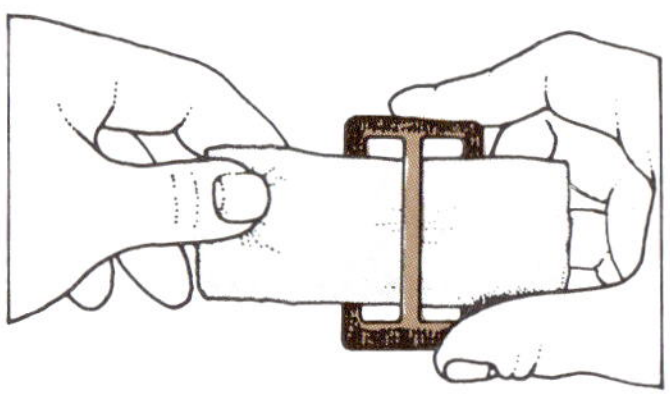

3 Schneiden Sie ein Stück Futterstoff auf die Gürtelbreite plus 7 mm Nahtzugabe zu. Bügeln Sie die Kanten nach innen und ziehen Sie das Stoffstück durch die Schnalle. Klappen Sie es um den Steg und nähen Sie den nun doppelt liegenden Stoffstreifen auf der Rückseite des Gürtels fest. Das Gürtelende muß möglichst nahe am Steg liegen.

Anleitung für den Geldbeutel

Die Stickerei

Ausgehfein wird das winzige, wattierte Täschchen durch die mit glänzendem Garn ausgeführte Gobelin-Stickerei. Da es nur vorn bestickt ist, brauchen Sie nicht viel Zeit aufzuwenden.

Ihr Erstlingswerk könnte dieser kleine Geldbeutel werden, da die einfache Stickerei nur wenig Zeit beansprucht. Dem Foto auf S. II/34 können Sie entnehmen, in welchen Farben das Karomuster gestickt ist

Was Sie alles an Material brauchen

Sticken Sie auf einfachem Stramin, bei dem 100 Fäden auf 10 cm treffen. Schneiden Sie ein 16×14 cm großes Rechteck zu. Die fertige Stickerei mißt etwa 8,5×7 cm. Außerdem benötigen Sie Stickgarn in fünf Farben, ein etwa 11×36 cm großes Stück Satin oder anderen Stoff und Wattiereinlage aus Baumwolle oder Synthetikvlies in der Größe von 8,5×14 cm. DerGeldbeutel wird mit einem Druckknopf geschlossen.

Und so wird's gemacht

Zeichnen Sie die Umrisse der Stickerei so auf den Stramin, daß ringsum ein etwa 3,5 cm breiter Rand frei bleibt. Folgen Sie der Stickvorlage, die die linke Hälfte des Geldbeutels wiedergibt. Die rechte Hälfte wird spiegelbildlich gearbeitet. Wenn Sie für jede Farbe eine eigene Nadel benutzen, brauchen Sie nicht bei jedem Farbwechsel neu einzufädeln. Wie die fertige Stickerei gespannt wird, steht auf S. II/40. Sie brauchen die Stickerei nur dann zu spannen, wenn sie sehr unregelmäßig geworden ist.

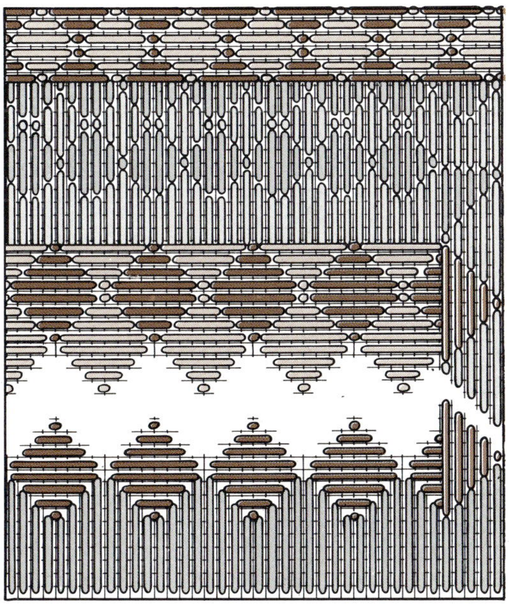

Stickvorlage Das Muster setzt sich aus waagrechten und senkrechten Geradstichen verschiedener Länge zusammen

Die Näh- und Wattierarbeiten

Soll Sie das Täschchen bei festlichen Gelegenheiten begleiten, verwenden Sie am besten Satin oder andere edle Stoffe als Futter.

Und so wird's gemacht

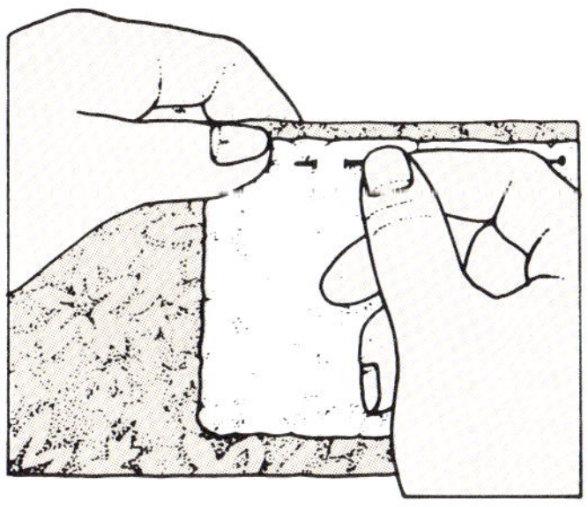

1 Legen Sie den Stoffstreifen mit der linken Seite nach oben vor sich hin. Stecken Sie die Einlage auf dem einen Ende des Stoffstreifens fest, wie auf der Abbildung gezeigt. Heften Sie die Einlage fest.

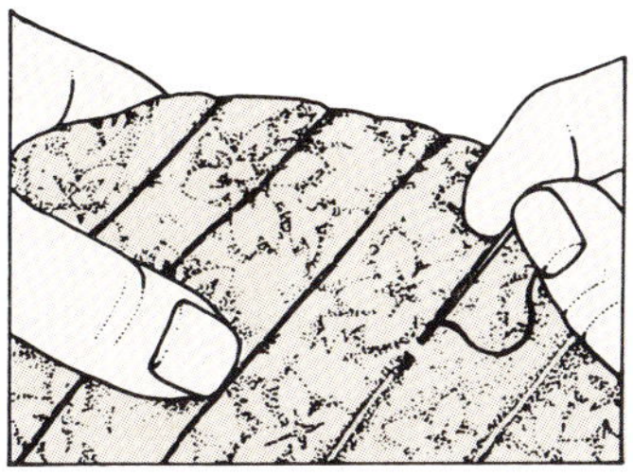

2 Drehen Sie den Stoff um. Auf die Fläche, die die Einlage überdeckt, werden nun mit Schneiderkreide schräge Linien gezeichnet. Steppen Sie entlang dieser Linien mit Vor- oder Rückstichen durch beide Stofflagen. Ziehen Sie den Faden bei jedem Stich fest an.

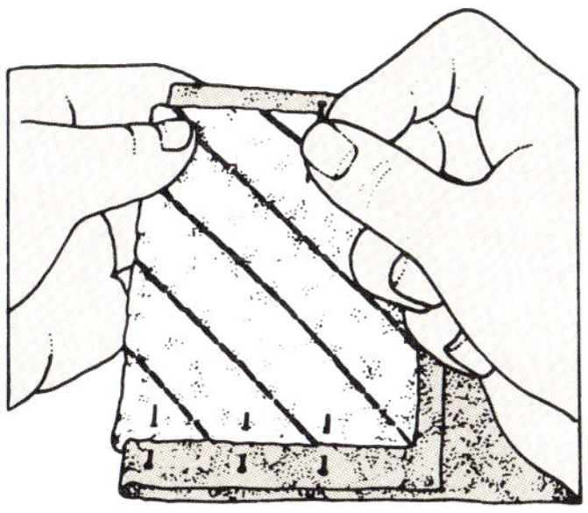

3 Legen Sie nun den Stoff rechts auf rechts so zusammen, daß die Faltlinie genau in der Mitte der Einlage verläuft.

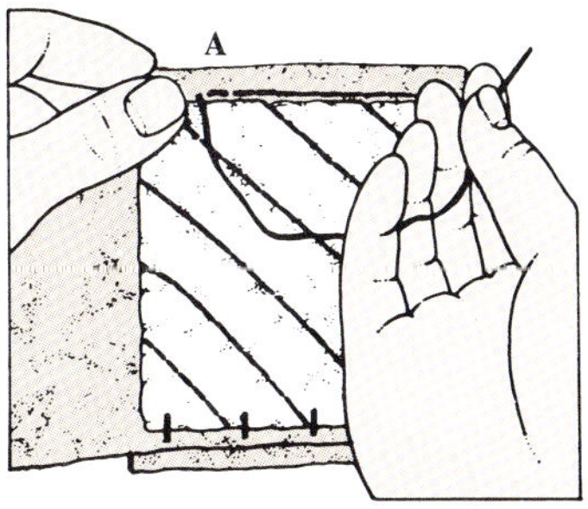

4 Schließen Sie nun die Seitennähte des Täschchens. Beginnen Sie an der Faltlinie und enden Sie 1,5 cm vor der Kante der Einlage beim Punkt A. Nähen Sie die zweite Seite in derselben Weise zu. Messen Sie nun von A aus 6,5 cm nach links und markieren Sie an dieser Stelle den Punkt B.

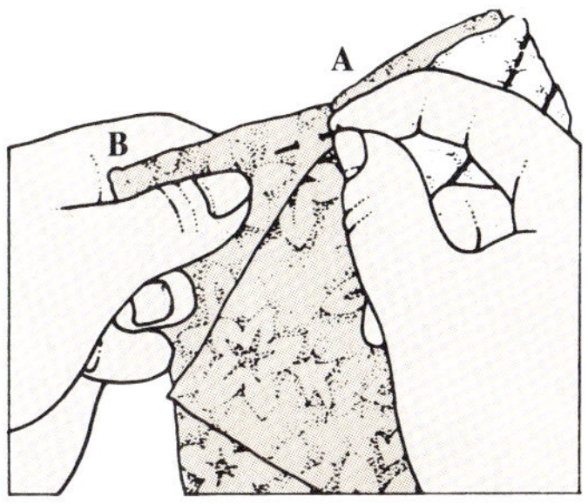

5 Im Punkt B wird nun der Stoff zurückgefaltet, so daß er rechts auf rechts liegt. Setzen Sie die Seitennähte von A nach B fort. Schneiden Sie anschließend die Nahtzugaben an den Seiten auf 7 mm zurück.

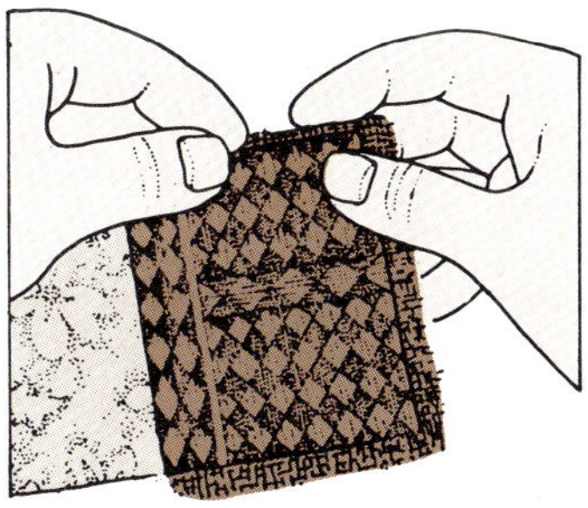

6 Wenden Sie das Geldtäschchen und ziehen Sie es in Form. Nähen Sie die Stickerei auf die Verschlußkappe. Biegen Sie dazu die Straminkanten nach innen um. Bringen Sie als Verschluß einen großen Druckknopf an.

Anleitung für ein Nadelkissen und das Stickbild mit der Kuh

Besticktes Nadelkissen

Nichts ist zu klein und unbedeutend, um nicht liebevoll verziert zu werden: Jedesmal, wenn Sie zum Nähkorb greifen, werden Sie an einem hübsch bestickten Nadelkissen wie diesem Ihre Freude haben. Wir haben für das kleine Motiv kräftige Farben gewählt; bunte Garnreste lassen sich hier gut verwerten. Auf S. II/34 ist das Nadelkissen in Farbe abgebildet.

Was Sie alles an Material brauchen

Sticken Sie auf einem Quadrat von einfachem Stramin mit mindestens 15 cm Seitenlänge. Die in sechs Farben ausgeführte Stickerei mißt etwa 7,5 cm im Quadrat. Für die Hülle benötigen Sie ein Stück dicht gewebten Stoff, für die Füllung feine Sägespäne und eine kleine Plastiktüte.

Und so wird's gemacht

Markieren Sie die Umrisse der Stickerei auf dem Stramin. Sticken Sie nach der unten abgebildeten Vorlage, die das linke obere Viertel des Motivs wiedergibt. Füllen Sie die Plastiktüte mit Sägespänen und bringen Sie sie in die ungefähre Form eines Würfels mit 7,5 cm Kantenlänge; verschließen Sie die Öffnung mit Klebeband. Schneiden Sie aus dem Stoff zwei Quadrate mit 10 cm Seitenlänge und einen 33×8,5 cm großen Streifen zurecht.
Heften Sie den Streifen rechts auf rechts um die Kanten eines der beiden Quadrate. Steppen Sie die Naht mit der Maschine und entfernen Sie die Heftfäden. Wenden Sie die Hülle und füllen Sie sie mit den Sägespänen. Bügeln Sie die Kanten des zweiten Stoffquadrats um und nähen Sie es von Hand über die Tüte mit den Sägespänen, so daß ein prall gefüllter Würfel entsteht. Falzen Sie die Straminränder der Stickerei nach innen und nähen Sie sie mit unsichtbaren Stichen auf den Würfel.

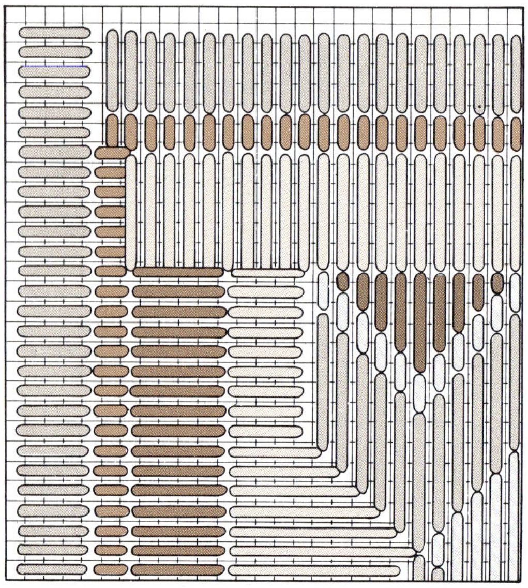

Die Vorlage zeigt das linke obere Viertel des Nadelkissens. Ergänzen Sie es spiegelbildlich

So sticken Sie das Landschaftsbild (rechte Seite)

Die Vorlage unten bildet die Stickerei in Originalgröße ab. Verwenden Sie Baumwoll-Spaltgarn und einfachen Stramin, bei dem etwa 70 Fäden auf 10 cm treffen. Übertragen Sie die Motivumrisse auf den Stramin und arbeiten Sie mit den im Schlüssel angegebenen Stickstichen. Der Knötchenstich dürfte Ihnen aus der Zierstickerei bekannt sein; er ist in Band 1 auf S. I/105 beschrieben. Die fertige Stickerei wird gespannt (S. II/40).

Schlüssel

1. **Perlstich**
2. **Gleich lange Schrägstiche**
3. **Gestufte Schrägstiche**
4. **Schräger Gobelin-Füllstich**
5. **Gerader Gobelin-Füllstich**
6. **Verzahnter Gobelinstich in unterschiedlicher Länge**
7. **Knötchenstich**

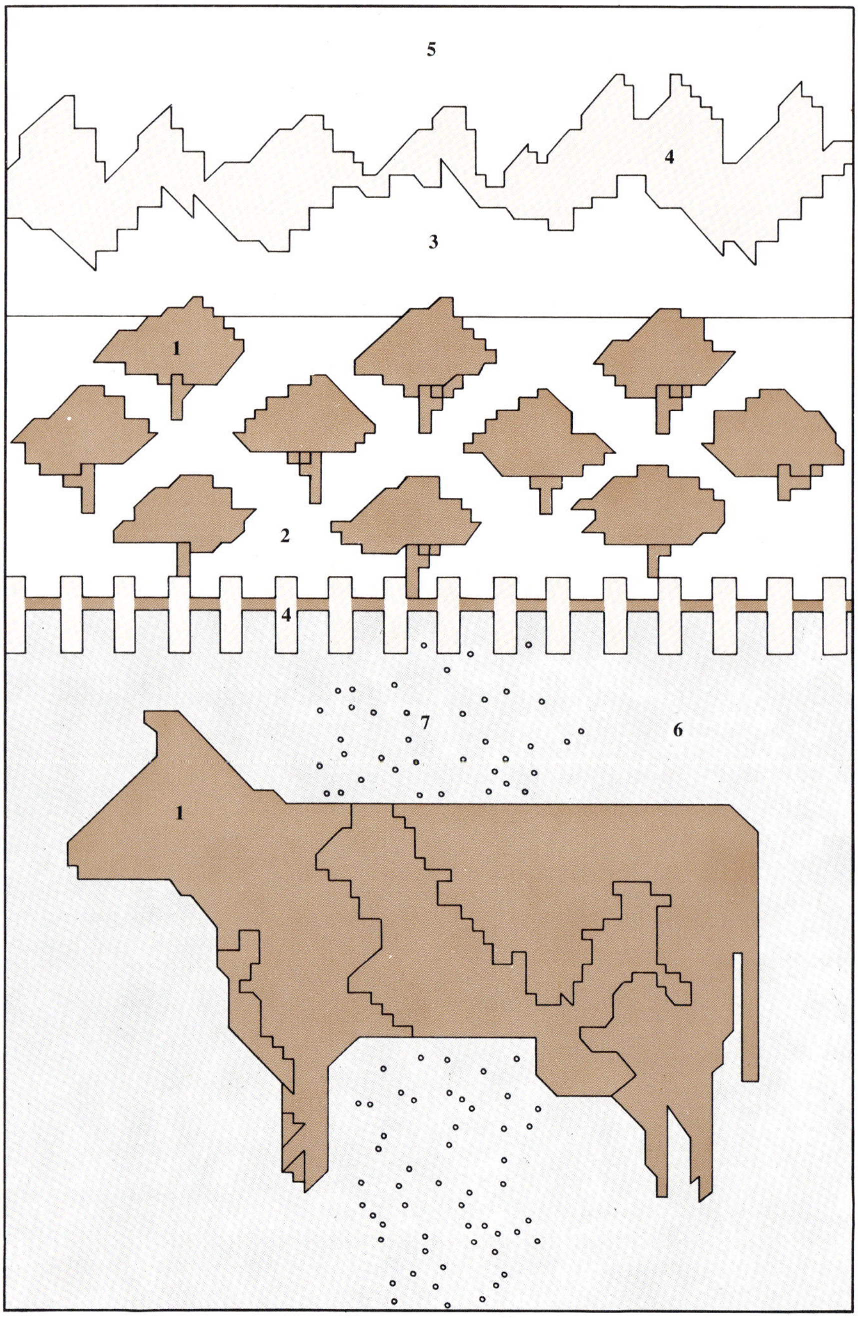

Ein hübsches Lesezeichen

Das Lesezeichen mißt ungefähr 5×15 cm und wird auf der Rückseite mit einem Stück weichem Leder beklebt.

Und so wird's gemacht
Sticken Sie auf einfachem Stramin, bei dem etwa 100 Fäden auf 10 cm treffen. Das Muster ist leicht nachzuarbeiten, da es auf dem Foto nahezu in Originalgröße wiedergegeben ist. Wir haben Baumwoll-Spaltgarn in sieben Farben verwendet. Ist die Stickerei fertig, nähen Sie die Kanten nach hinten um und schneiden ein Stück Leder auf die erforderliche Größe zu. Kleben Sie es auf die Rückseite des Lesezeichens.

Lesezeichen

Stickbild mit Kuh

Kuh auf der Blumenwiese
Friedliche Stimmung und ländliche Frische strahlt diese kleine Stickerei aus. Die Blüten sind durch verstreute, einzelne Knötchenstiche wiedergegeben. Die Anleitung für das Stickbild steht auf der linken Seite. Dort ist der Entwurf noch einmal in Originalgröße abgebildet

Spannen Sie Ihre Stickerei in Form

Es läßt sich fast nicht vermeiden, daß sich die Stickerei während der Arbeit etwas verzieht. Erst durch das Spannen wird sie wirklich glatt und ebenmäßig. Bequemer ist es, die Arbeit in Fachgeschäften spannen zu lassen, doch werden begeisterte Stickerinnen auch diesen Arbeitsgang zumindest einmal selbst ausprobieren wollen. Sie werden sehen: Spannen ist gar nicht so schwer!

Das Spannen erfordert ein paar Vorbereitungen

Jetzt haben Sie die letzte Möglichkeit nachzuprüfen, ob die Stickerei wirklich vollständig ist. Halten Sie Ihre Arbeit gegen das Licht. Vielleicht entdecken Sie, daß an ein paar Stellen ein Stich vergessen wurde. Nun können Sie ihn ergänzen. Angeschmutzte Stickereien werden in eine milde Seifenlauge gelegt, mit einem Schwamm leicht ausgedrückt und klargespült. Vor dem Spannen muß der Stramin mit kaltem Wasser gut angefeuchtet werden, damit die Appretur aufweicht.

Zum Spannen: Legen Sie eine Span- oder Holzplatte und Reißzwecken oder kleine Nägel bereit. Zeichnen Sie die Umrisse der Vorlage auf die Platte oder auf Papier. Nach dieser Markierung wird gespannt. Kennzeichnen Sie jeweils die Mitte der Straminkanten und der gezeichneten Umrisse. Als erstes wird dort die Arbeit befestigt. Dabei liegt die Vorderseite der Stickerei nach unten gekehrt.

Und so wird gespannt

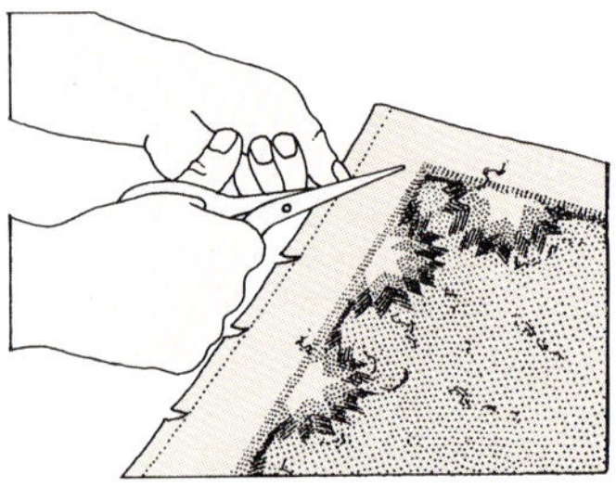

1 Nur Schlingstich-Stickereien werden mit der Vorderseite nach oben gespannt, damit die Stiche nicht plattgedrückt werden. Schneiden Sie fest gewebte Ränder ein.

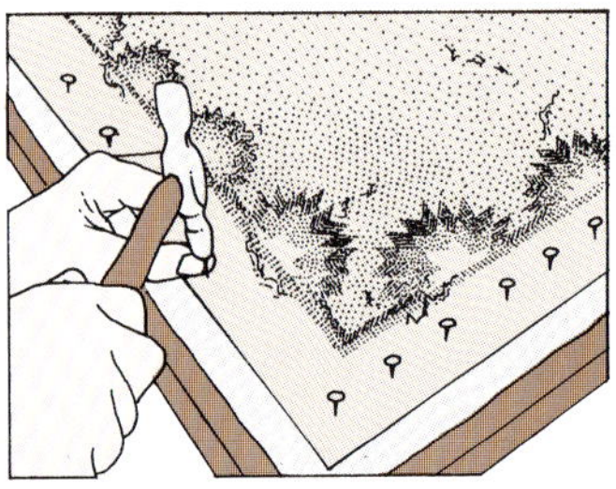

3 Ziehen Sie die Arbeit in Form und nageln Sie sie im Abstand von 2,5 cm fest. Gehen Sie dabei von der Mitte aus auf die Ecken zu.

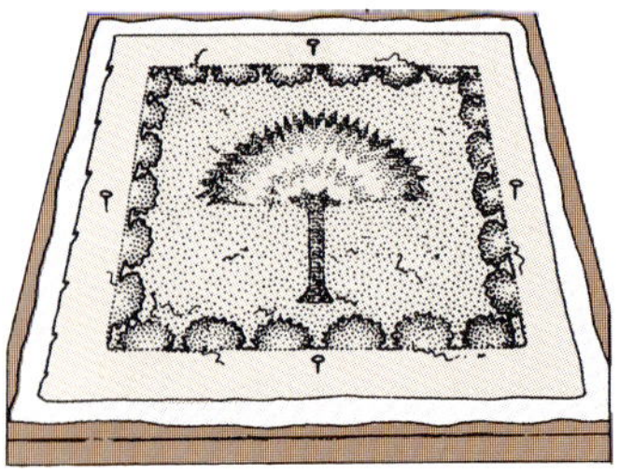

2 Schlagen Sie einen Nagel durch die Mitte der oberen Straminkante. Ziehen Sie die Arbeit vorsichtig nach unten – die Straminfäden müssen dabei im rechten Winkel zueinander bleiben – und befestigen Sie auch die untere Mitte der Arbeit. Heften Sie auf diese Weise auch die beiden Seiten der Arbeit auf das Brett.

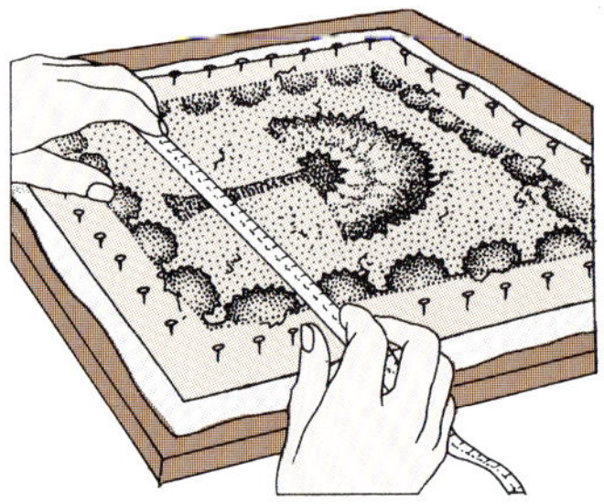

4 Arbeiten Sie langsam und sorgfältig und bringen Sie die Stickerei genau auf die gewünschten Maße. Oft ist es nötig, einzelne Nägel wieder herauszunehmen und neu einzuschlagen. Lassen Sie die gespannte Arbeit gründlich trocknen. Bei sehr stark verzogenen Arbeiten kann mehrmaliges Spannen Wunder bewirken!

So bringen Sie Ihre Stickbilder zur Geltung

Wenn Sie Ihre Stickerei lediglich auf einen Streckrahmen nageln, ist sie auf beiden Seiten Luft und Staub ausgesetzt. Deshalb sollten Sie sie auf eine dünne Hartfaserplatte aufziehen. Besonders kostbare Stücke können anschließend mit entspiegeltem Glas abgedeckt und gerahmt werden. Bei kleineren oder unregelmäßig geformten Stücken bezieht man die Platte mit Stoff, auf den dann die Stickerei aufgenäht wird. Größere Stücke kann man direkt aufziehen.

Das Aufziehen auf eine mit Stoff bespannte Platte

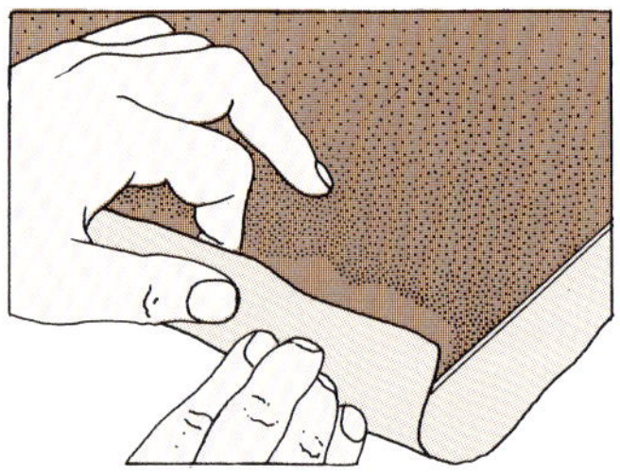

1 Schneiden Sie feinen Stoff aus Leinen oder anderen Naturfasern so zu, daß er ringsum 7,5 cm über die Holzplatte hinausragt. Spannen Sie ihn straff darüber und befestigen Sie ihn auf der Rückseite mit Klebeband. Beschweren Sie ihn 24 Stunden.

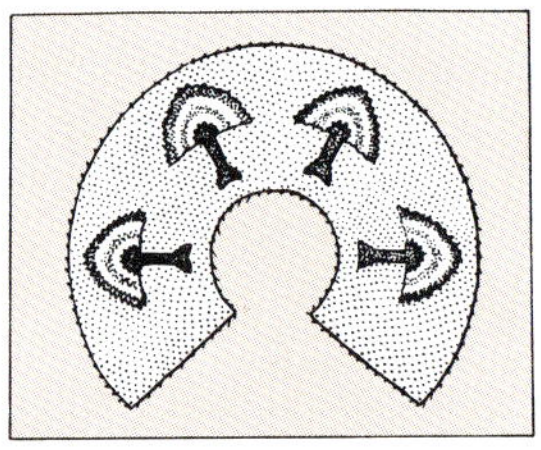

2 Säumen Sie die Ränder der gespannten Stickerei hinten fest. Stecken Sie sie auf den Stoff. Nähen Sie die Kanten mit unsichtbaren Stichen fest. Benutzen Sie dazu dünnen, reißfesten Faden und eine Nähnadel oder eine gebogene Nadel.

Das direkte Aufziehen auf die Holzplatte

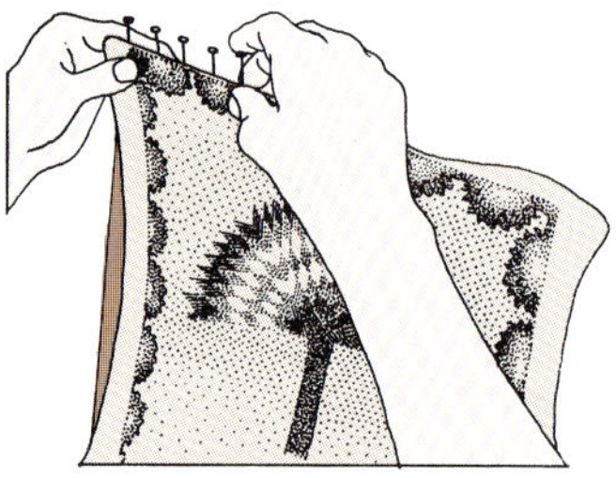

1 Stecken Sie die Ober- und Unterkante der Stickerei auf den Schmalseiten der Platte fest. Die Arbeit muß dabei straff gespannt sein.

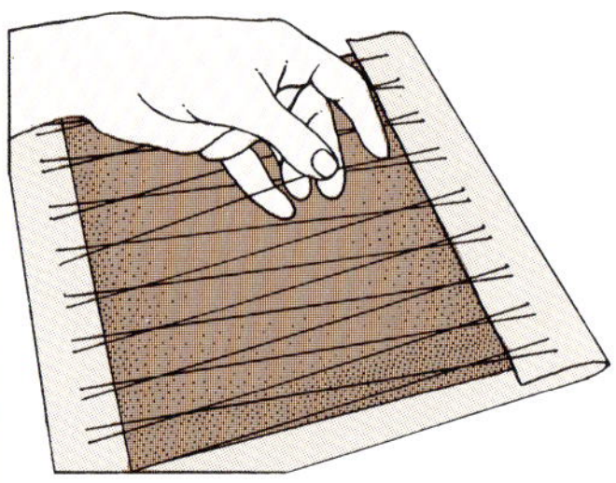

3 Entfernen Sie die Stecknadeln und ziehen Sie den Faden noch einmal straff an, bevor Sie ihn verknoten.

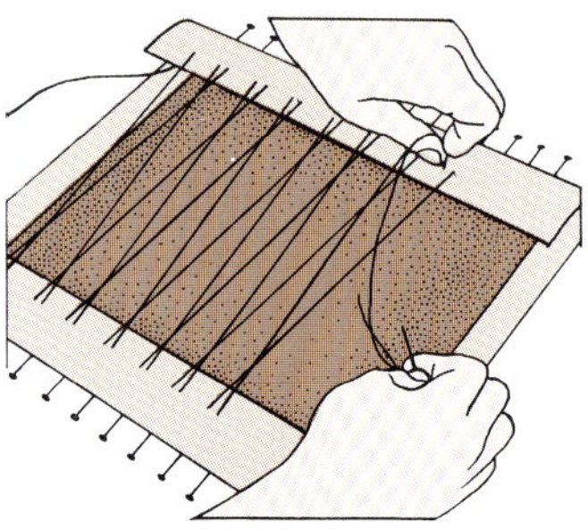

2 Verbinden Sie die Straminkanten mit überlangen Hexenstichen. Beginnen Sie links oben und ziehen Sie den Faden immer wieder fest.

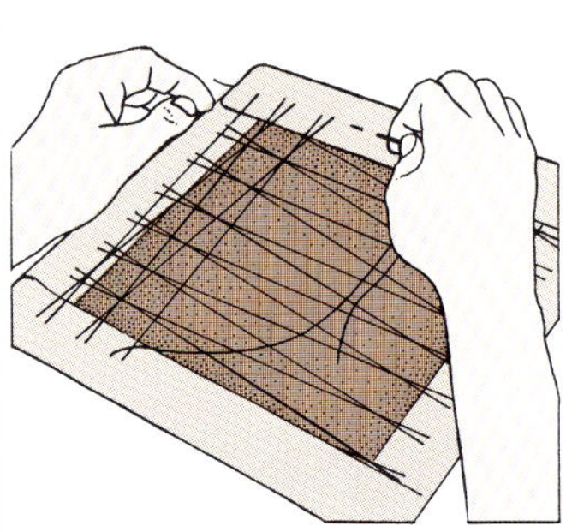

4 Verfahren Sie mit den beiden Seiten genauso. Achtung: Wird die Stickerei gerahmt, muß eine etwas größere Platte gewählt werden!

Letzte Abschlußarbeiten

Tricks für saubere Ecken

Die unbestickten Straminränder werden meist zur Rückseite der Arbeit umgeschlagen. Die Ecken tragen weniger auf, wenn man sie nach einer der beiden unten beschriebenen Methoden zurückschneidet. Dies erleichtert auch das Umfalten.

So schrägt man die Ecken ab

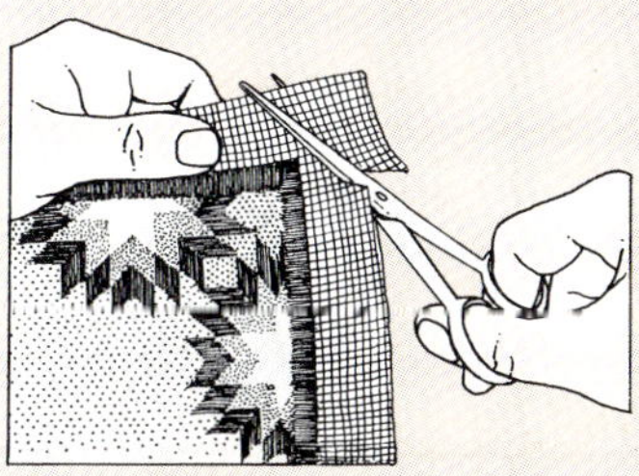

1 Schneiden Sie die Ecke des Stramins etwa 7 mm von der Spitze der Stickerei entfernt wie gezeigt ab.

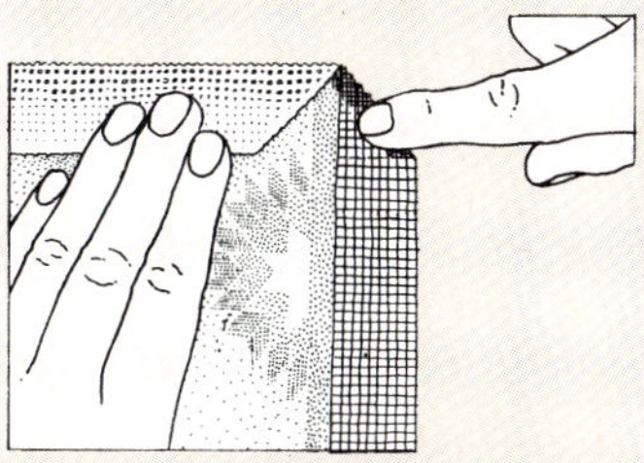

2 Falten Sie die Nahtzugabe und dann die Seiten um; säumen Sie das Eck.

So schneidet man Quadrate aus

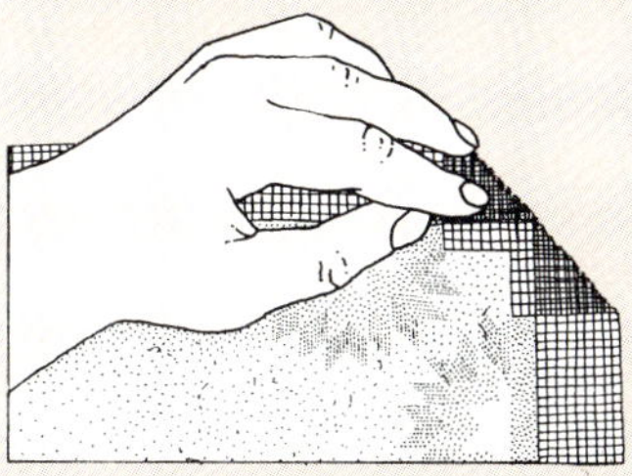

1 Schneiden Sie an jedem Eck ein Quadrat aus dem Stramin, dessen Spitze 7 mm von der Stickerei entfernt ist. Falten Sie das Eck um wie gezeigt.

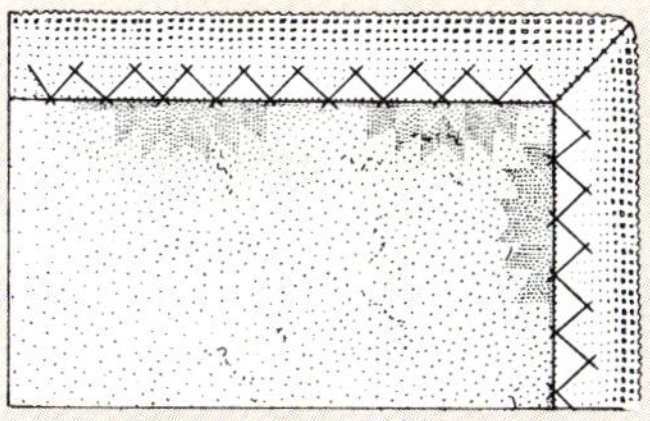

2 Schlagen Sie die Seiten um; nähen Sie das Eck zusammen.

Stühle und Sessel

Am besten eignen sich dafür Stühle mit herausnehmbarem Sitzpolster. Richten Sie sich mit Ihrem Entwurf genau nach der Form des Polsters und spannen Sie die fertige Stickerei wie links beschrieben. Die Tips unten werden Ihnen beim Beziehen helfen.
Wenn Sie vorhaben, einen Sessel zu beziehen, dann sollten Sie sich den ,,Schnitt“ für die Stikkerei von einem Polsterer abnehmen lassen und ihm auch die Abschlußarbeiten überlassen – er wird sie perfekt ausführen.

Und so bezieht man Stühle

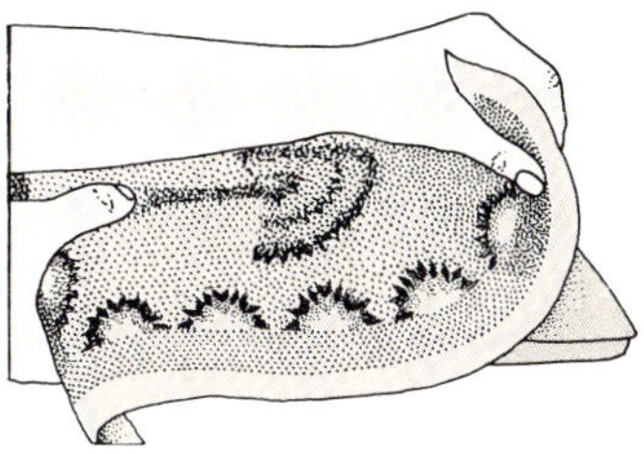

1 Legen Sie die Stickerei über das Stuhlpolster.

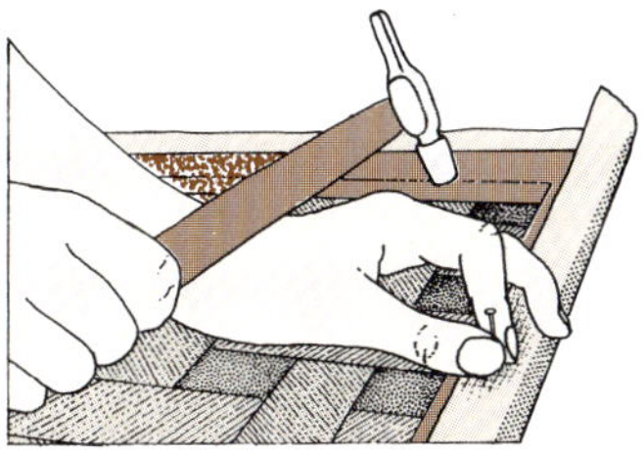

2 Drehen Sie das Polster um. Nageln Sie die Straminränder auf den Rahmen; beginnen Sie dabei mit je einem Nagel in der Mitte jeder Leiste. Vergewissern Sie sich noch einmal, daß die Stickerei richtig sitzt und gleichmäßig gespannt ist. Wenn nötig, schrägen Sie die Ecken ab.

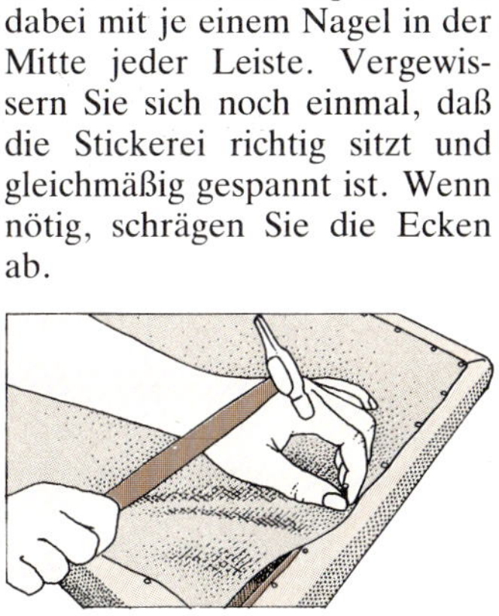

3 Nageln Sie die Stickerei rundum an und verdecken Sie die Unterseite mit einem geeigneten Futterstoff.

Wie man Wandbehänge herstellt

Gobelins, die Sie aufhängen möchten, sollten durch ein Futter verstärkt und geschützt werden. Säumen Sie die Straminränder um und markieren Sie auf der Rückseite die senkrechte Mittellinie durch eine Reihe von Stecknadeln. Falten Sie ein entsprechend großes Stück Futterstoff der Länge nach in zwei Hälften und nähen Sie die Faltkante an die Mittellinie der Stickerei. Legen Sie auf diese Weise beiderseits alle 10 cm eine weitere Naht an, bis das ganze Futter aufgenäht ist. Säumen Sie zum Schluß die offenen Kanten nach innen.
Den so vorbereiteten Gobelin kann man mit Hilfe von Schlaufen oder eines Stoffbands auf eine Stange hängen. Bewährt hat sich auch Klettenband, dessen eine Hälfte auf eine an die Wand geschraubte Holzleiste genagelt wird; die zweite Hälfte näht man dicht unter der Oberkante des Gobelins fest. Große Gobelins sollte man ringsum auf diese Weise befestigen.

So werden Teppiche und Läufer gebrauchsfertig

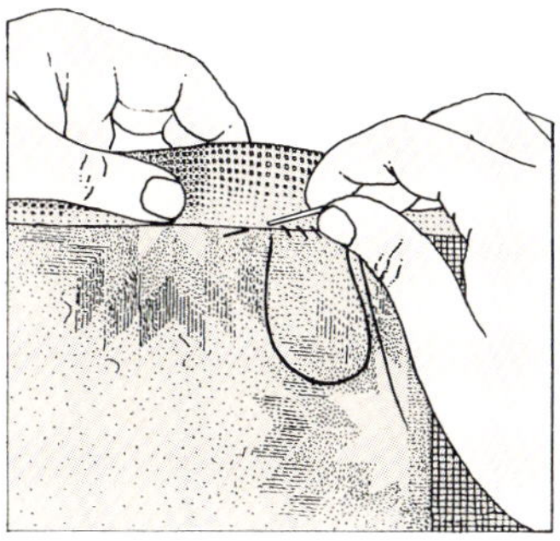

1 Schlagen Sie die Ränder der gespannten Stickerei nach hinten um, säumen Sie sie an oder befestigen Sie sie mit vier Streifen Gurtband. Nähen Sie dabei mit einem starken Faden und einer gekrümmten, nicht zu dikken Teppichnadel.

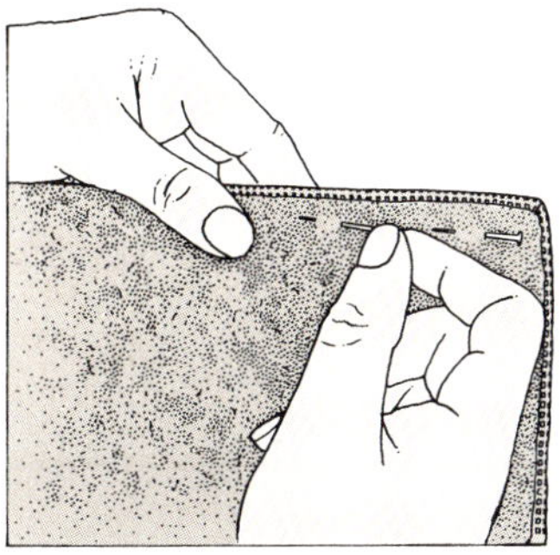

2 Schneiden Sie dünnen Teppichfilz oder eine andere geeignete Unterlage auf die Teppichgröße zurecht. Stecken Sie sie auf der Rückseite fest und überprüfen Sie nochmals, ob sie flach und ohne Falten zu werfen auf dem Teppich aufliegt. Nähen Sie die Unterlage ringsum an den Teppichrändern fest.

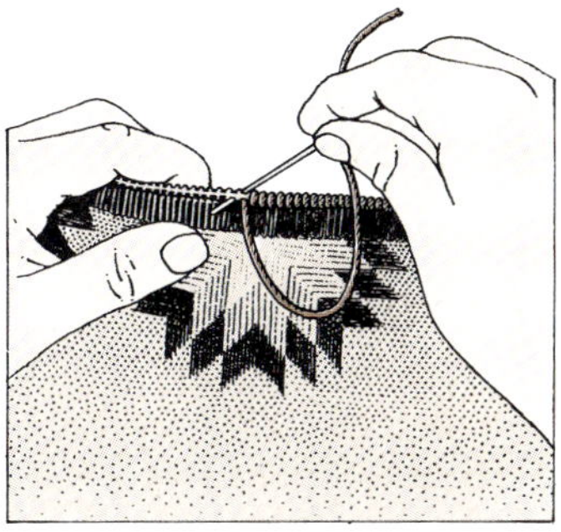

3 Drehen Sie den Teppich wieder um. Sind an den Kanten noch Straminfäden zu sehen, werden sie in einer passenden Farbe mit kleinen Stichen überstickt.

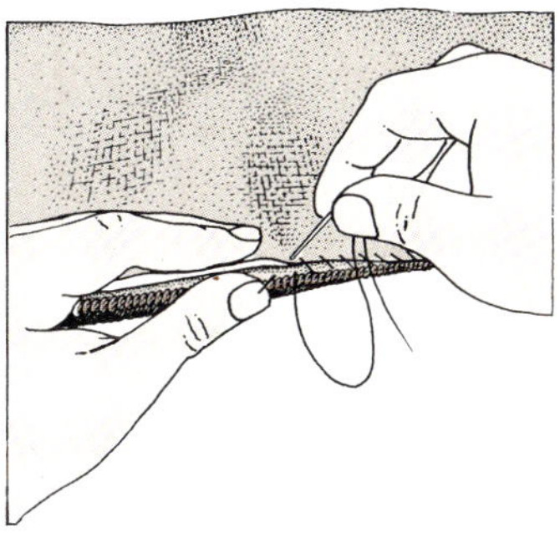

4 Wollen Sie Ihrem Teppich noch zusätzliche Haltbarkeit verleihen, schneiden Sie ein Stück festen Rupfen so zu, daß er den Teppich ringsum um 5 cm überlappt. Nähen Sie ihn mit umgeschlagenen Kanten auf die Unterseite des Teppichs. Nun ist der Teppich dick abgefüttert und wird einiger Belastung standhalten.

Makramee
Teppichknüpfen
Flechten * Weben

Makramee, Teppichknüpfen, Weben – worauf es dabei ankommt

Wer gern einmal mit gröberen, robusteren Materialien umgehen möchte, wird in diesem Kapitel auf seine Kosten kommen. Gemeinsam ist den hier vorgestellten Techniken, daß sie mit Knoten und anderen Arten der Verschlingung arbeiten – und außerdem nicht alltäglich anzutreffen sind! Damit Sie sich schneller zurechtfinden, haben wir hier die wesentlichen Gesichtspunkte jeder Technik zusammengefaßt.

1 Makramee

Wie die meisten dekorativen Handarbeiten entstand Makramee aus den Erfordernissen des Alltags: Am Anfang dieser Knüpfkunst stehen die Gebrauchsknoten, zu denen übrigens auch die Knotenschrift der Inkas gehört.

Daß die alte Kunst des Makramee auch heute noch lebendig ist, verdankt sie nicht zuletzt ihrer Einfachheit: Aus nur zwei Grundknoten, dem Halbschlag und dem Flachknoten mit ihren Abwandlungen, lassen sich die erstaunlichsten Muster knüpfen. Wenn Sie die folgenden 7 Seiten genau studieren, auf denen alle wichtigen Grundtechniken beschrieben werden, dürfte es Ihnen nicht schwerfallen, unsere Modellvorschläge nachzuarbeiten: eine Blumenampel und den Bezug für einen Klappstuhl. Andere Gegenstände, für die sich die Makrameetechnik anbietet, werden Sie bald selbst entwerfen, z. B. Gürtel, Taschen oder originelle Lampenschirme; aus Teppichwolle lassen sich hübsche Umhängetücher knüpfen. Besonders hinweisen möchten wir Sie auf die wenig bekannte Cavandolitechnik, mit der sich sogar einfache Kreuzstichmuster in dekorative Knüpfereien umsetzen lassen. Sie benötigen dazu Knüpfgarn in zwei Farben, die sich voneinander abheben.

Dieser nordamerikanische Bildteppich entstand im frühen 19. Jahrhundert. Nur einfache Formen kommen bei der Knüpftechnik voll zur Geltung

2 Netze knüpfen

Einer der ältesten Knoten ist der Netzknoten, mit dem die Fischer ihre Fangnetze heute noch genauso herstellen und reparieren wie vor Tausenden von Jahren. Während Makrameearbeiten mit den bloßen Händen geknüpft werden, benötigt man für den Netzknoten ein besonderes Werkzeug, die Netznadel, auf die der Knüpffaden aufgewickelt wird.

Zwar kann man durch den Wechsel kleinerer und größerer Maschen bescheidene Muster bilden, doch eine dekorative Kunst ist die Technik des Netzeknüpfens nicht. Sie dient vielmehr der Herstellung von Gebrauchsgegenständen. Knüpfen Sie sich in Zukunft Ihre Einkaufsnetze selbst – die Anleitung dazu steht auf S. II/58. Außerdem können Sie auch eine Hängematte nacharbeiten – ein Riesenspaß für Jung und Alt – und, meinen wir, ein origineller Einrichtungsgegenstand für jedes Kinderzimmer!

3 Flechten

Zu den Verschlingungstechniken gehört auch das Flechten mit Schnüren oder Stoffstreifen. Auf S. II/61 erfahren Sie, wie man bis zu neun Stränge miteinander verflicht. Die fertigen Zöpfe können Sie anschließend zu Teppichen, Matten oder zu Stuhlpolstern verarbeiten.

4 Teppiche knüpfen

Wer genug Geduld hat, eine Handarbeit nur ganz allmählich wachsen zu sehen, wird am Teppichknüpfen Gefallen finden. Niemand will behaupten, daß selbstgeknüpfte Teppiche mit Orientteppichen konkurrieren können oder sollen. Doch wie die oben abgebildete Arbeit beweist, haben auch gröbere Knüpfereien ihren besonderen Reiz. Es kommt ganz auf einen ausgewogenen Entwurf an, der sich nicht in allzu feine Einzelheiten verlieren darf. Beginnen Sie am besten mit einem kleineren Stück. Man braucht nicht unbedingt einen riesigen Teppich, um eine behagliche Wohnatmosphäre zu schaffen; dazu genügt schon ein kleiner Vorleger, Läufer oder Wandbehang.

Auf den Seiten II/64–68 stehen sechs verschiedene Techniken des Teppichknüpfens zur Wahl – alle sind einfach zu erlernen. Neben dem bekannten Smyrna-Knoten werden Sie dabei auch viel Neues finden, das sich zu entdecken lohnt. Zum Beispiel die langflorige Ryatechnik aus Skandinavien, bei der alle Musterkonturen zart verwischt erscheinen. Oder Schlingenteppiche, bei denen Stoffstreifen mit einer Art dickem Häkelhaken zur Vorderseite des Grundstoffs durchgezogen werden. Wir stellen für jede Technik die geeigneten Knüpfhaken vor und geben Hinweise zur Wahl des Knüpfgrunds und des Materials.

5 Weben

Eine Einführung in das Weben mit einem großen, mehrschäftigen Webstuhl würde allein einen dicken Band füllen. Doch auch wer hoch hinaus will, wird erst einmal klein beginnen: Kein Anfänger wird sich einen teuren Großwebstuhl anschaffen, ohne sich zuvor an einfacheren Webtechniken versucht zu haben. Auf den Seiten II/69–79 können Sie sich mit den Grundlagen des Webens vertraut machen. Der Webvorgang läßt sich am besten an einfachen Geräten erlernen, die Sie zum Teil selbst basteln oder ohne große Kosten anschaffen können. Sie werden staunen, welche Mustervielfalt schon der einfache Webrahmen ermöglicht! Auf dem Tischwebstuhl können Sie schon so große Gegenstände weben wie eine Umhängetasche und ein warmes Kinderwestchen mit eingewebtem Zottelflor (S. II/79). Und nun frisch ans Werk – bald wird man Ihre ungewöhnlichen Fertigkeiten bewundern!

Wie man eine Makramee-Arbeit beginnt

Arbeiten Sie mit jedem Material, das zu Ihrem Knüpfvorhaben paßt – es muß nur biegsam genug sein, um sich verknoten zu lassen. Geeignet sind Schnüre aus Hanf, Jute, Sisal, Baumwolle, Teppichwolle, ja sogar Leder, Bast und Draht. Für Anfänger empfiehlt sich das besonders leicht zu knüpfende Jutegarn. Kunststoffschnüre lassen sich meist schwer verknoten.

Als erstes muß man die Knüpfarbeit befestigen. Runde Werkstücke werden an einem Haken, Ring oder Griff in Arbeitshöhe aufgehängt, Wandbehänge oder Vorhänge knüpft man am besten auf waagrecht hängenden Stangen. Kleinere flache Knüpfereien steckt man mit starken Stecknadeln auf einem Knupfbrett fest. Zeichnen Sie dazu auf eine 30×40 cm große Weichfaserplatte ein Gitternetz, das als Orientierungshilfe dient.

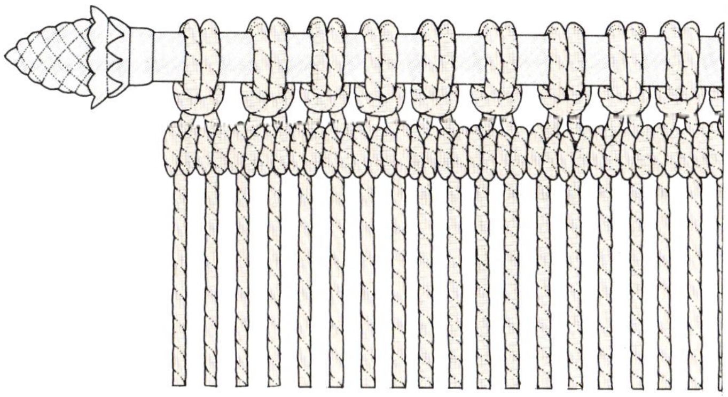

Stangen aus Holz, Messing oder Bambus eignen sich für hängende Knüpfereien

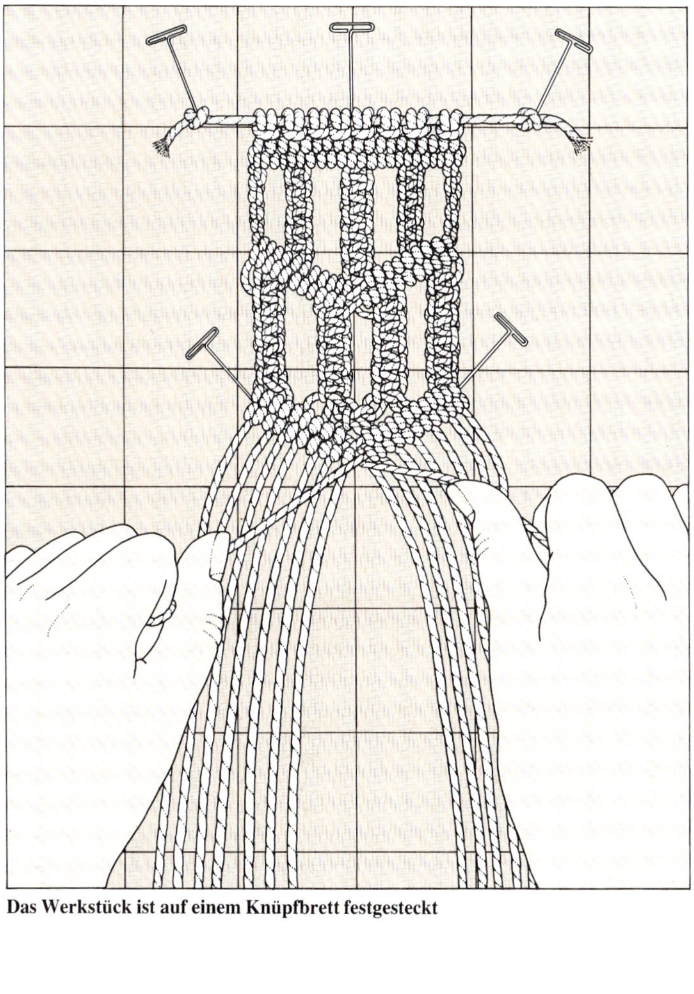

Das Werkstück ist auf einem Knüpfbrett festgesteckt

Die Trägerschnur

Wird kein fester Gegenstand wie z. B. Stangen oder Ringe aus Holz als Grundlage benutzt, ist eine Trägerschnur erforderlich, an der die senkrecht liegenden Arbeitsfäden zu befestigen sind. Sie werden etwa achtmal so lang wie die fertige Arbeit zugeschnitten und doppelt gelegt. Die Trägerschnur wird an beiden Enden durch einen Überhandknoten gesichert (siehe S. II/47) und straff gespannt auf dem Knüpfbrett festgesteckt. Nach der Fertigstellung Ihrer Makrameearbeit können Sie die Trägerschnur als Abschluß beibehalten oder sie herausziehen.

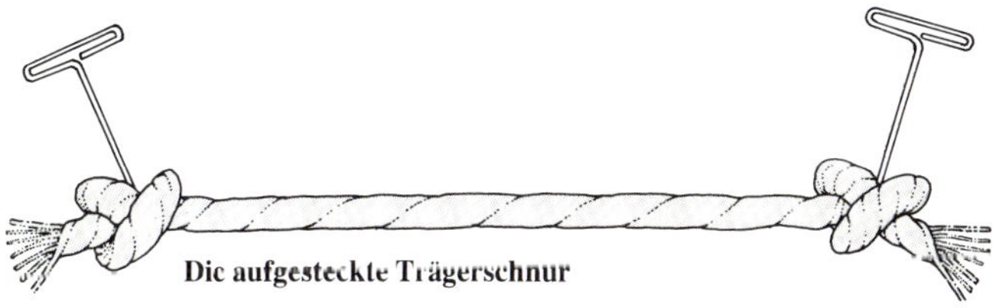

Die aufgesteckte Trägerschnur

Der Befestigungsknoten

Ob Sie nun eine Trägerschnur oder einen festen Gegenstand als Grundlage benutzen, die Arbeitsfäden werden immer mit demselben Knoten befestigt.

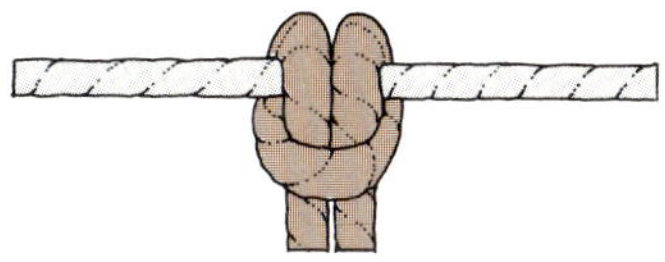

Fertiger Befestigungsknoten

Und so wird's gemacht

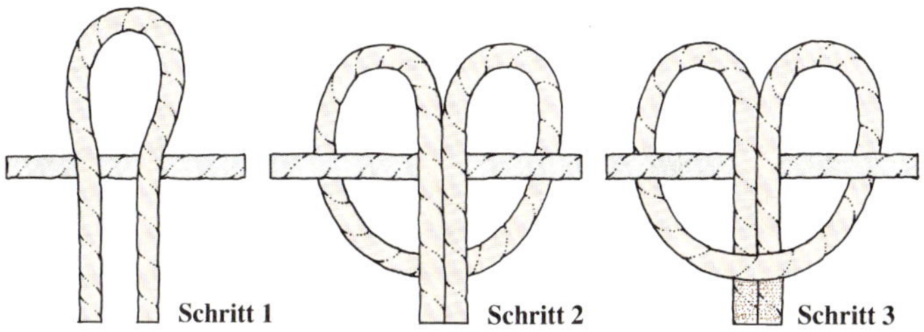

Nehmen Sie die Arbeitsfäden doppelt. Die Schlaufe des zusammengelegten Fadens wird über die Trägerschnur gelegt und nach hinten umgebogen. Ziehen Sie die beiden Enden des Arbeitsfadens durch die Schlaufe, bis der Knoten fest sitzt.

Der Doppelknoten

Eine Doppelknotenreihe ergibt ein breiteres Werkstück mit mehr Raum zwischen den Arbeitsfäden.

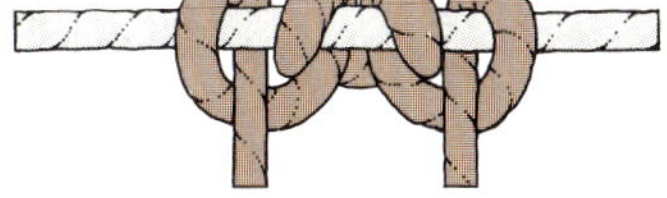

Fertiger Doppelknoten

Und so wird's gemacht

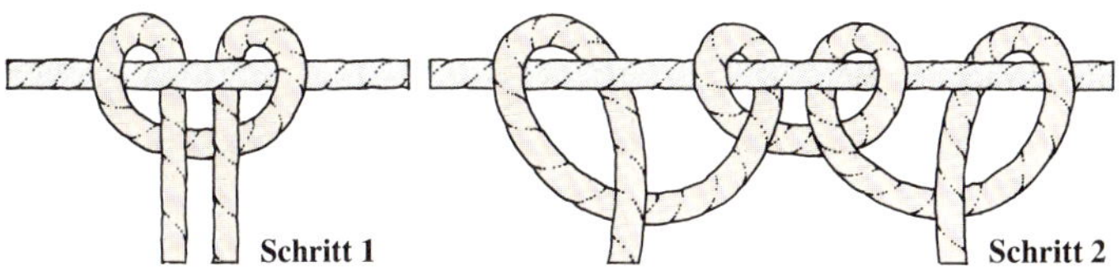

Arbeiten Sie zuerst einen umgekehrten Befestigungsknoten. Setzen Sie dann an jeder Seite einen Halbschlag auf die Trägerschnur, wie es die Abbildung zeigt (siehe auch S. II/46).

Der einfachste Knoten ist der Halbschlag

Beim Makramee gibt es zwei Grundknoten, den Flachknoten und den Halbschlag. Beide werden um einen Mittelstrang, den sogenannten Leitfaden geknüpft. Am einfachsten und vielseitigsten ist der Halbschlag: Man knotet ihn senkrecht oder waagrecht, nach rechts oder nach links, mit einem oder mit mehreren Fäden. Er eignet sich für schmale Bänder ebenso gut wie für flächige Muster.

Halbschlag

Der senkrechte Halbschlag

Der Halbschlag nach rechts

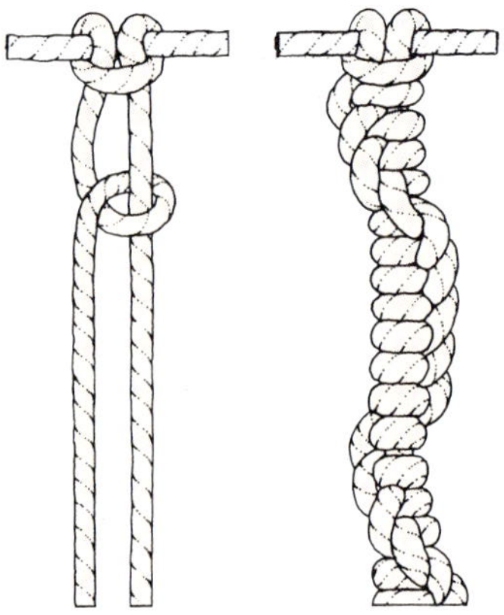

Der rechte Faden wird als Leitfaden benutzt. Führen Sie den linken Faden wie auf der Abbildung von vorne nach hinten um den Leitfaden herum und bilden Sie einen Knoten. Mehrere Halbschläge hintereinander ergeben eine Spirale mit Linksdrehung.

Der Halbschlag nach links

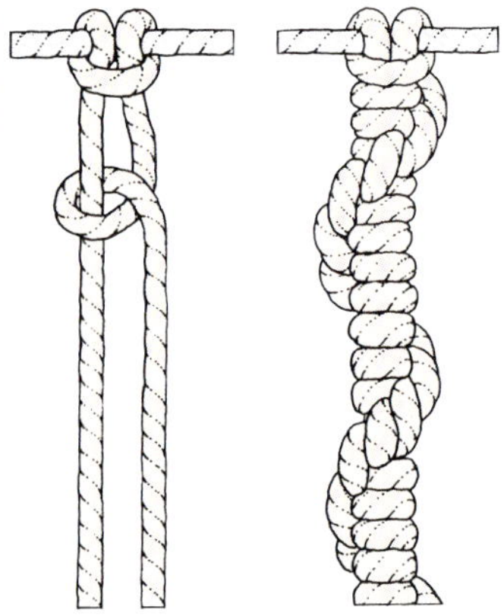

Der linke Faden dient als Leitfaden. Schlingen Sie den rechten Faden von vorne nach hinten um den Leitfaden, wie es auf der Abbildung zu sehen ist, und holen Sie den Faden wieder nach vorne. Halbschläge nach links ergeben eine Spirale mit Rechtsdrehung.

Die einfache Halbschlagkette

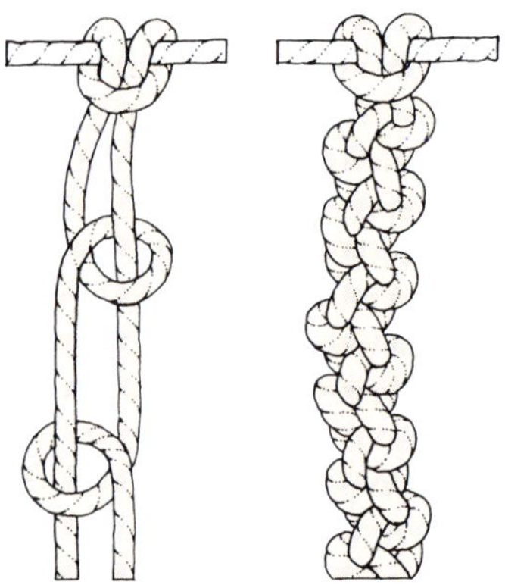

Machen Sie mit dem linken Faden einen Halbschlag nach rechts und anschließend mit dem rechten Faden einen Halbschlag nach links. Wenn Sie diesen Vorgang wiederholen, erhalten Sie eine flache Kette.

Die doppelte Halbschlagkette

Arbeiten Sie mit vier Fäden. Jedes Fadenpaar wird dabei wie ein einzelner Faden behandelt. Knoten Sie immer abwechselnd einen Halbschlag nach links und nach rechts; jeder Halbschlag wird mit doppeltem Faden ausgeführt.

Der waagrechte Halbschlag

Eine Reihe waagrechter Halbschläge sichert die Befestigungsknoten zusätzlich ab. Mit jedem herabhängenden Arbeitsfaden wird über den waagrechten Leitfaden ein doppelter Halbschlag (Doppelschlag) geknüpft.

Und so wird's gemacht

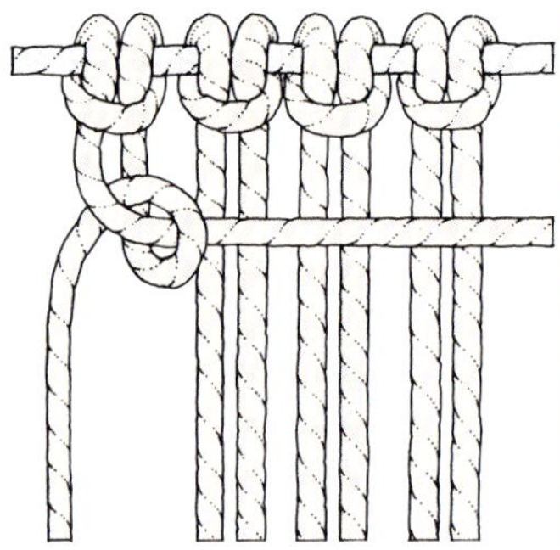

1 Legen Sie den ersten Faden als Leitfaden waagrecht über die Arbeit. Der zweite Faden von links wird damit zum ersten Arbeitsfaden. Knüpfen Sie mit ihm einen Halbschlag.

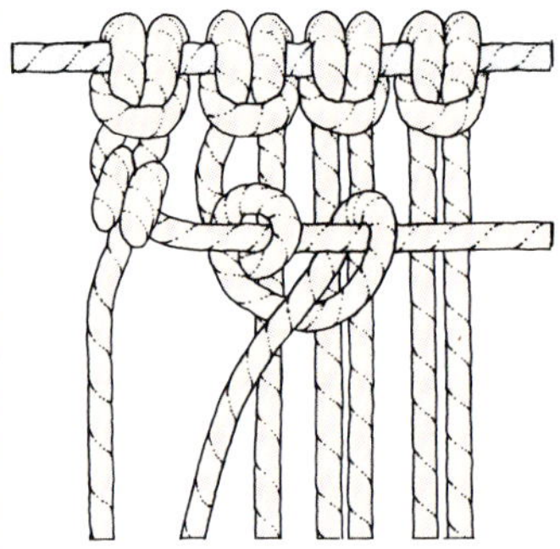

3 Gehen Sie nun zum nächsten Arbeitsfaden über. Ziehen Sie die Knoten fest zu und achten Sie darauf, daß die doppelten Halbschläge dicht nebeneinander sitzen.

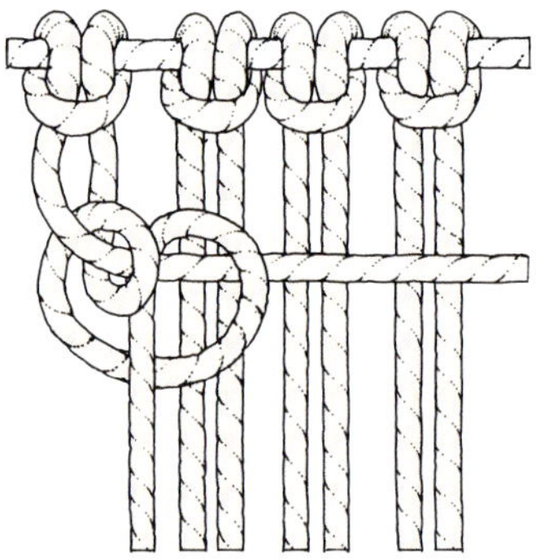

2 Setzen Sie mit demselben Arbeitsfaden einen zweiten Halbschlag direkt neben den ersten. Damit ist der Befestigungsknoten abgesichert.

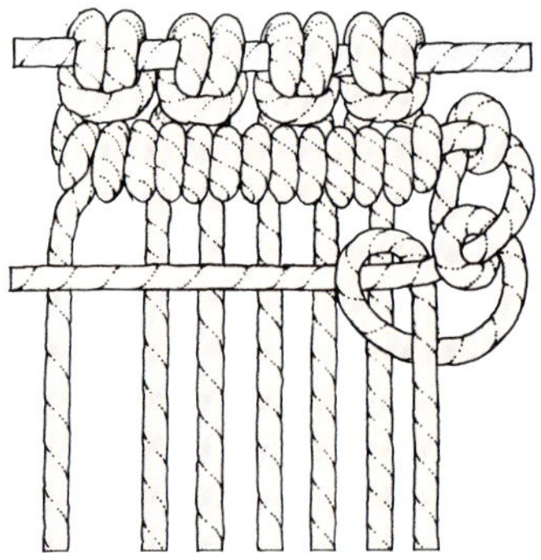

4 Die zweite Reihe wird mit demselben Leitfaden von rechts nach links geknüpft. Mehrere Reihen untereinander ergeben ein Rippenmuster.

Neu eingeführte Leitfäden

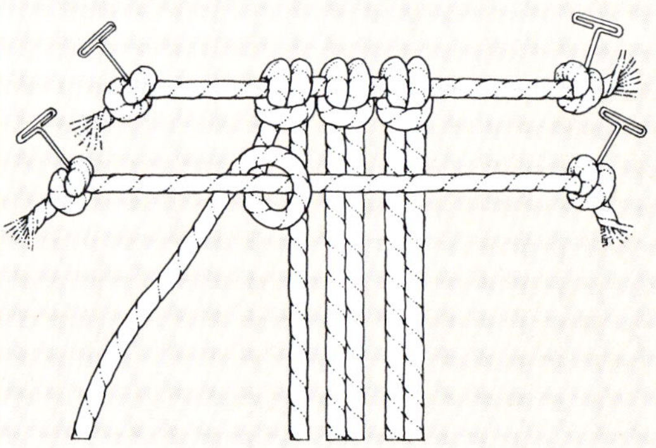

Als Leitfaden muß nicht unbedingt der erste senkrechte Faden benutzt werden. Sie können auch einen neuen Faden direkt unter den Befestigungsknoten straff feststecken und darüber die doppelten Halbschläge knoten

Halbschlag-Variationen

Schräges Knüpfen

Man arbeitet wie beim waagrechten Halbschlag, nur liegt der Leitfaden schräg. Rauten oder Zickzackmuster entstehen auf diese Weise.

So knüpft man schräge Reihen

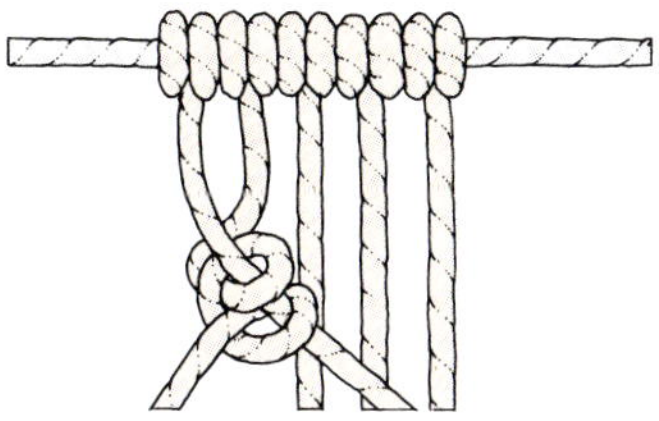

1 Legen Sie den ersten Faden als Leitfaden schräg über die Arbeit. Knoten Sie mit dem zweiten Faden einen doppelten Halbschlag darüber

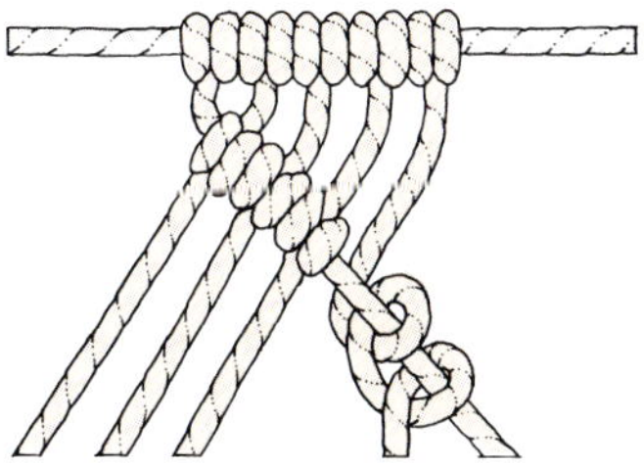

2 Arbeiten Sie in dieser Weise weiter. Achten Sie darauf, daß die Reihe gerade wird und die Knoten dicht aneinander liegen

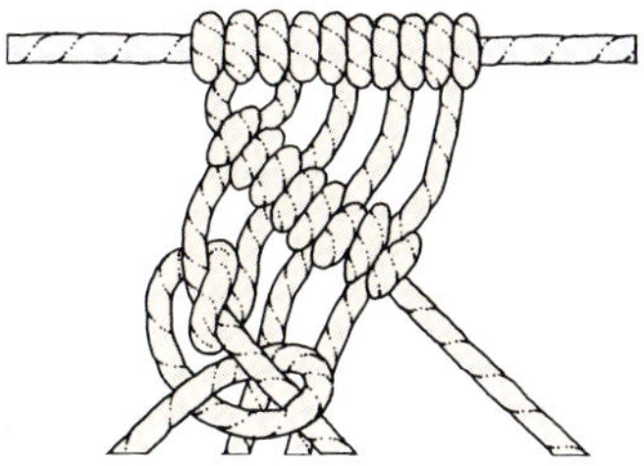

3 Bei der zweiten Reihe wird der links außen liegende Faden als Leitfaden benutzt. Legen Sie ihn parallel zum oberen Leitfaden über die Arbeit

So knüpft man entgegengesetzte Schrägreihen

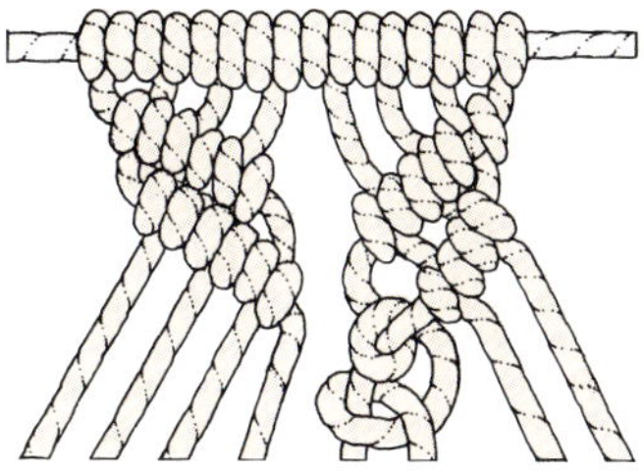

Unverbundene Schrägreihen
Knüpfen Sie die eine Hälfte der Fäden von links oben nach rechts unten, die andere Hälfte von rechts oben nach links unten

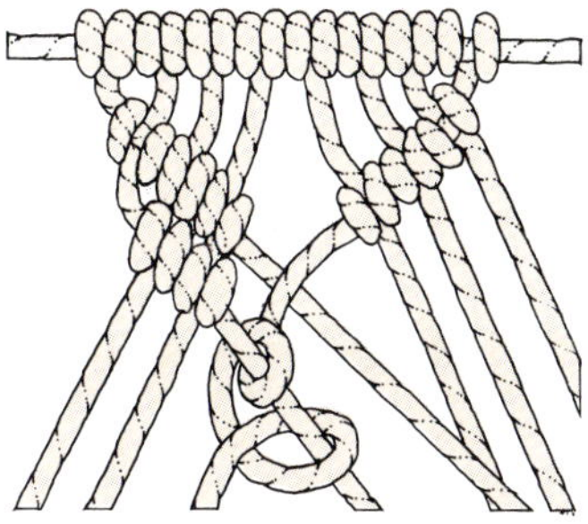

Verbundene Schrägreihen
1 Arbeiten Sie zunächst wie oben. Kreuzen Sie dann die Leitfäden der ersten Reihe – damit werden sie in der zweiten Reihe zu Arbeitsfäden

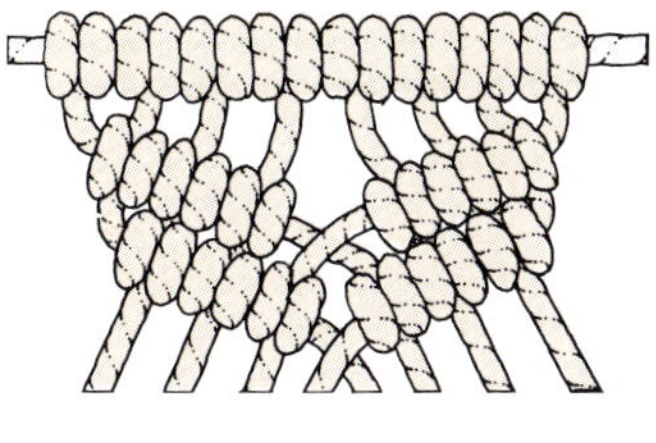

2 Beim fertigen Werkstück sind die Schrägreihen durch die Leitfäden in der Mitte verbunden (siehe Abbildung)

Senkrechtes Knüpfen

Zusammen mit dem waagrechten Halbschlag bildet diese Technik den Ausgangspunkt für die attraktive Cavandoli-Knüpferei (siehe S. II/52). Ziehen Sie die Knoten fest an.

Und so wird's gemacht

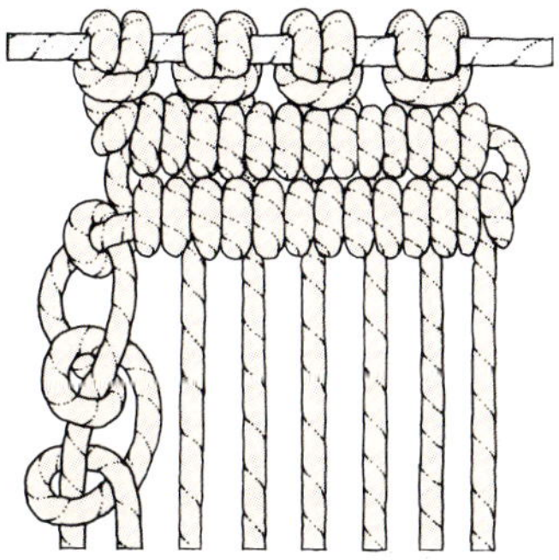

1 Knüpfen Sie nach zwei waagrechten Halbschlagreihen mit dem bisherigen Leitfaden einen doppelten Halbschlag auf den ersten senkrechten Faden.

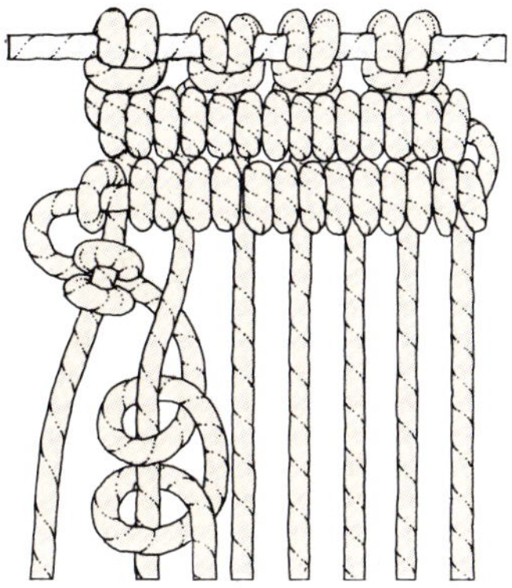

2 Wiederholen Sie den Vorgang beim nächsten senkrechten Faden.

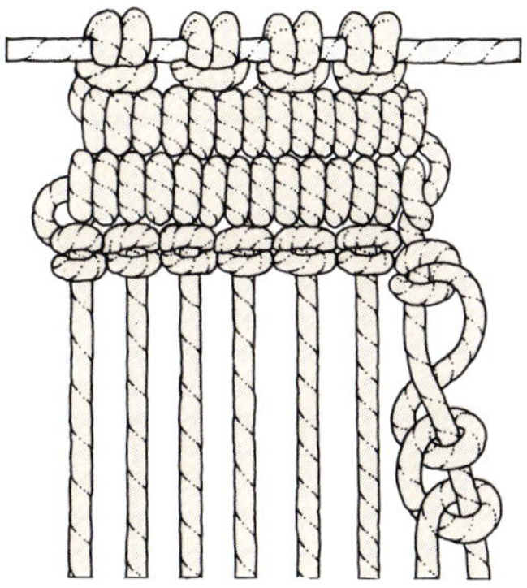

3 In der Rückreihe werden die doppelten Halbschläge gegen den Uhrzeigersinn geknotet.

Kleine Zierknoten

Der Überhandknoten

Mit diesem Knoten verhindert man das Ausfransen von Fadenenden. Er ist jedoch nicht nur praktisch, sondern eignet sich auch als Schmuckknoten, da er wie eine kleine Perle wirkt. Man kann ihn ganz genau plazieren, wenn man vor dem Zuziehen eine Nadel in die Knotenmitte steckt.

So knüpft man Überhandknoten

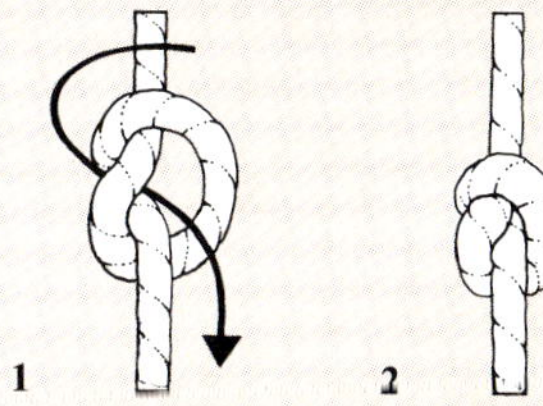

Mit einfachem Faden
Links sehen Sie, wie man den Faden schlingt. Rechts ist der fertige Knoten abgebildet

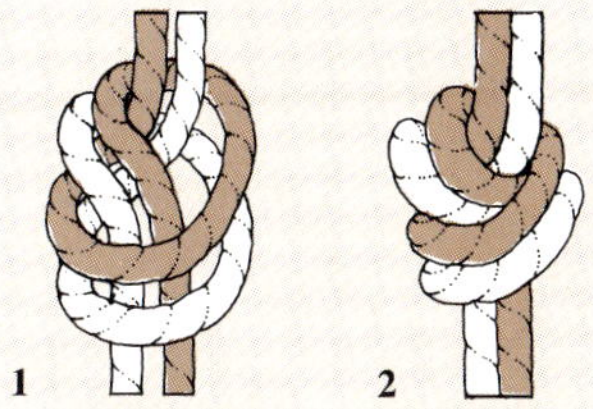

Mit doppeltem Faden
Achten Sie darauf, daß beide Fäden fest zusammengezogen werden

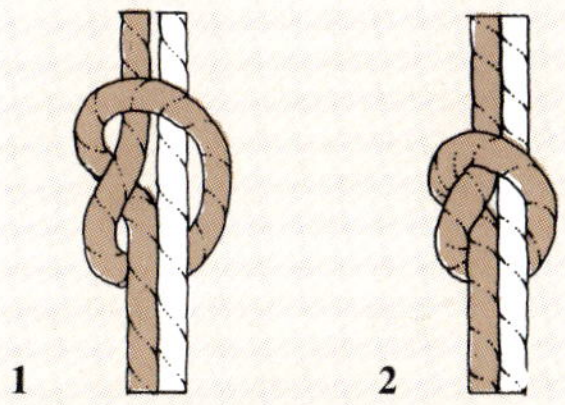

Mit Leitfaden
Hier wurde der Überhandknoten nur mit einem der beiden Fäden geknüpft; der zweite dient als Leitfaden

Der Mönchsgürtelknoten

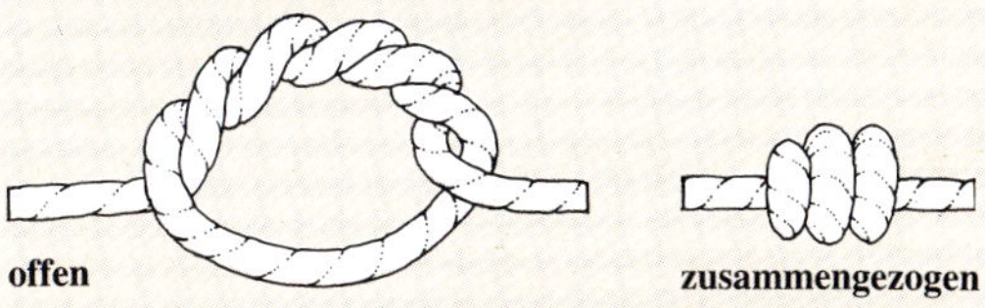

offen **zusammengezogen**

Diese dekorative Variante des Überhandknotens wird mit einem einfachen Faden geknüpft. Legen Sie den Faden zu einer Schlaufe und ziehen Sie das Fadenende mehrmals statt nur einmal durch.

Der Sammelknoten

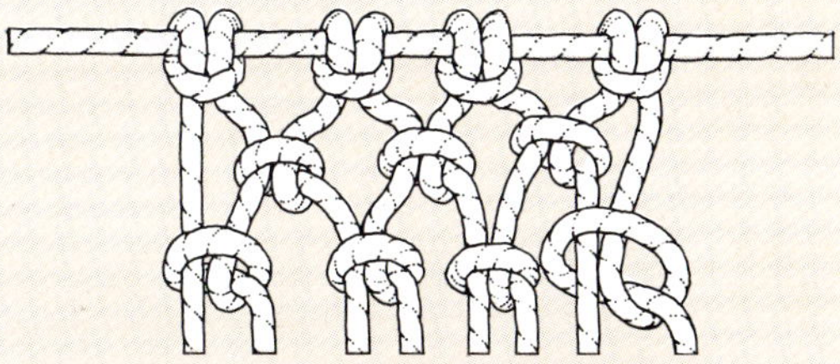

Mit ihm kann man auf einfache Weise zwei nebeneinanderliegende Fäden verbinden. Knüpfen Sie mit dem rechten Faden einen Überhandknoten, in dem der linke Faden mitgefaßt wird.

Der Flachknoten bietet viele Möglichkeiten

Der zweite Grundknoten ist der Flachknoten, auch als Kreuz- oder Weberknoten bekannt. Er wird mit mindestens drei, meist aber mit vier Fäden gearbeitet und für Bänder, offenes Netzwerk oder festes Gewebe verwendet. Geknüpft wird nur mit den beiden äußeren Fäden; die Innenfäden dienen als Leitfäden.

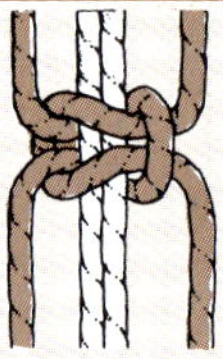

Flachknoten

Der senkrechte Flachknoten

1 Halten Sie die beiden Leitfäden straff gespannt. Führen Sie den linken Arbeitsfaden hinter den Leitfäden nach rechts und legen Sie ihn über den rechten Arbeitsfaden.

2 Führen Sie den rechten Faden vor den Leitfäden nach links; ziehen Sie ihn durch die vom linken Faden gebildete Schlaufe.

3 Führen Sie nun den rechten Faden hinter den Leitfäden nach links über den linken Faden; ziehen Sie den linken Faden durch die vom rechten Faden gebildete Schlaufe.

4 Ziehen Sie die Knoten fest. Es entsteht ein flaches Band.

Schritt 1

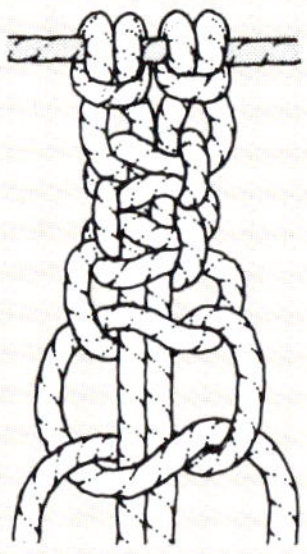

Schritt 3

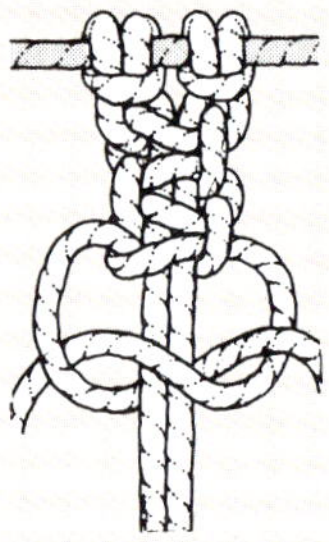

Schritt 2

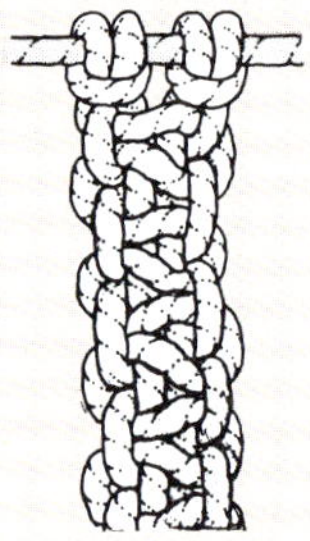

Schritt 4

Versetzte Flachknoten

Um waagrechte Flachknotenreihen zu knüpfen, spannt man mehrere Vierergruppen von Fäden nebeneinander auf. Nach jeder Reihe werden die Knoten versetzt: Die letzten beiden Fäden der ersten Vierergruppe werden den ersten beiden Fäden der nächsten Vierergruppen zugeordnet usw. Bei dieser Technik kann man die Knüpferei auch in einer Spitze auslaufen lassen.

So knüpft man engmaschig
Wenn die erste Reihe wie bei unserem Beispiel aus vier Flachknoten besteht, werden in der nächsten Reihe nur drei Flachknoten geknüpft. Dabei bleiben auf jeder Seite zwei Fäden unbearbeitet hängen. Knoten Sie die zweite Reihe dicht unter die erste. In der dritten Reihe werden die Fäden wieder genauso gruppiert wie in der ersten.

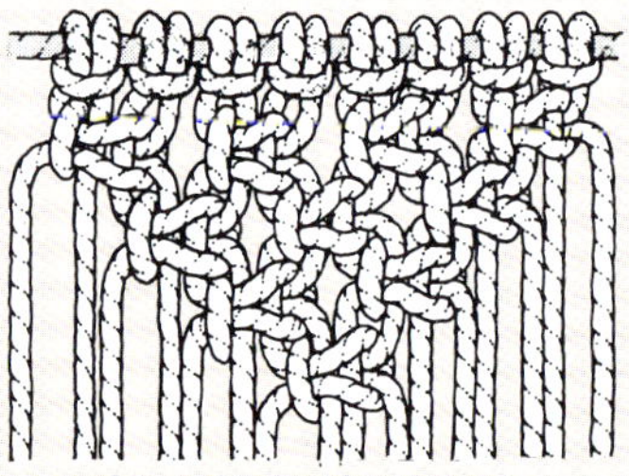

engmaschig geknüpfte Flachknoten

So knüpft man weitmaschig
Lassen Sie beim Aufspannen zwischen den Vierergruppen etwas Abstand, ebenso zwischen den waagrechten Reihen. Die Technik ist dieselbe wie beim engmaschigen Knüpfen. Achten Sie darauf, daß die Abstände immer gleich sind.

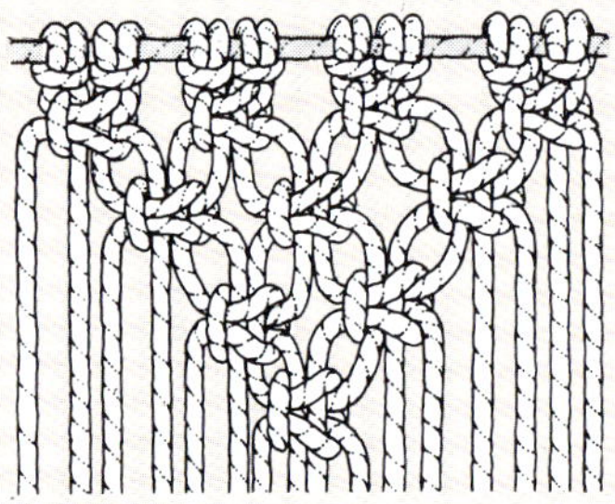

weitmaschig geknüpfte Flachknoten

Bänder aus Flachknoten

Wählen Sie zwischen fünf Möglichkeiten, aus Flachknoten dekorative Bänder und Spiralen herzustellen.

Flachknoten-Spirale

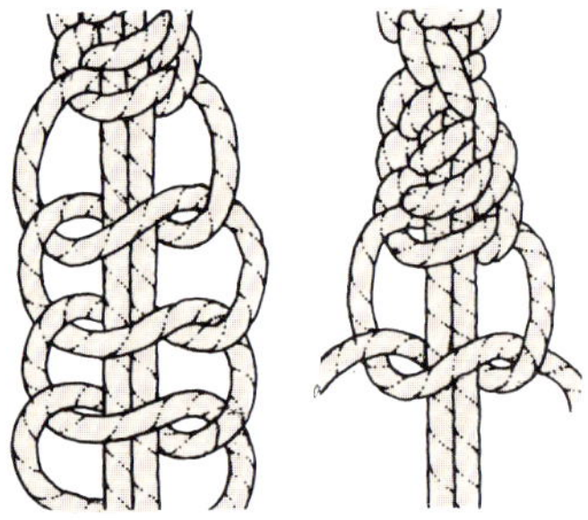

Wird nur eine Hälfte des Flachknotens wiederholt, dreht sich das Band zu einer Spirale. Die Drehrichtung hängt davon ab, ob man nur die erste oder die zweite Hälfte des Flachknotens benutzt.

Band mit Knotenkante

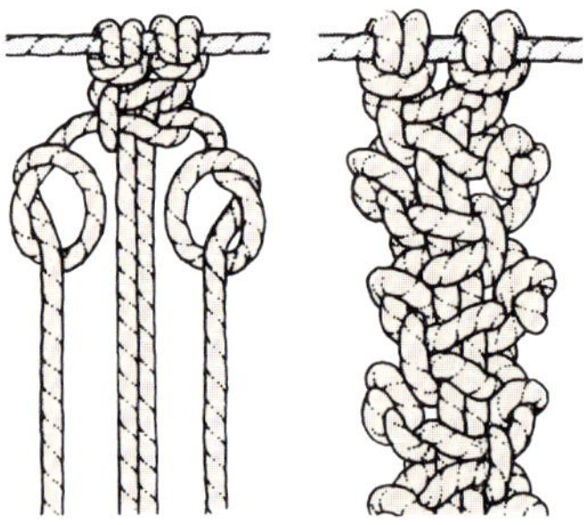

Eine Art Picot entsteht, wenn Sie zwischen den Flachknoten in jeden Außenfaden einen Überhandknoten knüpfen.

Band mit Schlingenkante

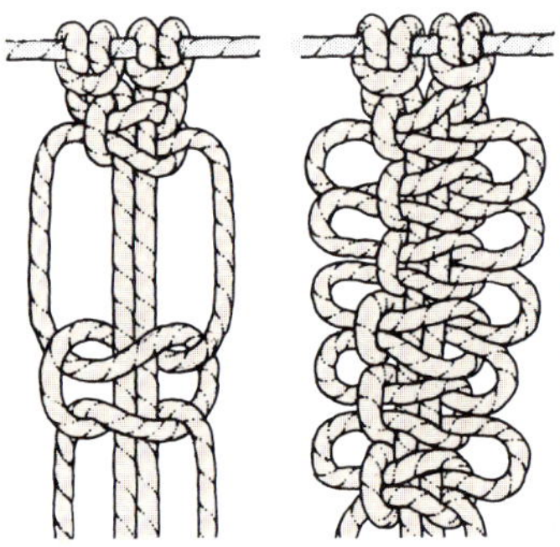

Lassen Sie zwischen den Flachknoten gleichmäßige Abstände. Werden die Knoten nach oben zusammengeschoben, dann bilden die Außenfäden dekorative Schlingen.

Verflochtenes Doppelband

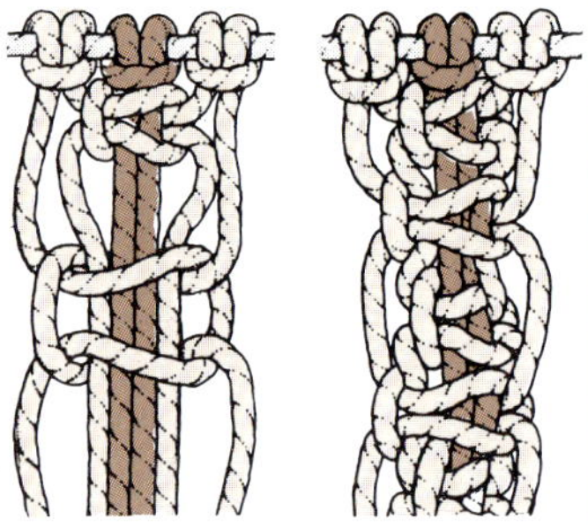

Arbeiten Sie mit sechs Fäden. Knüpfen Sie immer abwechselnd einen Knoten über die zwei mittleren Fäden, den nächsten über die vier mittleren Fäden usw.

Schlaufenband

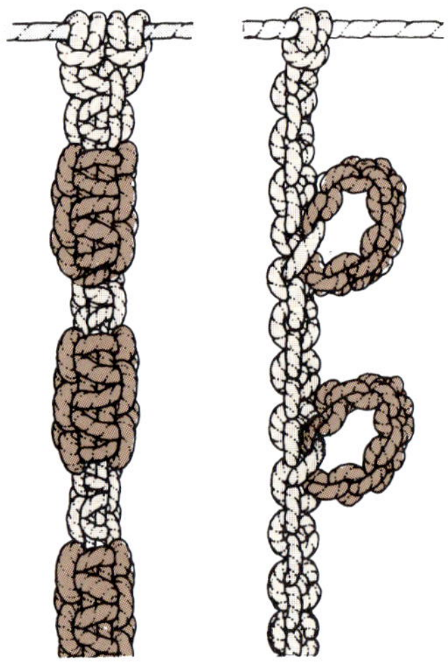

Vorderansicht **Seitenansicht**

Knüpfen Sie etwa zehn Flachknoten. Holen Sie dann die zwei Leitfäden mit Hilfe einer Häkelnadel oberhalb des fünften Flachknotens nach hinten. Wenn Sie die Fäden festziehen, rollt sich das Bandende zur Schlaufe zusammen.

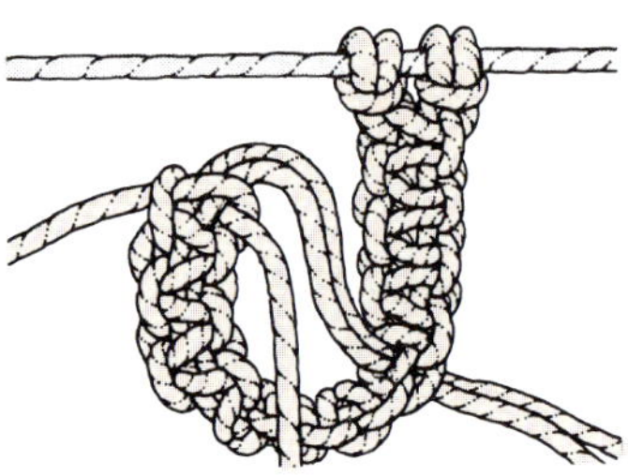

So wird die Schlaufe geformt

Sorgen Sie schon am Anfang für Abwechslung!

Eine Makramee-Knüpferin muß nicht unbedingt mit einfachen Befestigungsknoten beginnen. Auf dieser Seite finden Sie sechs Vorschläge, das Kopfstück Ihrer Arbeit attraktiver zu gestalten.

Einfache Picots

Stecken Sie den doppelt gelegten Arbeitsfaden etwas oberhalb der Trägerschnur fest. Befestigen Sie jedes Ende mit einem doppelten Halbschlag.

Mehrfache Picots

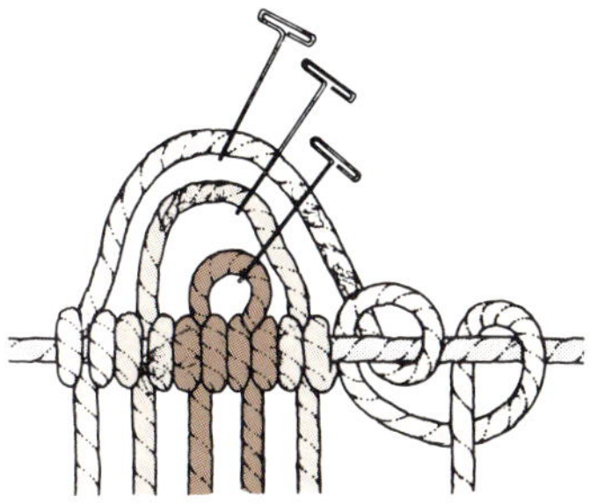

Hier wird das kleine Mittelpicot von immer größer werdenden Picots umrahmt. Arbeiten Sie von innen nach außen; verwenden Sie drei Fäden.

Knötchenpicots

Befestigen Sie ein Ende des Arbeitsfadens mit einem doppelten Halbschlag. Knüpfen Sie in die Picotmitte einen Überhandknoten, stecken Sie die Schlinge fest und befestigen Sie das zweite Fadenende.

Muschelpicots

Bei allen folgenden Kopfstücken wird oberhalb der Trägerschnur ein Muster aus Knoten aufgebaut. Für Muschelpicots benötigen Sie zwei doppelt genommene Arbeitsfäden.

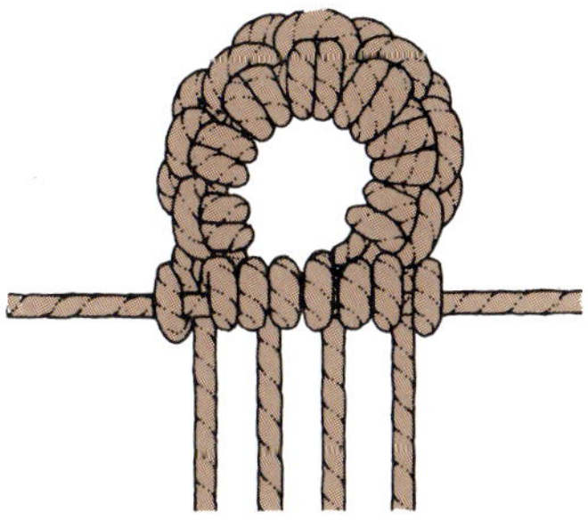

Und so wird's gemacht

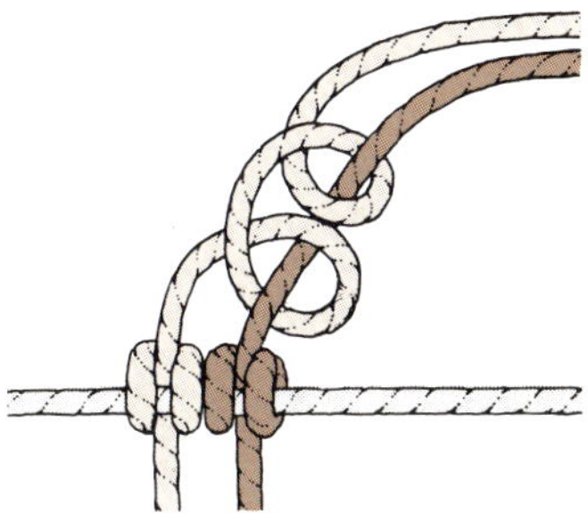

1 Knoten Sie die beiden Fäden mit doppelten Halbschlägen auf die Trägerschnur. Knüpfen Sie mit dem Außenfaden, der etwas länger als der innere sein soll, doppelte Halbschläge auf den Innenfaden.

2 Die Zahl der Knoten richtet sich nach der Picotgröße.

3 Knoten Sie die Fadenenden auf der Trägerschnur fest.

Lilienpicots

Dieses hübsche Kopfstück arbeitet man mit drei doppelt genommenen Fäden. Die drei Schlingen, die an eine Lilie erinnern, werden durch Flachknoten zusammengehalten.

Und so wird's gemacht

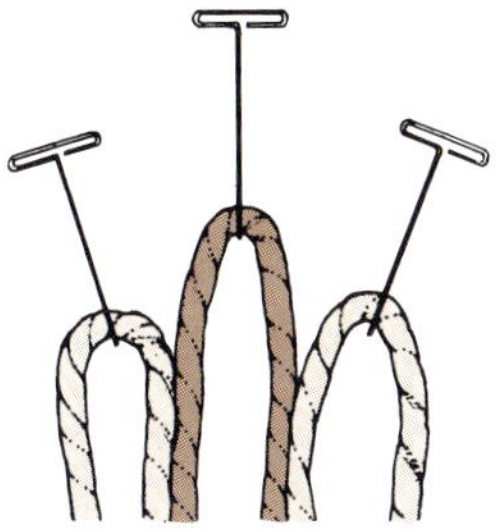

1 Stecken Sie die drei Fäden oberhalb der Grundschnur so fest, daß der mittlere höher liegt als die beiden anderen.

2 Knüpfen Sie mit den Außenfäden ein bis zwei Flachknoten über die vier Innenfäden.

3 Knoten Sie alle Fadenenden mit doppelten Halbschlägen auf die Trägerschnur.

Doppelknotenpicots

Schnell und einfach ist der Doppelknoten aus zwei Arbeitsfäden zu knüpfen.

Und so wird's gemacht

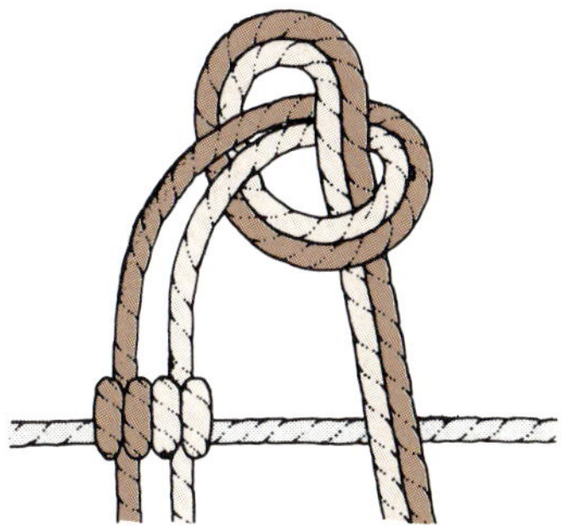

1 Knoten Sie die beiden Fäden mit doppelten Halbschlägen auf die Trägerschnur. Schlingen Sie die Fäden zu einem Überhandknoten.

2 Setzen Sie knapp unter diesen Knoten einen Halbschlag.

3 Befestigen Sie die Fadenenden auf der Trägerschnur.

Makramee für Fortgeschrittene: Schmuckknoten und Rundknüpfen

Der Josefinenknoten

Dieser Knoten ist am wirkungsvollsten, wenn er nicht mit Einzelfäden, sondern mit zwei Strängen aus mehreren, flach nebeneinander gelegten Fäden geknüpft wird.

Vierfädiger Josefinenknoten

Und so wird's gemacht

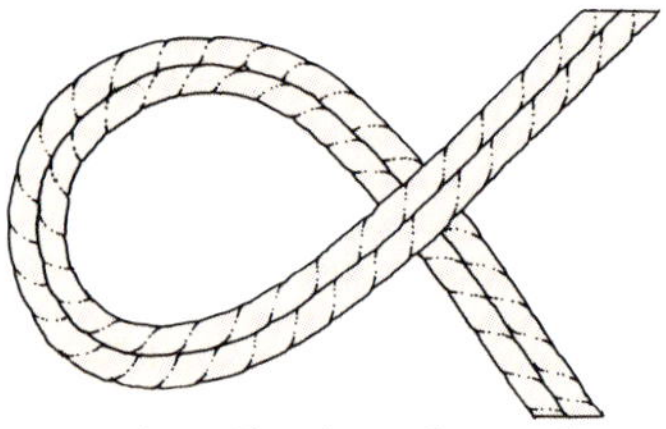

1 Stecken Sie einen Strang in einer flachen Schlaufe fest.

2 Fädeln Sie den zweiten Strang wie gezeigt ein.

Der Japanische Knoten

Dieser komplizierte Schmuckknoten wird mit vier Einzelfäden oder mehrfädigen Strängen gearbeitet. Man sollte ihn lieber nicht freihändig knüpfen, sondern die Arbeitsfäden an einer Trägerschnur befestigen und auf ein Knüpfbrett stecken. Dann kann man den Knoten bei seiner Entstehung mit Hilfe von Stecknadeln besser in Form halten.

Zweifädiger Japanischer Knoten

Und so wird's gemacht

1 Knüpfen Sie mit den Außenfäden einen Flachknoten um die Innenfäden. Schlingen Sie letztere um die Außenfäden und stecken Sie sie fest.

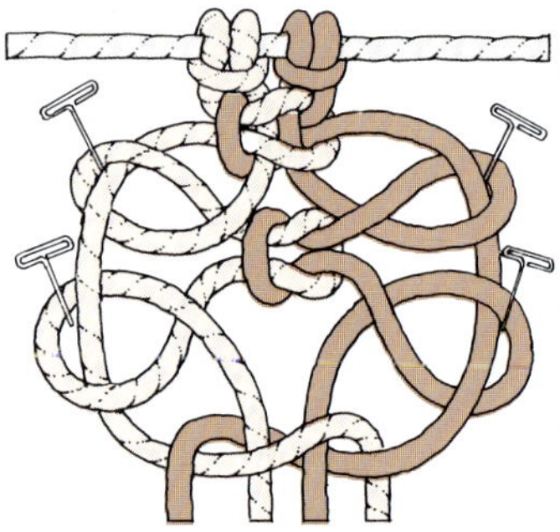

3 Schlingen Sie die Innenfäden um die äußeren und letztere zu einem Flachknoten.

2 Knüpfen Sie die Innenfäden zu einem Flachknoten.

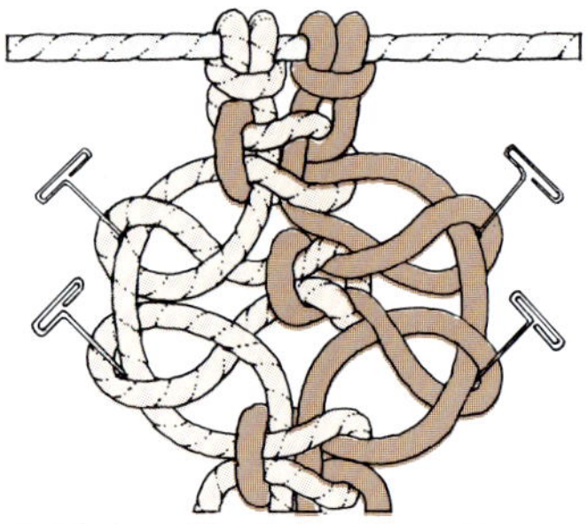

4 Ziehen Sie den ganzen Knoten wie gezeigt in Form.

So knüpft man in der Runde

Wer rundgeknüpfte Lampenschirme, Blumenampeln, flache Tischsets oder ähnliches arbeiten möchte, lernt hier die nötigen Befestigungstechniken kennen, die sich vom gerade geknüpften Makramee etwas unterscheiden.

Beginn mit einem festen Ring

Ringe aus Plastik, Holz oder Metall eignen sich hervorragend für das Befestigen der Fäden beim Rundknüpfen. Man bespannt die Ringe entweder ganz oder nur teilweise. Sie können dazu dienen, die Arbeit zu formen, aber auch dazu, das fertige Stück daran aufzuhängen. Ein Beispiel: die Blumenampel auf S. II/54, für die Sie nun alle Techniken kennen.

Die Arbeitsfäden werden mit Befestigungsknoten in den Ring geknüpft

Beginn mit einem Schnurring

Bei manchen flachen Knüpfereien würde der Wulst stören, der entsteht, wenn man einen festen Ring in der Mitte einarbeitet. Verwenden Sie in diesem Fall ein Stück Schnur, das in einer oder in mehreren Schlaufen zum Kreis gelegt wird. Sichern Sie die Enden entweder mit einem Flachknoten oder lassen Sie sie gleich als Arbeitsfäden hängen. Die Abbildung unten zeigt, wie die Arbeitsfäden eingeknüpft werden.

Hier dient ein dreifacher Schnurring als Ausgangspunkt der Arbeit

Beginn mit einem Überhandknoten

Manchmal genügt es, alle Arbeitsfäden einfach in einem dikken Überhandknoten zusammenzufassen. Die Enden kann man als dekorative Quaste hängen lassen oder auch umbiegen und den Überhandknoten so knüpfen, daß eine Schlinge entsteht.

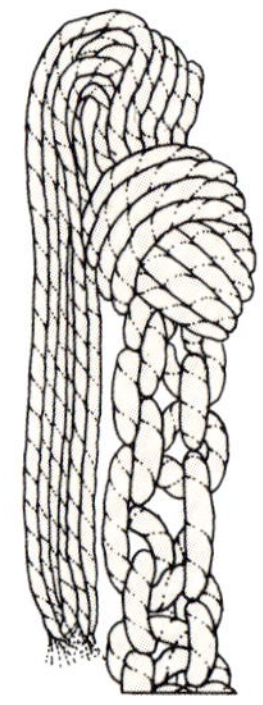

Überhandknoten mit Quaste

Überhandknoten mit Schlinge

Wann muß man zunehmen?

Wenn man Makramee in flachen Runden knüpft, müssen mit wachsender Arbeit weitere Fäden eingeführt werden, damit die Knüpferei dicht genug wird. Die Abbildung unten zeigt, wie's gemacht wird.

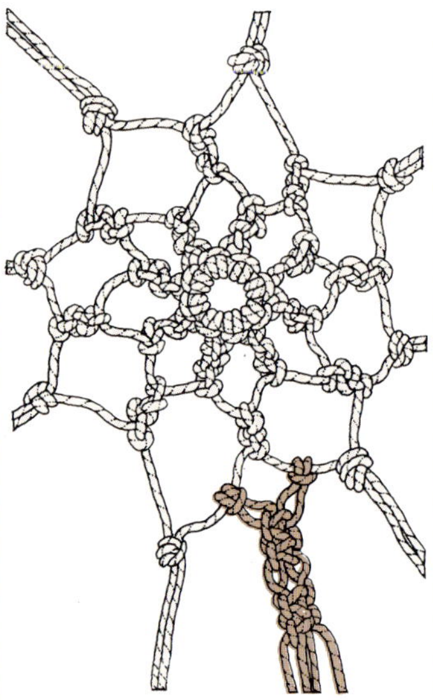

So werden neue Fäden eingefügt

Fransen, Quasten und Perlen

Fransen

Ein hübscher Abschluß für Knüpfereien sind Fransenborten. Unten sind dazu einige Vorschläge abgebildet. Sie können solche Fransenborten auch getrennt arbeiten und als Verzierung an Lampenschirmen, Vorhängen und sogar Kleidungsstücken anbringen. Wählen Sie seidiges Garn, das weich, aber schwer fällt. An Stoffe können Makrameeborten direkt angeknüpft werden, wenn genügend Schußfäden entfernt werden. Solche feinen Knüpfereien wirken fast wie Spitzenborten.

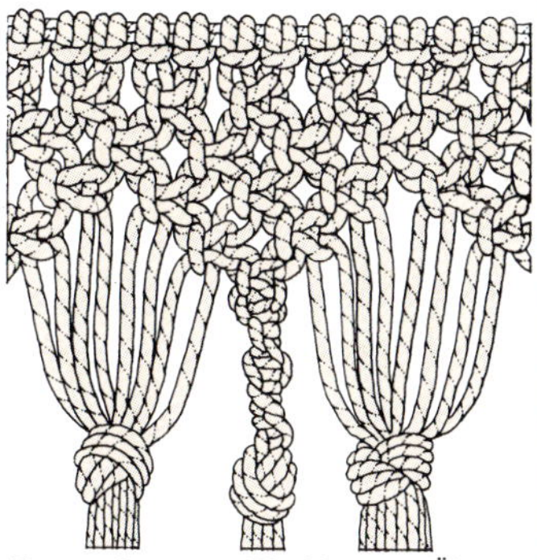

Fransenborte aus Flachknoten, Überhandknoten und Spiralen

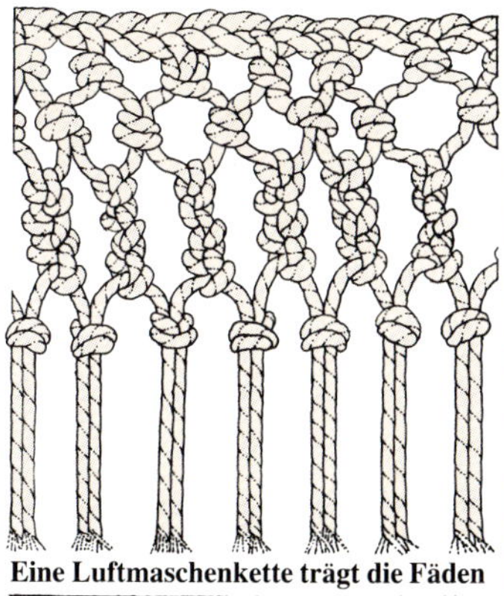

Eine Luftmaschenkette trägt die Fäden

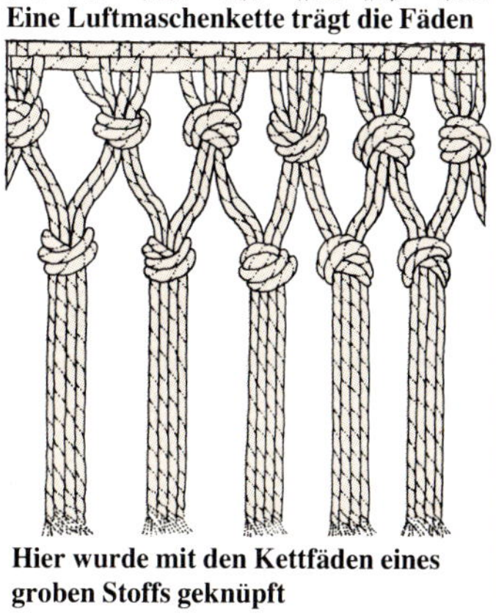

Hier wurde mit den Kettfäden eines groben Stoffs geknüpft

Quasten

Quasten sind einfach herzustellen: Mehrere Fäden werden mit einem Überhand-, Sammel- oder Flachknoten zusammengeknüpft oder mit einem eigenen Faden fest umwickelt. Anschließend werden die Enden gleichmäßig abgeschnitten und, wenn erwünscht, ausgefranst. Wählen Sie ähnliche Garne wie für Fransen: am besten seidige, schwer fallende Fäden. Quasten können Bestandteil einer Knüpferei sein oder separat hergestellt und später an der Arbeit befestigt werden.

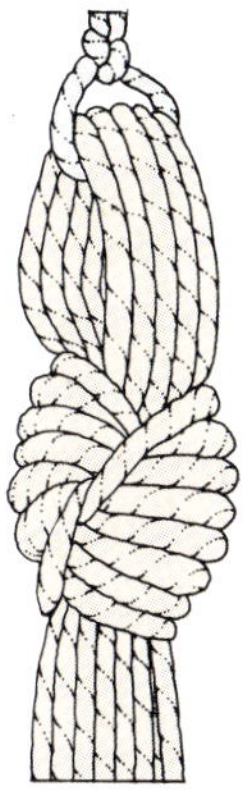

Überhandknoten

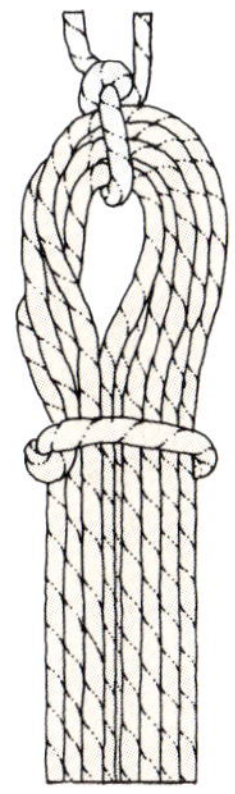

Sammelknoten

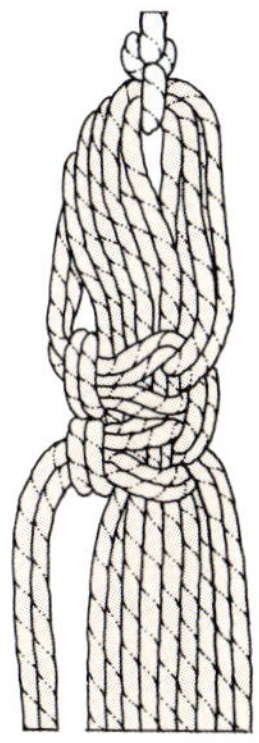

Flachknoten

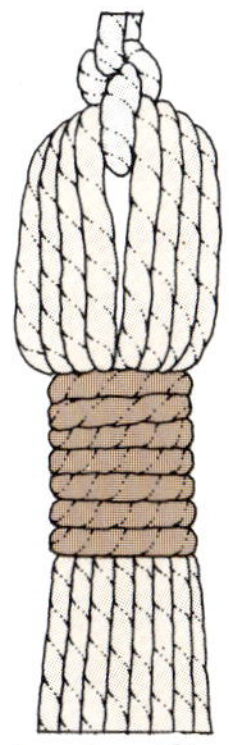

abgebundene Quaste

Perlen

Knüpfereien gewinnen durch Perlen zusätzliche Farbe und Struktur. Man reiht die Perlen auf die Arbeitsfäden und befestigt sie mit einem Knoten darunter; oder man knüpft sie in die Mitte eines Flachknotens ein. Ist das Garn dick genug, braucht man manchmal keinen eigenen Knoten, um die Perlen am Platz zu halten.

Anschluß und Abschluß

So fügt man neue Fäden ein

Wenn man sich in der Länge verrechnet hat oder wenn ein Arbeitsfaden beim Knüpfen gerissen ist, muß man neue Fäden einfügen. Die Enden werden auf der Rückseite vernäht.

Senkrechte Fäden

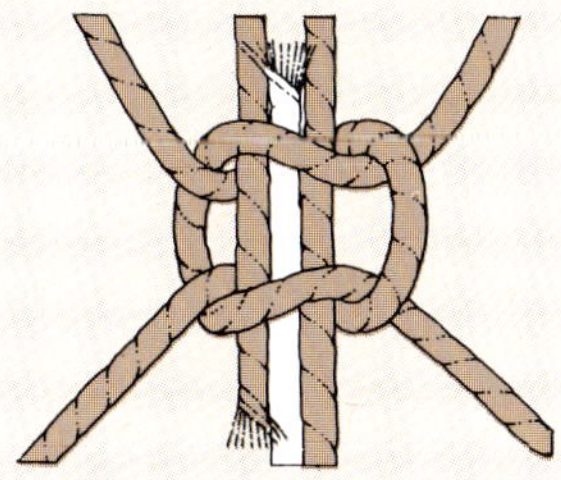

Knüpfen Sie über die Enden des alten und des neuen Fadens einen Flachknoten oder einen senkrechten doppelten Halbschlag.

Waagrechte Fäden

Legen Sie bei waagrechten Reihen den neuen Leitfaden über den alten und knüpfen Sie dichte Knoten über beide Fadenenden.

So beendet man eine Knüpferei

Soll die Arbeit in eine Fransenborte auslaufen, braucht man nur die herabhängenden Fäden sauber abzuschneiden. Sie können Ihre Knüpferei aber auch mit einer glatten Kante abschließen.

Das Einweben der Fadenenden
Ziehen Sie die losen Enden auf der Rückseite der Arbeit etwa 5 cm durch die Knoten nach oben. Verwenden Sie dazu eine Häkelnadel oder eine Stopfnadel. Stechen Sie nicht in den ersten Knoten, sonst löst sich die unterste Reihe auf. Schneiden Sie die Enden ab.

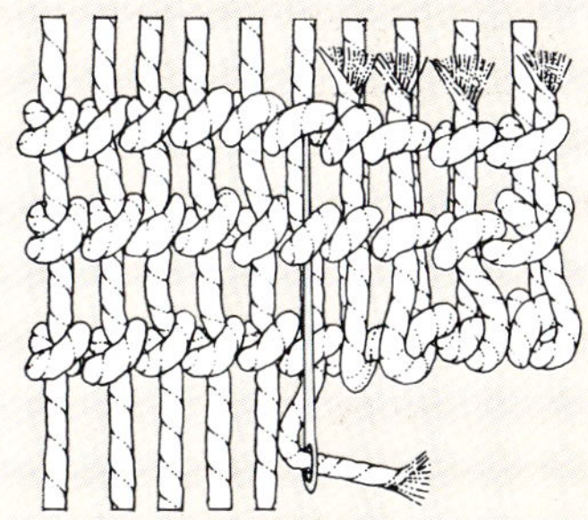

So webt man die Enden ein

Das Umnähen der Fadenenden
Schneiden Sie die Enden auf etwa 5 cm zurück und biegen Sie sie auf die Rückseite der Arbeit um. Nähen Sie die Enden mit einigen kleinen Stichen fest; benutzen Sie dazu dünnes, aber reißfestes Garn und eine nicht zu dicke Nadel.

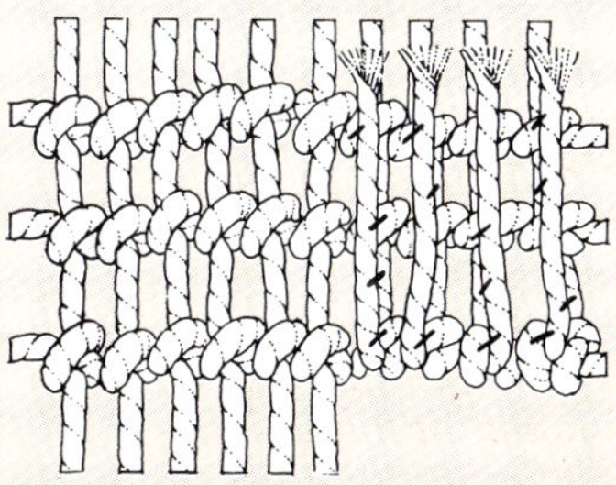

So näht man die Enden um

Das Umsäumen der Kanten
Schneiden Sie die losen Enden auf etwa 6 mm zurück. Legen Sie ein Schräg- oder Saumband auf die Vorderseite der Arbeit und nähen Sie die Fadenenden von hinten an das Band (siehe Abbildung). Zum Schluß faltet man das Band zur Rückseite der Knüpferei um und säumt die Kanten an.

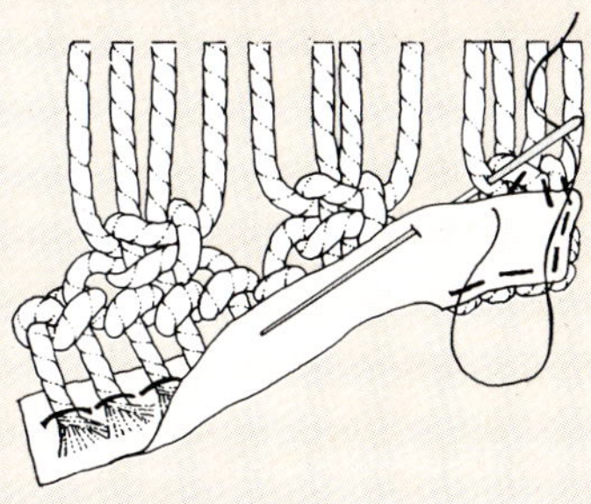

So säumt man die Kanten um

Makramee mit geometrischen Mustern: Die Cavandoli-Technik

Die italienische Lehrerin Valentina Cavandoli hat Ende des 19. Jahrhunderts die nach ihr benannte Knüpftechnik entwickelt. Cavandoliknüpfereien sind so beliebt, weil sich mit ihnen einfache geometrische Muster gestalten lassen, die in ihrer Wirkung dem Kreuzstich ähneln. Die aus dichten Knoten bestehenden Knüpfereien sind sehr widerstandsfähig und eignen sich hervorragend für Gürtel, Buchzeichen und Taschen.

Die Technik

Cavandoli ist am wirkungsvollsten, wenn es in zwei Kontrastfarben gearbeitet wird, zum Beispiel einer hellen Farbe für den Hintergrund und einer dunklen für das Muster. Die Technik ist ganz einfach: Man arbeitet ausschließlich mit Halbschlägen, die in waagrechten Reihen geknotet werden. Ein Beispiel: Knüpft man mit hellen, senkrecht hängenden Arbeitsfäden waagrechte Halbschläge auf einen dunklen, quer gelegten Leitfaden, dann wird dieser verdeckt – man sieht nur die hellen Knoten. Verlangt das Muster dunkle Knoten, dann knüpft man mit dem dunklen Leitfaden zwei senkrechte Halbschläge auf je einen hellen Arbeitsfaden, der nun seinerseits verdeckt wird. So entstehen einfache Muster.

Der Entwurf

Zeichnen Sie das Muster auf Karopapier auf. Jedes Karo stellt dabei einen doppelten Halbschlag dar, im folgenden Doppelschlag genannt.

Und so wird's gemacht

1 Befestigen Sie die Arbeitsfäden auf der Trägerschnur. Jedes Fadenende sollte viermal so lang sein wie die fertige Arbeit. Der andersfarbige Leitfaden ist so lang wie alle anderen Fäden zusammen. Wickeln Sie ihn zu einem Knäuel und streifen Sie ein Gummiband darüber. Unser Beispiel beginnt mit einem senkrechten Doppelschlag des dunklen Leitfadens auf den ersten hellen Arbeitsfaden.

Schritt 1

2 Nach zwei dunklen senkrechten Halbschlägen verlangte unser Muster zwei helle Knoten. Dazu wird mit den beiden nächsten hellen Arbeitsfäden je ein waagrechter Doppelschlag auf den dunklen Leitfaden geknüpft.

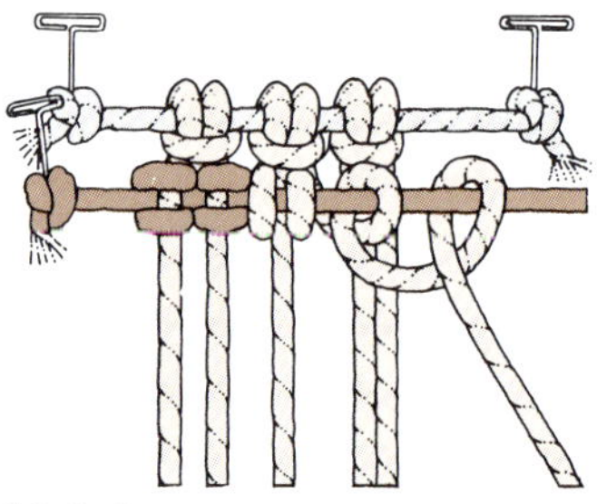

Schritt 2

3 Die erste Reihe wurde wieder mit dunklen Knoten, also mit zwei senkrechten Doppelschlägen des dunklen Leitfadens beendet. Die nächste Reihe wird von rechts nach links geknüpft. Bilden Sie mit dem Leitfaden am Reihenende eine kleine Schlaufe.

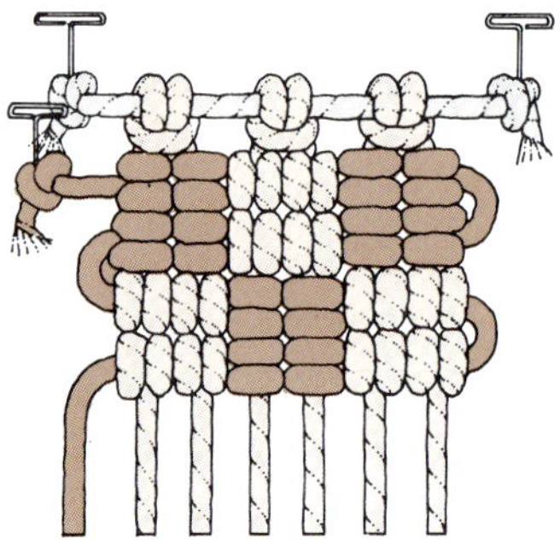

Schritt 3

Schräg geknüpftes Cavandoli

Bei der Cavandolitechnik ist das Zu- und Abnehmen besonders einfach: Am Anfang und Ende der Reihen läßt sich die Knotenzahl leicht erhöhen oder verringern. Mit verschiedenfarbigen Arbeitsfäden kann man noch zusätzliche Effekte erzielen.

Und so wird's gemacht

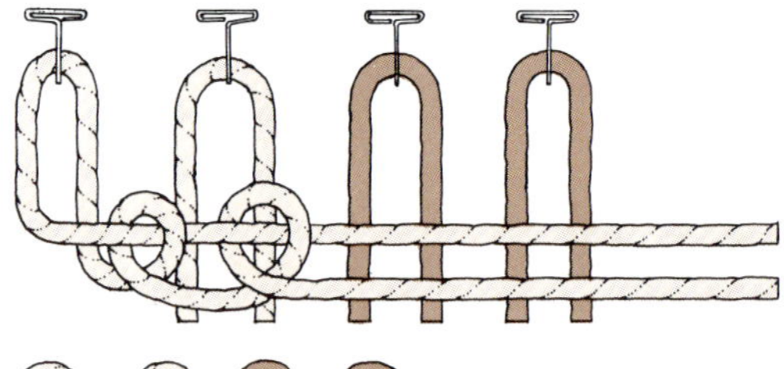

Schritt 1
Statt auf einer Trägerschnur kann man die Fäden auch mit Stecknadeln befestigen. Knüpfen Sie eine Reihe waagrechter Doppelschläge

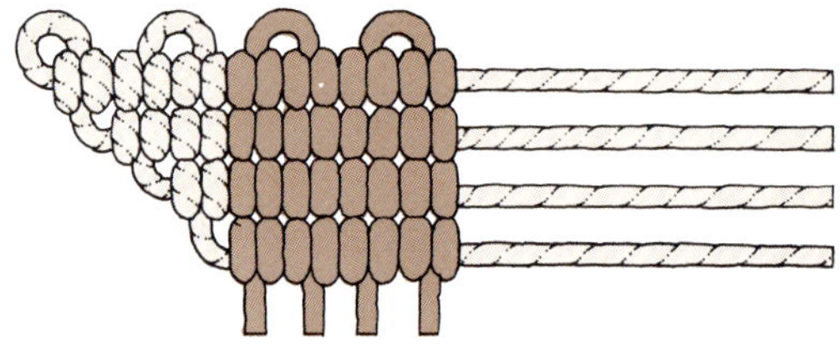

Schritt 2
Knüpfen Sie jede Reihe von links nach rechts mit einem neuen Leitfaden. Jede Reihe ist um einen Knoten versetzt

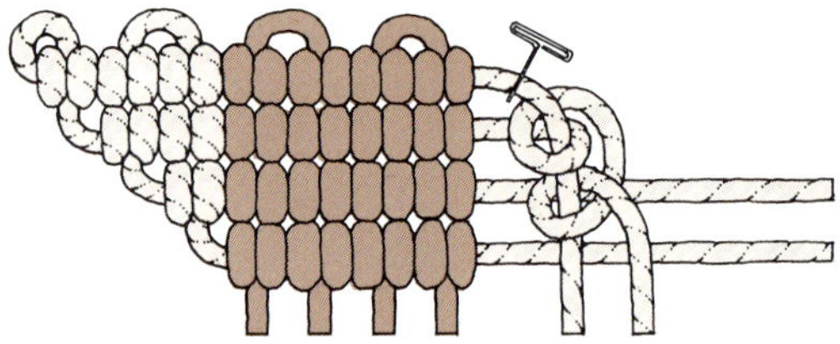

Schritt 3
Knüpfen Sie die alten Leitfäden senkrecht. So wird die rechte Seite abgeschrägt

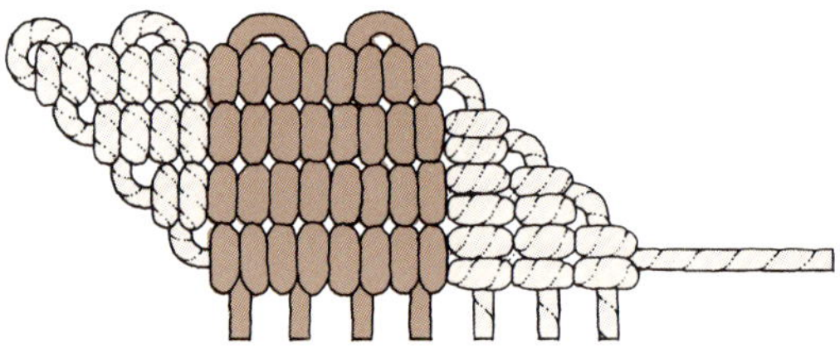

Schritt 4
Bei jedem senkrecht verknüpften Faden rücken die Reihen um einen Knoten nach rechts

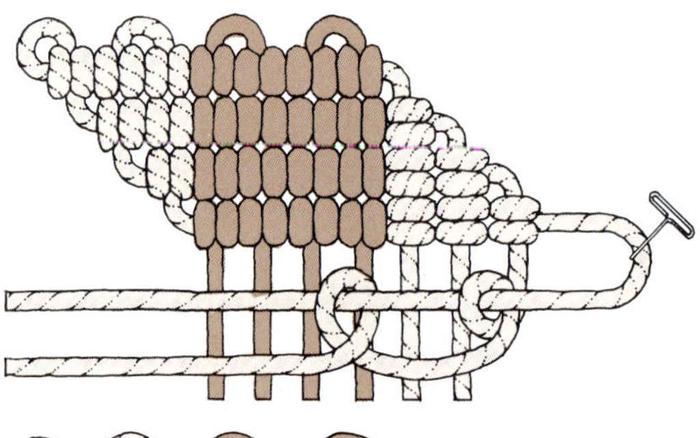

So wird gewendet
Der letzte waagrechte Faden wird zum neuen Leitfaden. Stecken Sie ihn am Rand in einer kleinen Schlaufe fest. Arbeiten Sie mit waagrechten Doppelschlägen nach links weiter

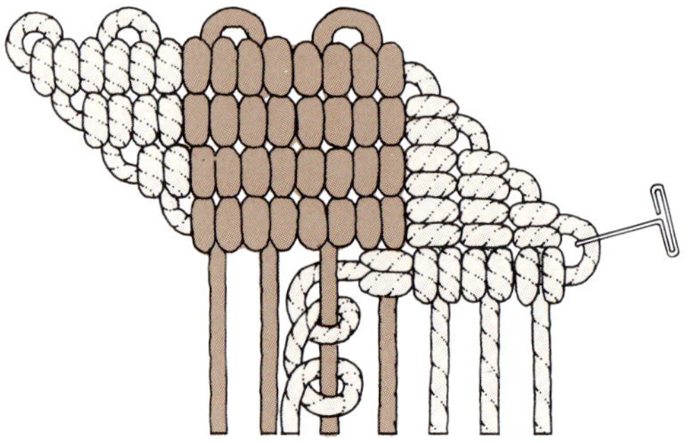

Farbwechsel
Knüpfen Sie mit dem Leitfaden senkrechte Doppelschläge auf die senkrecht hängenden Fäden

Wo Sie am besten anknüpfen

Viele Arbeiten können gleich auf einen festen Träger geknüpft werden. Dadurch werden sie stabiler als mit einer Trägerschnur.

Taschen

Knüpfen Sie die doppelt genommenen Arbeitsfäden mit einfachen Befestigungsknoten an die Griffe.

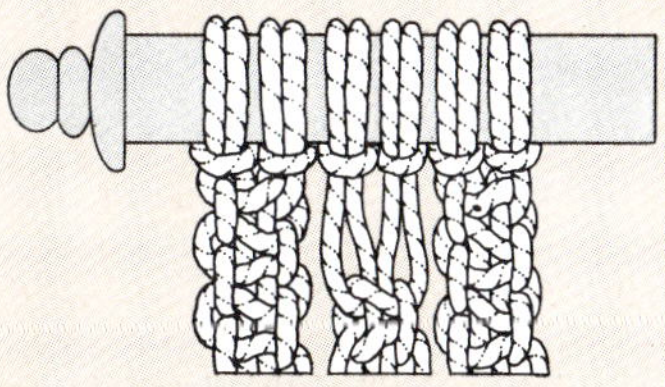

Befestigung an einem Taschengriff

Gürtel

Gürtel halten viel mehr aus, wenn Sie die Arbeitsfäden direkt um die Schnalle knoten.

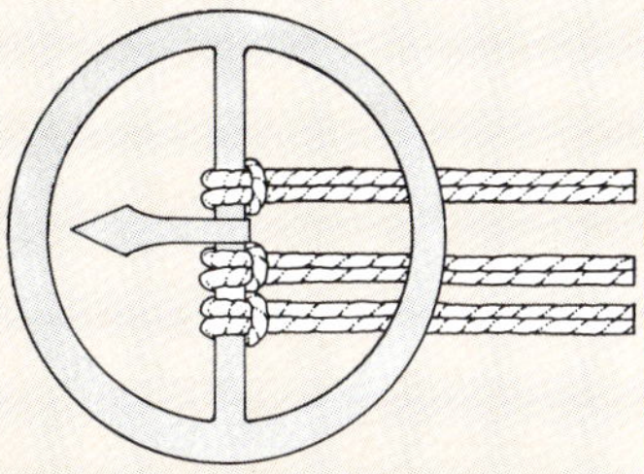

Befestigung an einer Gürtelschnalle

Hängende Knüpfereien

Eine Gardinenstange aus Messing oder Holz ist ideal zur Befestigung von Vorhängen oder Wandbehängen. Bei Rundarbeiten kann man die Fäden in einen Ring einknüpfen. Ein Beispiel: die Blumenampel auf der nächsten Seite.

Stoffe

Die Arbeitsfäden für Makrameeborten können mit einer Stopf- oder Häkelnadel in den Stoff eingezogen werden.

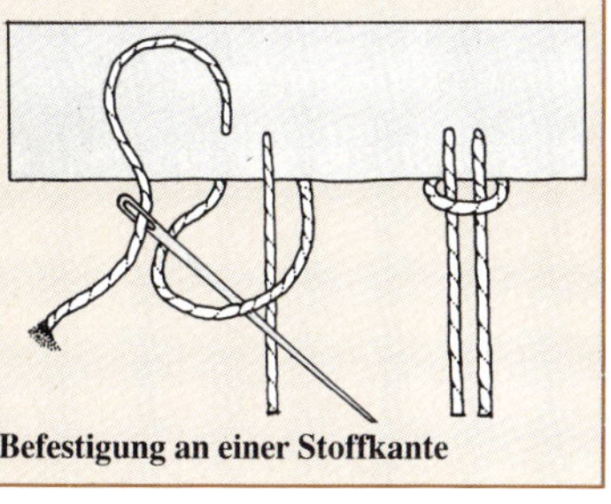

Befestigung an einer Stoffkante

Ein Gürtel aus lauter Knoten

Wieviel Spaß Cavandoli macht, können Sie an diesem Gürtel ausprobieren. Das Material ist preiswert, die Technik einfach. Das zweifarbige geometrische Muster erhält durch den Wechsel der Knotenrichtung besonderen Reiz. Zusätzliche Variationsmöglichkeiten ergeben sich, wenn man senkrechte Arbeitsfäden in mehreren Farben verwendet.

Das Material

Verwenden Sie am besten ungewachsten Bindfaden oder dünne Paketschnur und färben Sie die Hälfte davon schwarz. Für einen etwa 85 cm langen und 5 cm breiten Gürtel braucht man vier schwarze und zwei weiße Fäden, jeweils 8 m lang, und einen weißen Leitfaden von etwa 15 m Länge. Wenn der Gürtel fertig geknüpft ist, kaufen Sie eine flache Schnalle in der passenden Breite.

Die Arbeit beginnt an der Spitze

Legen Sie die 8 m langen weißen Fäden doppelt und stecken Sie sie auf ein Brett. Knüpfen Sie einen Flachknoten über die Innenfäden (Schritt 1). Legen Sie einen schwarzen Faden quer über die Arbeit und knüpfen Sie darauf eine Reihe waagrechter Doppelschläge (Schritt 2). Legen Sie für die nächsten drei Reihen jeweils einen weiteren schwarzen Faden über die Arbeit und knüpfen Sie wie zuvor waagrechte Doppelschläge darüber. Die Enden jedes neuen Leitfadens bleiben an den Reihenenden senkrecht als Arbeitsfäden hängen. Für die fünfte Reihe wird nun der weiße Leitfaden von links eingeführt. Knüpfen Sie mit allen zwölf Arbeitsfäden zwei Reihen waagrechter Doppelschläge (Schritt 3). Vernähen Sie das lose Ende des Leitfadens auf der Rückseite der Arbeit.

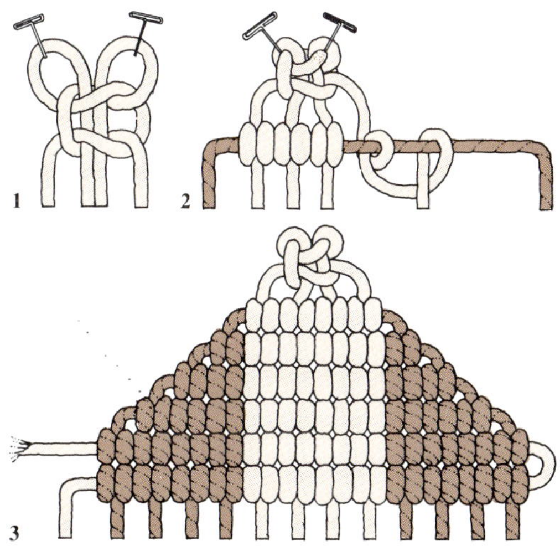

Schritt 1
Knüpfen Sie mit den vier weißen Fäden einen Flachknoten

Schritt 2
Arbeiten Sie über den ersten schwarzen Faden waagrechte Doppelschläge

Schritt 3
Knüpfen Sie auch über die nächsten drei schwarzen Fäden und den Leitfaden waagrechte Doppelschläge

So stellen Sie den Gürtel fertig

Zunächst knüpft man mit dem Leitfaden zwei Reihen senkrechter Doppelschläge, dann mit den Arbeitsfäden vier Reihen waagrechter Doppelschläge. Diese sechs Reihen werden so oft wiederholt, bis der Gürtel die gewünschte Länge hat. Natürlich können Sie auch das Muster beliebig verändern oder mit etwas Übung selbst neue Muster entwerfen. Zum Abschluß müssen die zwölf Arbeitsfäden am Mittelsteg der Gürtelschnalle befestigt werden. Winden Sie jeden Faden zweimal um den Steg und knüpfen Sie dann die Fäden paarweise mit einem Flachknoten zusammen. Die Enden werden abgeschnitten oder vernäht (siehe S. II/51). Gegen die Rückseite des Gürtels können Sie einen Lederstreifen nähen.

Der fertige Gürtel

Ideal für Hängepflanzen: geknüpfte Blumenampeln

Diese hübsche Blumenampel ist nicht schwer zu arbeiten. Sie wird von oben nach unten in der Runde geknüpft und an einem Holzring aufgehängt. Wenn Sie längere Schnüre nehmen, können Sie nach derselben Anleitung auch Ampeln für drei oder mehr Körbe knüpfen. Große Holzringe sorgen dafür, daß die Körbe waagrecht in den Halterungen stehen.

Die Blumenampel trägt zwei verschieden große Körbe

Das Material

Man benötigt mindestens 120 m Knüpfschnur. Am besten eignet sich ein weiches, aber ziemlich dickes Garn wie Jute oder Teppichwolle. Die Maße der Blumenampel variieren je nach der Art des Garns und der Länge der Abschlußquaste. Unser mit Teppichwolle geknüpftes Beispiel ist etwa 1,50 m hoch. Außer dem Garn braucht man mehrere Perlen und drei Holzringe, einen mit 6 cm und zwei mit 9 cm Durchmesser.

Der Arbeitsgang

Zuerst befestigt man die Arbeitsfäden an dem Holzring, an dem die Blumenampel hängen soll. Schneiden Sie acht Fäden auf 11 m Länge zu, legen Sie sie nebeneinander und markieren Sie bei 5,50 m die Mitte. Knüpfen Sie dort mit den vier Außenfäden (zwei auf jeder Seite) einen **Flachknoten** über die vier Innenfäden. Machen Sie oberhalb dieses Mittelknotens noch 5 Flachknoten, unterhalb noch 6 Flachknoten. Ziehen Sie nun den kleineren Holzring bis zur Mitte des verknoteten Fadenstrangs und umwickeln Sie alle Fäden knapp unterhalb des Rings einige Male mit einem Stück Schnur – nun sitzt der Ring fest. Teilen Sie die 16 Arbeitsfäden in vier Stränge zu je vier Fäden und arbeiten Sie mit jedem Strang eine **Flachknotenspirale** aus 23 Knoten. Fädeln Sie anschließend eine Perle auf und machen Sie nochmals 23 Knoten.

* Nun werden die Stränge neu gruppiert: Fassen Sie zwei Fäden jeder Spirale mit zwei Fäden der Nachbarspirale zusammen. Lassen Sie zu den Spiralen etwa 9 cm Abstand und knüpfen Sie mit jedem neuen Strang **4 Flachknoten.** Knoten Sie nun alle Fäden mit **waagrechten Doppelschlägen** auf einen Holzring. Schneiden Sie nun acht 2 m lange Fäden zu, die (doppelt gelegt) mit Doppelschlägen an dem Holzring befestigt werden – immer zwei Fäden zwischen je zwei alten Strängen. Auf diese Weise erhält man 32 Arbeitsfäden in 8 Vierersträngen. Knüpfen Sie in jeden Strang einen **Flachknoten.** Darauf folgen 6 Reihen **versetzte Flachknoten** (S. II/48). Die Flachknoten laufen in zwei Spitzen aus. Teilen Sie dafür die Knoten der gesamten Runde in zwei Gruppen zu je vier Knoten und beginnen Sie mit den Abnahmen nach der dritten Runde (siehe auch S. II/48). Ist die Spitze fertig, kreuzen Sie die vier Fäden, die sich dort befinden, wo die Trennung der Spitzen beginnt. Knüpfen Sie auf diese Leitfäden zwei Reihen schräger Doppelschläge an den Seiten der Spitzen entlang. *

Wenn Sie richtig gearbeitet haben, hängen jetzt von jeder Spitze acht Fäden. Teilen Sie sie in zwei Stränge zu je vier Fäden und knüpfen Sie mit jedem Strang eine **Flachknotenspirale** aus 32 Knoten. Fädeln Sie wie zuvor eine Perle auf und setzen Sie die Spirale mit weiteren 32 Knoten fort. Ziehen Sie die in der Mitte der Arbeit verbliebenen 16 Fäden durch eine große Perle. Wahrscheinlich ist der Fadenstrang dick genug, um die Perle am Platz zu halten; damit entfällt eine weitere Befestigung. Fasern Sie die Enden aus und schneiden Sie sie sauber ab, so daß alle gleichmäßig lang sind.

Wiederholen Sie für den zweiten Korb den Arbeitsgang von * bis *. Lassen Sie dabei aber unter den Spiralen einen Abstand von 12,5 cm und knüpfen Sie in jeden Strang 9 Flachknoten. Beenden Sie die Arbeit wie oben, mit oder ohne Perle.

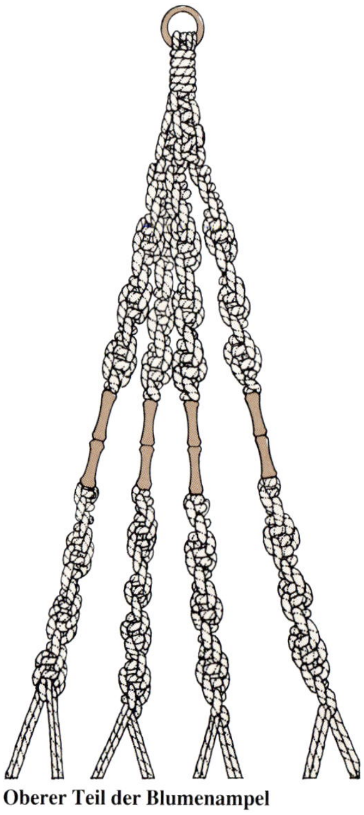

Oberer Teil der Blumenampel

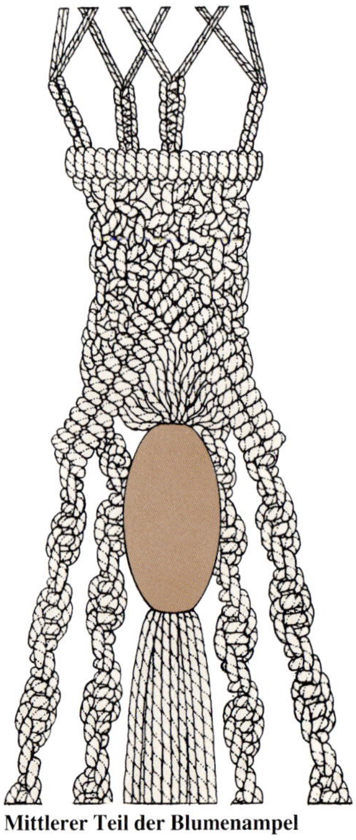

Mittlerer Teil der Blumenampel

Wollen Sie nicht Platz nehmen?

Für diesen ebenso attraktiven wie bequemen Stuhl braucht man mindestens 320 m starke Knüpfschnur. Die Rückenlehne mißt etwa 46×32 cm, der Sitz 46×38 cm. Sie können diese Maße durch die Länge der Flachknotenbänder variieren.

Makramee verwandelt alte Stühle in Prachtstücke

Die Rückenlehne
1 Flachknoten-bänder
2 Holzleiste
3 Waagrechte Doppelschläge
4 Flachknoten-bänder
5 Waagrechte Doppelschläge
6 Versetzte Flachknoten
7, 8, 10 Schräge Doppelschläge
9 Versetzte Flachknoten
11 Josefinenknoten

Der Stuhlsitz
1 Befestigungs-knoten
2 Holzleiste
3 Waagrechte Doppelschläge
4 Flachknoten-bänder
5 Waagrechte Doppelschläge
6 Versetzte Flachknoten

So knüpft man die Rückenlehne

Schneiden Sie 24 Fäden auf 6,50 m Länge zu und teilen Sie sie in sechs Viererstränge. Knüpfen Sie in die Mitte jedes Strangs einen Flachknoten und auf beiden Seiten dieses Mittelknotens sechs weitere Flachknoten. Damit erhält man **flache Bänder** aus 13 Knoten (1), die um die Holzleiste (2) gelegt werden. Schneiden Sie noch sechs weitere, ebenfalls 6,50 m lange Fäden zu. Einer davon dient als Leitfaden; legen Sie ihn waagrecht unter die Holzleiste, und zwar so, daß die Fadenmitte am rechten Leistenende liegt. Jetzt kann man mit dem Knüpfen beginnen. Von jedem um die Leiste geschlungenen Flachknotenband hängen 8 Fäden herab, 4 vor und 4 hinter der Leiste. Nehmen Sie abwechselnd einen Faden von vorn und einen von hinten und knüpfen Sie von links nach rechts eine Reihe **waagrechter Doppelschläge** auf den Leitfaden. Gleichzeitig wird zwischen je 2 Flachknotenbändern ein neuer Arbeitsfaden eingeführt: Nehmen Sie ihn doppelt und knüpfen Sie ihn mit einem umgekehrten Befestigungsknoten auf den Leitfaden (siehe Abbildung unten). Legen Sie den Leitfaden am Reihenende nach links und knüpfen Sie eine zweite Reihe waagrechter Doppelschläge (3). Mit den beiden Leitfadenenden hängen jetzt insgesamt 60 Fäden von der Arbeit. Teilen Sie sie in 15 Viererstränge und knüpfen Sie mit jedem Strang 4 Flachknoten (4). Anschließend wird auf den äußersten linken Faden als Leitfaden eine Reihe waagrechter Doppelschläge gearbeitet (5). Damit ist der Randstreifen fertig.

Der **Mittelteil** besteht aus 29 Reihen versetzter Flachknoten (6), die nach der zweiten Reihe in der Mitte getrennt werden und beiderseits in eine Spitze auslaufen. Ab der dritten Reihe werden 3 Reihen schräger Doppelschläge eingearbeitet (7), die links und rechts an den Flachknoten entlanglaufen. Lassen Sie zu diesen Schrägreihen etwa 3,8 cm Abstand und knüpfen Sie dann über die mittleren 24 Fäden (12 auf jeder Seite) eine weitere Schrägreihe. Die zwei mittleren Fäden dienen dabei als Knotenträger (8). Mit denselben Fäden wird die **Mittelraute** gearbeitet: auf versetzte Flachknoten (9) folgt eine weitere Schrägreihe und im Mittelpunkt ein doppelfädiger Josefinenknoten (S. II/50). Die zweite Hälfte der Lehne wird genauso gearbeitet wie die erste, nur in umgekehrter Reihenfolge.

Für die **abschließenden Flachknotenbänder** numeriert man die 60 Fäden und faßt sie zusammen wie folgt: 2, 4, 6 und 8; 12, 14, 16 und 18; 22, 24, 26 und 28; 32, 34, 36 und 38; 42, 44, 46 und 48; 52, 54, 56 und 58. Knüpfen Sie in jeden Strang 13 Flachknoten und legen Sie die Bänder um die Leiste. (Die Knotenzahl richtet sich nach der Dicke der Leiste.) Verknüpfen Sie die losen Enden mit den unbearbeitet gebliebenen Fäden, schneiden Sie alle Enden ab und verkleben Sie sie.

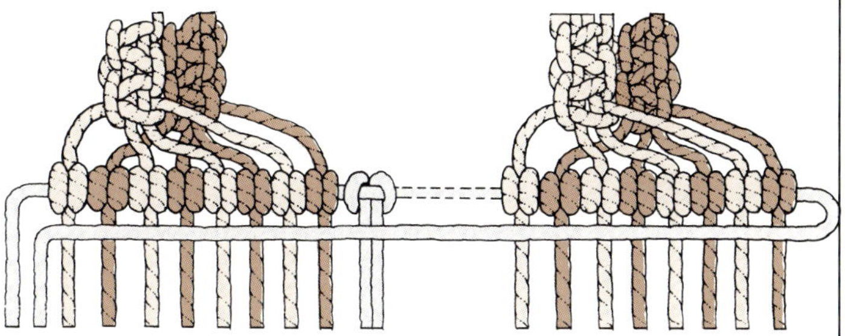

Die Abbildung zeigt das erste und letzte Flachknotenband beim Knüpfbeginn

So knüpft man den Stuhlsitz

Schneiden Sie 32 Fäden auf 3,70 m Länge zu. Nehmen Sie die Fäden doppelt und knüpfen Sie sie mit **Befestigungsknoten** an die Holzleiste (1 und 2). Schneiden Sie noch zwei 2 m lange Fäden zu, die als Knotenträger dienen. Führen Sie den einen von links ein und knoten Sie eine Reihe **waagrechter Doppelschläge** darauf (3). Teilen Sie nun die Arbeitsfäden in 16 Viererstränge und knüpfen Sie mit jedem Strang 5 Flachknoten (4). Führen Sie den zweiten Knotenträger von links ein und knüpfen Sie eine weitere Reihe waagrechter Doppelschläge (5). Lassen Sie nun an jeder Seite die beiden äußeren Fäden hängen und bilden Sie 15 neue Viererstränge. Arbeiten Sie 31 Reihen **versetzter Flachknoten** (6).

Die zweite Hälfte des Stuhlsitzes wird genauso, aber in der umgekehrten Reihenfolge geknüpft. Schlingen Sie die losen Fadenenden um die Holzleiste und binden Sie sie paarweise mit einem Flachknoten zusammen. Die Abbildungen links zeigen, wie's gemacht wird.

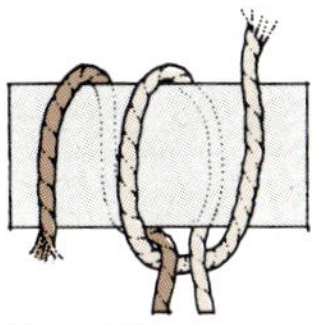

Umschlingen

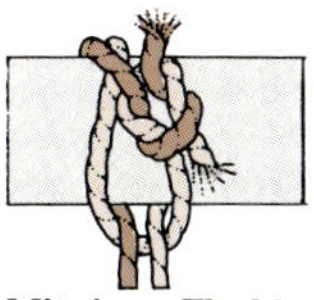

Mit einem Flachknoten befestigen

Netze sind leicht zu knüpfen

Eine sehr alte Form des Makramee ist die Herstellung von Netzen. Dafür wurde ein besonderer Knoten entwickelt, mit dem noch heute genauso wie vor 3000 Jahren die Fischer ihre Netze knüpfen und ausbessern. Der Knoten ist schnell zu knüpfen.

Das Handwerkszeug

Wie alle Makramee-Knüpfereien sollte man auch Netzarbeiten auf einem Knüpfbrett mit starken Stecknadeln befestigen, denn beim Zuziehen der Knoten benötigt man festen Halt. Das wichtigste Werkzeug ist die Netznadel – sie trägt den Arbeitsfaden und bildet die Knoten. Am spitzen Ende der Nadel befindet sich das Öhr mit der Mittelzinke. Über das andere, gezahnte Ende wird das Garn gewickelt. Wählen Sie die Netznadel immer etwas schmaler als die Breite einer halben Masche, damit die Nadel leicht durch die Schlingen schlüpfen kann. Als zweites Werkzeug brauchen Sie einen Maschenstab in der Breite einer halben Masche, der für die Gleichmäßigkeit der Knüpferei sorgt. Maschenstäbe bestehen aus einem Rechteck aus Holz oder Plastik und sind in mehreren Größen erhältlich. Man kann sie aber auch aus starkem Karton oder aus Sperrholz selbst basteln.

Das Material

Wählen Sie kräftiges, fest gedrehtes Garn, das klare Knoten bildet. Ideal ist einfacher Bindfaden oder Makrameegarn.

So wird die Netznadel beladen

1 Halten Sie die Netznadel mit der Spitze nach oben in der linken Hand. Drücken Sie das Fadenende mit dem linken Daumen gegen den Nadelkörper. Schlingen Sie den Faden einmal um die Mittelzinke und führen Sie ihn wieder nach unten über das Fadenende, das auf diese Weise festgeklemmt wird. Anschließend wird der Faden in der Kerbenmitte unter den Nadelfuß hindurchgeführt.

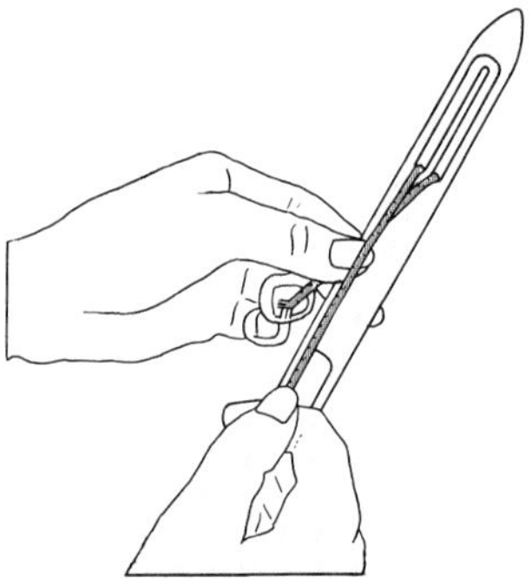

Schritt 1

2 Drehen Sie die Nadel um, so daß nun die Rückseite vor Ihnen liegt. Führen Sie den Faden wieder nach oben und schlingen Sie ihn um die Zinke. Wieder wird der Faden nach unten und unter dem Nadelfuß hindurch auf die andere Seite der Nadel geführt. Drehen Sie die Nadel um.

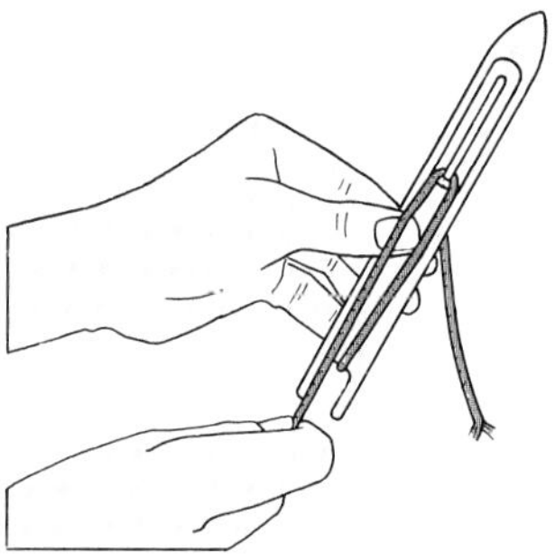

Schritt 2

3 Wiederholen Sie diesen Vorgang und wickeln Sie den Faden fest auf die Nadel. Überladen Sie aber die Nadel nicht; sie wird sonst unhandlich und könnte die Maschen verzerren.

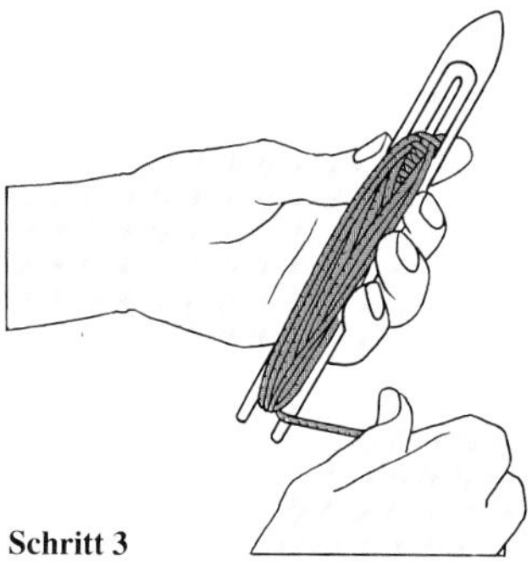

Schritt 3

Der Netzknoten

Dies ist der Grundknoten für alles Netzwerk.

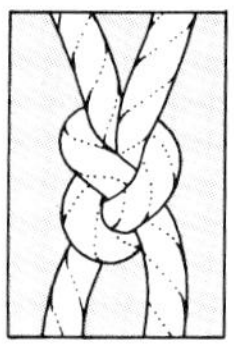

Der festgezogene Netzknoten

Und so wird's gemacht

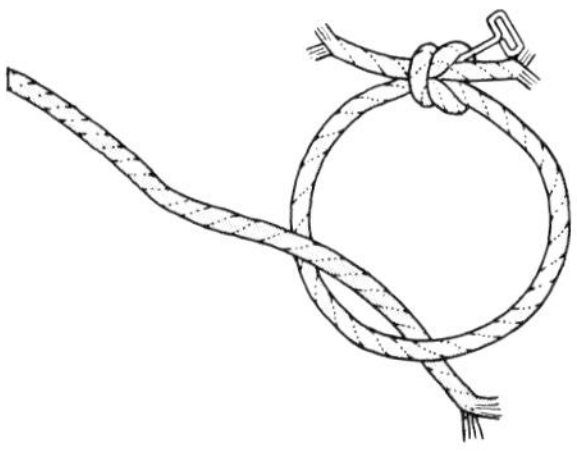

1 Knüpfen Sie mit einem Fadenstück eine Grundschlinge und stecken Sie sie fest. Führen Sie den Arbeitsfaden von hinten durch diese Schlinge.

2 Bilden Sie mit dem Faden auf der linken Seite eine Schlaufe und halten Sie sie mit dem Daumen fest.

3 Führen Sie den Faden hinter der Grundschlinge vorbei und durch die Schlaufe nach vorn.

4 Ziehen Sie den Faden langsam nach rechts unten, bis der Knoten fest am richtigen Platz sitzt.

Der Knüpfbeginn

Meist beginnt eine Netzarbeit mit einer Grundschlinge, die aus einem kurzen Schnurstück geknotet wird. Sie wurde bereits links bei der Erklärung des Netzknotens vorgestellt; wie man die Netzmaschen darin einknüpft, erfahren Sie auf der nächsten Seite. Für breite Arbeiten ist es besser, wenn die erste Maschenreihe auf einer waagrechten Trägerschnur befestigt wird.

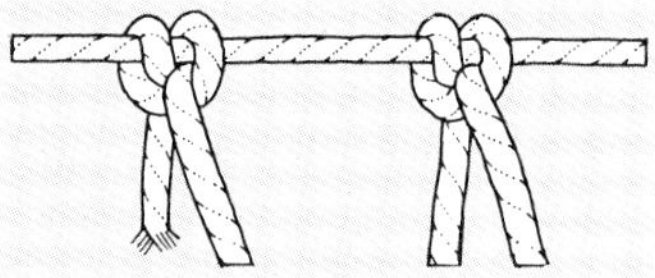

Knüpfbeginn mit Trägerschnur

Und so wird's gemacht

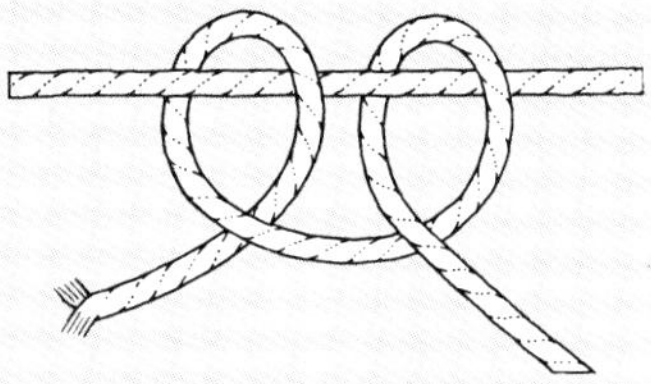

1 Stecken Sie eine auf die nötige Länge zugeschnittene Schnur waagrecht auf das Knüpfbrett. Knoten Sie den Arbeitsfaden am linken Ende der Trägerschnur mit einem Doppelschlag fest.

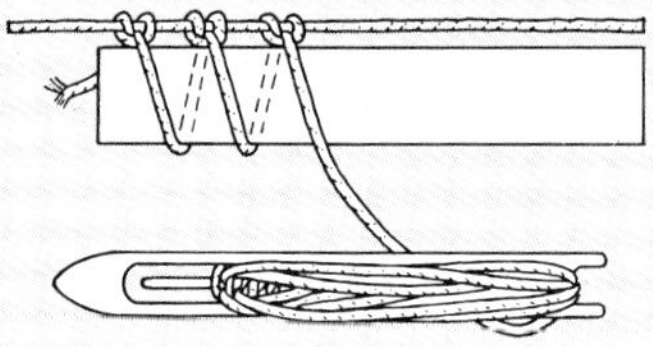

2 Legen Sie den Maschenstab unter die Trägerschnur und führen Sie die Arbeitsschnur um den Stab. Befestigen Sie die Masche mit einem weiteren Doppelschlag.

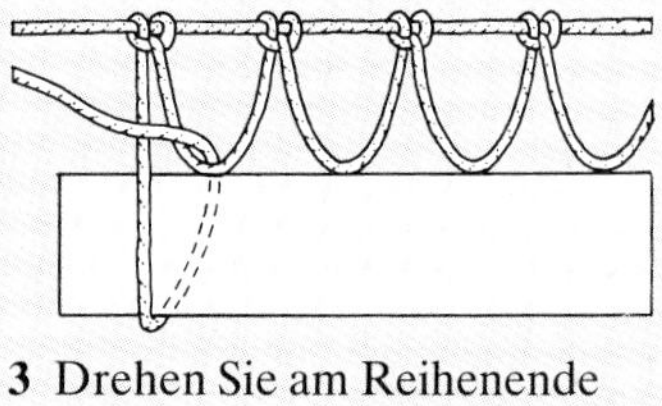

3 Drehen Sie am Reihenende die Arbeit um und arbeiten Sie die zweite Reihe mit Netzmaschen von links nach rechts.

Die Grundtechniken des Netzknüpfens

Die Netzmasche

Netzmaschen arbeitet man in Reihen. Sie haben die Form einer Raute, deren Größe von der Breite des Maschenstabs abhängt. Unten zeigen wir Schritt für Schritt, wie die Netzmaschen in die Grundschlinge eingeknotet werden.

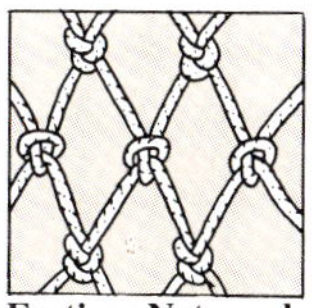

Fertiges Netzwerk

Und so wird's gemacht

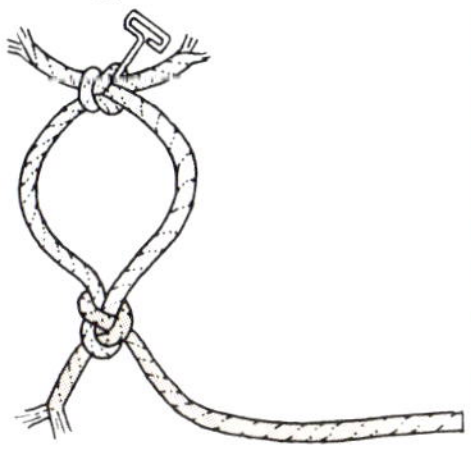

1 Knoten Sie eine Grundschlinge und stecken Sie sie fest. Der Durchmesser der Schlinge sollte so groß sein, daß die geplante Anzahl der Knoten darauf Platz hat. Befestigen Sie den Arbeitsfaden mit einem Netzknoten (siehe vorhergehende Seite) unten an der Grundschlinge.

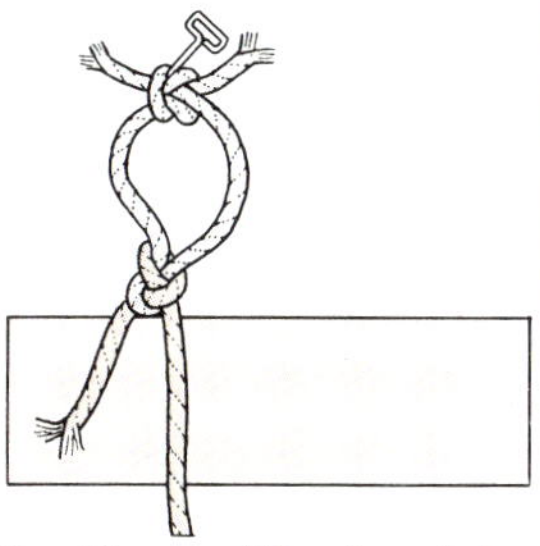

2 Halten Sie den Maschenstab wie gezeigt und legen Sie den Faden darüber.

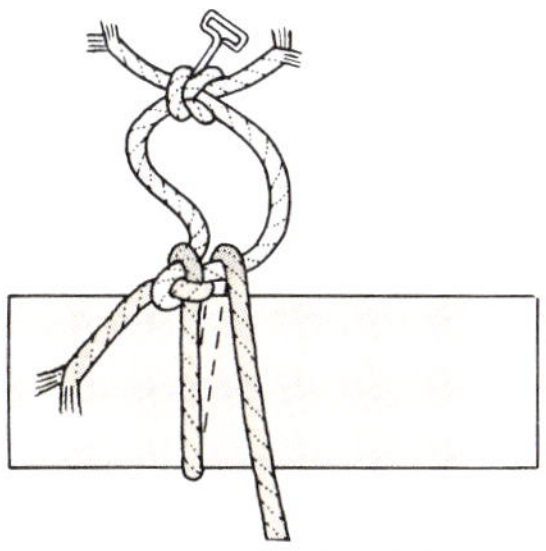

3 Führen Sie den Faden hinter dem Maschenstab nach oben und ziehen Sie ihn dann durch die Grundschlinge nach vorne durch. Spannen Sie den Faden an, so daß der Maschenstab dicht unter den Netzknoten zu liegen kommt. Halten Sie den Faden mit Daumen und Zeigefinger an der Stelle fest, wo er die Grundschlinge kreuzt.

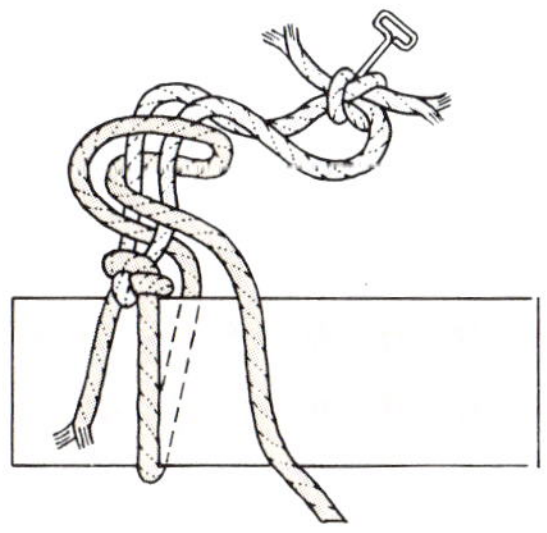

4 Arbeiten Sie wie gezeigt einen zweiten Netzknoten und ziehen Sie ihn fest.

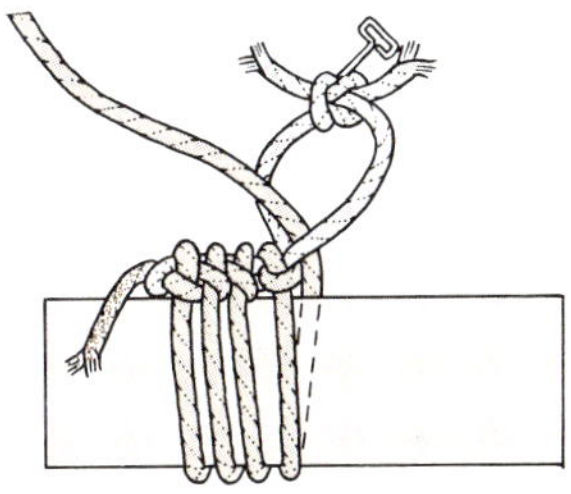

5 Knoten Sie so die gewünschte Maschenzahl (zählen Sie die Schlingen auf dem Stab).

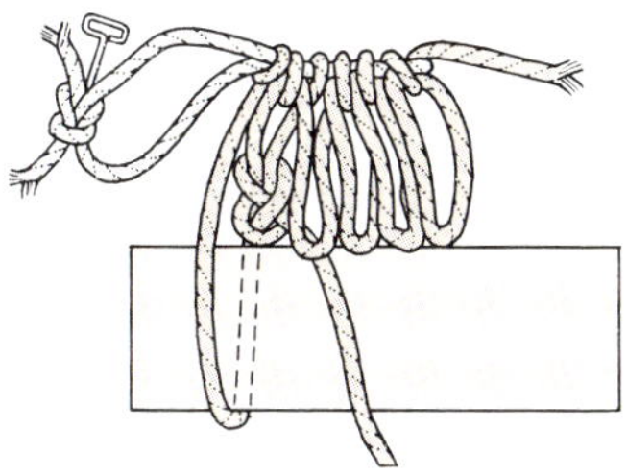

6 Ziehen Sie am Ende der ersten Reihe den Maschenstab heraus und drehen Sie die Arbeit um, so daß die zuletzt geknüpfte Schlinge auf der linken Seite liegt. Legen Sie den Maschenstab direkt unter die Schlingen der ersten Reihe. Führen Sie den Arbeitsfaden wie gewohnt um den Maschenstab und knüpfen Sie einen Netzknoten in die erste Schlinge. Wiederholen Sie den Vorgang bei jeder weiteren Schlinge. Die Schlingen der ersten und zweiten Reihe bilden zusammen erst die vollständigen Netzmaschen. Drehen Sie die Arbeit nach jeder Reihe um; knüpfen Sie immer von links nach rechts.

Zunehmen und Abnehmen

Bei größeren Arbeiten kann es nötig sein, die Anzahl der Maschen einer Reihe zu erhöhen oder zu verringern, um das Netzwerk in eine bestimmte Form zu bringen.

So nimmt man zu

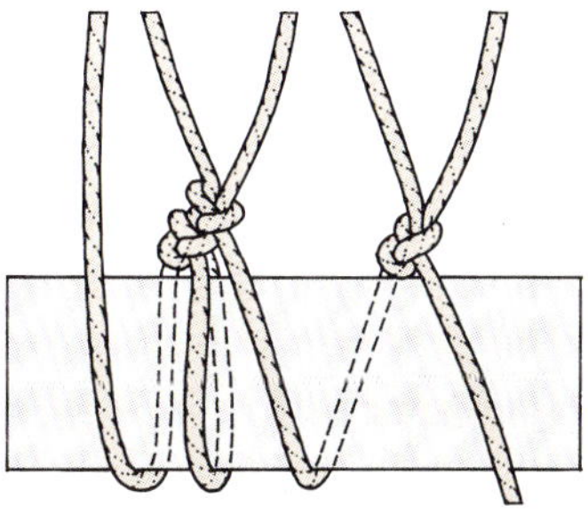

1 Beginnen Sie die Reihe wie gewohnt mit einem Netzknoten in die erste Schlinge. Führen Sie dann den Faden erneut um den Maschenstab und knüpfen Sie dicht neben den ersten Knoten einen zweiten.

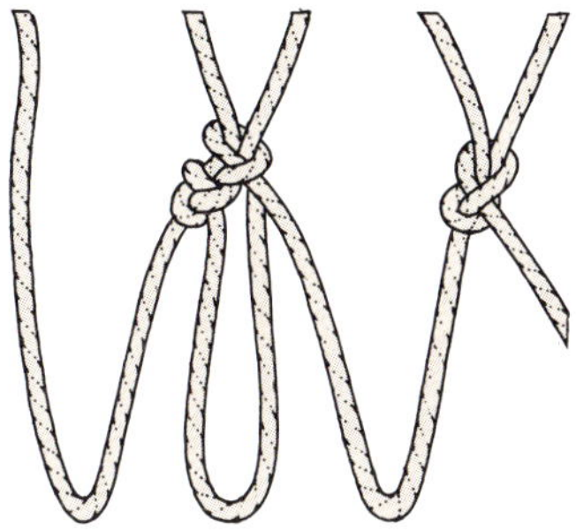

2 Damit erhält die Reihe eine zusätzliche Masche.

So nimmt man ab

Führen Sie den Arbeitsfaden durch zwei Schlingen der Vorreihe, ziehen Sie sie zusammen und knüpfen Sie durch beide einen einzigen Netzknoten.

Maschenvariationen

Muster im Netzwerk entstehen, wenn man die Maschengröße in jeder oder in jeder zweiten Reihe verändert. Dazu benutzt man am einfachsten Maschenstäbe verschiedener Breite. Unten zeigen wir, wie Sie auch mit einem einzigen Stab die Maschengröße variieren können.

Doppelmaschen

Wickeln Sie bei jeder Netzmasche den Faden zweimal statt nur einmal um den Stab, entstehen doppelt lange Maschen.

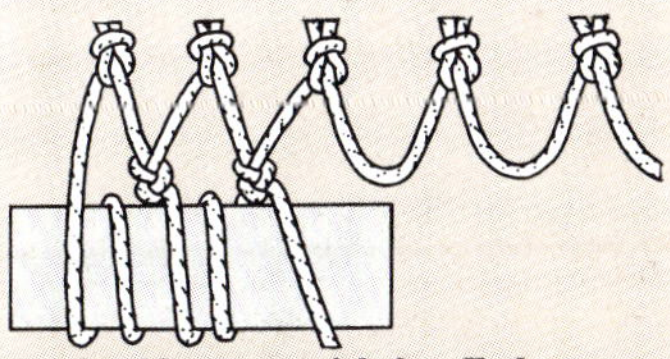

Zweimal herumgewickelter Faden

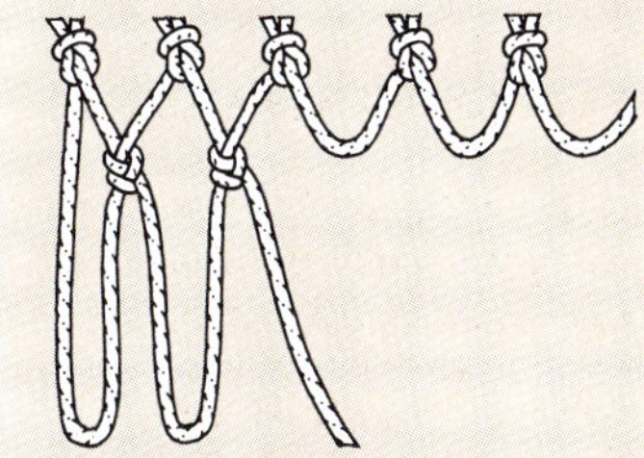

Die fertigen Doppelmaschen

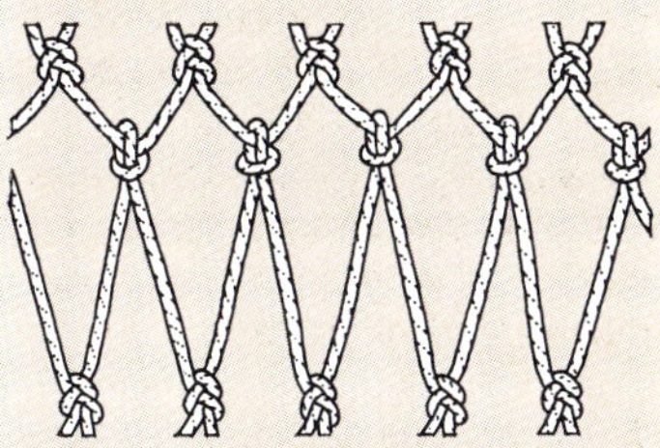

Einfache und doppelte Netzmaschen

Verlängerte Maschen

Die Netzknoten werden etwas oberhalb des Stabs geknüpft.

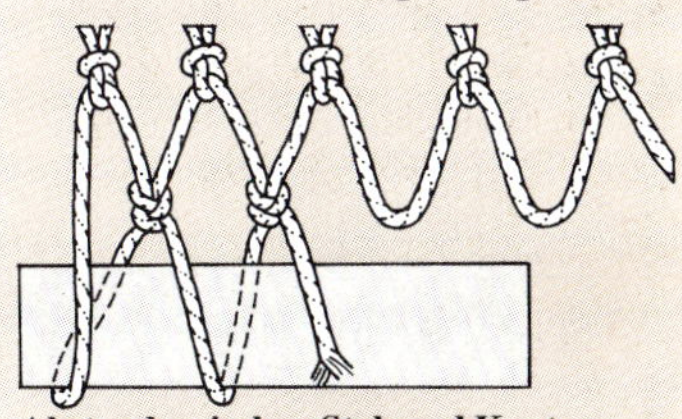

Abstand zwischen Stab und Knoten

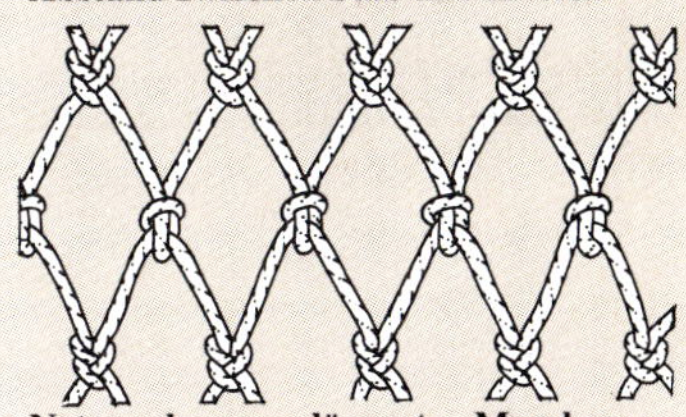

Netzwerk aus verlängerten Maschen

Praktisches Einkaufsnetz – im Nu geknüpft

Knüpfen in der Runde

Einkaufsnetze arbeitet man in der Runde. Dazu wird die erste Schlingenreihe zu einem Grundkreis geschlossen. Diese besondere Anfangstechnik braucht man auch für flache Rundarbeiten, bei denen die Maschenzahl nach außen hin erhöht werden muß.

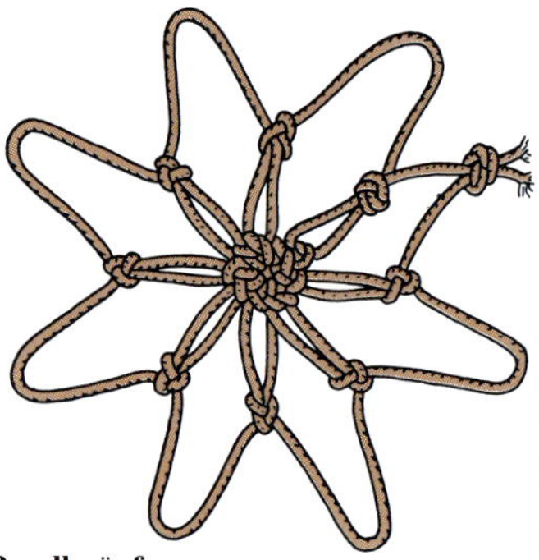

Rundknüpfen

Und so wird's gemacht

1 Knoten Sie in das Ende des Arbeitsfadens eine bewegliche Schlinge, wie auf der Abbildung gezeigt. Das lose Ende muß doppelt so lang sein wie die Höhe des fertigen Netzes. Legen Sie die Grundschlinge so groß an, daß sie noch ein Stückchen über das Ende der ersten Knotenreihe hinausragt (siehe Zeichnung unten).

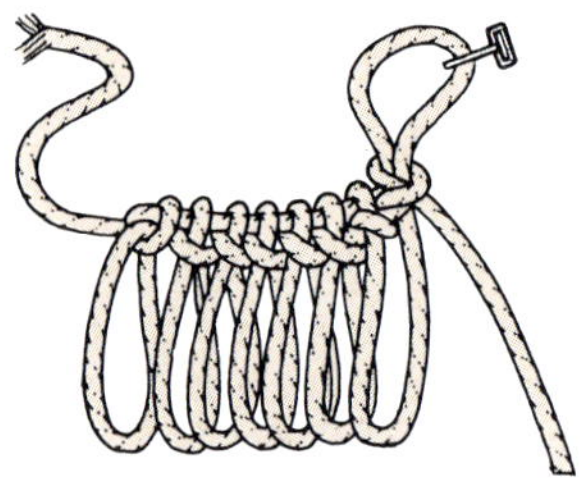

2 Stecken Sie die Schlinge mit dem losen Ende nach links auf die Arbeitsunterlage. Knüpfen Sie eine Masche weniger, als für die erste Runde erforderlich ist.

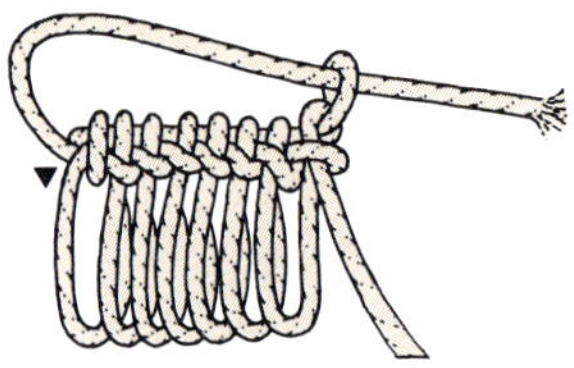

3 Ziehen Sie das lose Fadenende, wie auf der Abbildung gezeigt, durch die Grundschlinge. Halten Sie das Fadenende knapp vor dem Anfangsknoten fest (siehe Pfeil) und ziehen Sie es nach links. Damit wird die Grundschlinge am Reihenende zusammengezogen.

4 Fassen Sie nun das Fadenende hinter der Grundschlinge und ziehen Sie es weiter an. Auf diese Weise legen sich die Netzknoten zu einem Kreis; die erste Schlingenreihe fächert kranzförmig aus. Verbinden Sie das Fadenende und den Arbeitsfaden mit einem Flachknoten (siehe S. II/48). Damit ist der Grundkreis hergestellt.

5 Soll die Arbeit flach werden, stecken Sie die Schlingen in einem gleichmäßigen Kreis fest. Für ein Einkaufsnetz oder andere schlauchförmige Stücke hängt man den Grundkreis über einen großen Knopf. Die letzte Masche des Grundkreises wird wie folgt gebildet: Verknüpfen Sie das Fadenende und den Arbeitsfaden mit einem Überhandknoten, der mit den übrigen Maschen abschließt. Arbeiten Sie in Runden weiter. Die letzte Masche jeder Runde wird durch das Verknoten des Fadenendes mit dem Arbeitsfaden gebildet.

So knüpfen Sie ein Einkaufsnetz

An Material brauchen Sie etwa 12 m Knüpfschnur und einen 4 cm breiten Maschenstab. Knüpfen Sie nach der links erklärten Technik einen Grundkreis mit 8 Maschen und arbeiten Sie 7 bis 9 Runden Netzmaschen, je nach gewünschter Größe. Die Griffe werden zum Schluß an das Netz geknüpft.

Einkaufsnetz

Wie man die Griffe knüpft

Jeder Griff wird über vier Maschen gearbeitet, die wir hier mit 1–4 beziffern. Befestigen Sie das Fadenende mit einem Netzknoten in Masche 2. Legen Sie den Faden zu einer Schlinge in der gewünschten Griffgröße und knoten Sie ihn an Masche 3 fest. Führen Sie nun den Faden entlang dieser Schlinge wieder zurück und knüpfen Sie ihn in Masche 1. Knoten Sie über die Doppelschlinge eine Reihe Doppelschläge; lassen Sie vor dem ersten und nach dem letzten Knoten eine halbe Netzmasche Abstand. Befestigen Sie den Arbeitsfaden in Masche 4.

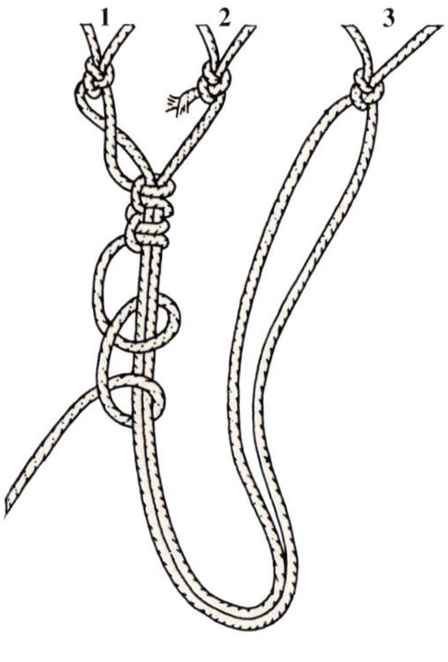

Doppelschläge um die Griffschlingen

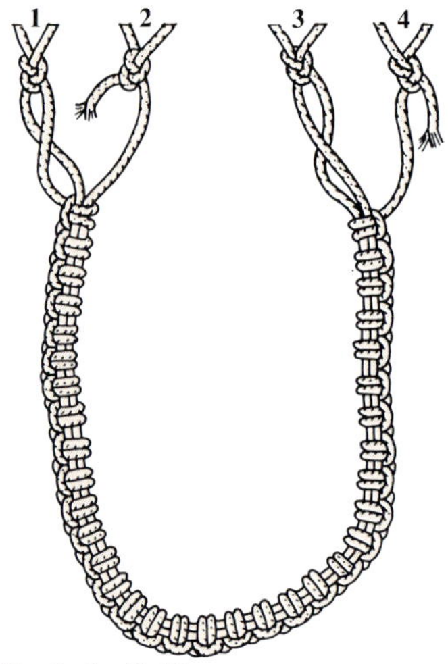

Der fertige Griff

Das Einknüpfen neuer Fäden

Da die Netznadel nur eine begrenzte Fadenlänge aufnehmen kann, ist es unvermeidlich, daß an irgendeinem Punkt der Arbeit ein neuer Arbeitsfaden eingefügt werden muß.

Und so wird's gemacht

Lassen Sie das Ende des alten Fadens nach dem letzten Netzknoten hängen. Wickeln Sie einen neuen Faden auf die Nadel und knüpfen Sie in dieselbe Masche einen zweiten Netzknoten, der direkt auf dem ersten Knoten sitzt.

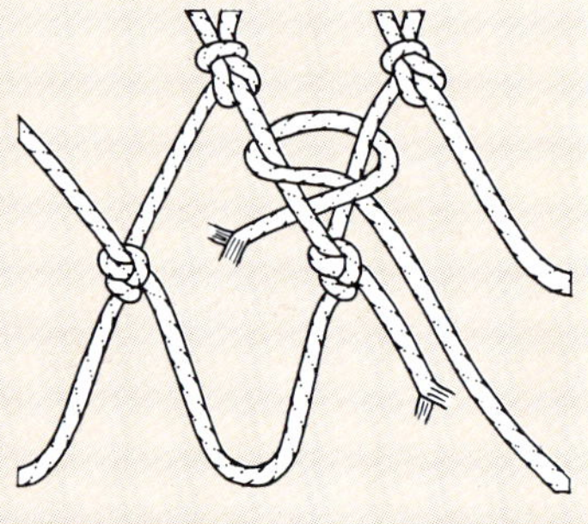

Der Lohn nach fleißiger Knüpfarbeit

Niemand sollte sich den Spaß entgehen lassen, den man mit einer Hängematte erlebt. Wenn Sie noch keine besitzen, dann knüpfen Sie sich schnell eine! Das Material ist billig und die Techniken kennen Sie bereits. Falls Sie keinen Bohrer besitzen, lassen Sie sich die Löcher gleich vom Schreiner in die Leisten bohren.

Das Material

Sie benötigen etwa 150 m Knüpfschnur, 3 mm dick; 7,50 m Seil, 6 mm dick; 3,70 m Seil, 10 mm dick; einen 6,5 cm breiten Maschenstab, eine große Netznadel; 2 Holzleisten, jeweils 92×4×2 cm; 2 Metall- oder Holzringe mit 9 cm Durchmesser. Das fertige Netzwerk mißt etwa 2 m × 85 cm; der Abstand zwischen den Holzleisten und den Ringen beträgt etwa 45 cm.

Die fertige Hängematte

Das Netzwerk

Knoten Sie aus einem 50 cm langen Stück der 3 mm dicken Knüpfschnur eine Grundschlinge und befestigen Sie diese auf der Arbeitsunterlage. Beladen Sie die Netznadel mit der Knüpfschnur. Befestigen Sie das Fadenende mit einem Netzknoten an der Grundschlinge und knüpfen Sie die erste Reihe mit 16 Schlingen. Knüpfen Sie insgesamt 32 Reihen.
Legen Sie ein 19 m langes Schnurstück doppelt und beladen Sie damit die Netznadel. Knüpfen Sie nun eine Reihe mit doppeltem Faden. Entfernen Sie die Grundschnur und knüpfen Sie auch an das andere Ende des Netzwerks eine Reihe mit doppeltem Faden.

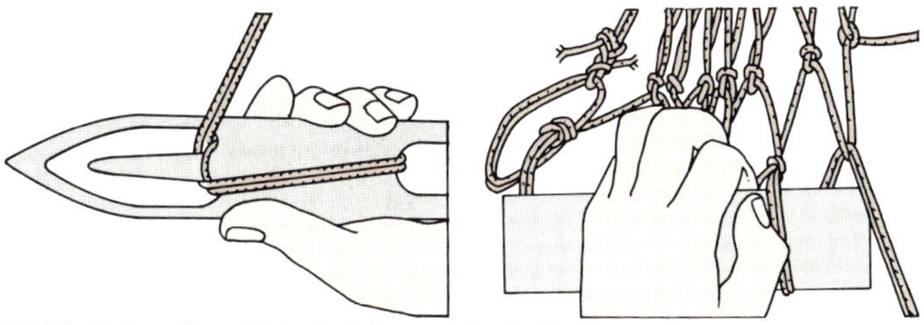

Nadel mit doppeltem Faden beladen und damit die Abschlußreihen knüpfen

Das Umknoten der Ringe

Die beiden Ringe tragen das ganze Gewicht der Hängematte. Um ihnen zusätzliche Stabilität zu verleihen, umknotet man sie ringsum mit Knüpfschnur.

Und so wird's gemacht

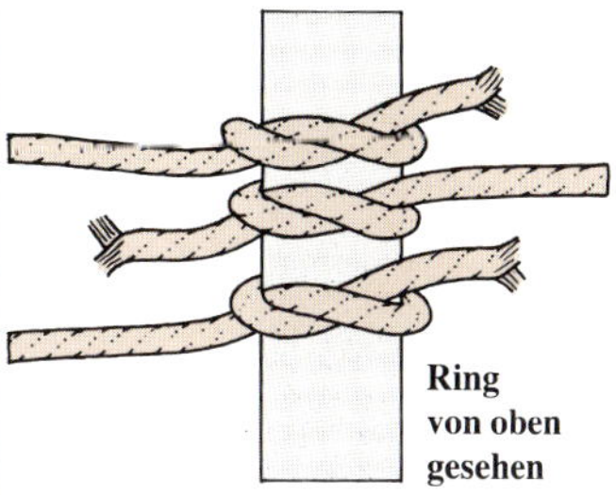

1 Schneiden Sie drei je 2,40 m lange Fäden zu. Arbeiten Sie von sich weg; knüpfen Sie die drei Fäden wie auf der Abbildung gezeigt in den Ring – zwei nach links, einen nach rechts.

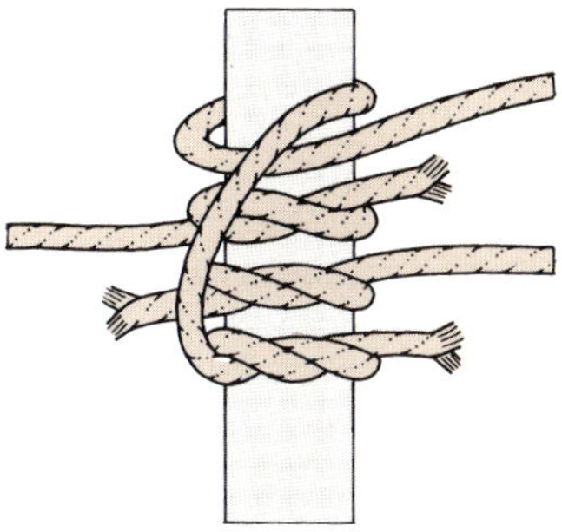

2 Führen Sie den ersten Faden über die beiden anderen nach oben. Ziehen Sie das Ende von rechts nach links unter dem Ring durch, so daß sich rechts eine kleine Schlinge bildet. Stecken Sie den Faden durch diese Schlinge und ziehen Sie fest an.

3 Führen Sie den zweiten Faden nach links oben. Machen Sie wieder einen Halbschlag um den Ring, diesmal in entgegengesetzter Richtung. Ziehen Sie den Faden fest.

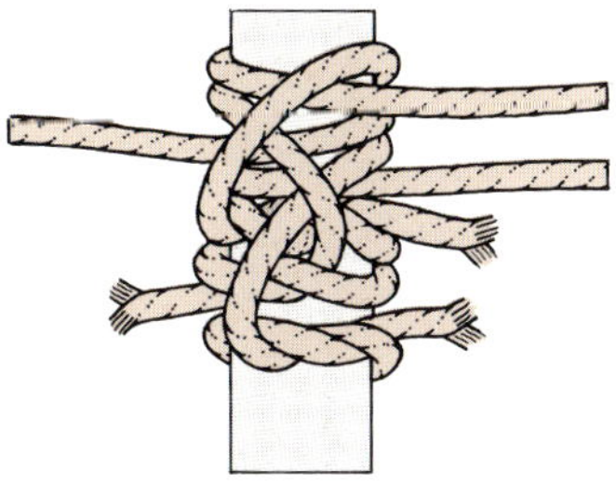

4 Der dritte Faden wird ebenso wie der erste um den Ring geknotet. Als nächster Faden kommt wieder der untere an die Reihe. Immer liegen der untere und der obere Faden auf der einen Seite, der mittlere auf der anderen.

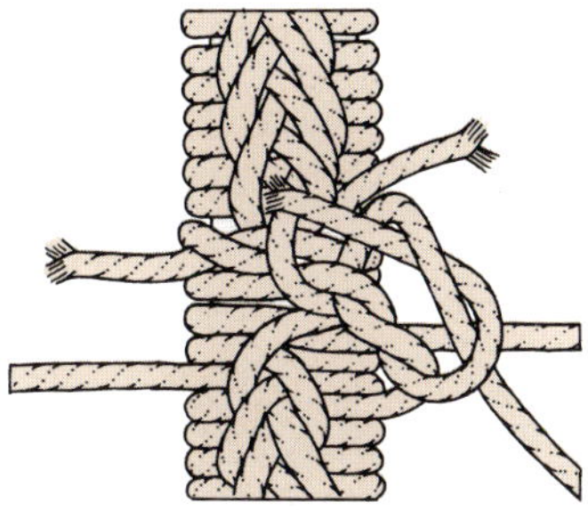

5 Umknoten Sie in dieser Weise den ganzen Ring; enden Sie mit zwei Fäden auf der rechten und einem auf der linken Seite. Lösen Sie die Anfangsknoten. Nehmen Sie das nächstliegende Ende rechts und verknüpfen Sie es mit dem ersten Faden durch einen Flachknoten – möglichst nah am Ring.

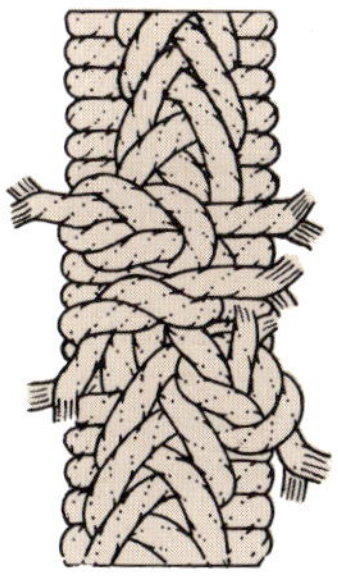

6 Verknoten Sie das Ende links mit dem zweiten Faden und anschließend die letzten beiden Fäden. Schneiden Sie die Enden ab und verkleben Sie sie.

… eine Hängematte zum Entspannen

Die Verbindungsschnüre

Die Schnüre zwischen Ring und Holzleiste werden oben zu einem Dreieck verflochten.

Und so wird's gemacht

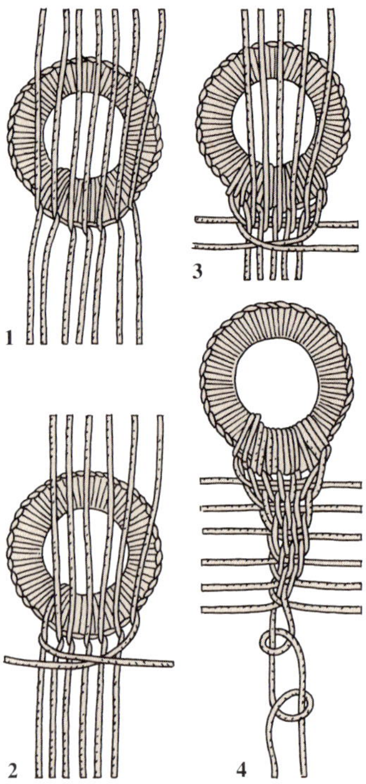

1 Knüpfen Sie sieben 2,20 m lange, doppelt gelegte Schnüre mit umgekehrten Befestigungsknoten so in den Ring, daß die Anschlußstelle der Ringknoten verdeckt ist. Legen Sie jeden zweiten Faden nach oben (siehe Abbildung).

2 Legen Sie die Außenfäden von rechts unten und links oben waagrecht über die unteren Fäden. Dabei kreuzen sich die Außenfäden.

3 Die oberen Fäden tauschen nun Platz mit den unteren. Legen Sie wieder die Außenfäden von rechts unten und links oben über die unteren Fäden.

4 Wieder wechseln die oberen und unteren Fäden die Plätze. Arbeiten Sie so weiter, bis nur noch zwei senkrechte Fäden übrig bleiben. Befestigen Sie diese beiden Fäden mit zwei entgegengesetzten Halbschlägen (siehe S. II/46).

Die Holzleisten

In die Leisten bohrt man Löcher, durch die die Verbindungsschnüre gezogen werden. Sie halten die Maschen des Netzwerks am Platz.

Und so wird's gemacht

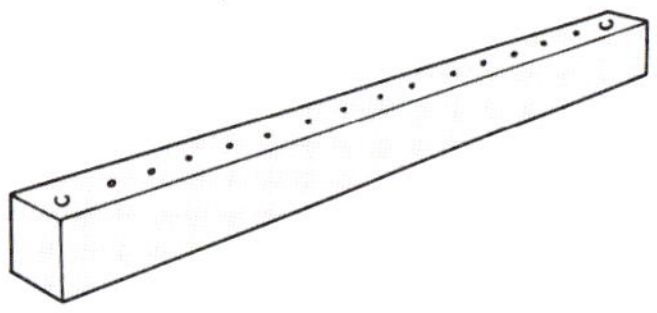

1 Bohren Sie in gleichmäßigem Abstand 14 schräge Löcher in die Leisten – gerade groß genug, um eine 3 mm dicke Schnur durchzuziehen. Das erste und letzte Loch soll 10 cm vom Ende entfernt sein. Bohren Sie etwa 4 cm von jedem Ende ein weiteres Loch mit 1,5 cm Durchmesser.

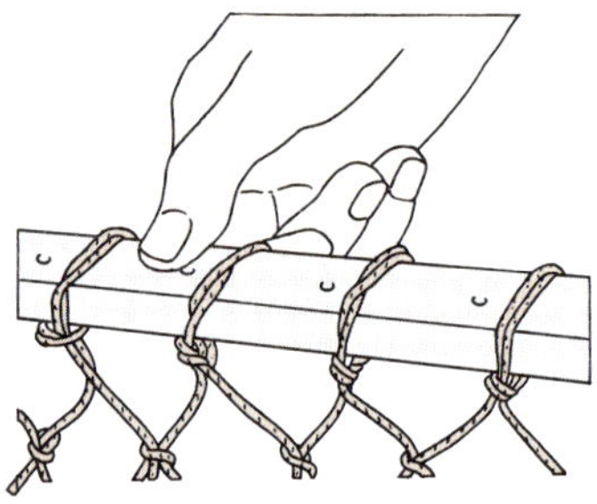

2 Stecken Sie die Holzleisten durch die 16 Doppelmaschen an beiden Enden des Netzwerks. Achten Sie darauf, daß die Maschen zwischen die Löcher zu liegen kommen.

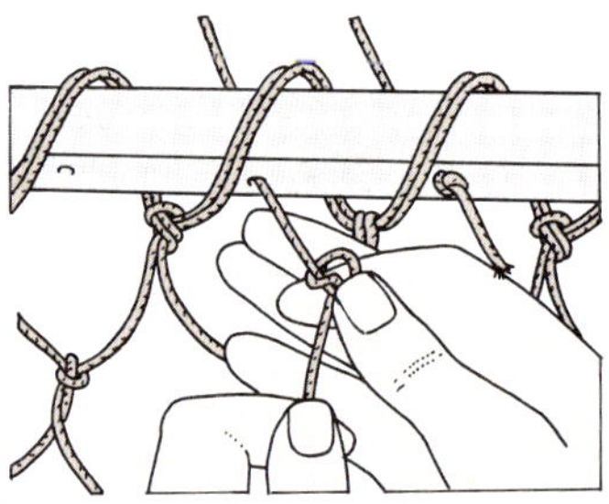

3 Legen Sie den Ring mit den Verbindungsschnüren so über die Holzleiste, daß die Spitze des geflochtenen Dreiecks ca. 30 cm über der Leistenmitte liegt. Ziehen Sie die Verbindungsschnüre durch die kleineren Löcher und sichern Sie sie dann mit einem Überhandknoten, wie gezeigt.

Die Seitenseile

Zwei 3,70 m lange und 6 mm dicke Seilstücke geben den Seiten der Hängematte festen Halt. Die Seitenseile werden von Ring zu Ring durch die großen Löcher der Holzleisten und entlang den Seiten des Netzes geführt. Am einen Ende der Hängematte befestigt man die Seile mit einem Augspleiß am Ring. Am anderen Ende knotet man sie mit einem Doppelschlag in den Ring und verhindert das Ausfasern durch einen Kronspleiß. Hier kann man später die Hängematte in der Höhe verstellen, um den Durchhang auszugleichen.

So knüpft man Augspleiße

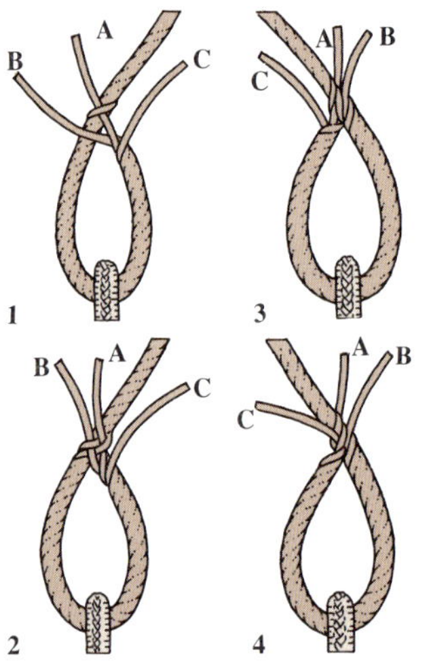

1 Drehen Sie 7 cm der Seilstränge auf, legen Sie das Seil zur Schlinge und spleißen Sie die Stränge wieder ein. Ziehen Sie A von rechts nach links unter den nächsten Strang.
2 Ziehen Sie B von rechts nach links durch den nächsten Strang.
3 Drehen Sie die Schlinge mit der Rückseite nach vorn.
4 Ziehen Sie C von rechts nach links durch den noch unbenutzten Strang. Machen Sie so weiter, bis die Stränge ganz eingespleißt sind.

Der fertige Augspleiß

Das Einziehen der Seitenseile

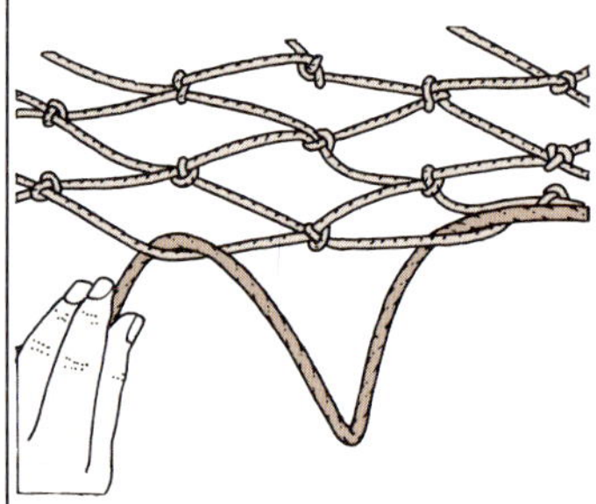

Wenn beide Seile mit Augspleißen am ersten Ring befestigt sind, zieht man sie durch die großen Löcher der Leisten und fädelt sie durch jede Masche der Netzseiten. Befestigen Sie die Seile mit Doppelschlägen am zweiten Ring; knüpfen Sie in jedes Ende einen Kronspleiß.

So knüpft man Kronspleiße

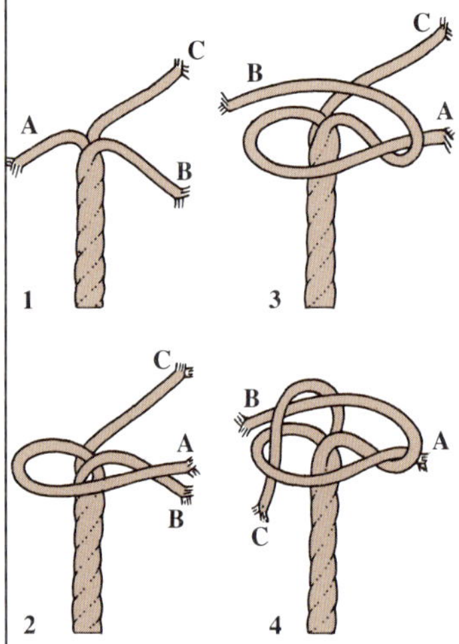

1 Drehen Sie 9 cm der Seilstränge auf und ziehen Sie sie auseinander.
2 Legen Sie A von links nach rechts über B.
3 Schlingen Sie B um A; legen Sie dann B über C.
4 Schlingen Sie C um B; ziehen Sie dann C durch die von A gebildete Schlinge. Spleißen Sie nun die Stränge in das Seilende ein, wie beim Augspleiß gezeigt.

Die Aufhängung

Schneiden Sie zwei 1,80 m lange, 10 mm dicke Seile zu. Sichern Sie ein Ende mit einem Kronspleiß; knüpfen Sie das andere Ende mit einem Augspleiß in den Ring.

Einführung ins Flechten

Bei der Vorstellung der wichtigsten Knüpftechniken darf das Flechten nicht vergessen werden. Mehrere Stränge werden hier zu flachen oder runden Zöpfen verschlungen, aus denen sich strapazierfähige Matten, Teppiche und Stuhlpolster herstellen lassen. Den Dreierzopf kennen Sie bereits vom Haareflechten. Hier stellen wir Ihnen sieben Zöpfe vor, bei denen bis zu neun Stränge verflochten werden. Stecken Sie die numerierten Stränge auf ein Knüpfbrett und arbeiten Sie nach dem Flechtschema.

Dreierzopf

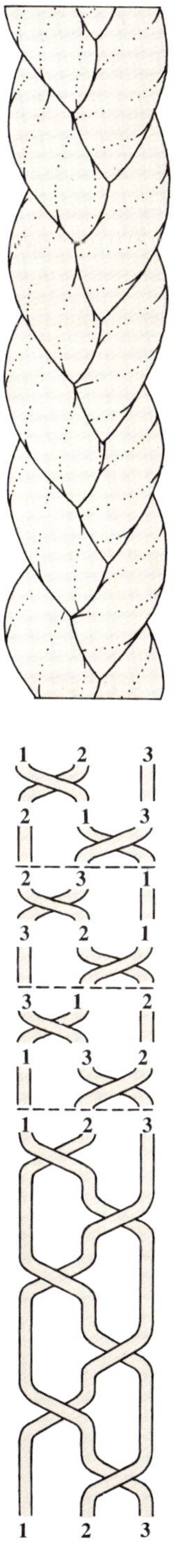

Vierer-Rundzopf

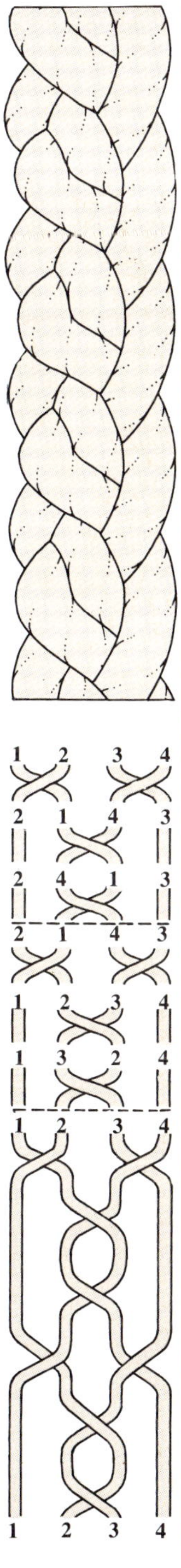

Viererzopf

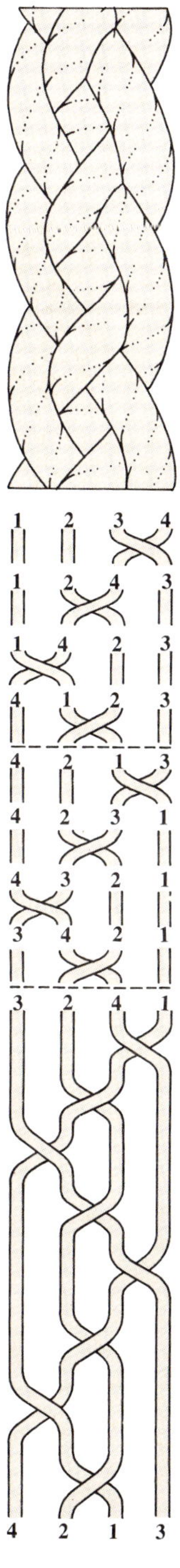

Fünferzopf

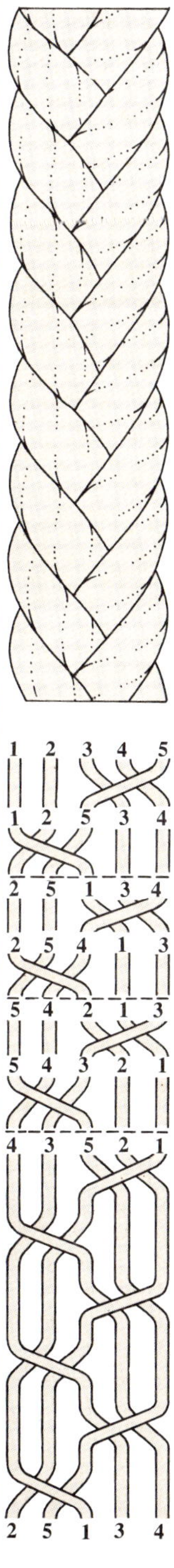

Neuner-Doppelzopf

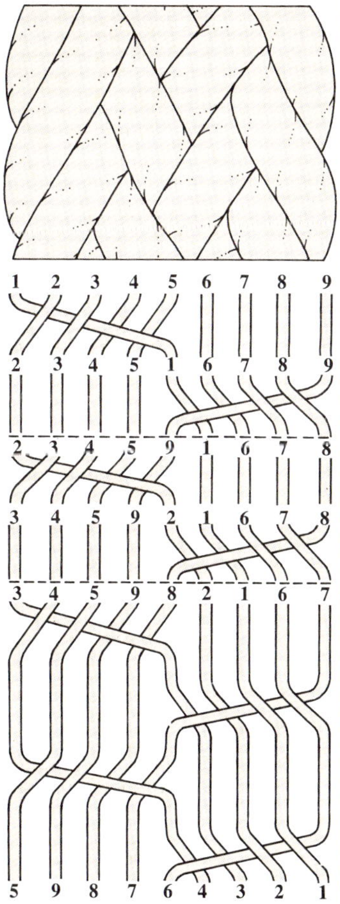

Achter-Wechselzopf

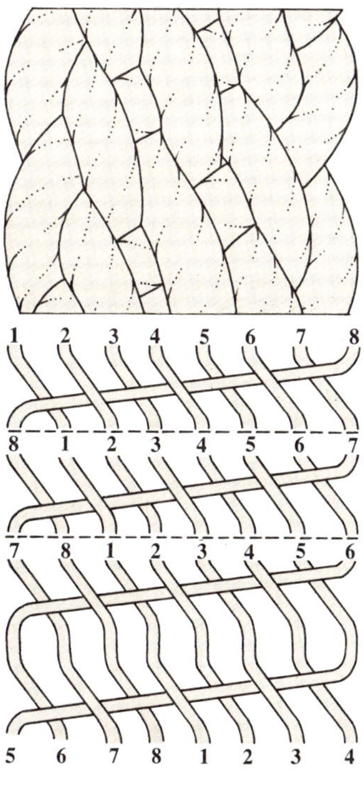

Achter-Kreuzzopf

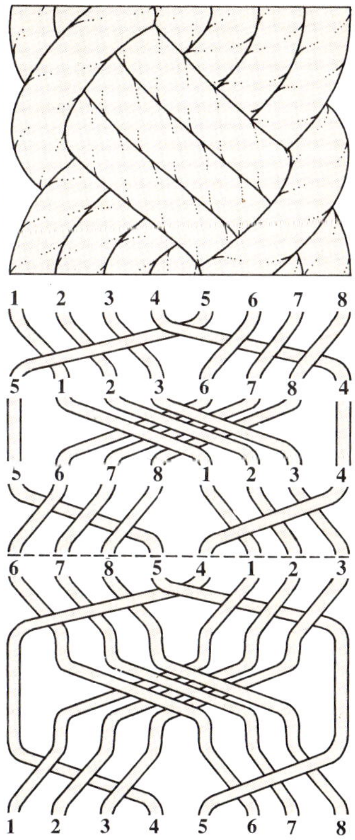

Das Einflechten

Um Matten oder ähnliches herzustellen, näht man die fertigen Zöpfe mit starkem Teppichfaden aneinander. Man kann sie aber auch direkt ineinanderflechten, dann entsteht ein besonders dichtes Gewebe. Der Arbeitsgang wird anhand des Dreierzopfs beschrieben, gilt aber ebenso für die anderen.

Und so wird's gemacht

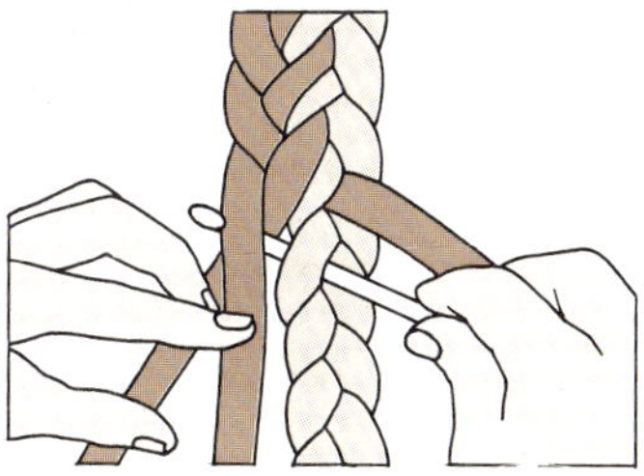

Ziehen Sie die Außenstränge mit einer Häkelnadel durch die Außenschlinge des Nebenzopfs. Auch ein einziger, langer Zopf kann auf diese Weise zu einer Spirale aufgerollt oder in Schlangenlinie zusammengefügt werden.

Flechten mit Stoffstreifen

Geflochtenes Stuhlpolster

Auf diesem hübschen, aus Stoffstreifen geflochtenen Stuhlpolster sitzt sich's noch bequemer, wenn Sie es mit Schaumgummi unterlegen und dann abfüttern.

Und so wird's gemacht

Verwenden Sie dicke, tweedartige Stoffe. Schneiden Sie drei 7,50 m lange Streifen zu, die am Anfang der Zopfspirale 4 cm breit sein sollten, später 5 cm oder breiter. Bereiten Sie die Streifen wie rechts gezeigt vor; die Nahtstellen der drei Stränge sollten nie auf gleicher Höhe liegen. Flechten Sie einen Dreierzopf und nähen Sie ihn, möglichst gleich beim Flechten, zu einer Spirale zusammen. Damit sich der Zopf am Ende verjüngt, schneiden Sie die Streifen am Ende wieder schmaler zu.

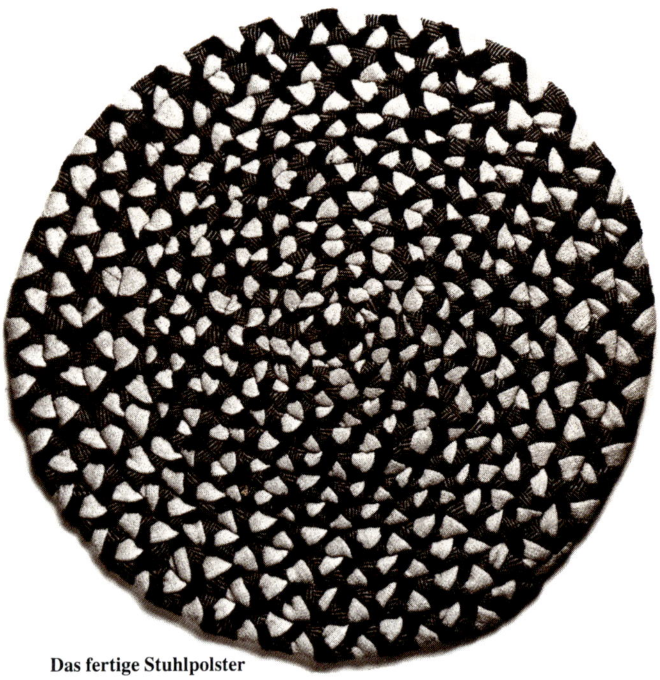

Das fertige Stuhlpolster

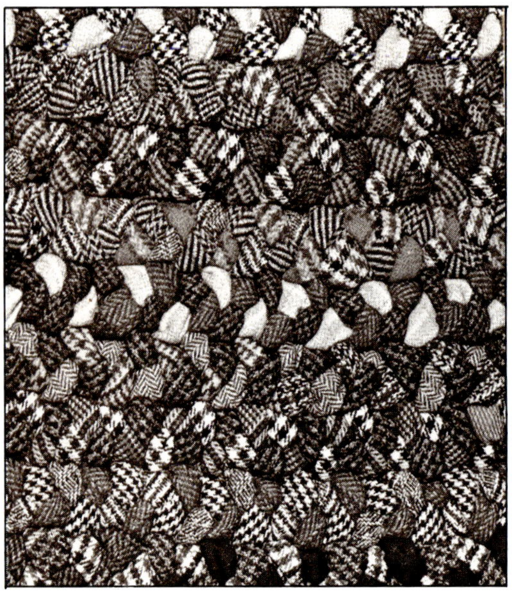

Flechtmuster

Wir haben für das Stuhlpolster nur drei farblich aufeinander abgestimmte Stoffe verwendet. Sie können natürlich in einem Flechtstrang auch verschiedene Stoffe zusammennähen, um das Flechtmuster aufzulockern. Bei dem links abgebildeten Flechtwerk wurde mit vielen verschiedenen Stoffen gearbeitet

Das Vorbereiten der Stoffstreifen

Wenn Sie nicht mit Schnüren, sondern mit Stoffen flechten wollen, ist zunächst einige Vorbereitung nötig.

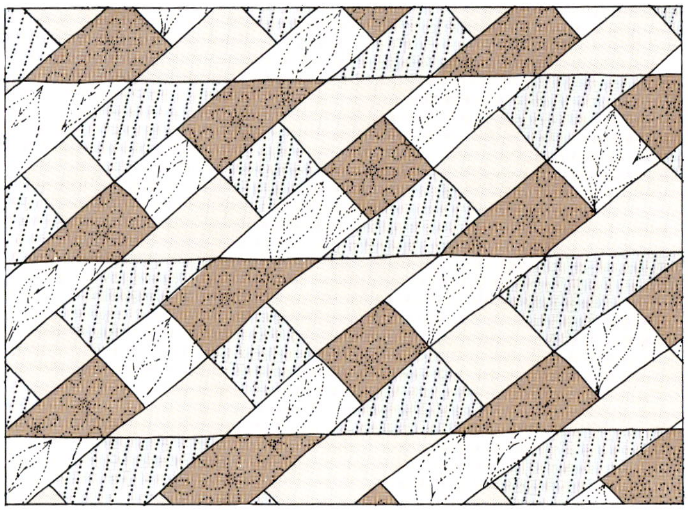

Mit vier verschiedenen Stoffen wurde dieser Viererzopf geflochten

So schneidet man zu

Alte und neue Stoffe sollten vor dem Flechten gewaschen werden. Schneiden Sie die Stoffe in 2,5 bis 5 cm breite Schrägstreifen – je nachdem, wie dick der Zopf werden soll. Aus diesen Schrägstreifen werden lange Flechtstränge zusammengenäht.

1 Streifen schräg abschneiden

So verbindet man die Streifen

1 Schneiden Sie die Enden in einem 45°-Winkel schräg ab.
2 Legen Sie die Streifen rechts auf rechts in einem rechten Winkel zusammen und steppen Sie entlang den Schnittkanten.
3 Falten Sie die Naht auseinander und schneiden Sie die überstehenden Ecken ab. Wer will, kann zum Schluß alle Nähte flachbügeln.

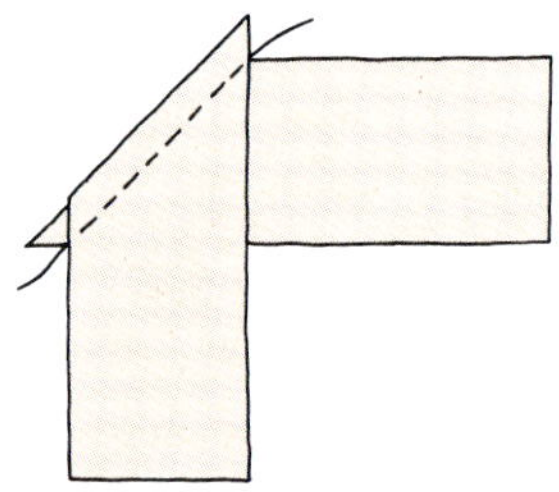

2 Schnittkanten zusammennähen

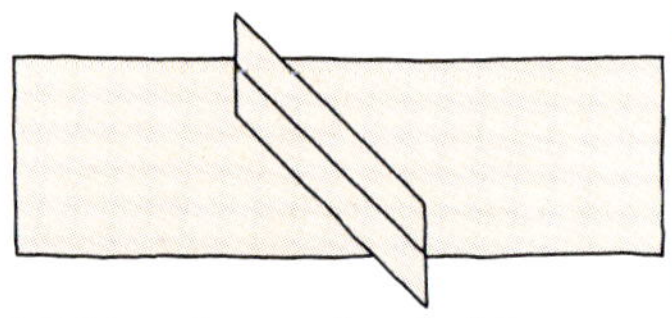

3 Nahtzugaben auseinanderfalten

So faltet man die Streifen

1 Legen Sie die Streifen mit der rechten Seite nach unten.
2 Falten Sie die Längsseiten zur Mitte hin, wie gezeigt.
3 Klappen Sie den Streifen in der Mitte zusammen. Soll der Zopf rund werden, heftet man den Streifen zu einer Röhre. Für einen flachen Zopf plättet man den Streifen leicht mit einem Bügeleisen.

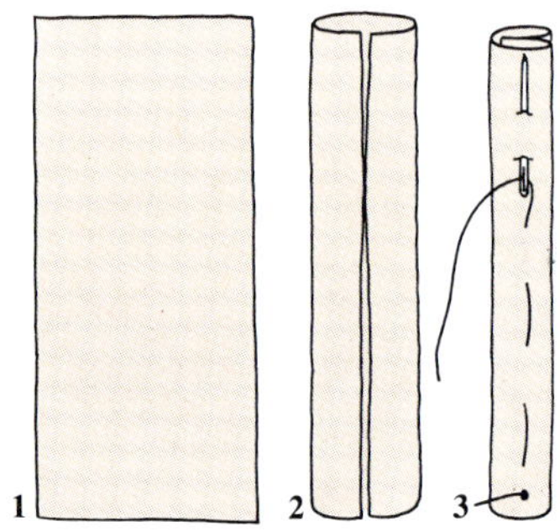

Streifen zusammenfalten

Teppiche knüpfen – auf sechs verschiedene Arten

Eins vorab: Mit Orientteppichen können und sollen es selbstgeknüpfte Teppiche nicht aufnehmen! Trotzdem lassen sich aus Teppichwolle oder Stoffstreifen attraktive Knüpfereien herstellen. Von den sechs hier vorgestellten Möglichkeiten sind Ihnen einige sicher noch unbekannt, die es sich zu entdecken lohnt. Sie brauchen sich ja nicht gleich einen großen Wohnzimmerteppich vorzunehmen. Schon kleine Matten oder Wandbehänge schaffen eine gemütliche Wohnatmosphäre. Diese Seite gibt einen Überblick über die Knüpftechniken, die Materialien und das Handwerkszeug.

Das Handwerkszeug

Teppichnadel

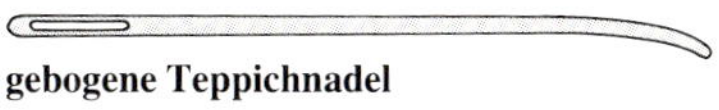

gebogene Teppichnadel

Ösenhaken

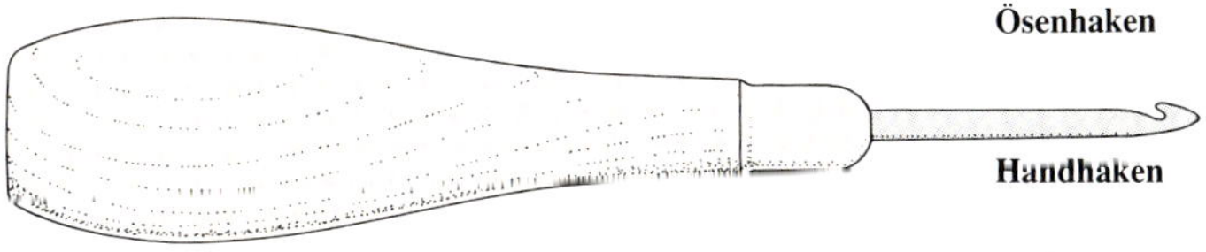

Handhaken

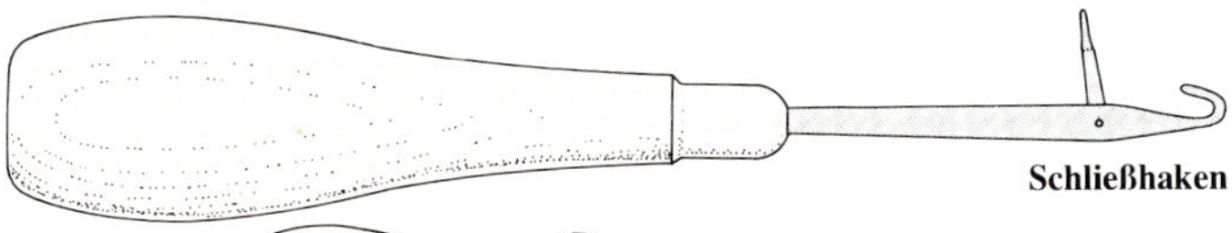

Schließhaken

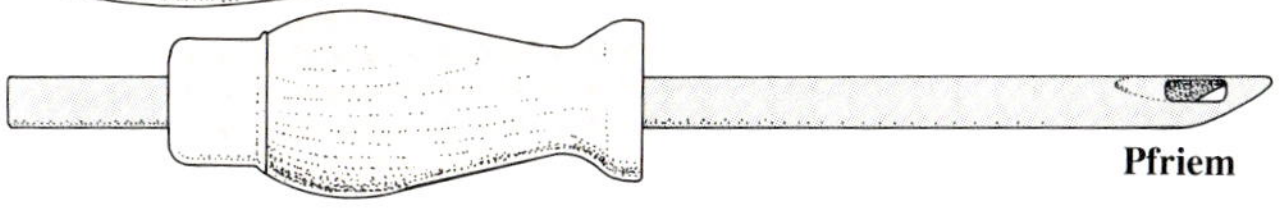

Pfriem

Überblick über die Knüpftechniken

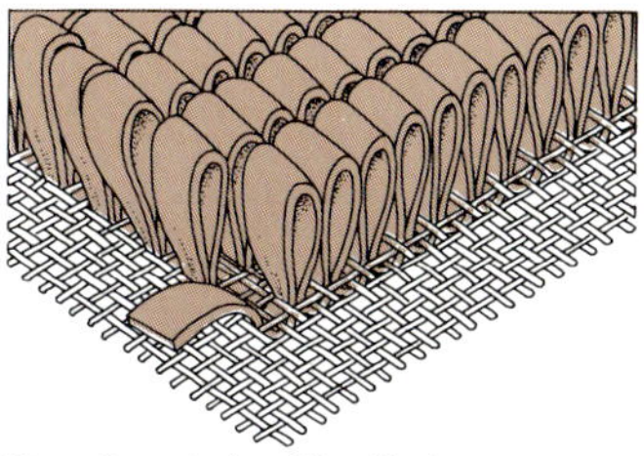

Knüpfen mit dem Handhaken

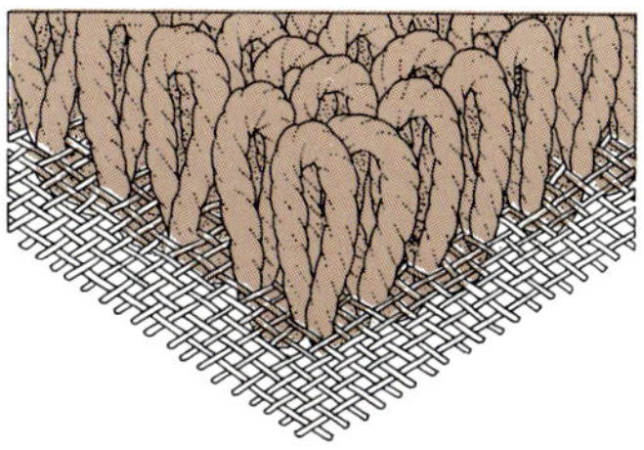

Knüpfen mit dem Pfriem

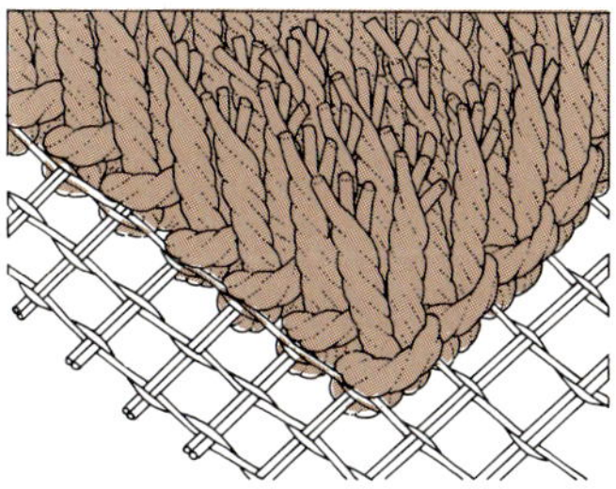

Knüpfen mit dem Schließhaken

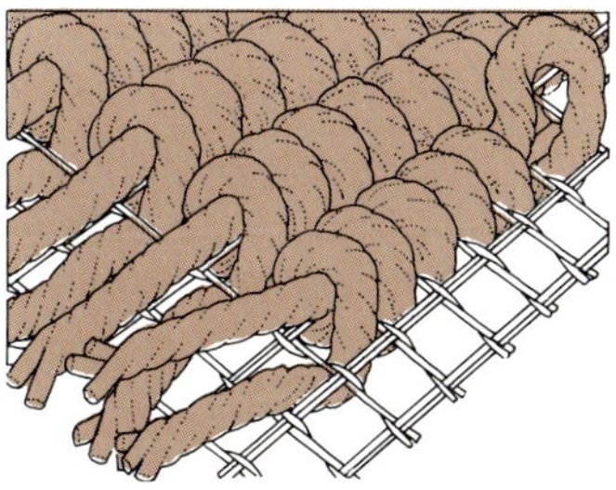

Knüpfen mit dem Ösenhaken

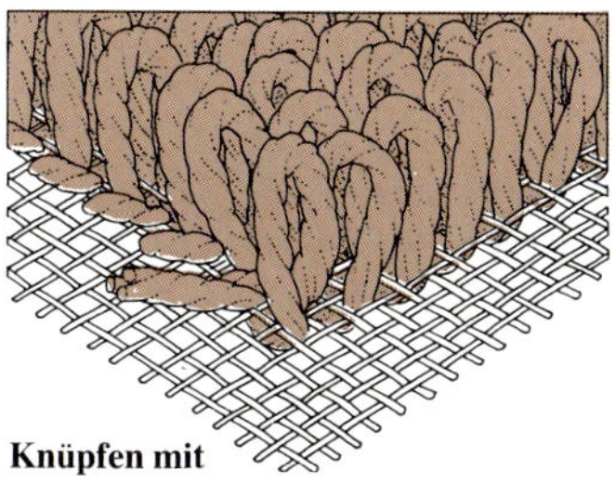

Knüpfen mit der Teppichnadel

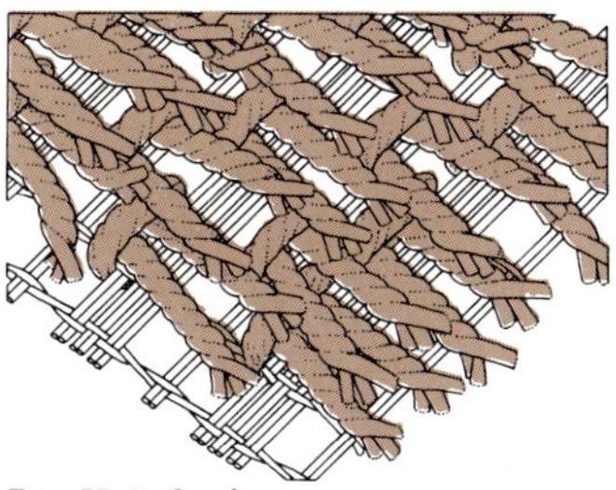

Rya-Knüpferei

Das Knüpfmaterial

Schwere, 6fache Teppichwolle ist das beste Material zum Knüpfen. Aber auch Kunstfasern und Mischgarne sind erhältlich. Wenn Sie mit Stoffstreifen arbeiten, sollten Sie starkes und fest gewebtes Material verwenden.

Der Knüpfgrund

Der Knüpfgrund muß strapazierfähig und auf das Gewicht der Garne abgestimmt sein. Unten sind die gebräuchlichsten Knüpfgrundlagen zusammengestellt. Geben Sie bei der Abmessung des Knüpfgrunds auf allen Seiten einen Rand von 4–6,5 cm zu. Selbst wenn man von Webkante zu Webkante arbeitet, müssen mindestens 1,5 cm frei bleiben. Dieser Saum wird entweder eingefaßt oder umgeschlagen und überknüpft. Bei jeder Knüpftechnik finden Sie Hinweise zum Knüpfgrund, der sich am besten eignet.

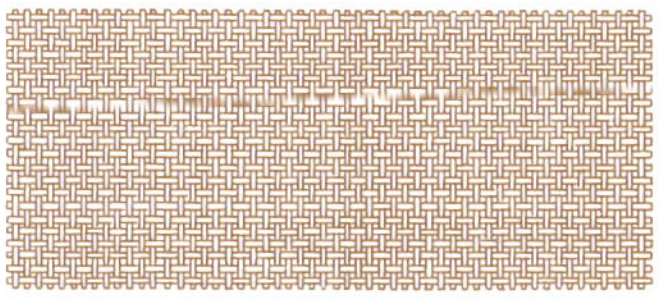

1 Grobe Jute
Dieser Stoff ist gleichmäßig gewebt, aber nicht so fest, daß der Knüpfhaken schwer durchginge.

2 Baumwoll- oder Leinenstoffe
Grobe Stoffe aus diesem Material sind teurer als Jute, aber stärker und haltbarer.

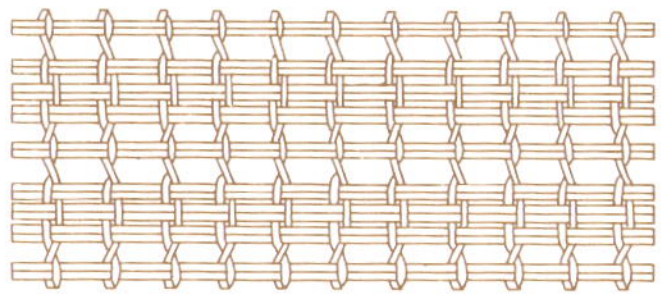

3 Skandinavischer Knüpfgrund
Dieser Stramin mit ausgesparten Querfäden ist für Rya-Knüpfereien gedacht.

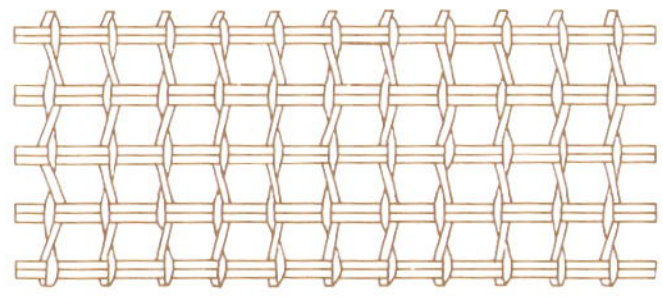

4 Weitmaschiger Stramin
mit 12 Löchern auf 10 cm. Dieser mit Leim gesteifte Doppelfädenstramin ist ideal zum Knüpfen mit Schließhaken.

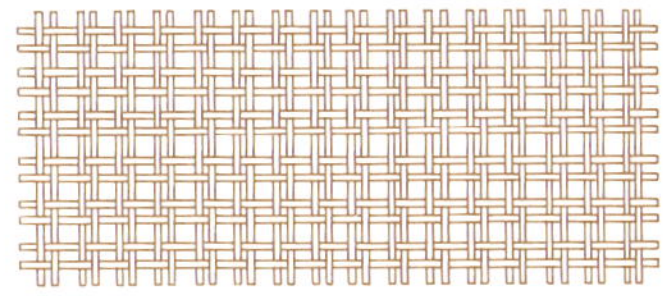

5 Engmaschiger Stramin
mit 20 Löchern auf 10 cm. Dieser Stramin eignet sich für feinere Knüpfereien mit Schließ- und Ösenhaken.

So faßt man die Ränder ein

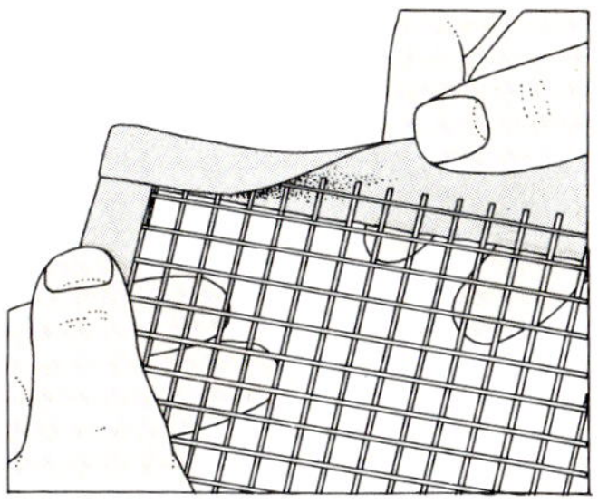

Um das Ausfransen der Knüpfgrundränder zu verhindern, faßt man sie entweder mit Klebeband ein oder steppt mit der Nähmaschine Schrägstreifen auf, die dann an der Rückseite angesäumt werden.

So überknüpft man Säume

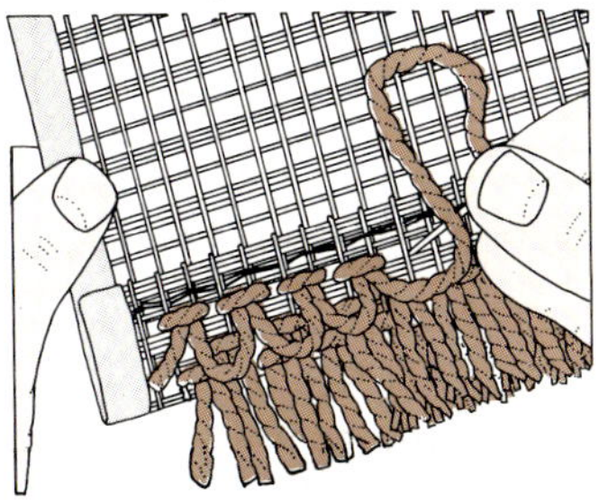

Unsichtbare Säume erhält man, wenn man den Rand auf die rechte Seite des Knüpfgrunds so umheftet, daß die Längs- und Querfäden genau aufeinanderliegen. Knüpfen Sie durch beide Lagen.

Knüpfen mit dem Handhaken

Die Arbeit mit dem Handhaken ist die einfachste Methode, Teppiche herzustellen. Wenn Sie keinen Handhaken erhalten, können Sie auch eine dicke Häkelnadel verwenden. Streng genommen handelt es sich hier gar nicht um eine Knüpftechnik: Das Garn wird zur Oberseite des Knüpfgrunds durchgezogen und in Schlingen gelegt, ohne verknotet zu werden.

Der Knüpfgrund

Jeder gleichmäßig und fest gewebte Stoff mit deutlich erkennbaren Kett- und Schußfäden ist geeignet. Am besten verwendet man ein ebenmäßiges Mischgewebe aus Baumwolle und Leinen. Jute kann etwas zu schwach und uneben sein, um zu guten Ergebnissen zu führen.

Das Knüpfmaterial

Arbeiten Sie am besten mit Stoffstreifen – Teppichwolle wird beim Durchziehen oft gespalten. Wolle, Flanell und Tweed ergeben die haltbarsten Teppiche; Baumwolle, Leinen und rauhere Kunstfasern sind ebenfalls geeignet. Seide und Satin sind jedoch zu glatt, um sich gut verarbeiten zu lassen. Filz hat den Vorteil, daß die Streifen nicht ausfransen können.

Für diesen Schlingenteppich wurde Filz auf Baumwoll-Leinen verarbeitet

Teppichrahmen

Die Knüpferei wird gleichmäßiger, wenn Sie den Knüpfgrund straff über einen Rahmen spannen. Unten wird beschrieben, wie Sie sich selbst einen Rahmen basteln können. Die Arbeit wird mit starken Reißnägeln darauf befestigt.

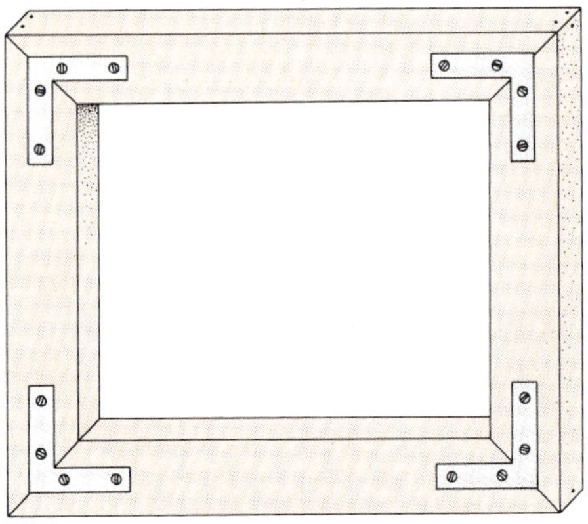

Kleiner Rahmen
Ein einfacher Rahmen, den man an die Tischkante lehnt, kann leicht selbst gebastelt werden. Sägen Sie 5 × 2,5 cm starke Holzleisten an den Ecken zur Gehrung. Nageln Sie sie zu einem Rechteck zusammen und verstärken Sie die Ecken mit Metallwinkeln

Die Vorbereitung

Zuerst wird der Stoff gewaschen – ob neu oder gebraucht. Bei alten Kleidungsstücken trennt man zuvor alle Säume und Nähte auf und schneidet stark verschlissene Stellen heraus. Es macht nichts, wenn der Stoff beim Waschen eingeht: Dann ist die Gefahr des Durchscheuerns und Ausfaserns geringer.

Nun muß der Stoff in Streifen geschnitten werden. Die Breite der Streifen ist abhängig von der Stoffart, dem Knüpfgrund und der gewünschten Wirkung. Experimentieren Sie mit verschiedenen Breiten. Schneiden Sie jedoch Flanell und sehr feine Stoffe mindestens 1,3 cm breit, mittelschwere Gewebe mindestens 6 mm breit. Schwere Tweed- und Wollstoffe können sogar in bis zu 3 mm schmale Streifen geschnitten werden. Bedenken Sie aber, daß bei zu schmalen Streifen der Stoff beim Durchziehen mit dem Haken ausfasern könnte.

So schneidet man die Streifen

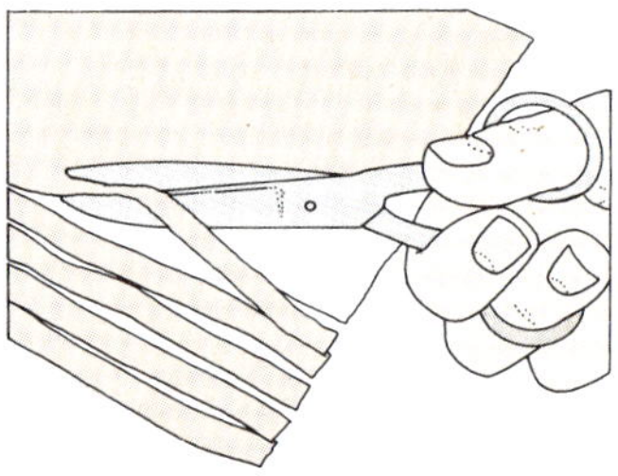

Verwenden Sie eine scharfe Schere. Schneiden Sie gewebte Stoffe entlang des Fadenlaufs und Strickstoffe in Längsrichtung.

So verbindet man die Streifen

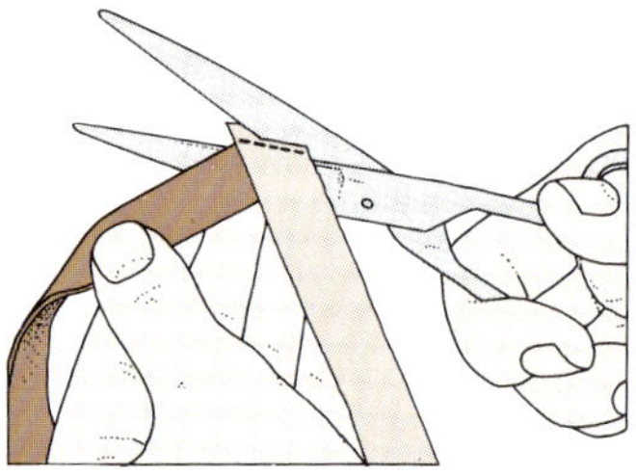

Legen Sie zwei Streifen rechtwinklig aufeinander und nähen Sie sie schräg zusammen. Kappen Sie die überstehenden Ecken.

Das Knüpfen

Der Haken sticht von oben her durch den Knüpfgrund und zieht das Garn oder den Stoffstreifen von der Unterseite in kleinen Schlingen auf die Oberseite. Alle Schlingen sollten gleich groß sein und dicht aneinander gesetzt werden. Wenn man in verschiedene Richtungen arbeitet, kann man im Flor besondere Effekte erzielen.

Und so wird's gemacht

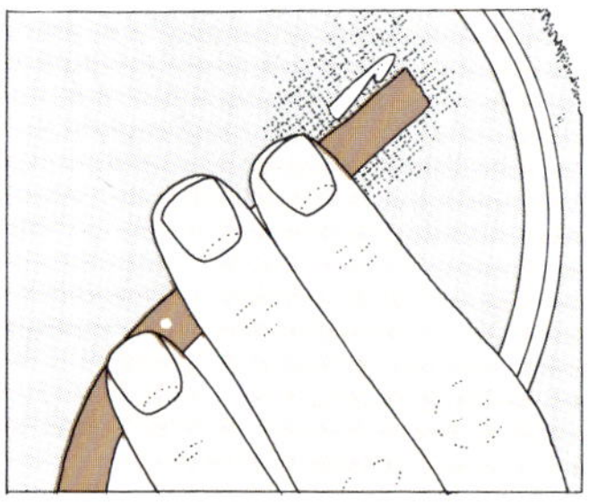

1 Halten Sie das Garn oder den Stoffstreifen gestrafft unter den Knüpfgrund. Stechen Sie den Haken von der Oberseite her zwischen den Kett- und Schußfäden durch.

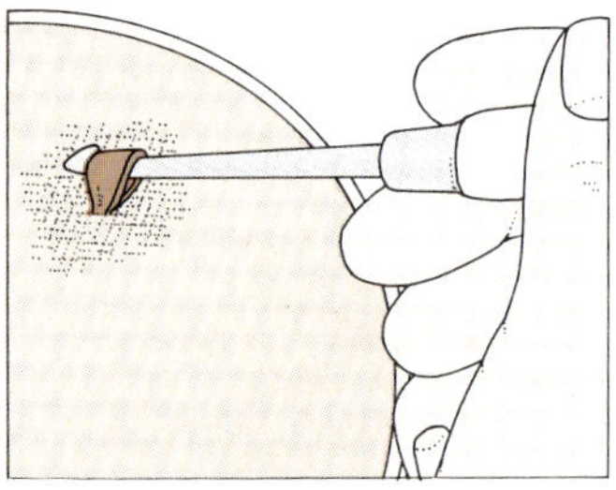

2 Fassen Sie das Garn; ziehen Sie es durch den Knüpfgrund nach oben zu einer Schlinge in der gewünschten Höhe.

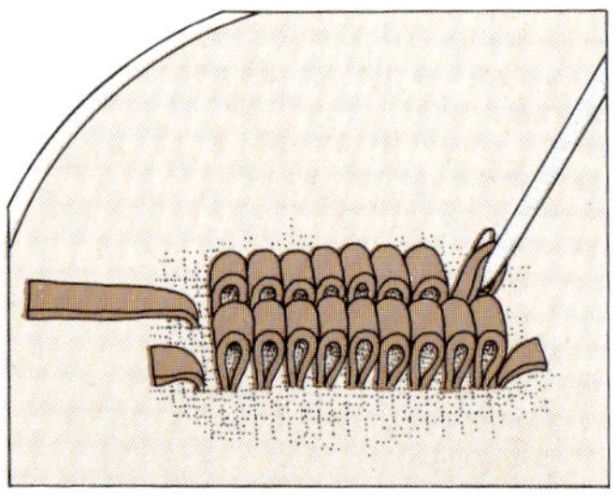

3 Stechen Sie den Haken ein oder zwei Fäden weiter erneut durch den Knüpfgrund, um eine weitere Schlinge heraufzuholen. Fahren Sie so fort! Die Garnenden werden zur Oberseite durchgezogen.

Knüpfen mit dem Pfriem

Die Pfriem-Technik ist dem Knüpfen mit dem Handhaken sehr ähnlich; mit etwas Übung kommt man damit aber schneller voran. Der Knüpfgrund wird so auf einen Rahmen gespannt, daß die Unterseite des Teppichs dem Arbeitenden zugekehrt ist. Dann werden die Schlingen von der Rück- zur Vorderseite durchgestoßen, wobei ihre Höhe von dem Pfriem automatisch geregelt wird. Die Schlingenhöhe läßt sich nach Wunsch variieren.

Der Knüpfgrund

Jeder kräftige, gleichmäßig gewebte Stoff ist für das Knüpfen mit dem Pfriem geeignet, solange der Haken durch das Gewebe durchgeht. Schwere, grobe Jute und ebenmäßig gewebtes Baumwoll-Leinen sind wohl die meistbenutzten Grundstoffe.

Das Knüpfmaterial

Garne sind mit dem Pfriem leichter zu verarbeiten als Stoffstreifen, da sie besser durch den Haken gleiten, aber auch sehr dünne Stoffstreifen lassen sich erfolgreich verwenden. Eine Kombination verschiedener Garnstärken und Garnarten ergibt interessante Strukturen, ebenso Bänder und Litzen.

Diese Arbeit wurde aus Teppichwolle auf Jute geknüpft

Das Knüpfen

Der Pfriem ist eigentlich eine große Hohlnadel mit einer Öse an der Spitze. Die Größe der vom Pfriem geformten Schlinge kann durch Drehen und Feststellen des Holzgriffs von etwa 6 mm bis auf 2 cm eingestellt werden. Achten Sie unbedingt darauf, den Haken nicht über die Oberfläche hinaus hochzuziehen, wenn Sie ihn durch den Knüpfgrund zurückführen.

So fädelt man das Garn ein

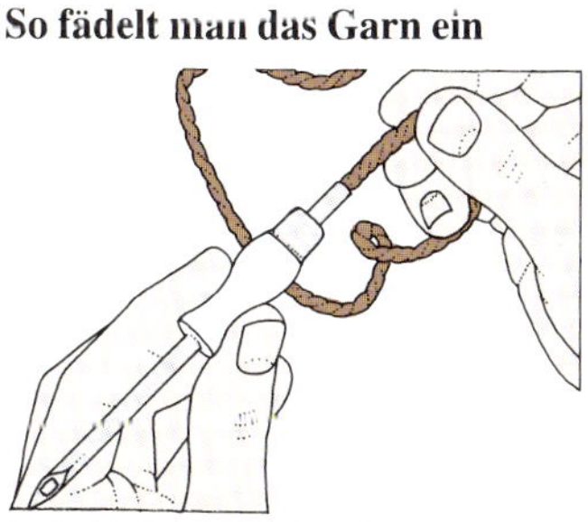

1 Schieben Sie das Garn vom hinteren Ende der Hohlnadel bis zur Nadelspitze durch.

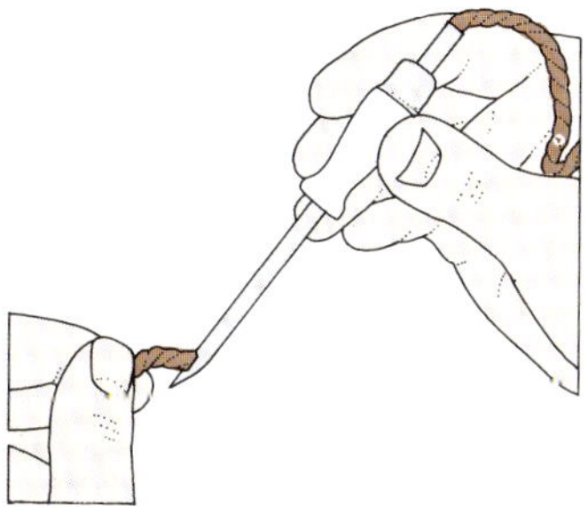

2 Fädeln Sie das Garn durch die Öse. Es muß mühelos durch die Hohlnadel gleiten.

So benutzt man den Pfriem

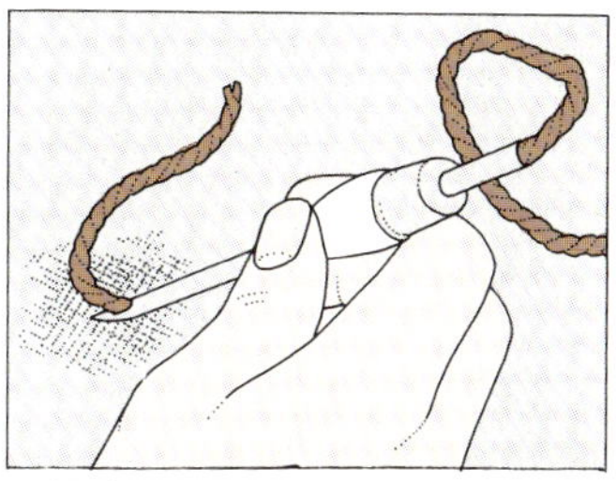

1 Halten Sie den Pfriem wie einen Bleistift. Die Rückseite der Nadelspitze zeigt dabei in Arbeitsrichtung.

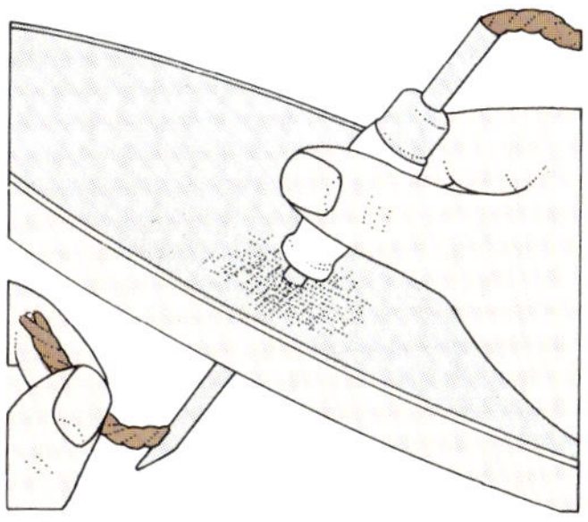

2 Stechen Sie den Haken bis zum Griff zwischen den Kett- und Schußfäden durch.

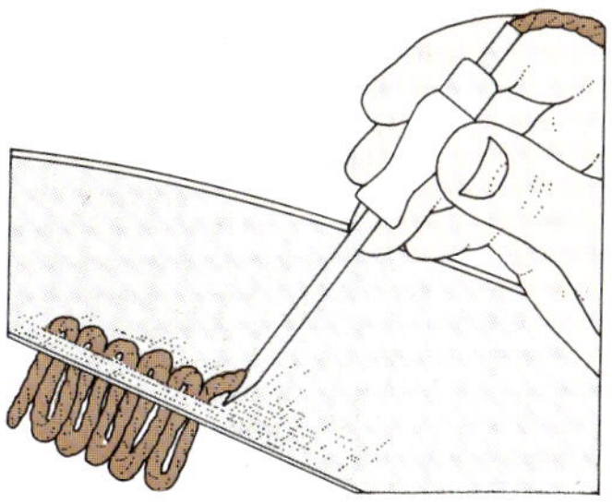

3 Führen Sie den Pfriem vorsichtig zurück, ohne ihn hochzuziehen! Gleiten Sie am Knüpfgrund entlang, stechen Sie wieder ein.

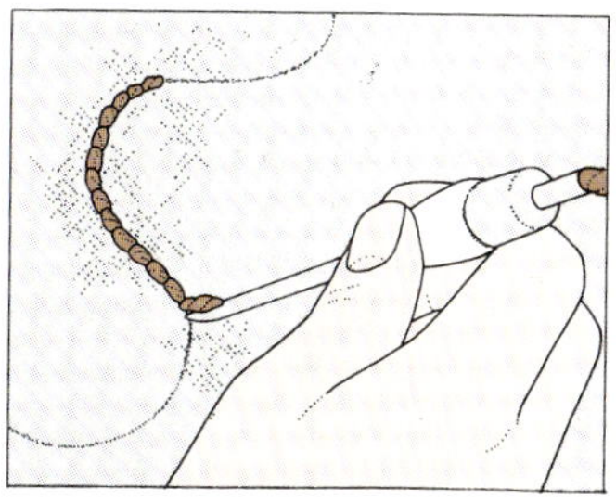

4 Fahren Sie so fort. Lassen Sie die Garnenden auf der Vorderseite hängen.

Die Knüpfrichtung

Durch die Änderung der Knüpfrichtung lassen sich im Flor des Teppichs Muster bilden. Die Knüpferei wirkt ganz unterschiedlich, je nachdem, ob man geradlinig, diagonal oder in Wellenlinien knüpft. Arbeitet man nach einem Entwurf, folgt man zunächst einige Reihen lang den Umrissen der Motive. Dann knüpft man allmählich zur Mitte hin; dabei kann man Wellenlinien, Kreise oder Spiralen einfügen.

Knüpfen mit dem Schließhaken

Bei dieser bekanntesten Knüpftechnik werden vorgeschnittene Fäden mit dem berühmten orientalischen Smyrnaknoten auf einen weitmaschigen Stramin geknüpft. Das Ergebnis ist ein Teppich mit dichtem Flor. Wenn man die Florhöhe variieren will, verwendet man entweder verschieden lange Fäden oder man schneidet sie nachträglich an den gewünschten Stellen kürzer. Muster zeichnet man direkt auf den Stramin oder auf Millimeterpapier. Bei dünnen Fäden können Sie mehrere gleichzeitig verknüpfen.

Dieser Teppich wurde aus verschiedenen Garnen auf weitmaschigen Stramin geknüpft. Oben ist der Teppich gesäumt, unten wurden Fransen angefügt. Beim Entwerfen der Muster ist zu bedenken, daß kleine Details im dichten Flor leicht untergehen und daß Wellenlinien schwierig zu arbeiten sind. Einfache Muster eignen sich daher am besten!

Der Knüpfgrund

Der weitmaschige oder Smyrna-Stramin ist aus Doppelfäden hergestellt. Die Kettfäden sind manchmal gedreht, die Schußfäden, auf die die Knoten gesetzt werden, dagegen nie. Der Stramin ist mit 12–15 Löchern auf 10 cm erhältlich. Er ist so steif, daß man zum Knüpfen keinen Rahmen benötigt.

Das Knüpfmaterial

Jedes Garn, das doppelt genommen durch die Straminlöcher geht, kann benutzt werden. Zum Knüpfen müssen die Fäden mindestens 6,5 cm lang sein – dann erhält man einen etwa 2,5 cm hohen Flor. Vorgeschnittenes Garn wird nach Gewicht verkauft; wer sparen will, kann das Garn selbst zuschneiden.

So schneidet man das Garn

Stellen Sie sich zunächst ein Garnmaß her. Falten Sie dazu ein rechteckiges Stück Karton in der Mitte zusammen. Die Breite des Kartons richtet sich nach der gewünschten Fadenlänge. Wickeln Sie das Garn gleichmäßig um den Karton. Schneiden Sie dann das Garn zwischen den Kartonkanten mit einer Schere oder einem scharfen Messer durch.

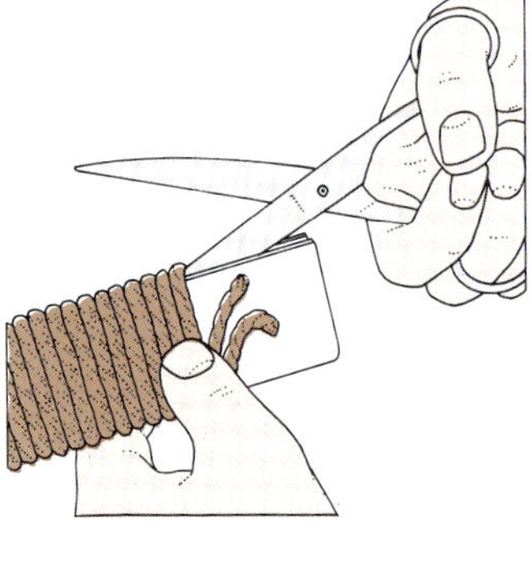

Das Knüpfen

Testen Sie mit einigen Probeknoten die Länge und Dicke der Fäden. Man knüpft in waagrechten Reihen. Beginnen Sie am unteren Rand und knüpfen Sie dann immer entlang der Vorreihe. Achten Sie darauf, daß alle Knoten in dieselbe Richtung weisen und daß alle Straminlöcher ausgefüllt werden.

Und so wird's gemacht

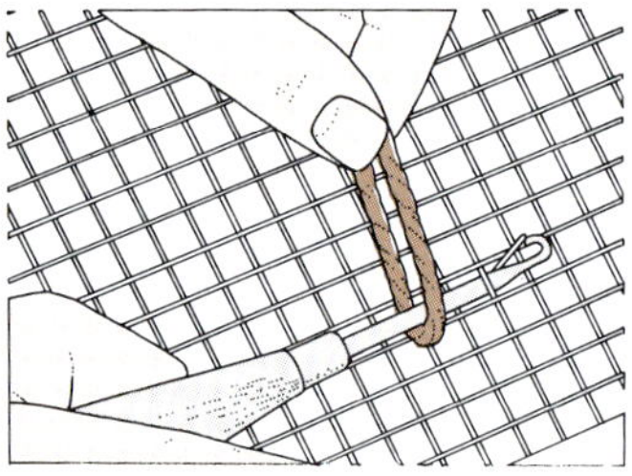

1 Nehmen Sie einen Faden doppelt und legen Sie ihn um den Hakenschaft. Stechen Sie unter einem Querfaden durch, wie auf der Abbildung gezeigt.

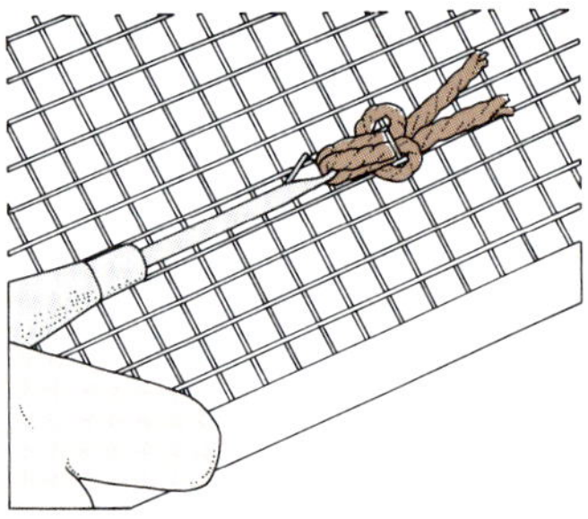

3 Ziehen Sie den Haken zu sich hin, so daß er sich schließt. Ziehen Sie weiter, bis beide Fadenenden durch die Schlinge geschlüpft sind.

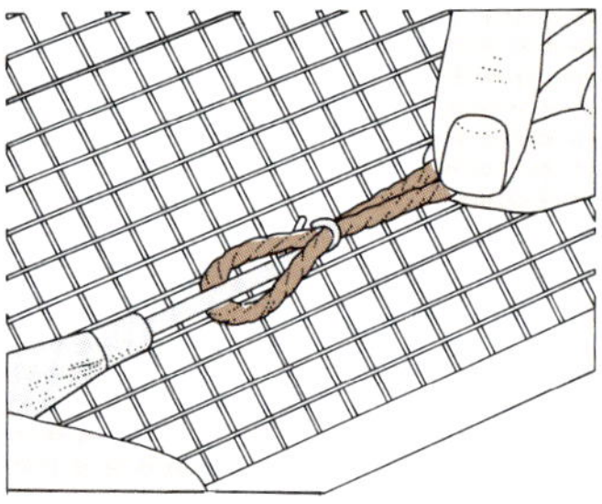

2 Führen Sie die beiden Fadenenden durch die offene Schließe in den Haken ein.

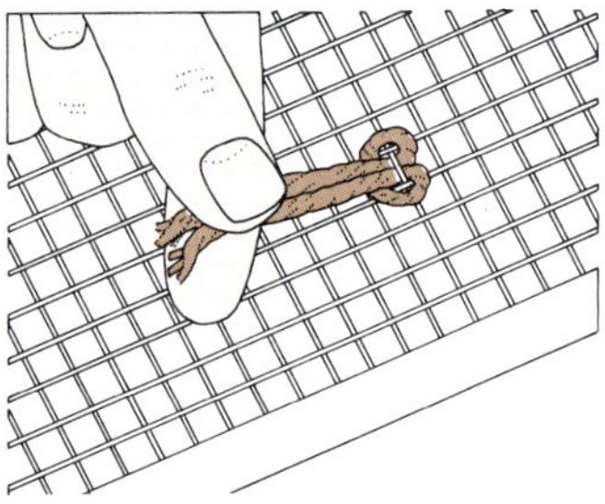

4 Ziehen Sie mit der freien Hand fest an – der Smyrnaknoten ist fertig!

Das Ausarbeiten

Knüpfereien mit Smyrnaknoten brauchen auf der Rückseite nicht versäubert zu werden. Allerdings muß man die Ränder schützen. Vor dem Beginn der Arbeit schlägt man dazu einen Saum von 2,5–5 cm zur rechten Seite um. Wenn man dann die untere Reihe frei läßt, kann man später eine Fransenkante anknüpfen. Der Teppich wird haltbarer, wenn man ringsum einen Streifen Teppichband über die Rückseite des Saums aufnäht.

So knüpft man Säume

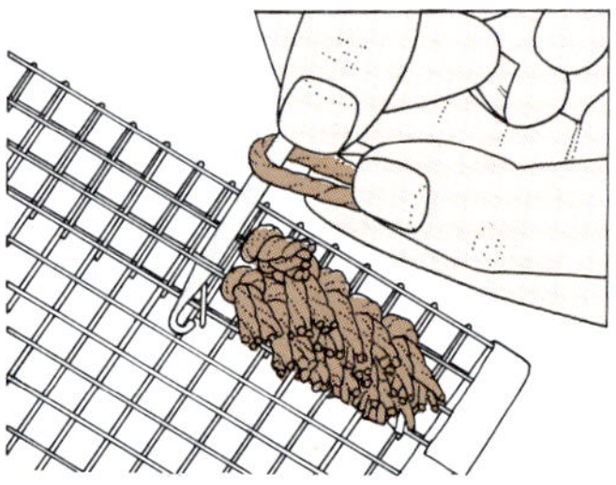

Schlagen Sie die Saumzugabe nach oben um – die Kett- und Schußfäden müssen genau aufeinanderliegen. Knüpfen Sie durch den doppelten Stramin.

So fügt man Fransen an

Lassen Sie beim Knüpfen die erste Reihe frei. Ist der Teppich fertig, knüpfen Sie dort längere Fäden als Fransen ein.

Knüpfen mit dem Ösenhaken

Der Ösenhaken ist eine lange, dicke Nadel mit einem Häkelhaken an einem Ende und einer großen Öse am anderen. Man arbeitet mit ihm Schlingenreihen, die mit Hilfe eines durch die Reihen gezogenen Lauffadens am Platz gehalten werden. Dabei entsteht ein Teppich mit einer flachflorigen, glatten und dichten Oberfläche, der den zusätzlichen Vorteil hat, daß die Florschlingen nicht herausgezogen werden können. Mit dieser Technik lassen sich nur geradlinige Muster knüpfen.

Der Knüpfgrund

Geeignet ist entweder engmaschiger Stramin mit 16–20 Löchern auf 10 cm, oder ein ebenmäßig gewebter Stoff aus schwerem Leinen oder aus Jute. Die Wahl hängt vom Garngewicht ab.

Das Knüpfmaterial

Jede schwere Teppichwolle ist verwendbar. Benutzen Sie 6fache Teppichwolle auf Stramin, damit er ganz verdeckt wird. Auf Leinen genügt meist 4faches Garn.

Dieser Läufer wurde aus 6facher Teppichwolle auf Stramin geknüpft. Er wurde am oberen Rand mit engem Festonstich eingefaßt und am unteren Rand mit einer Fransenborte verziert

Das Knüpfen

Man knüpft Schlingengruppen in geraden Reihen auf den Stramin; geschwungene Linien lassen sich kaum arbeiten. Wenn man eine neue Reihe beginnt, sticht man den Ösenhaken zur Rückseite durch und führt ihn dann durch ein Loch der nächsten Reihe wieder hoch. Die erste Masche jeder Schlingengruppe darf nicht vergrößert werden, sonst wird die Schlinge davor zu fest.

Und so wird's gemacht

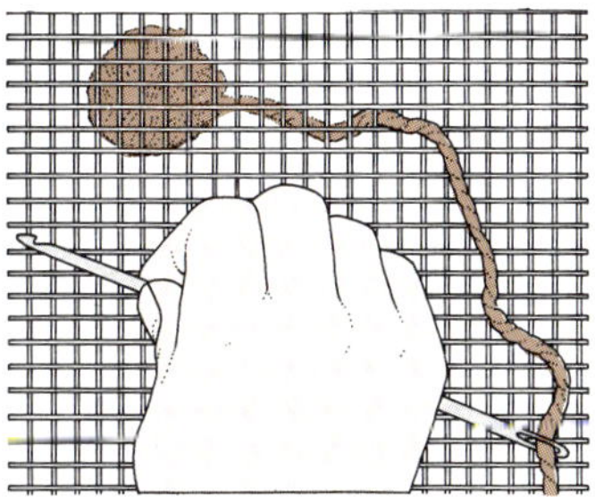

1 Ziehen Sie das Garnende mindestens 1 m lang zur Vorderseite des Stramins durch und fädeln Sie es durch die Öse des Hakens.

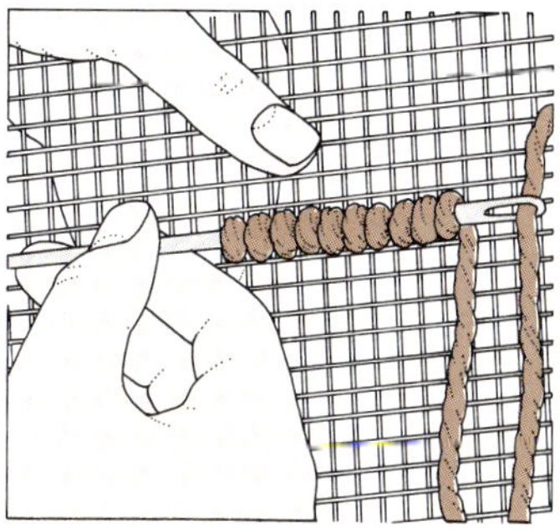

3 Wenn etwa zehn Schlingen auf der Nadel liegen, zieht man den Haken von links nach rechts durch die eben gearbeitete Schlingengruppe, wie gezeigt.

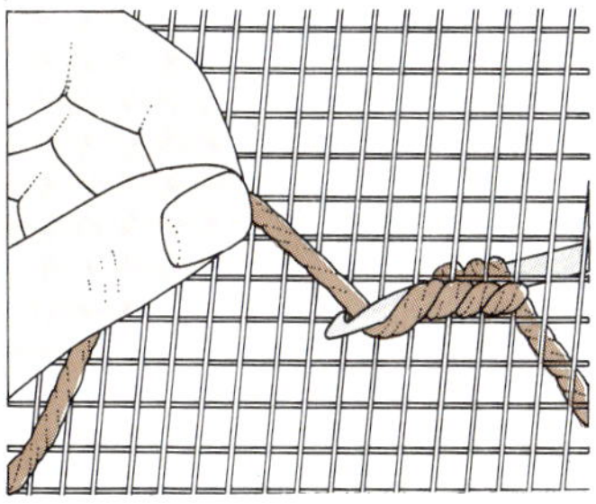

2 Ziehen Sie mit dem Haken durch jedes Loch der Reihe eine Schlinge von unten nach oben durch. Die Abbildung zeigt den Vorgang von unten.

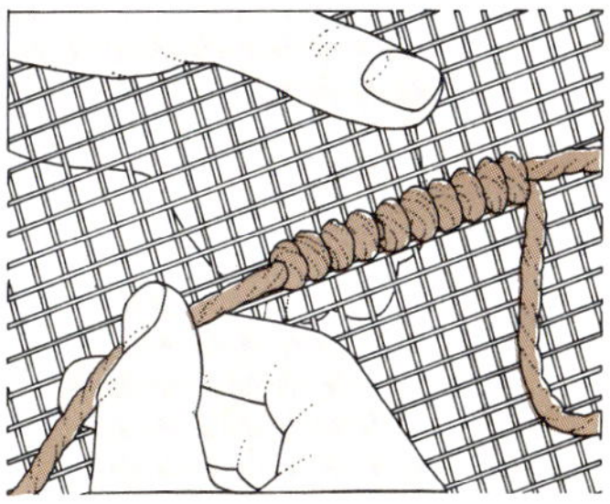

4 Ziehen Sie auf diese Weise das eingefädelte Garnende durch die Schlingenreihe. Damit sind die Schlingen auf dem Stramin befestigt.

Das Ausarbeiten

Unten werden zwei Randabschlüsse vorgestellt. Leinen sollte auf der Rückseite abgefüttert werden (siehe dazu auch S. II/41).

So umsticht man den Saum

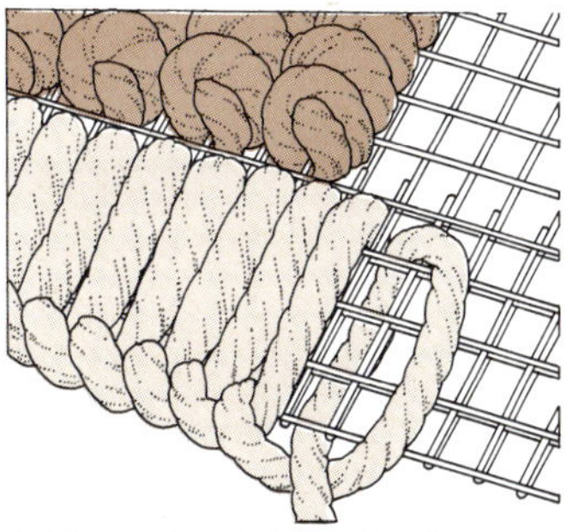

Schlagen Sie 2,5 cm des Stramins nach vorne um. Nähen Sie den Saum mit engen Festonstichen an.

So legt man Fransen an

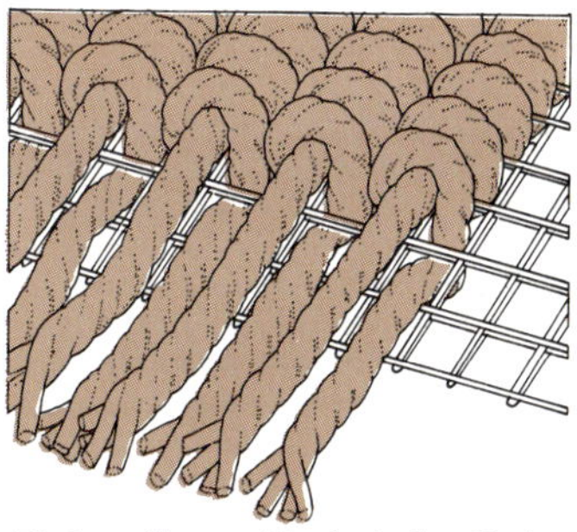

Ziehen Sie am Ende jeder Reihe beide Garnenden zur Oberseite durch. Schneiden Sie die Fransen gleichmäßig ab.

Knüpfen mit der Teppichnadel

Die langflorigen Teppiche, die bei dieser Technik entstehen, arbeitet man mit einer langen, stumpfen Teppichnadel. Die Benutzung eines Rahmens, besonders eines kleinen, der beiden Händen Bewegungsfreiheit läßt, ist anzuraten. Beachten Sie beim Musterentwerfen, daß der Teppich aus waagrechten oder schrägen Reihen aufgebaut wird – einfache, geradlinige Muster sind daher die besten. Berücksichtigen Sie auch, daß sich die Reihen überlappen und die Motivumrisse daher verwischt werden. Zum Schluß können die Schlingen aufgeschnitten werden.

Der Knüpfgrund

Kräftiges Leinen oder gleichmäßig gewebtes Baumwoll-Leinen ist für diese Art Teppiche gut geeignet. Mit Leim verstärkte engmaschige Stramine sind jedoch leichter zu handhaben, wenn der Teppich nicht zu groß ist. Dann braucht man nämlich keinen Rahmen.

Das Knüpfmaterial

Das Garn für die hier vorgestellte Technik muß stark genug sein, um der ständigen Reibung, die beim Durchziehen durch den relativ eng gewebten Knüpfgrund entsteht, widerstehen zu können. Es muß auch dem starken Zug standhalten, der erforderlich ist, um die Knoten zu befestigen. Strapazierfähige 3-, 4- oder sogar 6fache Teppichwolle ist ideal. Auch modische Strukturgarne können verwendet werden, falls sie elastisch genug sind, um zu Büscheln aufzuspringen, wenn die Schlingen aufgeschnitten werden.

Verschiedene Garne, auf Baumwoll-Leinen verarbeitet

Das Knüpfen

Arbeiten Sie von unten nach oben. Alle 2–3 Reihen schneidet man die Schlingen auf.

Und so wird's gemacht

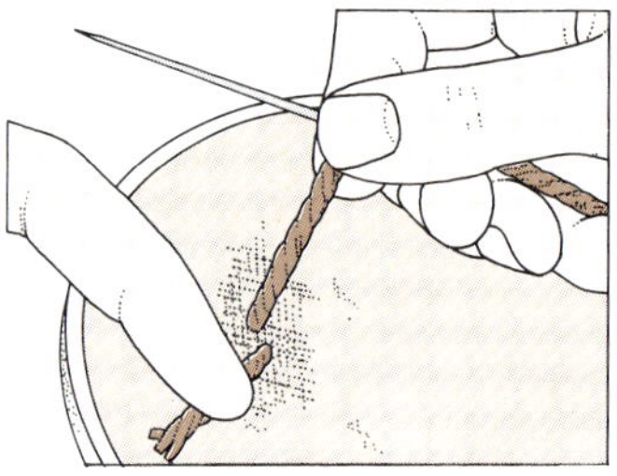

1 Beginnen Sie links. Führen Sie die Nadel schräg unter einer Fadenkreuzung nach oben. Halten Sie beim Durchziehen 2 cm des Fadenendes fest.

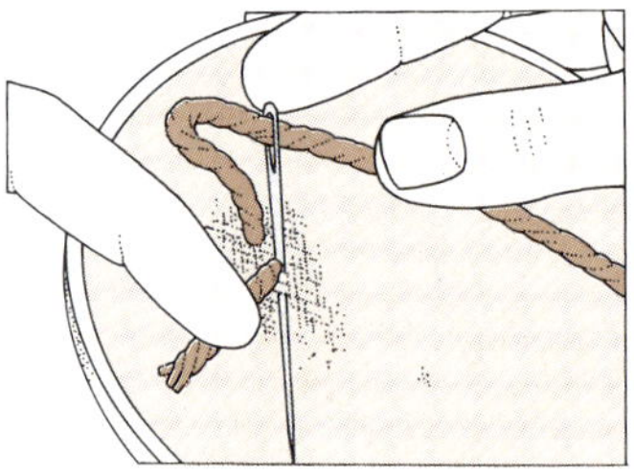

2 Stechen Sie am Startpunkt wieder ein und unter zwei Querfäden erneut aus. Ziehen Sie den Faden fest.

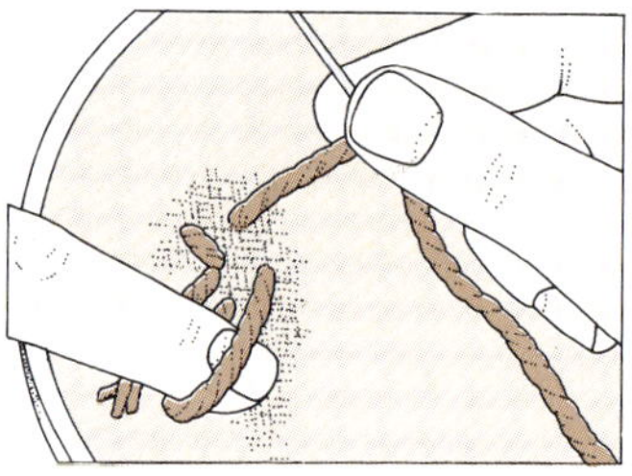

3 Rücken Sie etwas nach rechts und machen Sie einen zweiten Schrägstich auf der gleichen Höhe wie der erste. Legen Sie dabei eine 2 cm lange Schlinge um den linken Zeigefinger.

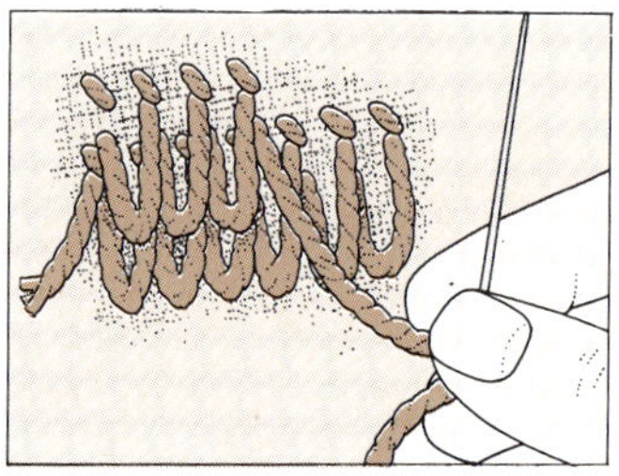

4 Führen Sie am Reihenende das Garn auf der Rückseite nach links zurück. Die zweite Reihe liegt knapp über der ersten.

Rya-Knüpfereien

Auch die zotteligen, langflorigen Rya-Teppiche werden mit einer Teppichnadel und fortlaufendem Faden gearbeitet. Benutzt wird ein steifer Spezialstramin, der sogenannte skandinavische oder Rya-Stramin, der Rahmen überflüssig macht. Will man einen gleichmäßigen Flor erhalten, sollte man die Schlingen über ein Flormaß legen und nach jeder Reihe aufschneiden. Interessant wirkt auch unregelmäßig geschnittener Flor. Jedes Garn ist geeignet; besonders flauschig wird der Teppich, wenn Sie mehrere Fäden in einer Nadel führen. Wählen Sie einfache Muster, die auch im langen Flor gut erkennbar sind.

Auf Rya-Stramin geknüpfter Teppich

Das Knüpfen

Geknüpft wird über die Längsfäden in den Lükken, die durch ausgesparte Schußfäden entstehen. Schlagen Sie zunächst 2,5 cm Stramin als Saum nach oben um, der dann überknüpft wird. Knüpfen Sie von unten nach oben, um den langen Flor niederzuhalten.

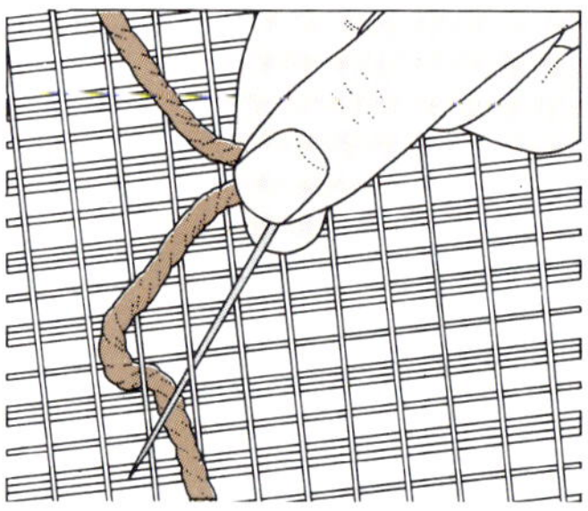

1 Beginnen Sie links. Stechen Sie von rechts nach links unter einem Längsfaden durch. Legen Sie den Faden nach rechts und stechen Sie von rechts nach links unter dem zweiten Längsfaden durch

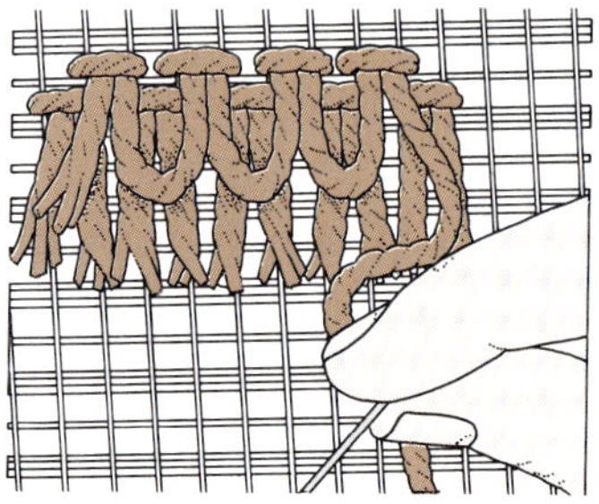

2 Ziehen Sie den Knoten fest. Vor dem nächsten Knoten wird das Garn um das Flormaß gelegt. Für unregelmäßigen Flor wikkelt man das Garn einfach um die Finger. Schneiden Sie die Schlingen am Reihenende auf

Einführung ins Weben

Weben ist im Grunde eine besondere Art des Flechtens: Die waagrechten Schußfäden werden in die senkrechten Kettfäden „eingeflochten". In diesem Kapitel erfahren Sie, wie Sie mit einfachen Geräten weben können: mit Pappschablonen, mit einfachen Rahmen und mit dem Tischwebstuhl. Rechts sind diese Geräte und das nötige Zubehör abgebildet. Die beste Einführung in die Technik des Webens ist es, Sie mit wichtigen Fachausdrücken vertraut zu machen.

Kleines ABC des Webens

Anschlagen
nennt man das Anschieben des Schußfadens an die vorangehenden Schuß- oder Querfäden.

Bindung
Je nachdem, in welcher Weise die Schußfäden und die Kettfäden miteinander verflochten werden, entstehen verschiedene Webmuster. Diese bezeichnet man als Bindungen (siehe dazu auch die Erläuterungen auf S. II/72).

Fach
heißt der Zwischenraum, der entsteht, wenn ein Teil der Kettfäden hochgezogen wird. Durch dieses Fach wird der Schußfaden gezogen.

Kamm
Er hält die Kettfäden in der richtigen Position und erzeugt die Fächer, wenn er auf- und abbewegt wird.

Kette oder Kettfäden
nennt man die senkrechten oder Längsfäden im Gewebe. Das Kettgarn muß besonders reißfest und auch glatt sein, sonst verheddern sich die Fäden bei der Auf- und Abbewegung. Spezielles Kettgarn ist in Fachgeschäften erhältlich.

Kreuz- oder Markierungsfäden
werden durch die Kette gezogen, um bestimmte Abschnitte der Kette zu markieren. Dadurch wird das Aufziehen der Kette auf den Tischwebstuhl erleichtert (S. II/74).

Kreuzstab
Beim Aufziehen der Kette auf den Tischwebstuhl werden die Kettfäden verkreuzt. Zwei Kreuzstäbe halten diese Verkreuzung fest.

Litzen
sind die Ösen und Einschnitte im Kamm, durch die die Kettfäden gezogen werden.

Schärklammern
dienen zum ersten Aufziehen der Kette (S. II/74).

Schiffchen
Das Schiffchen ist ein flacher Stab, dessen Länge der Kettbreite entspricht und der an beiden Enden einen Einschnitt für den Schußfaden aufweist. Mit dem Schiffchen wird der Schußfaden durch die Fächer hin- und hergeführt.

Schuß oder Schußfäden
Die Schußfäden werden waagrecht in die Kette eingeflochten. Jedes biegsame Material eignet sich.

Trennstab
Der Trennstab hält beim Rahmenweben einen Teil der Kettfäden nach oben, den anderen nach unten. Aufgestellt bildet er ein Fach.

Tischwebstuhl
1 Kamm
2 Schiffchen
3 Warenbaum
4 Kettbaum

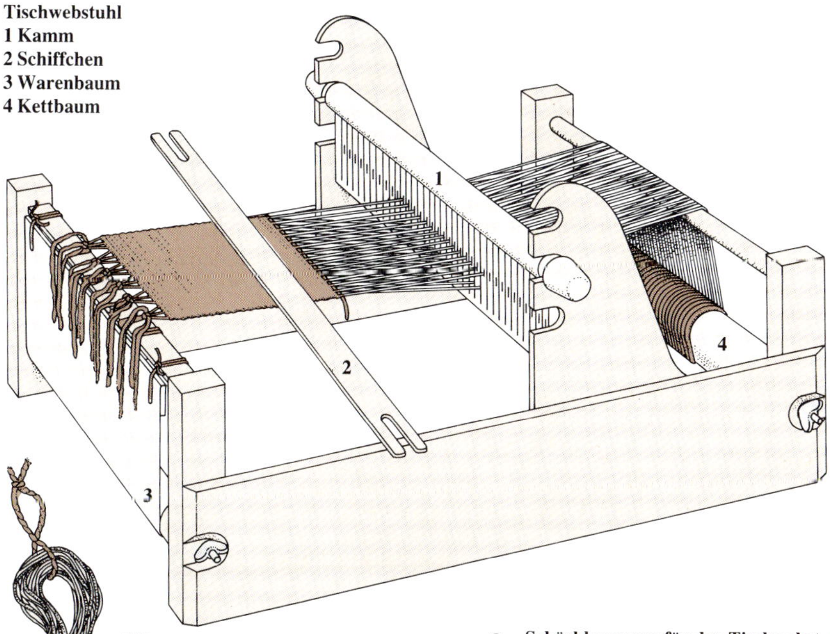

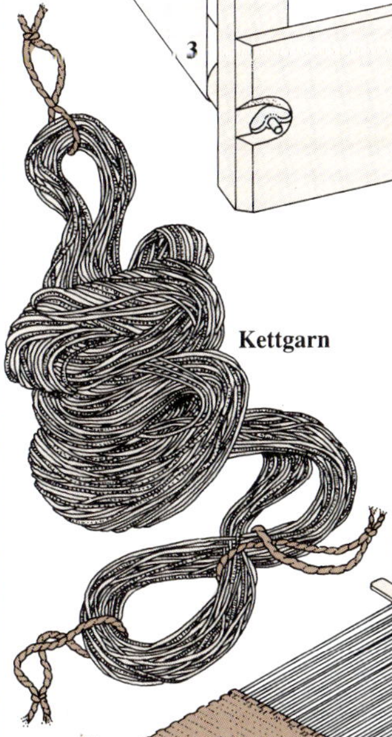

Kettgarn

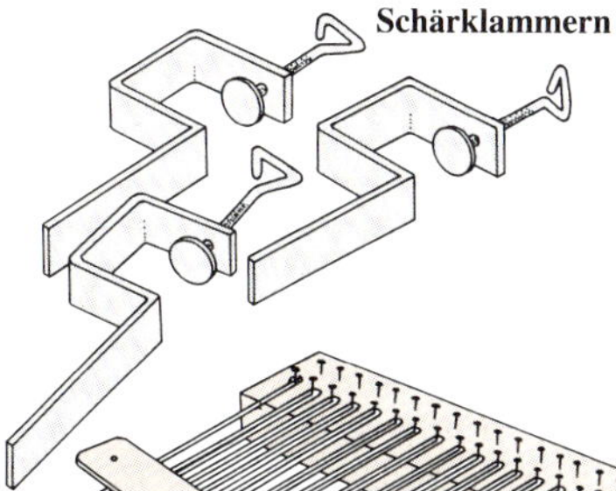

Schärklammern für den Tischwebstuhl

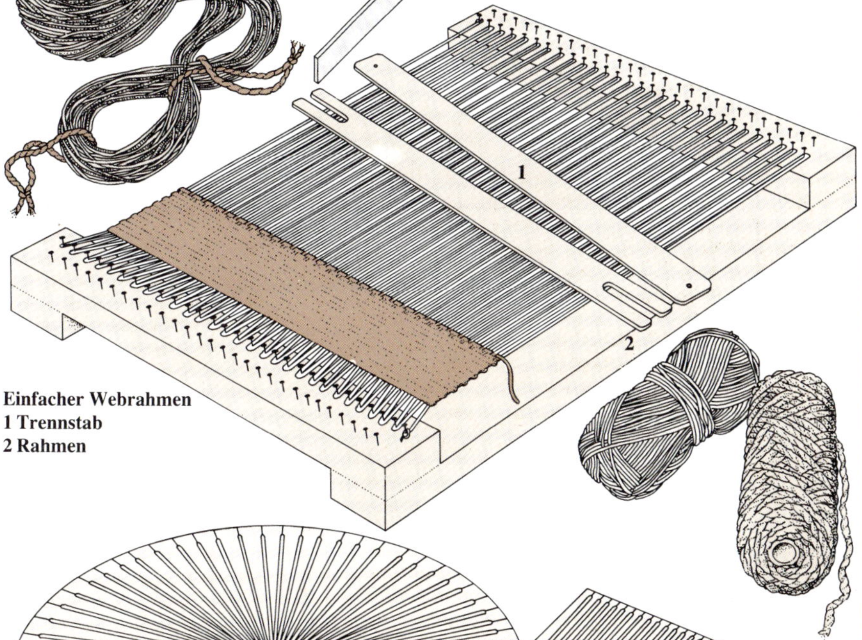

Einfacher Webrahmen
1 Trennstab
2 Rahmen

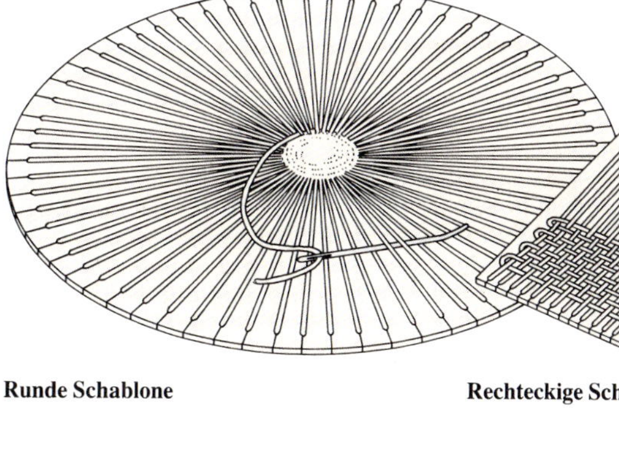

Runde Schablone

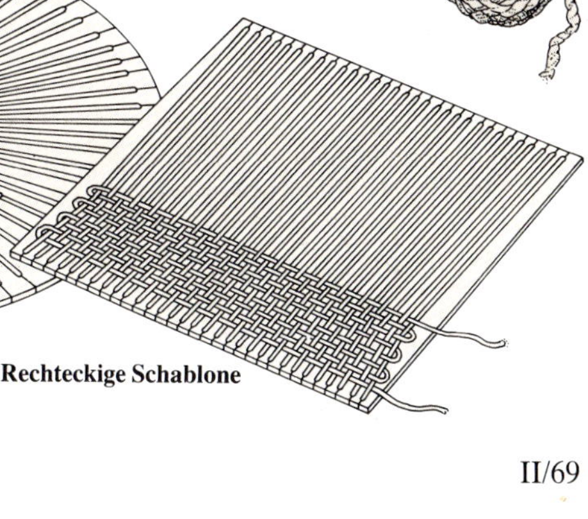

Rechteckige Schablone

Weben mit Schablonen

Schneiden Sie sich runde oder rechteckige Schablonen in der gewünschten Größe zurecht. Jedes Material eignet sich, das stark genug ist, um die Fäden zu halten, ohne sich zu verbiegen. Neben dickem Karton lassen sich sogar Hartfaser- und Sperrholzplatten verwenden. Unten zeigen wir zwei Möglichkeiten, wie die Schablonen zum Weben vorbereitet werden können. Wenn die Webarbeit abgeschlossen ist, schneidet man die Kettfäden von der Schablone los und vernäht sie im Gewebe.

Beidseitiges Bespannen der Schablone

Wickeln Sie die Kettfäden über die Vorder- und Rückseite. Die beiden Fadenenden werden hinten festgeklebt.

Und so wird's gemacht

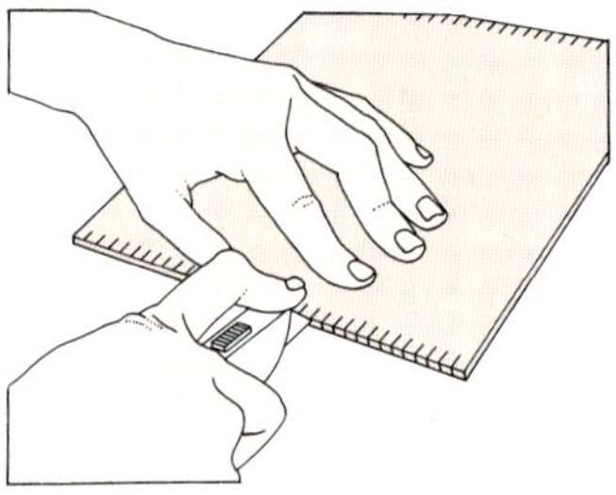

1 Schneiden Sie in den unteren und oberen Rand kleine Schlitze, die in regelmäßigen Abständen dicht aneinanderliegen.

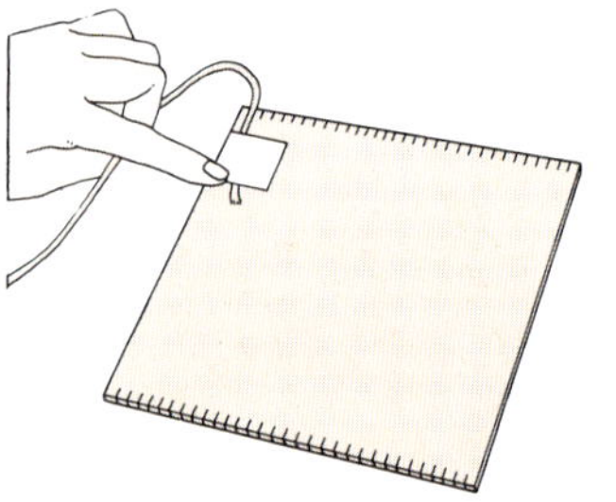

2 Kleben Sie den Kettfaden auf der Rückseite fest und ziehen Sie ihn durch den ersten Schlitz.

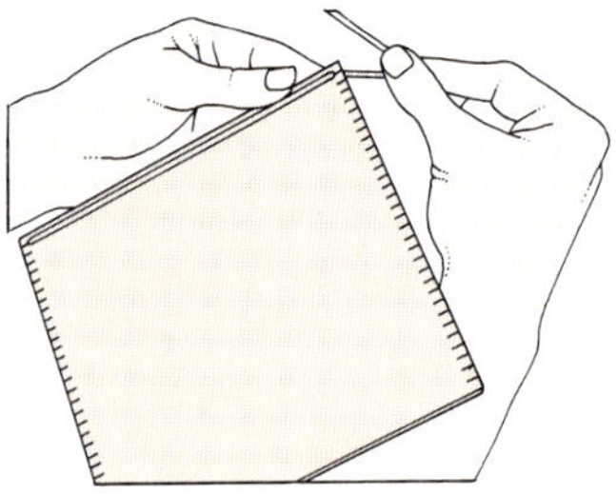

3 Führen Sie den Faden durch den gegenüberliegenden Schlitz nach hinten und durch den zweiten unteren Schlitz nach vorn.

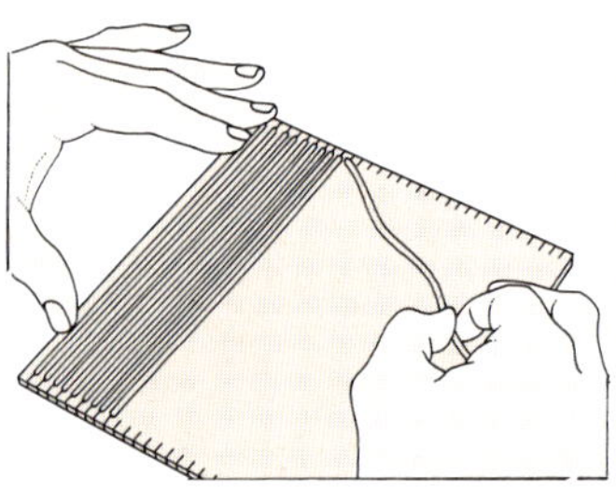

4 Wiederholen Sie den Vorgang bis zum letzten Schlitz rechts oben.

Einseitiges Bespannen der Schablone

Die Kettfäden liegen hier nur auf der Vorderseite der Schablone.

Und so wird's gemacht

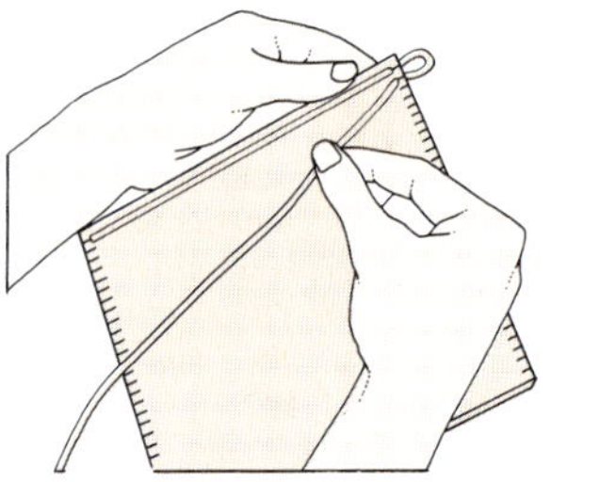

1 Folgen Sie Schritt 1 und 2 wie oben. Führen Sie dann den Faden gleich beim zweiten oberen Schlitz wieder auf die Vorderseite.

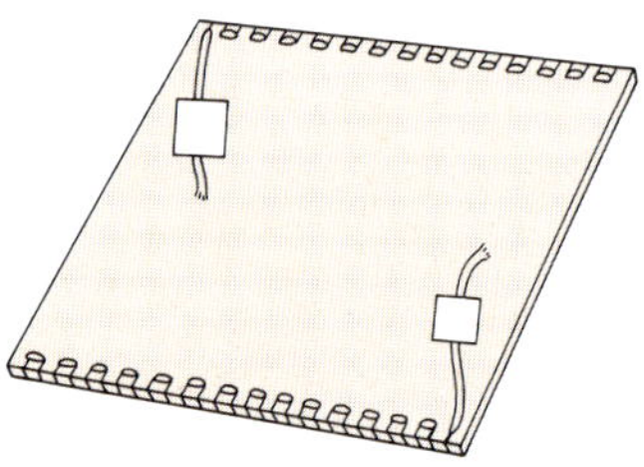

2 Gehen Sie am unteren Rand genauso vor. Ist die Schablone fertig bespannt, sind auf der Rückseite die kurzen Querfäden der Kette zu sehen.

Das Weben mit rechteckigen Schablonen

Sie benötigen eine Web- oder eine Stopfnadel. Zuerst wird die Schablone nach einer der links gezeigten Methoden bespannt.

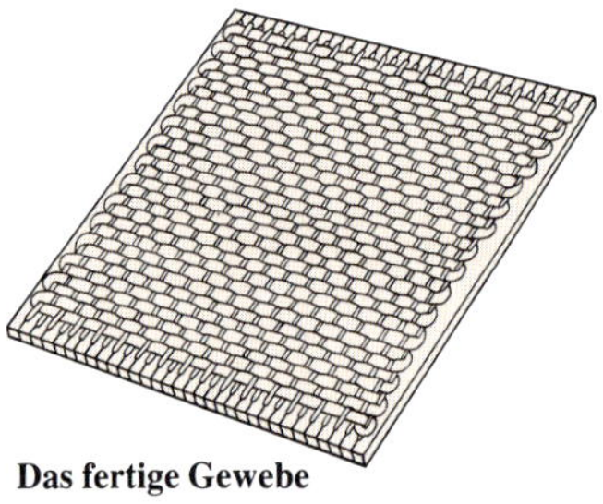

Das fertige Gewebe

Und so wird gewebt

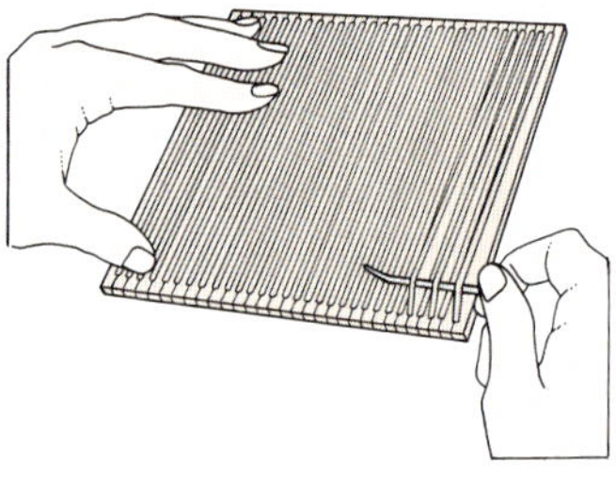

1 Führen Sie die Nadel mit dem Schußfaden abwechselnd über und unter den Kettfäden von links nach rechts.

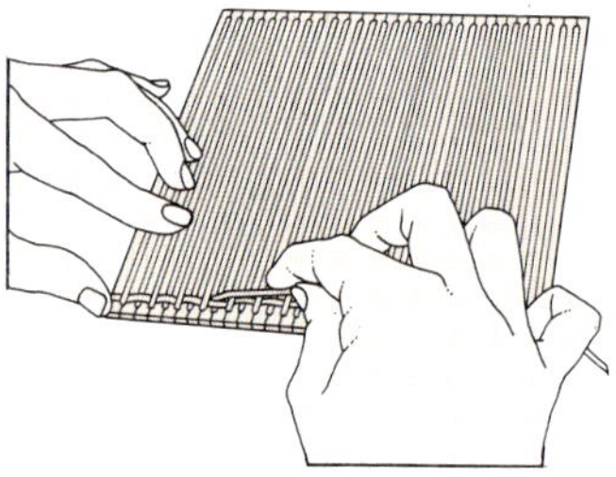

2 Schieben Sie nun mit dem stumpfen Nadelende den Faden nach unten, bis er ganz gerade liegt.

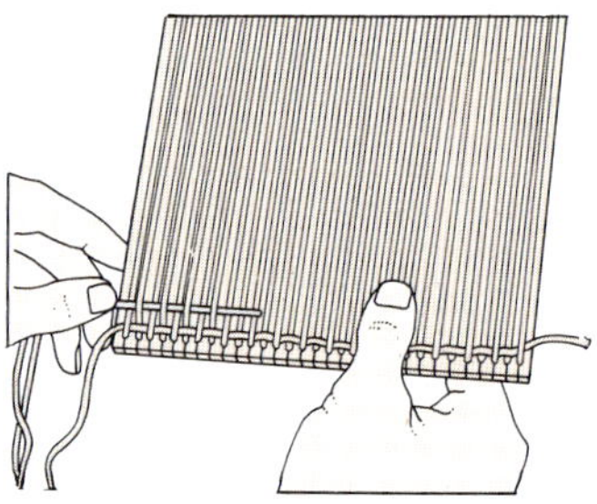

3 Wiederholen Sie den Vorgang von links nach rechts. Heben Sie den unten liegenden Kettfaden nach oben, drücken Sie den oberen nach unten.

Das Ausarbeiten

Man trennt das Webstück von der Schablone ab und zieht die losen Fäden ins Gewebe ein. Sind die Kettfäden um beide Seiten der Schablone gewickelt, schneidet man sie hinten auf. Bedecken sie nur die Vorderseite, hebt man die Schlingen aus den Schlitzen.

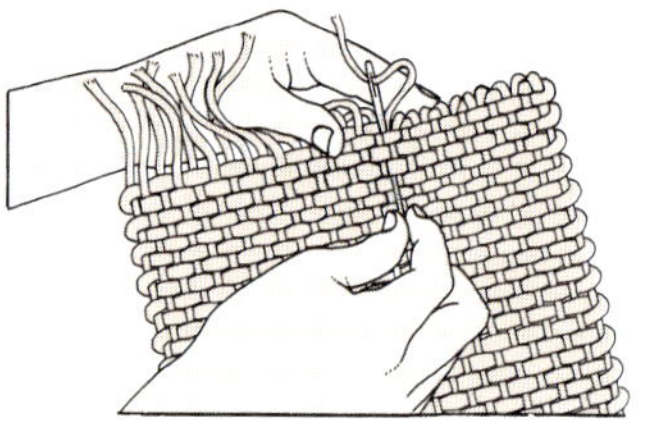

Fädeln Sie alle losen Fäden oder Schlingen auf eine Nadel und ziehen Sie sie einige Zentimeter ins Gewebe ein. Zum Schluß werden die Fadenenden knapp über dem Gewebe abgeschnitten.

So führt man neue Fäden ein

Lassen Sie den alten Faden am Rand hängen. Dünne Fäden führt man am gleichen Rand ein, dicke Fäden auf der gegenüberliegenden Seite.

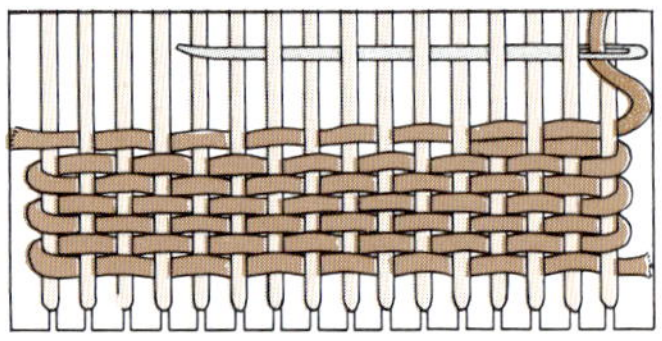

Lassen Sie beide Fadenenden 2 cm hängen. Man sichert sie ab, indem man sie durch die nächsten vier bis sechs Kettfäden flicht.

Falsche Spannung

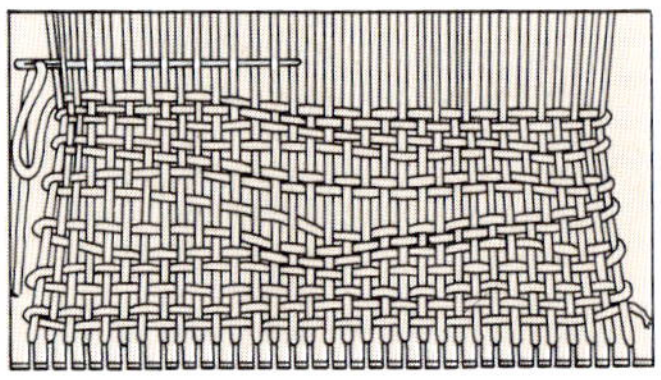

Wenn Sie die Schußfäden zu fest spannen, werden die Kettfäden hin zur Mitte und die Ränder nach innen gezogen.

Hübsche Muster dazu

Das Weben mit runden Schablonen

Bei runden Schablonen muß eine ungerade Anzahl von Schlitzen in den Rand geschnitten werden. Bohren Sie außerdem vor dem Aufspannen der Kettfäden in die Mitte der Schablone ein Loch, durch das später die Fäden befestigt werden.

So bespannt man die Schablonen

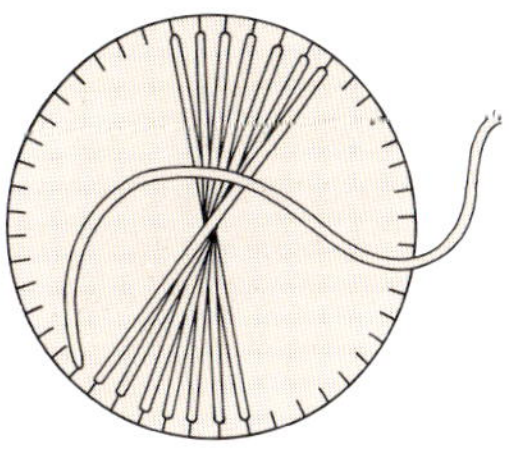

1 Kleben Sie das Garn hinten fest. Führen Sie es im Uhrzeigersinn durch je zwei gegenüberliegende Schlitze.

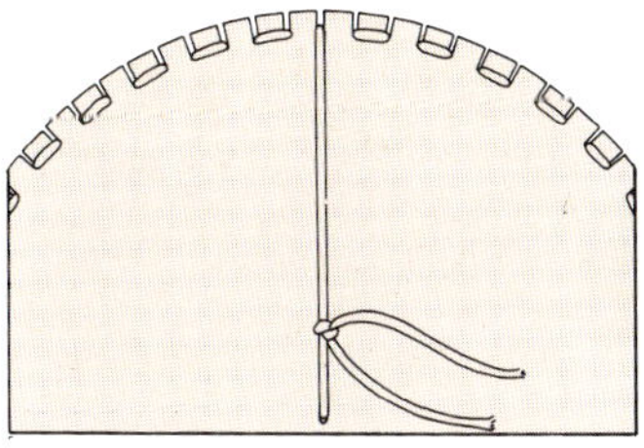

2 Ziehen Sie das Garnende durch das Mittelloch und verknoten Sie es mit dem vorläufig festgeklebten Garnanfang.

Und so wird gewebt

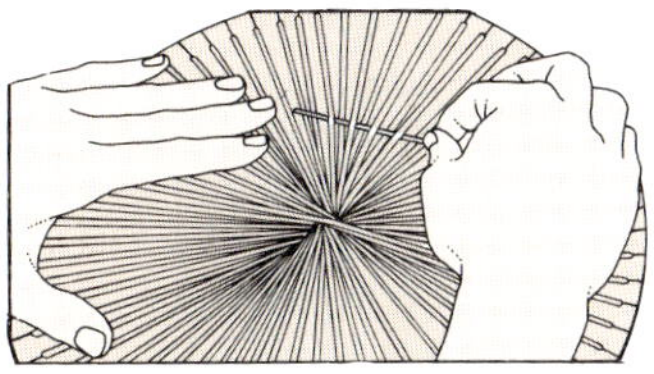

1 Weben Sie im Zentrum mit feinem Garn. Führen Sie die Nadel abwechselnd über und unter den Kettfäden durch.

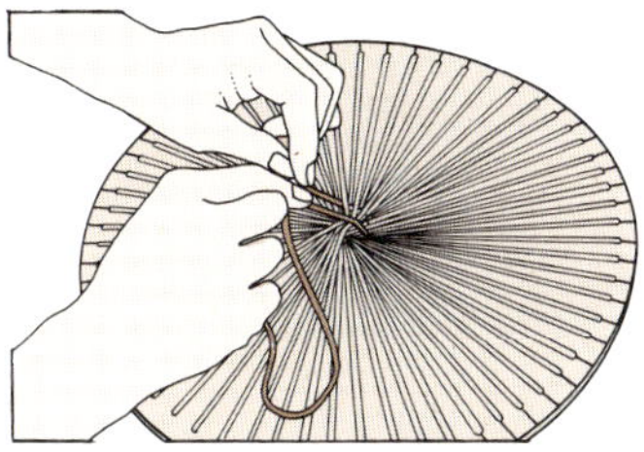

2 Ziehen Sie nach der ersten Runde den Faden fest zusammen.

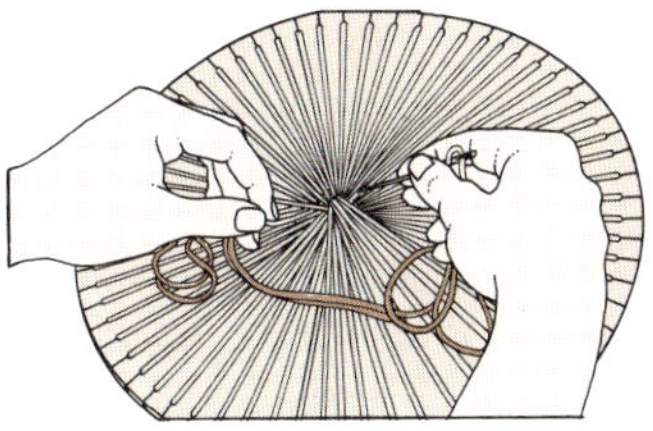

3 Schieben Sie die Schußfäden immer gut zur Mitte.

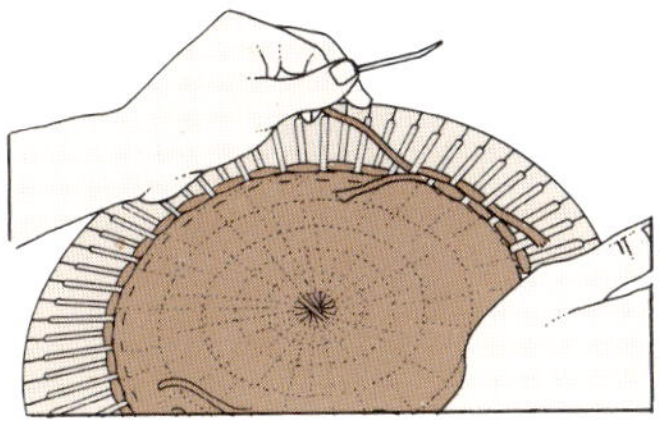

4 Ziehen Sie beim Weben nicht zu stark an! Weiter nach außen zu können Sie dickeres Schußgarn verwenden.

So führt man neue Fäden ein

Weben Sie neue Schußfäden mindestens drei Kettfäden vor dem Ende des alten Fadens ein. Schneiden Sie die Enden ab oder vernähen Sie sie.

Das Ausarbeiten

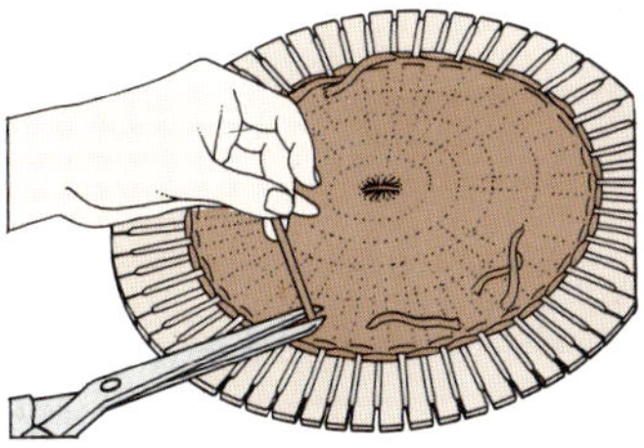

Schneiden Sie die losen Enden ab. Lösen Sie die Kettfäden ab, verkreuzen Sie je zwei miteinander und vernähen Sie sie im Gewebe.

Hübsche Muster lassen sich auch schon mit dem einfachsten Webgerät, den Schablonen, herstellen

Rundgewebte Muster
Bei der zweifarbigen Arbeit oben wurde das helle Garn jeweils in zwei Runden, das dunkle in wechselnder Rundenzahl verwebt.
Das Gewebe unten besteht aus fünf verschiedenfarbigen Garnen, deren Stärke nach außen hin zunimmt.
Weben Sie auf diese Weise eine Reihe origineller Untersetzer!

In Reihen gewebte Muster
Das einfarbige Gewebe aus dicker Teppichwolle erhält eine interessante Struktur durch unregelmäßig eingesetzte Knoten.
Das dunkle Gewebe wurde mit spezialgefärbtem Bouclégarn gewebt: Zwei Farbtöne wechseln in unregelmäßigen Abständen.
Das Muster des letzten Beispiels kam dadurch zustande, daß abwechselnd vier graue und ein weißer Schuß gewebt wurden. (Die Anzahl der Schußreihen werden bei Webanleitungen als „Schuß" angegeben)

Weben mit einfachen Rahmen

Eine Stufe raffinierter als das Schablonenweben ist das Weben mit einem einfachen Rahmen. Man kann ihn nach der Abbildung aus Holzleisten und Nägeln leicht selbst basteln. Gewebt wird nicht mehr mit einer Nadel, sondern bereits mit einem richtigen Weberschiffchen. Je nach dem verwendeten Rahmen lassen sich wesentlich größere Stücke herstellen als auf der Schablone. Das Kettgarn kann in engeren Abständen aufgespannt werden; dadurch wird das Gewebe feiner. Man kann beim Rahmenweben je einen oder auch je zwei Kettfäden abwechselnd heben und senken. Beim Entwerfen der Webmuster hat man dadurch vielfältige Variationsmöglichkeiten. Unten erklären wir die beiden wichtigsten Bindungen, die durch unterschiedliches Anschlagen entstehen.

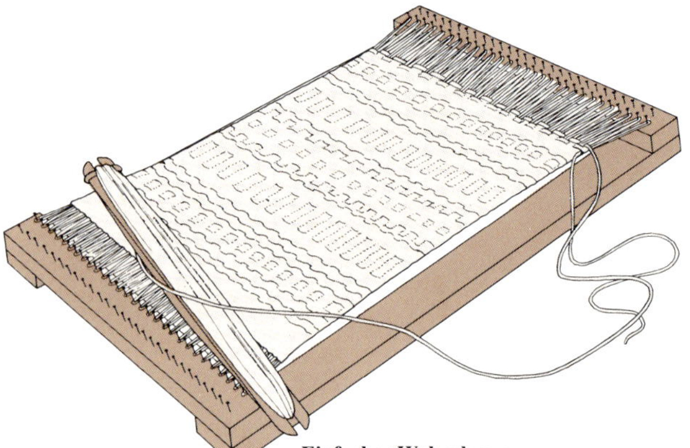

Einfacher Webrahmen

Leinenbindung
Diese Webart beruht auf dem „Stopfprinzip": Der Schußfaden wird abwechselnd über und unter je einen Kettfaden geführt. Das links abgebildete Muster wurde aus dicker und dünner ungefärbter Baumwolle in verschiedenen breiten Querstreifen gewebt

Schuß-Ripsbindung
Diese feine Längsrippen bildende Bindung entsteht, wenn die Schüsse so dicht angeschlagen werden, daß die Kettfäden nicht mehr sichtbar sind. Hier wurde in zwei Farben über und unter jeweils zwei Kettfäden gewebt. Für die Längsstreifen wechselt man bei jedem Schuß die Farbe

So wird der Rahmen bespannt

Die Kette wird um die innere Nagelreihe gespannt. Die Außenreihe verwendet man nur bei dünnem Kettgarn für feine Gewebe.

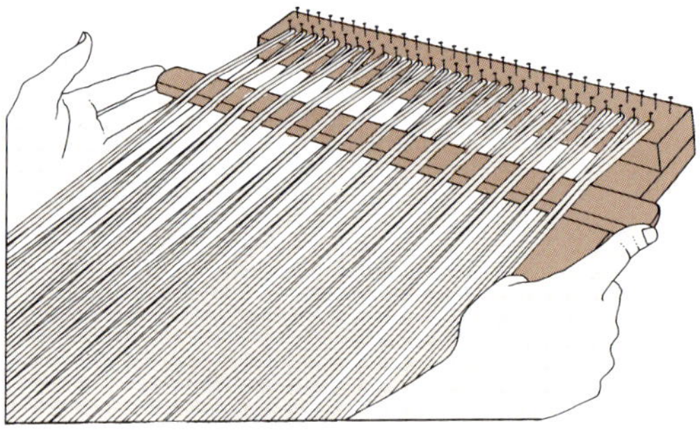

Die fertig aufgespannte Kette
Der Trennstab, ein flacher Holzstab, steht bereits in der richtigen Position zum Weben

Und so wird's gemacht

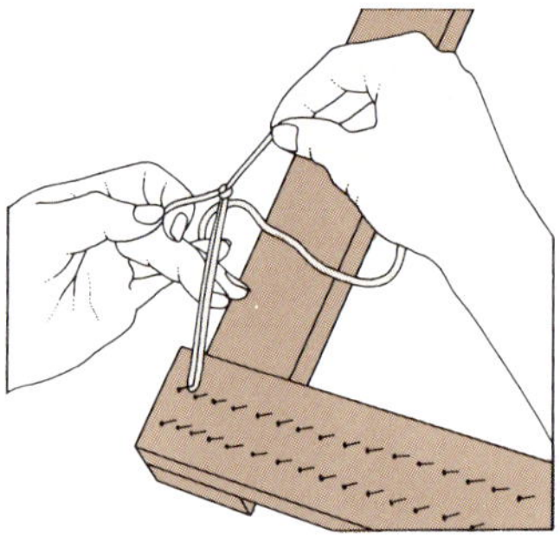

1 Befestigen Sie den Fadenanfang am ersten Nagel links unten der Innenreihe.

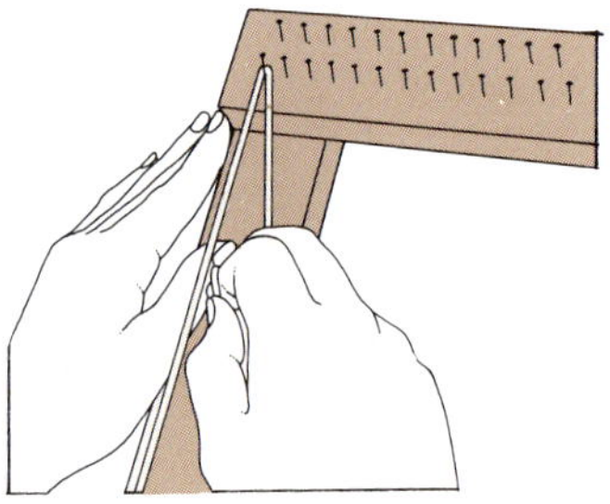

2 Schlingen Sie das Garn von links nach rechts um den gegenüberliegenden Nagel.

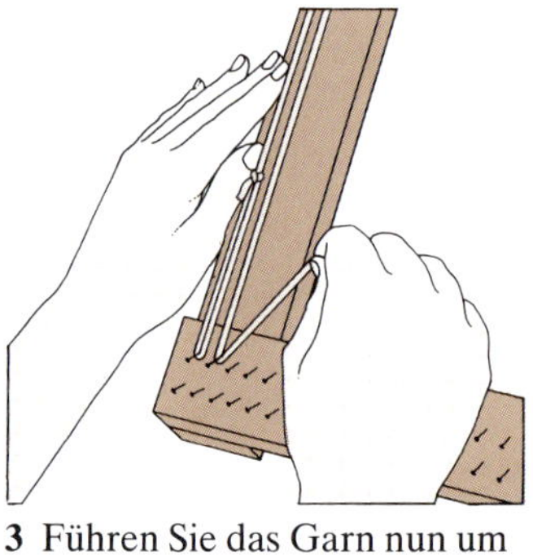

3 Führen Sie das Garn nun um den zweiten Nagel links unten und fahren Sie mit gleichmäßiger Spannung fort, bis alle Nägel umwickelt sind.

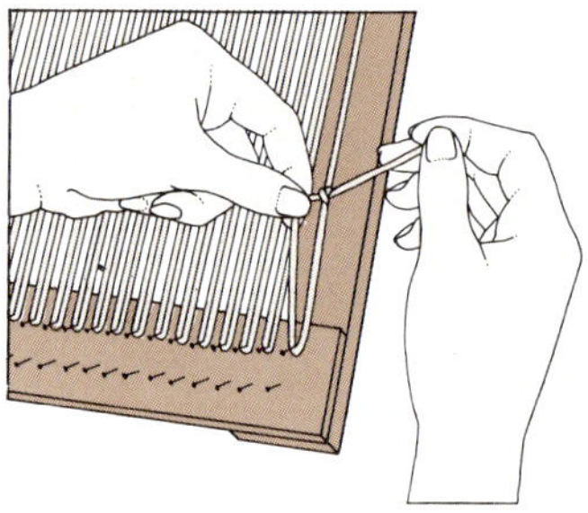

4 Knoten Sie das Fadenende rechts unten fest.

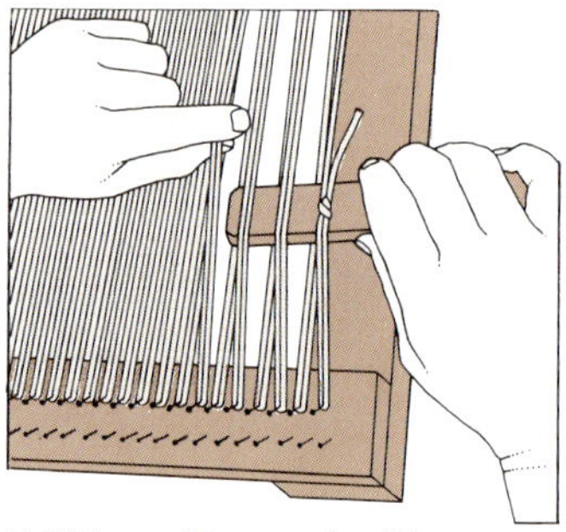

5 Führen Sie nun den Trennstab ein: Legen Sie abwechselnd zwei Kettfäden über und zwei unter den Stab.

So wird die Kette dichter

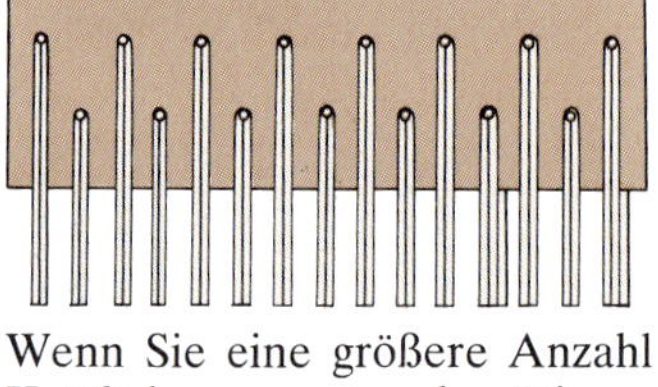

Wenn Sie eine größere Anzahl Kettfäden pro cm benötigen, benutzen Sie dünneres Kettgarn und wickeln es über beide Nagelreihen, die innere und die äußere. Die Methode bleibt dabei die gleiche.

Das Aufladen des Schiffchens

Wenn Sie das Schiffchen richtig beladen, wird sich der Schußfaden nicht verheddern. Wickeln Sie das Schiffchen nicht zu voll, damit es leicht durch die Kette gleiten kann. Wickeln Sie Wolle nicht gegen den Strich!

Und so wird's gemacht

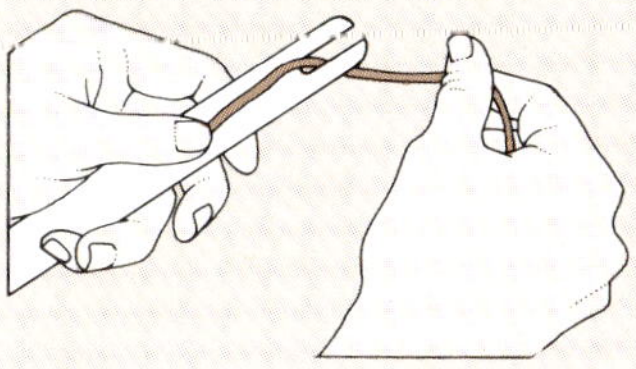

1 Faden festhalten und durch den Einschnitt führen.

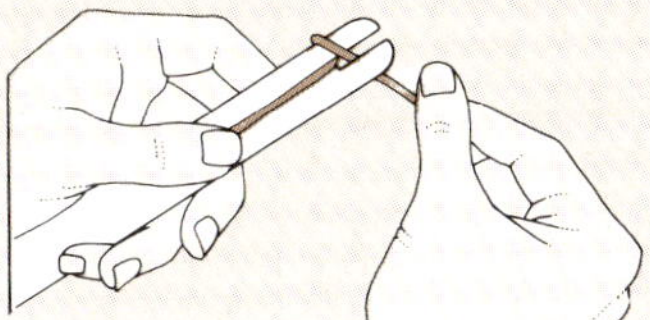

2 Schlingen Sie den Faden um die linke Zinke und führen Sie ihn wieder nach hinten.

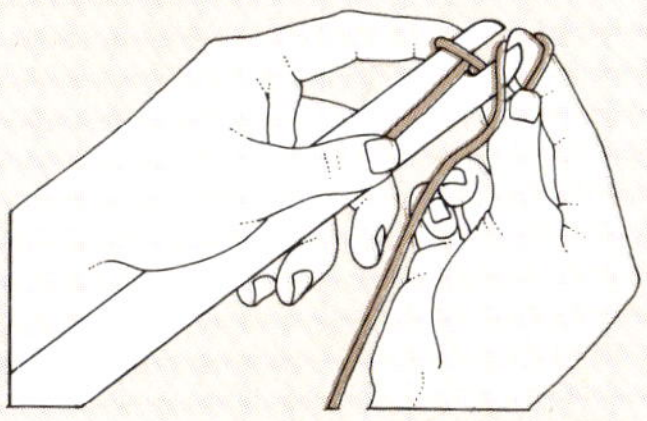

3 Schlingen Sie ihn um die rechte Zinke. Damit ist eine Achterschlinge entstanden.

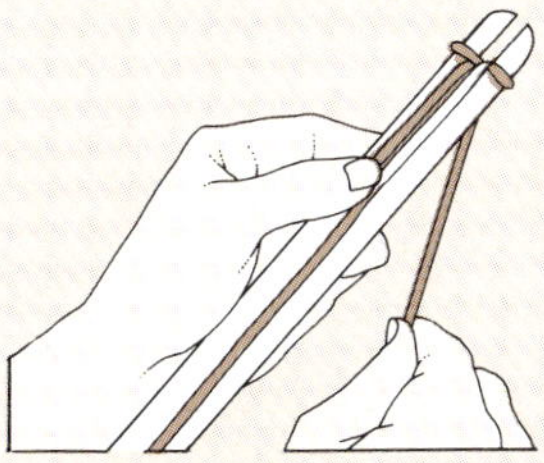

4 Führen Sie das Garn wieder nach hinten und wickeln Sie es in Längsrichtung auf.

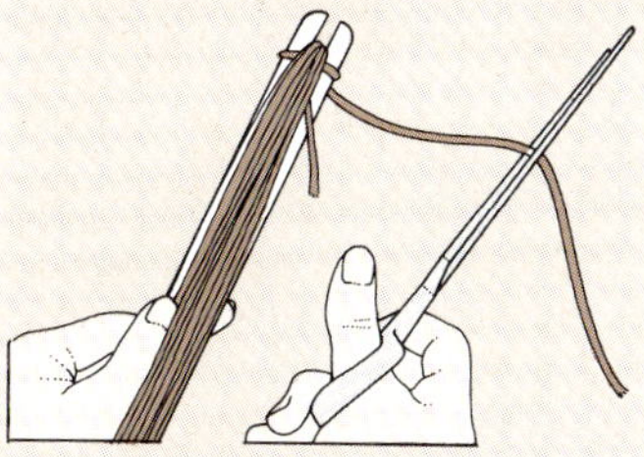

5 Schneiden Sie den Faden ab.

Schießen Sie los! Mit jedem Schuß wächst das Gewebe

Nun kann gewebt werden

Experimentieren Sie auch beim Kettgarn mit unterschiedlichen Farben und Stärken. Sie können den Trennstab im Lauf der Arbeit auch versetzen, z. B. nur je einen Kettfaden senken.

Und so wird gewebt

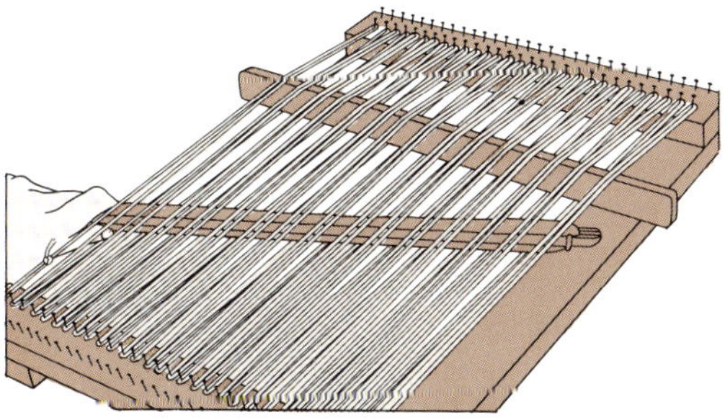

1 Stellen Sie den Trennstab hoch und führen Sie das Schiffchen von links nach rechts durch das nun geöffnete Fach.

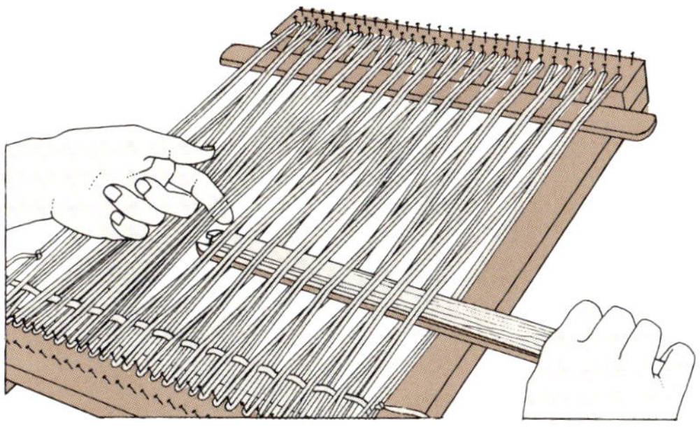

2 Legen Sie den Trennstab wieder flach und schieben Sie damit den ersten Schuß nach unten. Führen Sie den Trennstab ganz nach oben und weben Sie den zweiten Schuß von rechts nach links abwechselnd über und unter die Kettfäden ein.

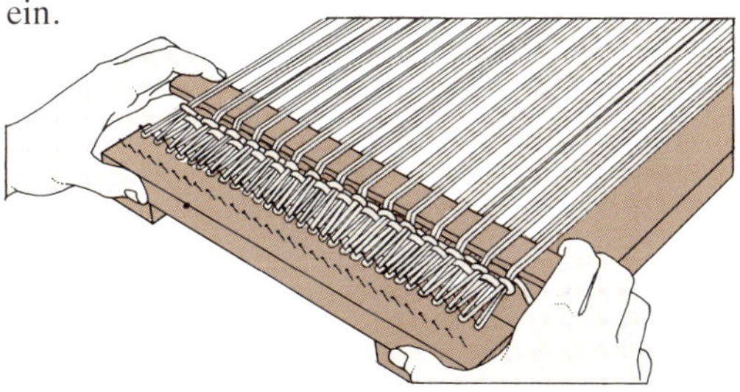

3 Schieben Sie den zweiten Schuß mit dem Trennstab direkt an den ersten.

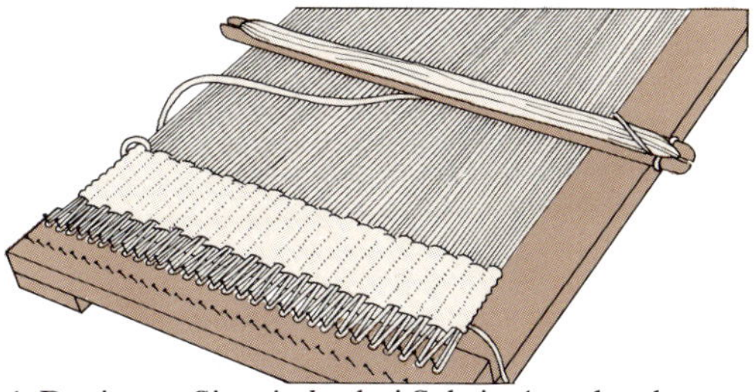

4 Beginnen Sie wieder bei Schritt 1 und weben Sie bis zur gewünschten Höhe weiter.

Das Ausarbeiten

Heben Sie die Kettschlingen des fertigen Gewebes entweder von den Nägeln oder schneiden Sie sie durch. Die losen Fäden werden anschließend im Gewebe vernäht.

Und so wird's gemacht

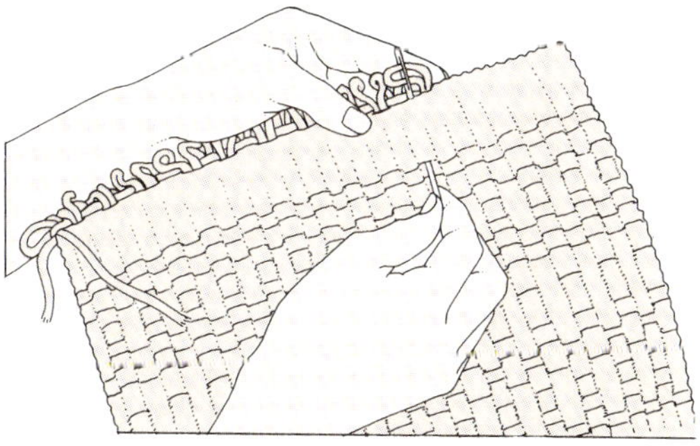

Fädeln Sie die losen Fadenenden in eine Stopfnadel. Stechen Sie die Nadel möglichst tief in das Gewebe und ziehen Sie sie so heraus, daß der Faden unsichtbar im Gewebe zurückbleibt.

So webt man neue Farben ein

Verwenden Sie bei mehrfarbigen Webereien für jede Farbe ein eigenes Schiffchen. Die verschiedenen Schußfäden müssen an den Rändern sorgfältig miteinander verschlungen werden, damit die Seiten glatt bleiben.

Und so wird's gemacht

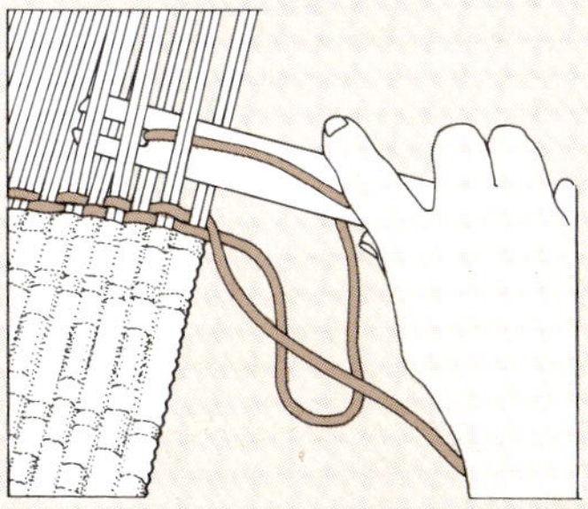

Der erste Schußfaden wird unter dem zweiten Schußfaden hindurchgezogen, bevor der erste Schußfaden wieder aufgenommen wird. Das Fadenende flicht man ins Gewebe ein

Webstück in zwei Farben

Weben mit dem Tischwebstuhl

Beim Tischwebstuhl sind die Nagelreihen des einfachen Webrahmens durch je eine Rolle am oberen und unteren Ende des Rahmens ersetzt. Man kann deshalb mit einer Kette arbeiten, die länger als der Webstuhl ist. Die Gewebebreite wird allerdings auch hier von der Breite des Webstuhls bestimmt. Beim Weben wird die fertige ,,Ware“ auf die vordere Rolle, den sogenannten Warenbaum gewickelt, während sich die Kette von der rückwärtigen Rolle, dem Kettbaum abspult.

Die Aufgabe des Kamms

Die Kettfäden laufen durch einen am Rahmen befestigten Kamm, der den beim Rahmenweben benutzten Trennstab ersetzt. Der Kamm bildet nicht nur automatisch die Fächer, sondern hält auch jeden Kettfaden an seinem Platz und besorgt das Anschlagen der Schußfäden. Der Kamm ist so gebaut, daß jeweils ein Kettfaden gehoben und der nächste gesenkt wird. Ein anderes Hebungs-Senkungsschema erlaubt er nicht. Beim einfachen Tischwebstuhl kann daher nur in Leinenbindung gewebt werden. Doch auch mit dieser Bindung kann man viele Muster weben (S. II/76).

Tischwebstuhl

Vorderansicht des Kamms

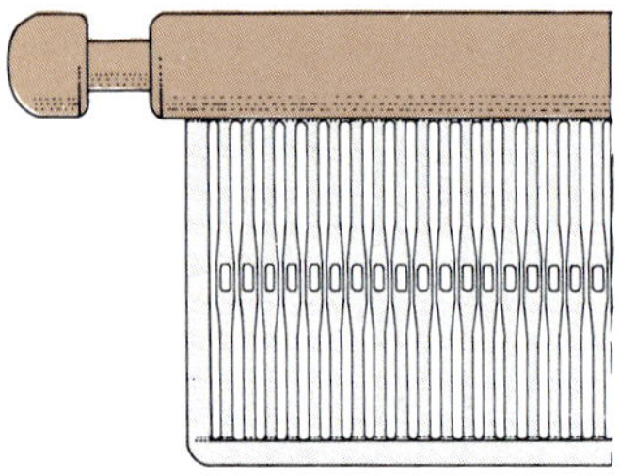

Der Kamm ist mit Schlitzen und Ösen versehen, durch die die Kettfäden abwechselnd gezogen werden

Seitenansicht

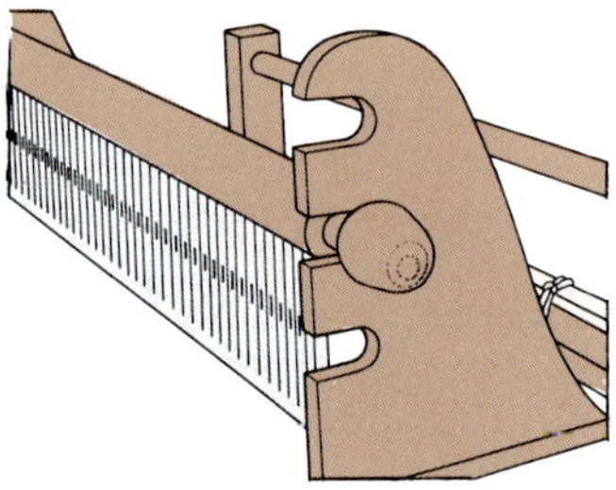

Der Kamm kann in drei verschiedenen Stellungen eingehängt werden. Auf diese Weise entstehen die Fächer

Die Kamm-Einstellung

Bevor Sie die Kette am Webstuhl aufziehen, hängen Sie den Kamm in der mittleren Position ein und binden beide Enden mit einer Schnur am Rahmen fest. Auf diese Weise kann der Kamm beim Aufbäumen der Kette nicht verrutschen. Sobald die Kette auf beiden Rollen aufgespannt ist, können Sie die Befestigungsschnüre wieder abnehmen.

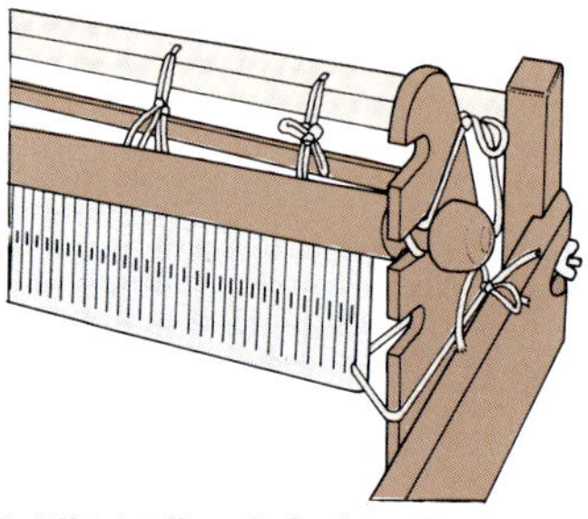

In Mittelstellung befestigter Kamm

Die Vorbereitung der Kette

Das Aufziehen oder ,,Aufbäumen“ der Kette dauert etwas länger als beim Webrahmen. Bevor die Kette an den Rollen befestigt wird, muß sie geschärt werden – wie, erfahren Sie sofort.

Die Anzahl der Kettfäden

Stellen Sie zunächst fest, wie viele Kettfäden für Ihre geplante Weberei erforderlich sind. Die vorgesehene Zahl der Kettfäden darf natürlich die Anzahl der Schlitze und Ösen Ihres Webkamms nicht übersteigen! Wer gröberes Gewebe mit dikkem Kettgarn herstellen will, benutzt nur die Hälfte der Öffnungen.

Das Schären der Kette

Sobald die Gesamtlänge der Kette und die Anzahl der Fäden feststeht, schrauben Sie drei 10–15 cm hohe Schärklammern an einer Tischkante fest, die etwas länger als die Kette sein sollte. Ist Ihr Tisch nicht lang genug, können Sie auch übers Eck wickeln – Sie brauchen dann allerdings mehr Klammern. Die zwei ersten Klammern werden im Abstand von 25 cm befestigt, die dritte Klammer am Ende der Kette. Ein Beispiel: Bei einer 1,25 m langen Kette beträgt der Abstand zwischen den ersten zwei Klammern 25 cm, zwischen der zweiten und dritten 1 m. Nun wird gewickelt.

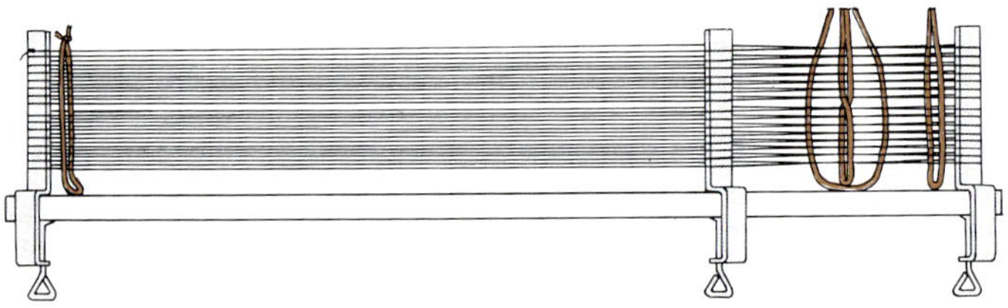

Die fertige Kette

Und so wird’s gemacht

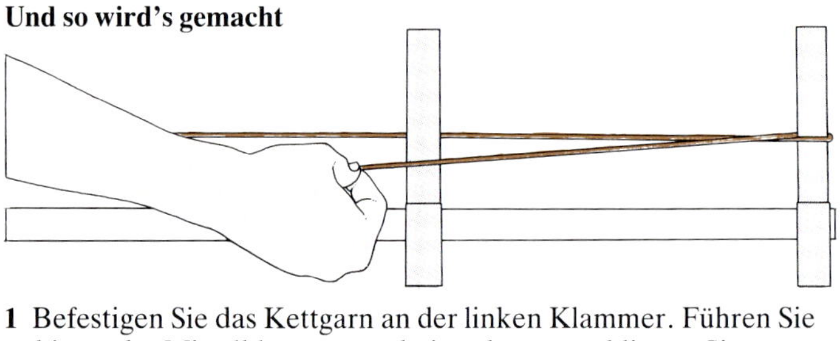

1 Befestigen Sie das Kettgarn an der linken Klammer. Führen Sie es hinter der Mittelklammer vorbei nach vorn, schlingen Sie es von vorne nach hinten um die rechte Klammer. Führen Sie es vor der Mittelklammer vorbei wieder nach hinten, schlingen Sie es von vorne nach hinten um die linke Klammer. Wiederholen Sie den Vorgang; verknoten Sie das Ende links.

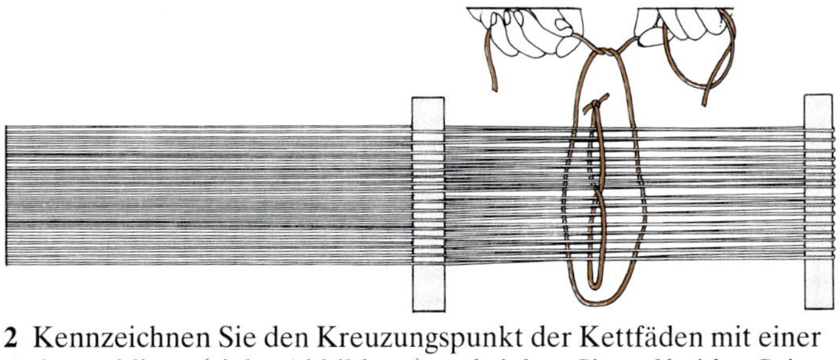

2 Kennzeichnen Sie den Kreuzungspunkt der Kettfäden mit einer Achterschlinge (siehe Abbildung) und ziehen Sie auf beiden Seiten der Verkreuzung einen weiteren Faden durch. Die Markierungsfäden sollen so lang sein, daß die Kette zur vollen Breite auseinandergezogen werden kann. Verknoten Sie die Fäden gut!

Die Vorbereitung dauert etwas länger – um so schneller geht das Weben

Das Aufbäumen der Kette am Webstuhl

Geben Sie acht, daß Sie die Kettfäden nicht durcheinanderbringen! Sie werden zunächst am Kettbaum befestigt.

Und so wird's gemacht

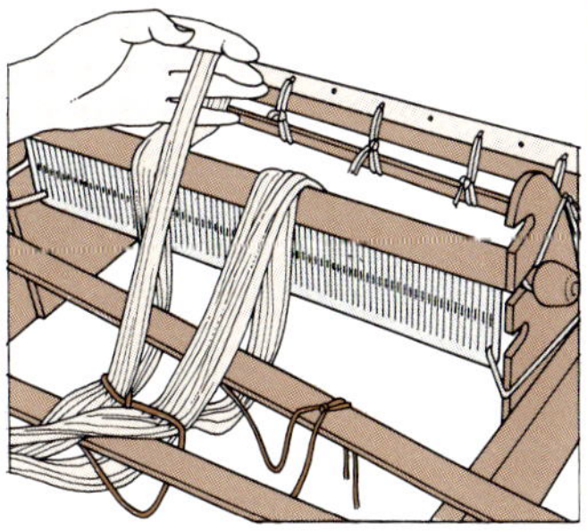

1 Binden Sie den Kamm in Mittelstellung fest. Legen Sie die Kette so darüber, daß die Verkreuzung vor dem Kamm liegt. Schieben Sie auf beiden Seiten der Verkreuzung einen Kreuzstab durch und legen Sie ihn quer über den Rahmen. Teilen Sie die Kette in zwei Hälften.

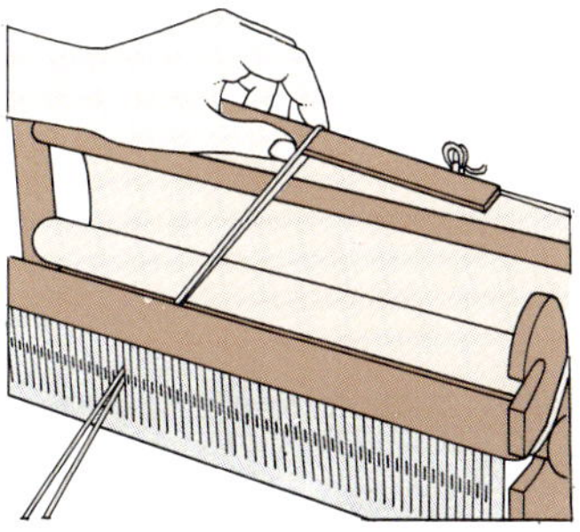

2 Ziehen Sie die erste Fadenschlaufe der rechten Hälfte durch den Mittelschlitz des Kamms nach hinten. Streifen Sie sie über den aus der Aufhängung gelösten Kettbaum.

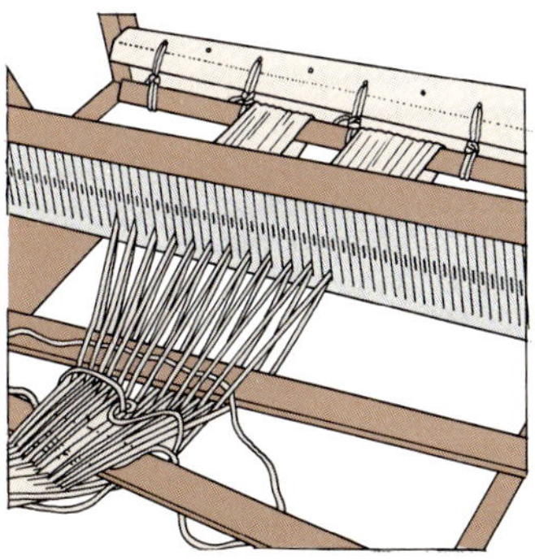

3 Arbeiten Sie von der Mitte nach rechts außen weiter und wiederholen Sie den Vorgang bei der linken Hälfte. Ist die Kette eingefädelt, lösen Sie die Markierungsfäden.

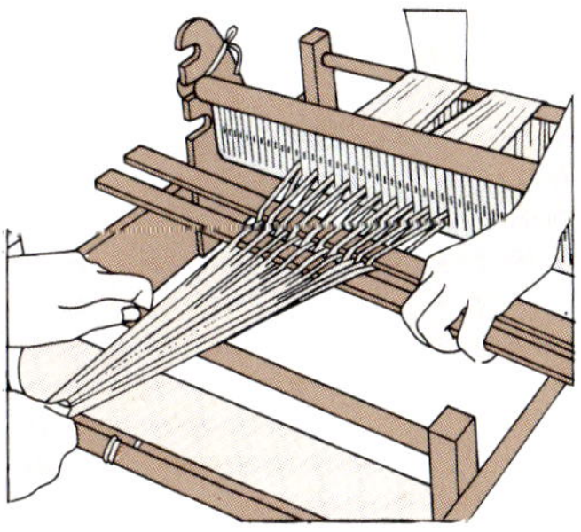

4 Bitten Sie einen Helfer, das Vorderende der Kette straff zu halten. Spulen Sie das Hinterende auf den Kettbaum, bis vorne nur noch etwa 15 cm über den Warenbaum hängen. Schieben Sie die Kreuzstäbe dabei vorsichtig nach vorn.

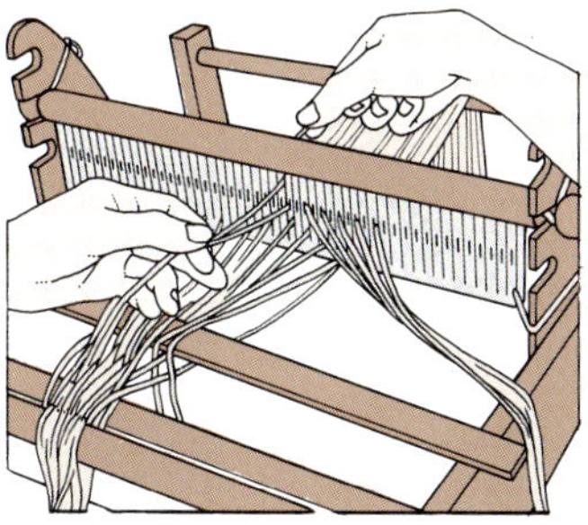

5 Nun schneiden Sie die vorderen Fadenschlaufen durch. Ziehen Sie aus jedem Schlitz einen der beiden Fäden heraus und fädeln Sie ihn in die benachbarte Öse.

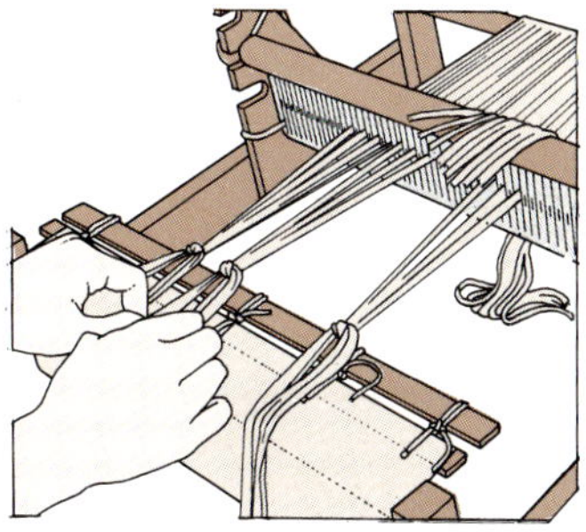

6 Nun werden die Enden am Warenbaum befestigt. Um eine gleichmäßige Fadenspannung zu erhalten, knotet man zuerst den mittleren Teil der Kette um den vorderen Rollstab. Verknoten Sie dann den Rest von den Rändern zur Mitte hin in kleinen, 2 cm breiten Strähnen.

Das Weben

Da das Einfädeln des Schiffchens entfällt, läßt sich hier viel schneller weben als beim einfachen Webrahmen.

Und so wird's gemacht

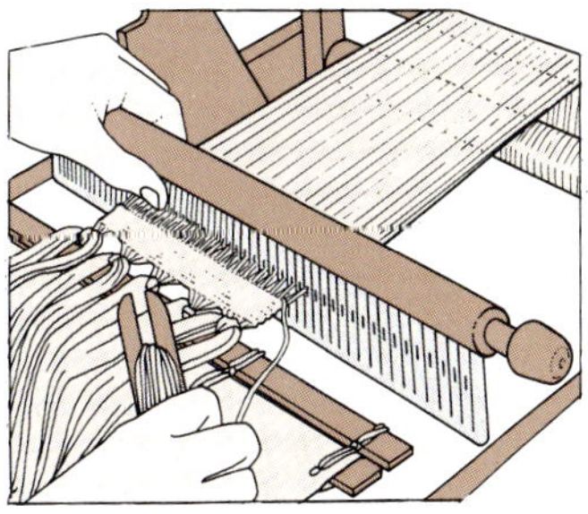

1 Hängen Sie den Kamm in die untere Stellung ein, führen Sie das Schiffchen durch das Fach. Schieben Sie den Schuß mit dem Kamm nach vorn.

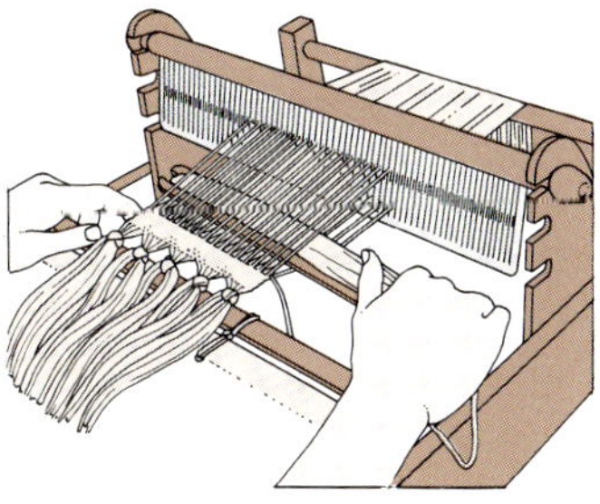

2 Heben Sie den Kamm in die obere Stellung und führen Sie das Schiffchen durch das zweite Fach. Schlagen Sie den Schuß an den vorigen an.

Das Weiterspulen der Kette

Dies ist nötig, wenn das Schiffchen nicht mehr durchkommt.

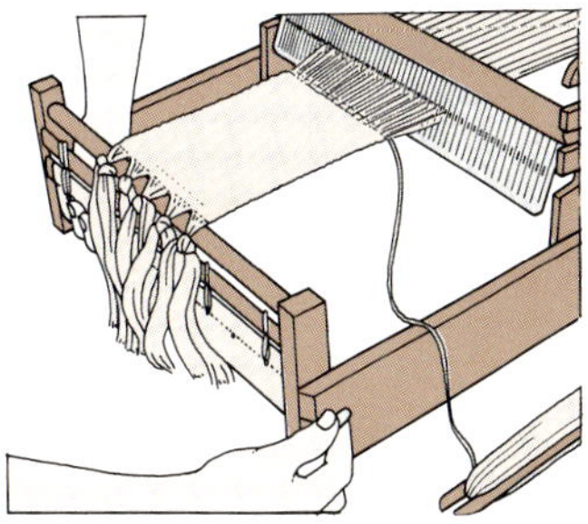

1 Lösen Sie die Halteklammern an Kett- und Warenbaum. Wickeln Sie das Gewebe auf, bis der Anschlag 10 cm vom Warenbaum entfernt ist. Klammern Sie den Warenbaum fest.

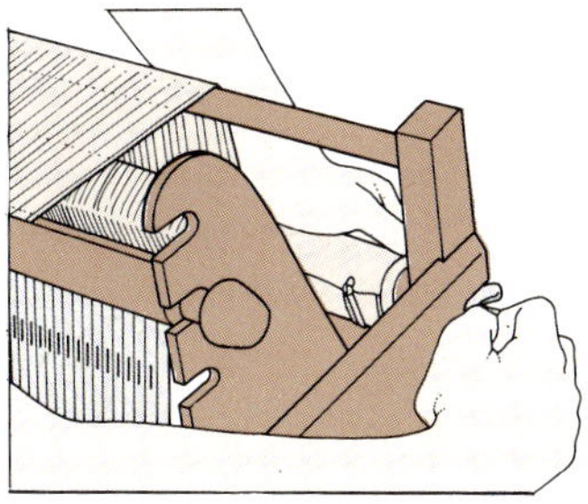

2 Drehen Sie am Kettbaum, bis die Kette wieder die richtige Spannung hat. Stellen Sie den Kettbaum wieder fest. Wiederholen Sie den Vorgang bis zum Abschluß der Webarbeit.

Neue Farben einweben

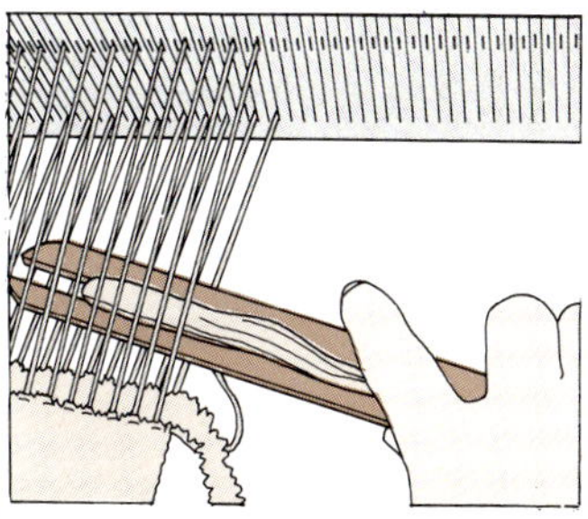

Es ist gleichgültig, von welcher Seite man die neue Farbe einwebt. Wird der alte Faden wieder gebraucht, läßt man ihn an der Seite hängen. Sonst schneidet man ihn ab und webt das Ende mit ins nächste Fach, um es zu befestigen.

Kettenden verknoten

Damit das Ende der Kette beim Weiterspulen nicht aus dem Kamm rutscht, verknotet man es strähnenweise.

Das Ausarbeiten

Vernähen Sie die abgeschnittenen Kettfäden oder versäubern Sie die Gewebekanten mit überwendlichen Stichen.

Viel Abwechslung auch bei einfachen Webmustern

Der Tischwebstuhl läßt nur die einfache Leinenbindung zu, bei der jeweils ein Kettfaden gehoben und der nächste gesenkt wird. Trotzdem können Sie die Gewebe vielfältig variieren: z. B. durch verschiedenfarbige Schußfäden, durch unterschiedlich dicke Garne und durch eine mehrfarbige Kette, die wie gewohnt geschärt und dann in der richtigen Reihenfolge in den Kamm gefädelt wird.

Die abgebildeten Muster

Die Beispiele 1–4 wurden mit feiner Wolle gewebt. Auf 1 cm treffen 5 Kettfäden.

1 Kette: grau. **Schuß:** durchgehend grau (als Hintergrund). Für jedes Karo wurden weiße Fäden hin- und hergewebt, und zwar jeweils bevor der graue Schuß durchgezogen wird.

2 Kette: * 4 grau, 4 weiß, 8 grau, 4 schwarz: ab * wiederholen. **Schuß:** gleiche Farbfolge wie bei der Kette.

3 Kette: beige. **Schuß:** * 42 beige, 1 weiß, 4 schwarz, 1 weiß; ab * wiederholen. Nach dem Weben aufbürsten.

4 Kette: grau. **Schuß:** * 6 grau, 6 weiß, 6 schwarz; ab * wiederholen.

Die Beispiele 5–8 wurden mit dickerer Wolle gewebt. Die Kettfäden wurden nur durch jede zweite Kammöffnung gezogen (5 Kettfäden auf 2 cm).

5 Kette: weiß. **Schuß:** weiß, mit unregelmäßig eingewebten dunklen Fädchen.

6 Kette: * 7 weiß, 1 grau; ab * wiederholen. **Schuß:** 9 weiß, 1 grau; ab * wiederholen.

7 Kette: weiß. **Schuß:** * 13 weiß, 1 grau, 3 weiß, 1 grau; ab * wiederholen.

8 Kette: * 4 grau, 4 weiß, 4 grau, 8 Kammöffnungen unbespannt lassen; ab * wiederholen. **Schuß:** weiß.

Knüpfen und Weben kombiniert

Einfache Gewebe können Sie auch durch Fransen oder Schlingen dekorativer gestalten. Sie werden von Hand um die Kettfäden geknüpft und durch eine oder mehrere Schußreihen festgehalten. Je nach dem gewünschten Effekt hält man die Abstände zwischen den Fransen größer oder kleiner.

Eingeknüpfte Fransen

Knüpfen Sie mit vorgeschnittenen Fäden, die mindestens 7 cm lang sein sollten. Falls gewünscht, können sie nachträglich noch gekürzt werden. Fransen lassen sich in vier Richtungen knüpfen.

Und so wird's gemacht

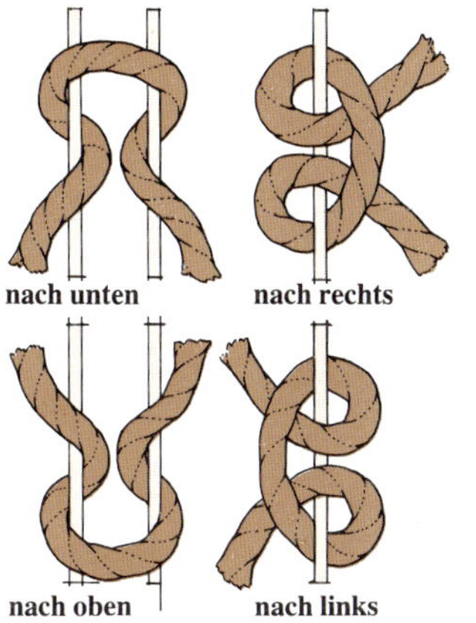

Legen Sie die Fadenmitte über einen oder zwei Kettfäden. Schlingen Sie die beiden Enden nach hinten um die Kettfäden herum und dann wieder nach vorne, wie auf den Abbildungen gezeigt.

Das Vorschneiden

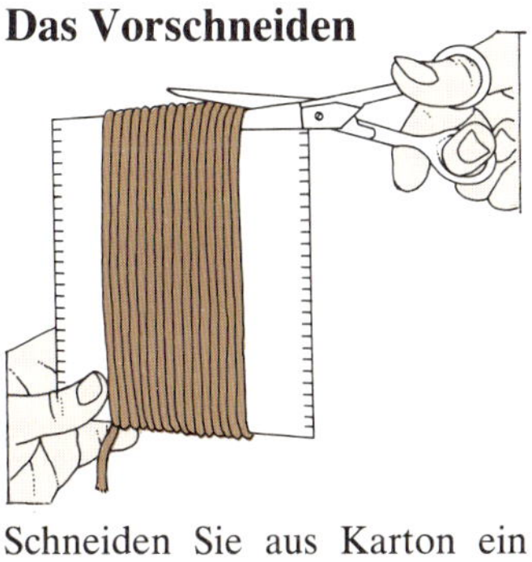

Schneiden Sie aus Karton ein Rechteck aus, das so hoch ist wie eine Fransenlänge. Wickeln Sie das Garn darum und schneiden Sie es an einer Kante auf.

Farbige Muster

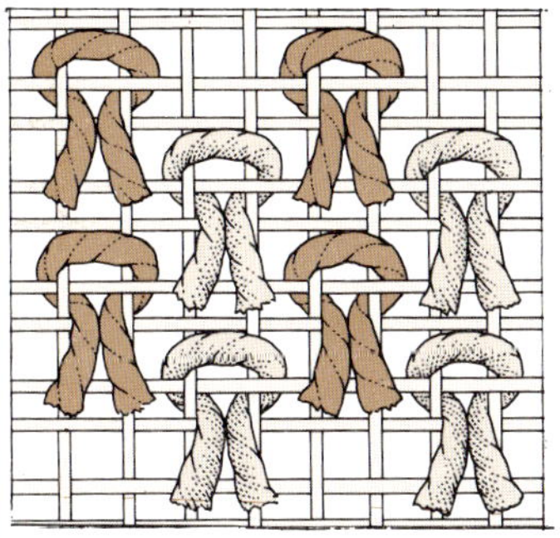

Wer Fransen zu mehrfarbigen Mustern anordnen will, sollte sich vorher ein Knüpfschema in der Art der Abbildung aufzeichnen.

Eingeknüpfte Schlingen

Dazu schlingt man einen fortlaufenden Faden abwechselnd um einen Rundstab und um je zwei Kettfäden. Von der Dicke des Stabs hängt die Schlingengröße ab; mittelgroße Schlingen erhält man zum Beispiel mit einer dicken Stricknadel. Der Faden für eine Schlingenreihe sollte etwa fünfmal so lang sein wie die Kettbreite.

Und so wird's gemacht

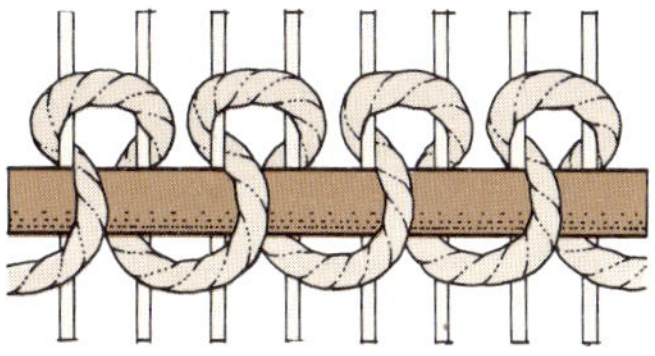

Knoten Sie den Faden auf einer Seite fest. Führen Sie ihn dann unter dem Stab durch, um zwei Kettfäden herum und zurück über den Stab. Vernähen Sie den Faden am Reihenende oder lassen Sie ihn für weitere Schlingenreihen hängen.

Aus Schlingen werden Fransen

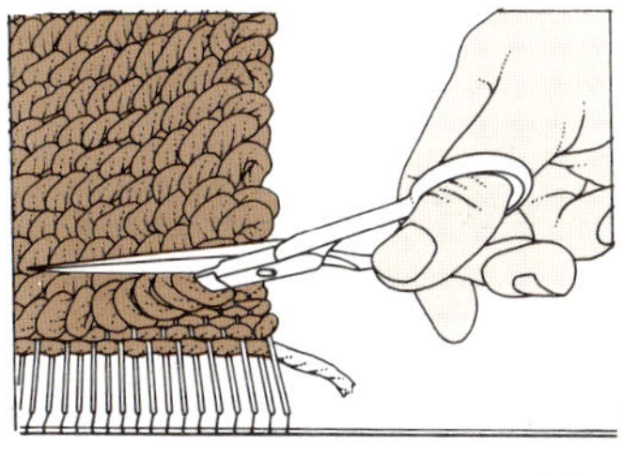

Schneiden Sie dazu die Schlingenreihen auf.

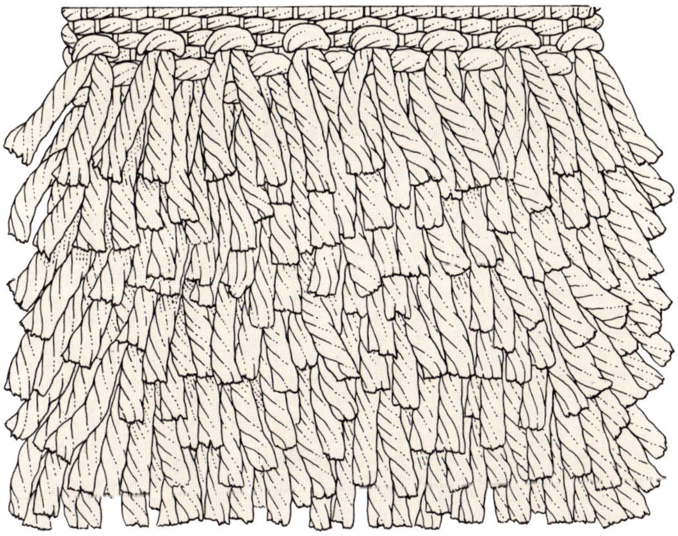

Fransengewebe

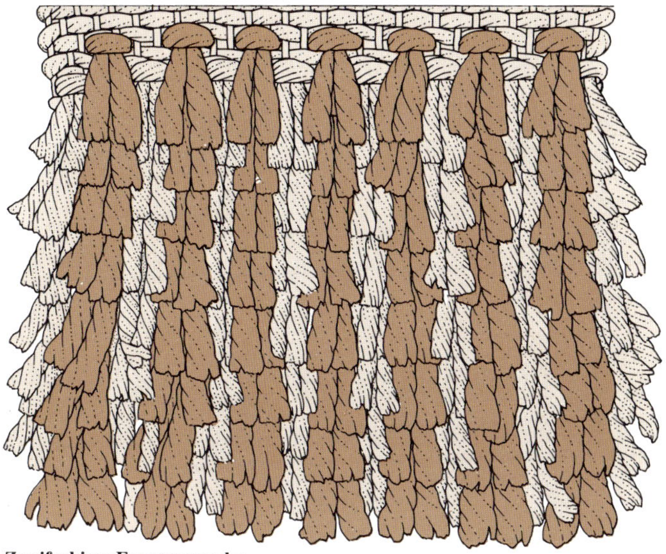

Zweifarbiges Fransengewebe

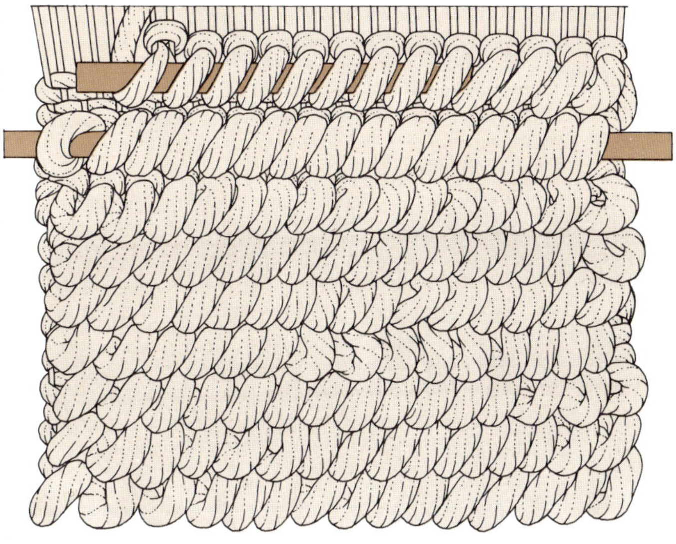

Schlingengewebe

Praktische Tasche zum Umhängen

Die strapazierfähige, etwa 30×35 cm große Umhängetasche wurde in Schuß-Ripsbindung gewebt: Die Schußreihen werden so dicht angeschlagen, daß die Kettfäden völlig verdeckt bleiben. Für die Kette wurde dünne Schnur verwendet; sie wurde so auf die Kammöffnungen verteilt, daß zwei Fäden auf 1 cm entfallen. Der Schuß besteht aus weißer, grauer und schwarzer Teppichwolle.

So entsteht das Muster

Weben Sie zuerst einen 7 cm breiten Streifen in Schwarz, dann die Randbordüre in der Schußfolge 6 weiß, 4 grau, 6 weiß, 4 grau, 6 weiß; 10 schwarz, 6 weiß; zehnmal abwechselnd 1 grau, 1 weiß; 6 weiß, 10 schwarz; 4 grau, 6 schwarz, 4 grau. Darauf folgt ein 10 cm breiter Streifen in Schwarz und dann noch einmal die Randbordüre in umgekehrter Reihenfolge.

Gewebte Umhängetasche

Ausschnitt

So näht man die Tasche

Weben Sie zunächst zwei Rechtecke nach der Anleitung links. (Ist Ihr Webstuhl groß genug, können Sie die Tasche auch an einem Stück weben.) Nähen Sie die Ober- und Unterkanten so weit nach innen um, daß nur noch ein 2 cm breiter schwarzer Rand zu sehen ist. Nähen Sie anschließend den Boden und die Seiten der Tasche mit festem Garn zusammen. Arbeiten Sie ein Futter in Taschengröße und nähen Sie es ein.

So dreht man die Kordel

Wie dick die Kordel wird, hängt nicht nur davon ab, wie viele Fäden man dafür benutzt. Je stärker man die Fäden zusammendreht, desto straffer und dünner wird die Kordel. Dreht man nur wenig, wird die Kordel zwar weicher und dicker, ist aber lange nicht so haltbar und widerstandsfähig wie eine enggedrehte Kordel. Die einzelnen Fäden müssen auf die vierfache Länge der fertigen Kordel zugeschnitten werden. Verknoten Sie die Fäden an einem Ende und streifen Sie sie über eine Türklinke. Fassen Sie das andere Ende, ziehen Sie den Strang straff und drehen Sie ihn so lange im Uhrzeigersinn, bis er unter einer starken Spannung steht. Hängen Sie eine Schere in die Strangmitte und halten Sie die beiden Strangenden in die Höhe – dabei drehen sich die beiden Stranghälften von selbst zu einer Kordel zusammen. Verknoten Sie die Enden und stutzen Sie sie zu kleinen Quasten. Nähen Sie die Kordel an der Tasche fest.

Weitere Muster zur Wahl

Beide Beispiele wurden in Schuß-Ripsbindung gewebt. Oben wurden kleine weiße Karos gleichmäßig auf einem dunkelbraunen Hintergrund verteilt. Für das Muster unten wurde Braun und Grau kombiniert. Jede Karoreihe ist mit einem kontrastfarbenen Streifen unterlegt

Warmes Zottel-westchen für Kinder

Dieses mollig warme Westchen wird in der auf der vorletzten Seite erklärten Fransentechnik gearbeitet. Es ist für ein vierjähriges Kind mit 55 cm Oberweite berechnet. Weben Sie mit weicher Wolle und spannen Sie die Kette so auf, daß fünf Fäden auf 1 cm entfallen.

So weben Sie die Fransen ein

Schneiden Sie für die Fransen 7 cm lange Fäden zu. Knüpfen Sie die Fransen nach unten gerichtet jeweils um zwei Kettfäden (siehe S. II/77) und lassen Sie zwischen den Fransen je sechs Kettfäden frei. Weben Sie vier Schußreihen zwischen den einzelnen Fransenreihen.

So fertigt man das Westchen an

Das Westchen wird direkt nach dem Schnitt gewebt. Arbeiten Sie das linke Vorderteil wie das rechte, nur seitenverkehrt. Ziehen Sie nach dem Abschluß der Webarbeit die Enden der Kettfäden ins Gewebe ein und nähen Sie die einzelnen Teile an den Seiten und Schultern zusammen. Sie können das Westchen auch füttern und das Futter am versäuberten Rand festnähen, oder den Rücken in zwei Teilen weben und mit einer Mittelnaht zusammensetzen.

Schnitt

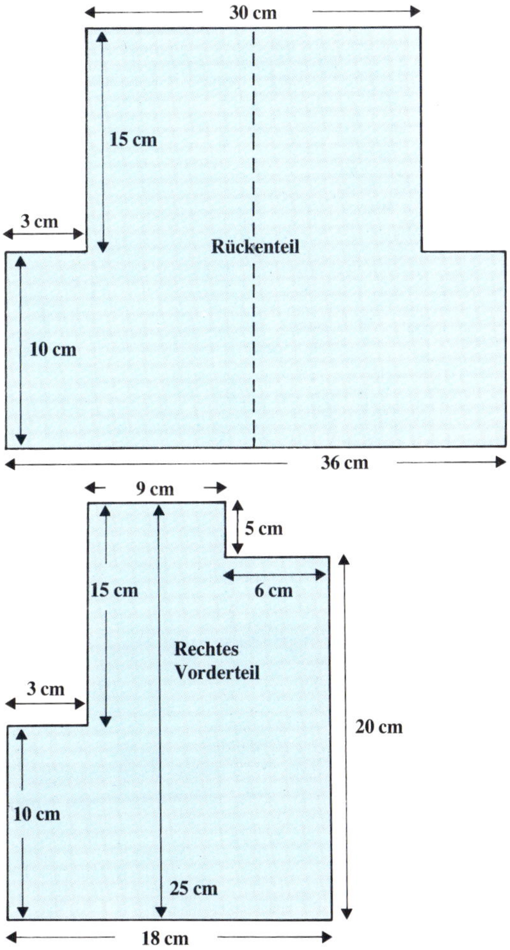

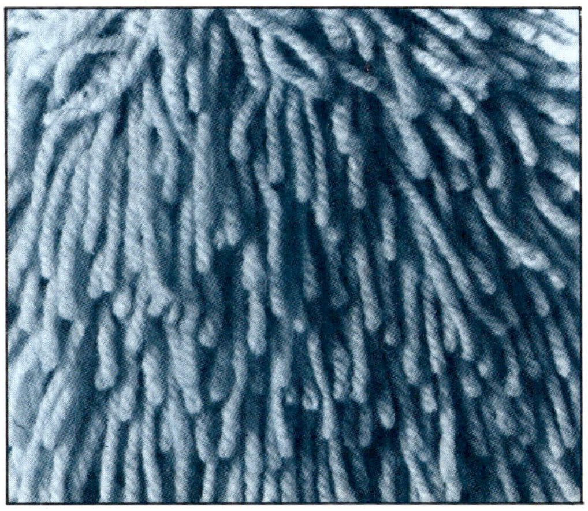

Kinderwestchen
Mollig warm wird dieses Westchen durch die eingeknüpften Fransen. Sie können es nach demselben Schnitt aber auch in jedem anderen Webmuster nacharbeiten und nach Lust und Laune abwandeln. Zum Beispiel können Sie die Kanten mit Leder oder Samtband verstürzen. Praktisch sind Verschlüsse aus Haken und Ösen, aus Bändchen oder Knebeln.

Ausschnitt

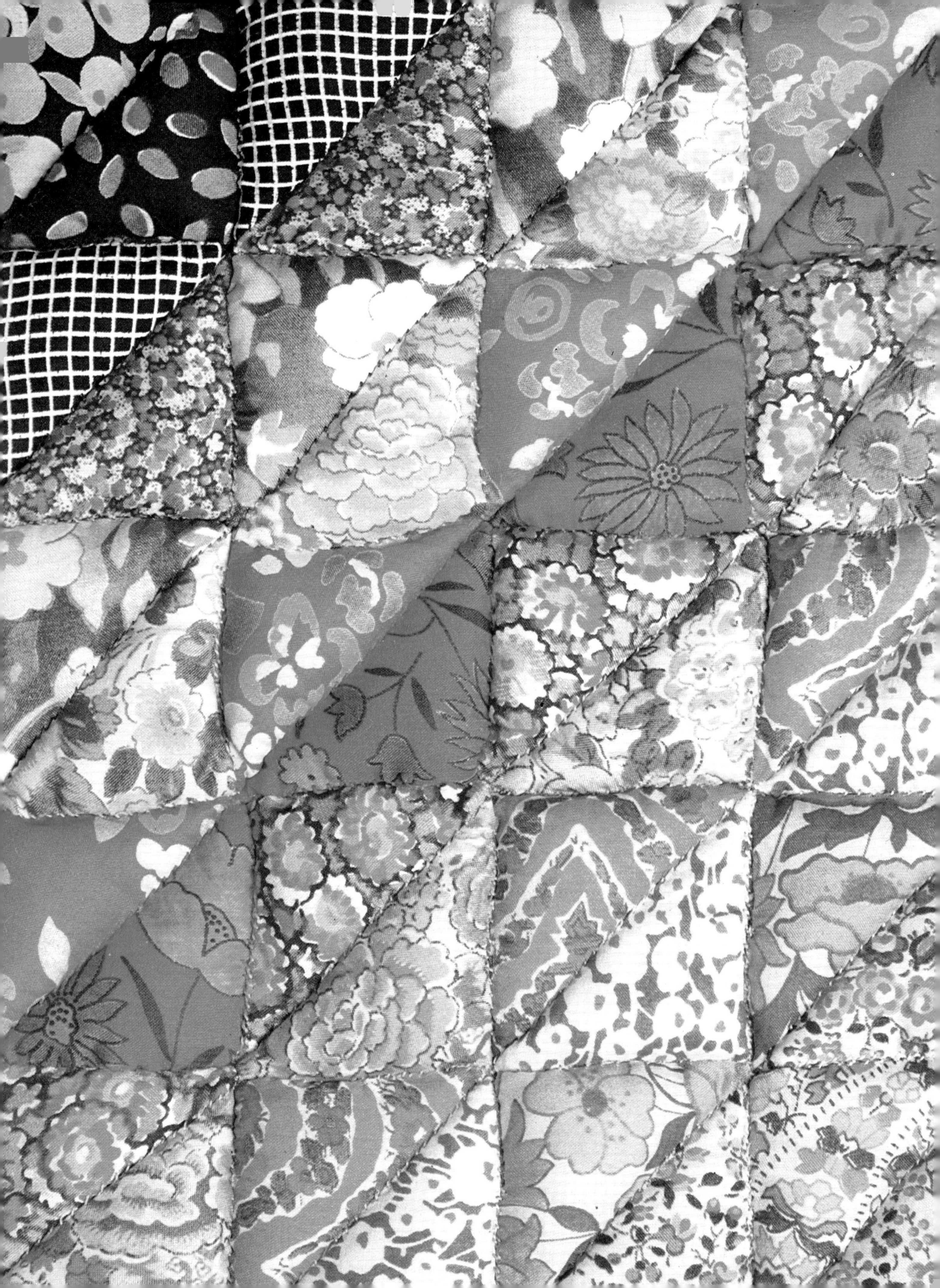

Patchwork

Worauf es beim Patchwork ankommt

Hinter dem bescheidenen Namen „Flickwerk" verbirgt sich die Kunst, Flicken aus Stoffresten und abgetragenen Kleidungsstücken zu einem sorgfältig geplanten Mosaik zusammenzusetzen. Aus an sich wertlosem Material entstehen Arbeiten mit großer Ausstrahlung, die in jedem Raum die Aufmerksamkeit auf sich lenken – sei es als Bettüberwurf oder als Tischdecke, als Kissenbezug oder als Wandbehang. Blättern Sie nur einmal dieses Kapitel durch und lassen Sie sich von der Begeisterung für diese alte amerikanische Volkskunst anstecken! Alles Wesentliche darüber finden Sie auf dieser Seite zusammengefaßt.

1 Die Techniken

Das Nähen einer Patchworkarbeit ist nicht schwierig, besonders wenn man sich auf geradlinige Muster beschränkt. Wichtig ist es vor allem, die Flicken genau zuzuschneiden, da sich selbst kleine Abweichungen bei den vielen Einzelteilen schnell summieren. Deshalb fertigt man am besten millimetergenaue Schablonen der Musterteile an, was das Zuschneiden erheblich erleichtert (S. II/85 und 88). Alles über den Nähvorgang und das Ausarbeiten finden Sie auf den Seiten II/88–89.

2 Die Muster

Der Reiz gelungener Patchwork-Arbeiten beruht auf dem Zusammenspiel der Farben und den geometrischen Mustern mit ihren klaren Linien. Quadrate, Rechtecke, Dreiecke und Rauten lassen sich spielerisch zu immer neuen Kombinationen zusammensetzen. Eine Auswahl der beliebtesten traditionellen Patchworkmuster finden Sie auf den Seiten II/98–99, zum Nacharbeiten und als Anstoß für eigene Entwürfe.
Die besten Lehrer sind natürlich die alten Vorbilder aus dem 18. und 19. Jahrhundert, der Blütezeit des Patchwork. Deshalb haben wir auch so viele der schönsten alten Arbeiten abgebildet; es lohnt sich, sie aufmerksam zu betrachten.
Die meisten Entwürfe gewinnen, wenn man sie mit einer einfarbigen oder gemusterten Bordüre umrandet. Auf S. II/91 haben wir einige dafür geeignete Muster zusammengestellt. Mit Randbordüren kann man übrigens auch über Unregelmäßigkeiten im Format etwas hinwegschummeln!

3 Ziersteppereі

Eine Einführung ins Patchwork wäre unvollständig, die nicht auch die Ziersteppereі und Applikation vorstellte. Beide Techniken werden häufig mit Patchwork kombiniert, können aber auch eigenständig ausgeführt werden. Die traditionellen Patchwork-Arbeiten dienten meist als Bettdecken. Sie wurden mit einer etwa 3 cm dicken Baumwolleinlage gefüttert und dann übersteppt, damit die Stofflagen nicht verrutschten. Bald verfiel man darauf, die Stepplinien als dekoratives Element in die Arbeit einzubeziehen. Schwungvolle Steppmuster entwickelten sich, die auch auf einfarbigem Grund attraktiv wirken (siehe S. II/101–103).

4 Applikationen

Während beim Patchwork die Stoffstücke aneinandergenäht werden, näht man sie bei der Applikation von Hand auf einen Unterstoff auf. Dies ist zwar etwas mühsamer, man kann aber dafür die applizierten Formen völlig frei gestalten. (Der Reiz, aber auch die Grenzen des Patchwork liegen in der Geometrie seiner Muster.) Applikation läßt sich gut mit Stickerei kombinieren (S. II/112–113). Versuchen Sie sich auch einmal an der eigenartigen indianischen Applikation (S. II/114)!

Patchwork will sorgfältig geplant sein

Stepperei, Applikation oder Patchwork? Jede dieser Techniken besitzt ihren eigenen Reiz. Für welche Sie sich entscheiden, hängt nicht zuletzt von dem Raum ab, dem das geplante Stück zugedacht ist. Steppereien auf einfarbigem Grund, wie sie die Abbildung unten links zeigt, wirken nie aufdringlich. Während sich die eigentliche Patchworktechnik auf rein geometrische Formen beschränkt, kann man durch Applikation jedes beliebige Muster gestalten. Ältere Entwürfe bevorzugen Blumen und Ranken, ein typisches Beispiel dafür ist die Decke oben rechts. Darunter sind zwei sehr verschiedenartige Patchworkdecken abgebildet. Der ausladende „Stern von Bethlehem" könnte in kleinen Räumen erdrückend wirken; hier wäre die fein gemusterte Decke besser geeignet. Jede Patchworkarbeit will also sorgfältig geplant sein! Folgendes sollten Sie überlegen:

Die Stoffe

Verwenden Sie möglichst nur gleich schwere Stoffe miteinander. Wenn Sie einen hübschen Stoff finden, sollten Sie gleich 3–4 m „auf Vorrat" kaufen – lieber zu viel als zu wenig! Kleingemusterte Stoffe eignen sich besonders, doch sollten Sie sie mit einem Anteil einfarbiger und großmustriger Stoffe mischen. Sonst kann es passieren, daß die Arbeit zu unruhig wirkt.

Die Muster

Patchwork erlernt man am besten durch das Nacharbeiten alter Vorbilder. Achten Sie auf die geschickte Verteilung der Hell-Dunkel-Kontraste! Meist sind die Decken aus einzelnen Musterblöcken zusammengesetzt, wie auch die Decke oben rechts. Wenn Sie mit neuen Blöcken experimentieren, sollten Sie zuvor unbedingt ausprobieren, wie sie aneinandergereiht wirken. Zeichnen Sie dazu eine größere Musterfläche auf. Sie können die Blöcke direkt aneinandersetzen oder durch Streifen trennen. Nun legen Sie die Größe der Blöcke fest. Zu große Muster können plump wirken, zu kleine wirr oder unscheinbar.

Zuschneiden und Nähen

Fertigen Sie sich Pappschablonen der Einzelteile in Originalgröße plus 7 mm Nahtzugabe an. Schneiden Sie danach die nach der Muster- und Deckengröße berechnete Menge Flikken zu. Dreiecke und Rechtekke können mit der Maschine, Vielecke und runde Formen müssen meist mit der Hand zusammengenäht werden – wie, steht auf S. II/89.

Englische Leinendecke mit Kordelstepperei (18. Jahrhundert)

Steppdecke mit Applikation (19. Jahrhundert)
Für diese Decke mit dem Muster der „Prärierose" wurden Baumwollstoffe in drei Farben verarbeitet

Patchworkdecke (spätes 19. Jahrhundert)
Aus vielen Hunderten kleiner Rauten setzt sich der „Stern von Bethlehem" zusammen. Das Material: teils einfarbige, teils bunt bedruckte Baumwollstoffe

Patchworkdecke (frühes 19. Jahrhundert)
Diese englische Arbeit besteht hauptsächlich aus Dreiecken und Sechsecken. Auf die Mittelbordüre wurden Vogelmotive appliziert

Zum Zuschneiden braucht man Schablonen

Größe und Form der Schablonen, die als „Schnittmuster" beim Zuschneiden dienen, müssen genau stimmen, sonst wird die Decke schief. Bei Rechtecken und Dreiecken gibt es keine Probleme. Mit Hilfe eines Zirkels und eines Winkelmessers können Sie auch komplizierte Vielecke exakt herstellen.

Sechsecke und Achtecke können selbst wiederum als Ausgangspunkt für weitere Schablonenformen verwendet werden. Schneiden Sie einige solcher Formen aus und versuchen Sie, sie wie bei einem Puzzle zu neuen Mustern zusammenzuschieben – am besten zu quadratischen Blöcken wie auf S. II/96–97.

Sechsecke

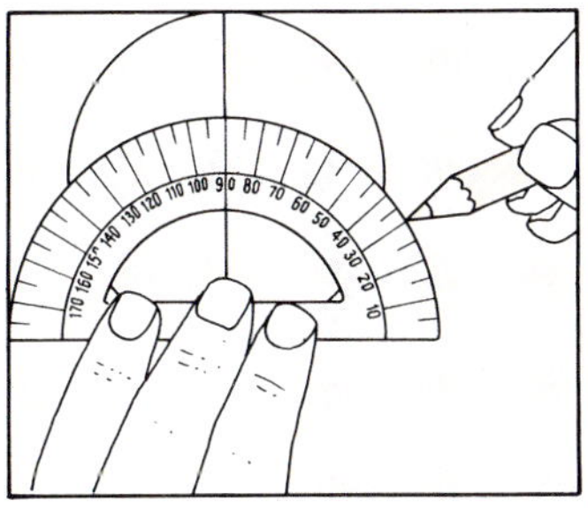

1 Zeichnen Sie zu einer Kreisgrundlinie einen 30°-Winkel.

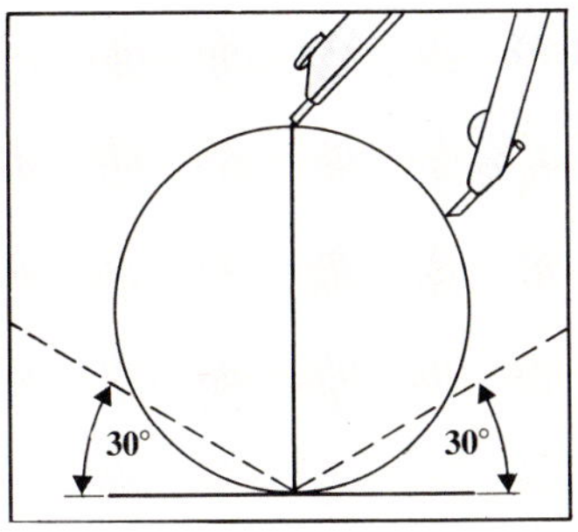

2 Die beiden Schnittpunkte des Winkels mit der Kreislinie grenzen die erste Seitenlinie des Sechsecks ab. Nehmen Sie diese Strecke zwischen die Zirkelspitzen. Stechen Sie bei einem der beiden Schnittpunkte ein und übertragen Sie die Strecke weiter auf die Kreislinie: So erhalten Sie den nächsten Eckpunkt. Markieren Sie auf diese Weise sämtliche Ecken.

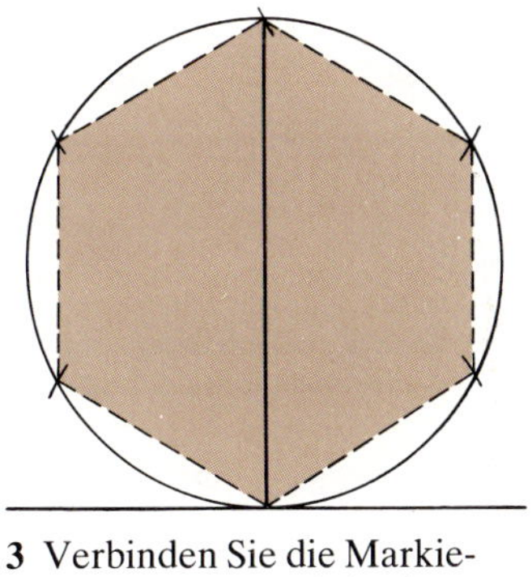

3 Verbinden Sie die Markierungspunkte. Damit ist das Sechseck vollständig.

Fünfecke

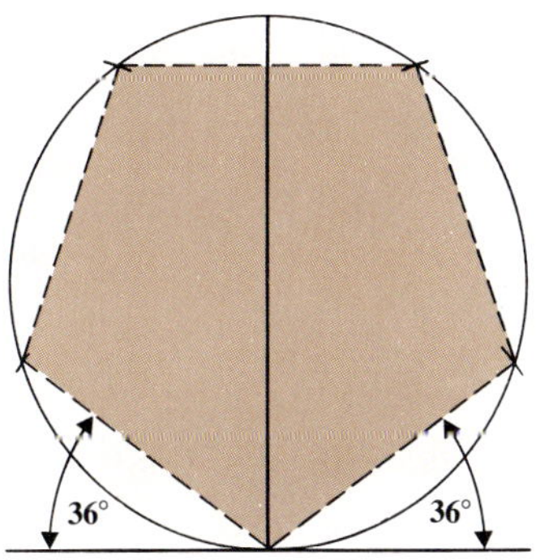

Zeichnen Sie von der Grundlinie eines Kreises aus einen Winkel von 36°. Die Strecke zwischen der Grundlinie und dem Schnittpunkt des Winkels mit dem Kreis ist die erste Seitenlinie des Fünfecks. Messen Sie diesen Abstand mit den Zirkelspitzen ab und übertragen Sie die Strecke rings um den Kreis. Gehen Sie dabei vor wie beim Sechseck beschrieben. Wenn Sie zum Schluß sämtliche Schnittpunkte verbinden, erhalten Sie das Fünfeck. Patchwork aus Fünfecken muß mit der Hand genäht werden.

Achtecke

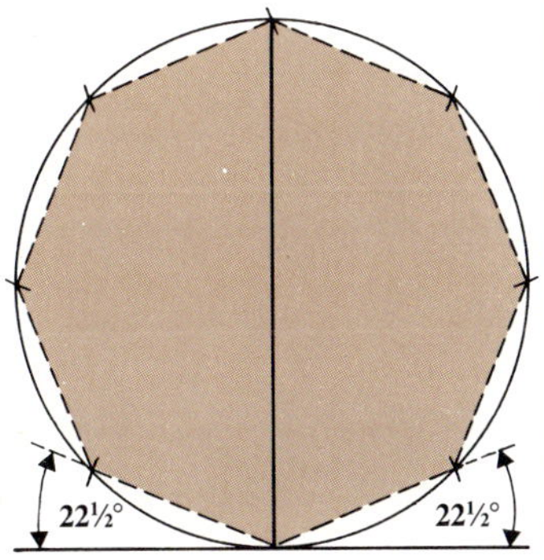

Zeichnen Sie von der Grundlinie eines Kreises aus einen Winkel von 22½°. So erhalten Sie eine Seite des Achtecks. Markieren Sie die weiteren Eckpunkte wie beim Sechseck beschrieben und verbinden Sie sie zum fertigen Achteck.

Trapeze

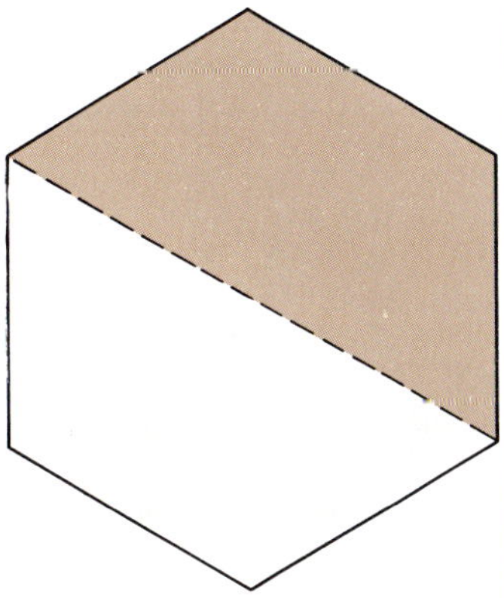

Verbinden Sie die gegenüberliegenden Ecken eines Sechsecks.

Rauten und gleichseitige Dreiecke

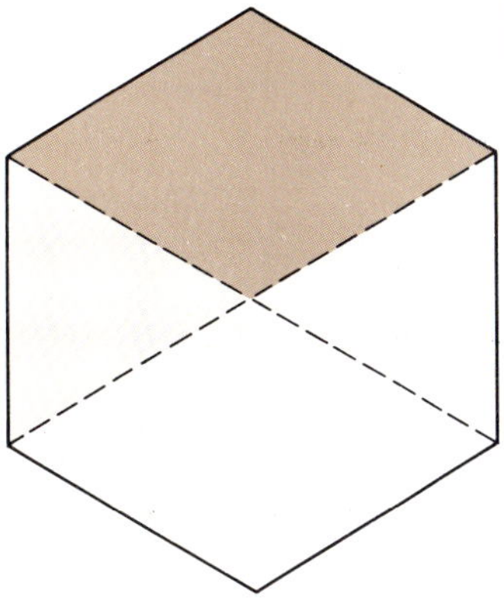

Zeichnen Sie zwei Diagonale durch ein Sechseck.

Rauten im Würfel

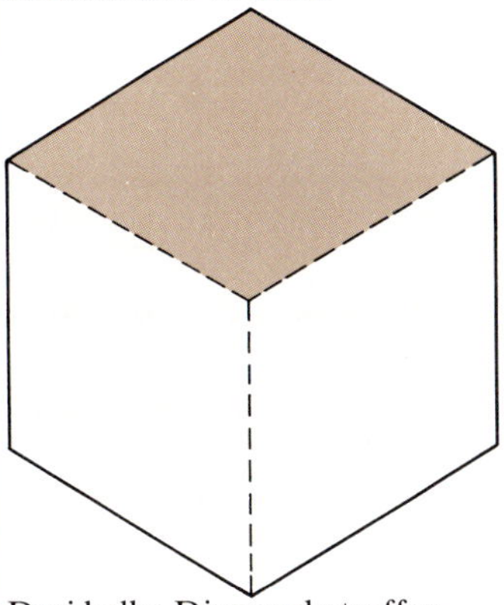

Drei halbe Diagonale treffen sich im Mittelpunkt.

Rauten für einen sechszackigen Stern

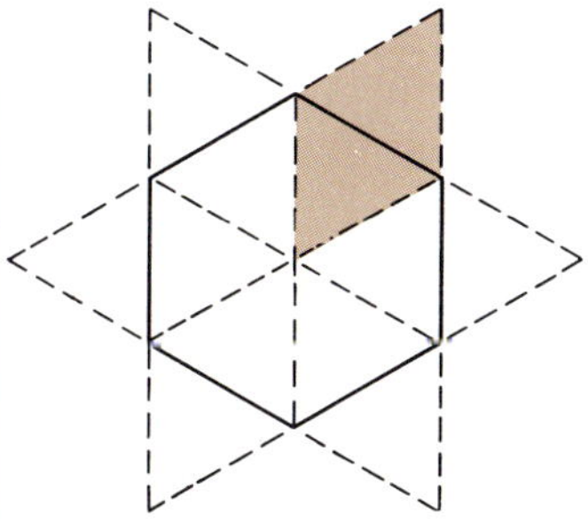

Wenn Sie sechs solcher Rauten, wie sie links beschrieben sind, mit den Spitzen zur Mitte hin zusammenlegen, erhalten Sie einen sechszackigen Stern. Dieser läßt sich durch das Anfügen weiterer Rauten beliebig vergrößern; einen Vorschlag dazu finden Sie auf S. II/98. Die Kombination des Sterns mit würfelartig angeordneten Rauten ergibt verblüffende räumliche Effekte. Für den achtzackigen „Stern von Bethlehem" von der Seite gegenüber benötigt man schmalere Rauten.

Rauten für einen achtzackigen Stern

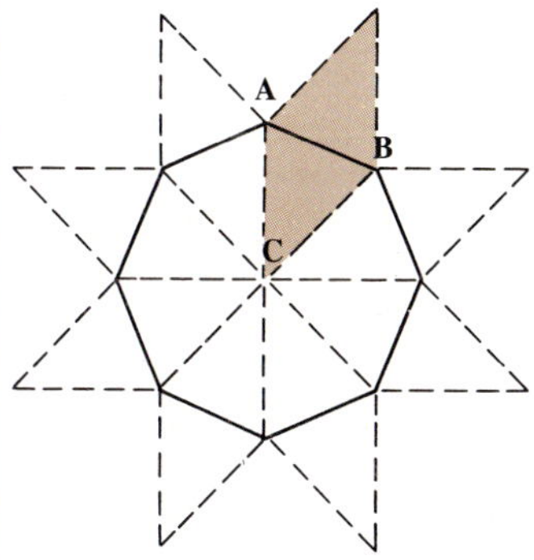

Markieren Sie in einem Achteck die Punkte A, B und C. Sie begrenzen die Hälfte der Raute. Schlagen Sie von A und B aus Kreise mit dem Radius AC. Der Schnittpunkt der beiden Kreise vervollständigt die Raute.

Die schönsten alten Patchworkdecken

Von diesen herrlichen alten Stücken, die in der Farb- und Formgebung oft überraschend modern anmuten, läßt sich manches für eigene Entwürfe abschauen. Die Decke rechts beweist, daß auch großflächigere Muster aus einfachen Formen sehr anziehend wirken können, wenn die Farben geschickt zusammengestellt sind. Die meisten Decken wurden mit einer warmen Einlage gefüttert und von Hand gesteppt. An den beiden Dekken unten auf der rechten Seite lassen sich die kunstvollen Steppmuster gut erkennen.

Englische Arbeit aus Brokat- und Samtflicken, die zum Teil bestickt sind (18. Jahrhundert)

Decke im Schuppenmuster (18. Jahrhundert). Die Flicken sind innerhalb der Einzelblöcke symmetrisch angeordnet

Decke für ein Pfostenbett (frühes 19. Jahrhundert). Die Baumwollstoffe stammen aus Indien

„Crazy Patchwork" aus Amerika (19. Jahrhundert)
Unregelmäßige Vielecke aus leuchtenden Seidenstoffen sind zu einer sehr lebhaft wirkenden Decke zusammengesetzt

Englische Militärdecke (Mitte 19. Jahrhundert)
Beim Militär behielt Patchwork seine ursprüngliche Funktion: die der Resteverwertung. Die Decken aus alten Uniformen und Stoffresten wurden oft von den Soldaten selbst genäht

Stepparbeit der „Amish people" (19. Jahrhundert)
Die Arbeiten dieser religiösen Gemeinschaft zeichnen sich durch klare, kräftige Farben aus. Der Reiz dieser Decke liegt vor allem in den kunstvollen Steppmustern

Armeedecke aus einfarbigen Wollstoffen (19. Jahrhundert), in Indien hergestellt

Englische Arbeit aus Baumwollstoffen (19. Jahrhundert). Beachten Sie die reiche Stepperei

Schablonen in allen Formen

Daß Patchworkmuster häufig aus Dreiecken, Rechtecken und Quadraten bestehen, soll Sie nicht davon abhalten, auch mit anderen, komplizierteren Formen zu experimentieren – für Geübte eine reizvolle Aufgabe!

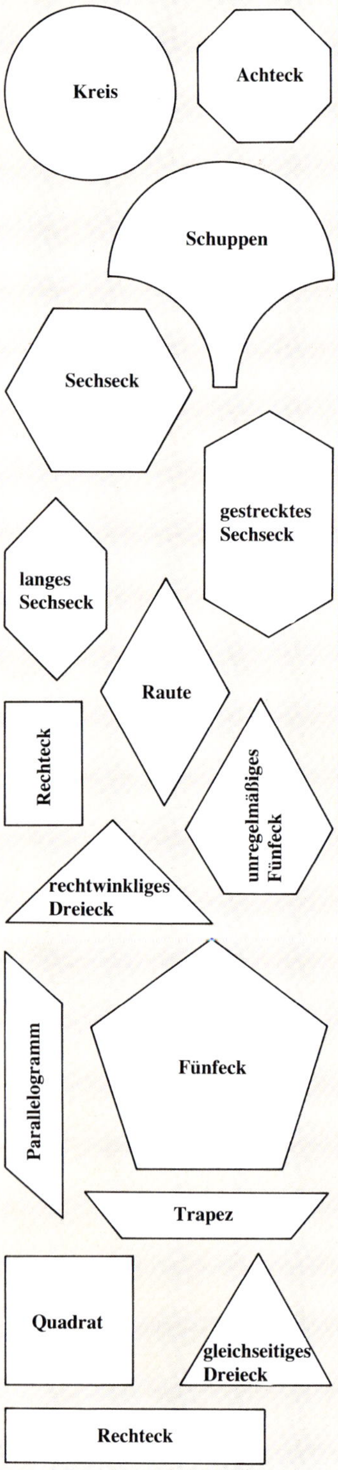

Das Zuschneiden und Vorbereiten der Flicken

Das Zuschneiden

Markieren Sie die Schnittlinien mit Schablonen, in deren Größe 7 mm Nahtzugabe enthalten sind. Mit Rahmenschablonen können Sie auch die Nahtlinien einzeichnen.

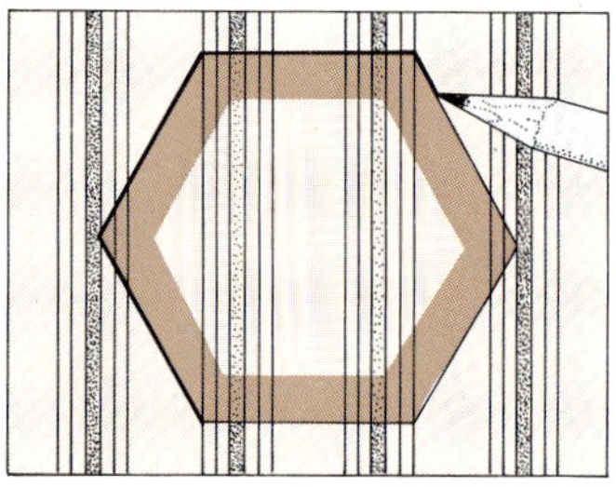

1 Bei dünnerem, nicht rutschendem Stoff können Sie mehrere Lagen gleichzeitig zuschneiden. Achten Sie beim Auflegen der Schablonen darauf, daß der Fadenlauf oder die Musterung immer in derselben Richtung liegt.

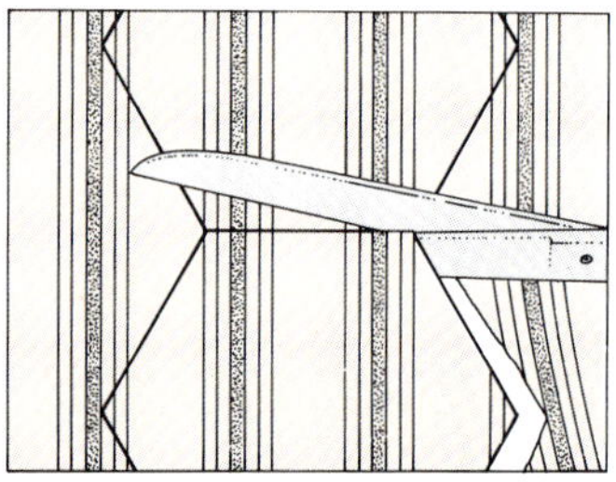

2 Nach dem Ausschneiden sollten Sie die Flicken nach Farbe und Form ordnen.

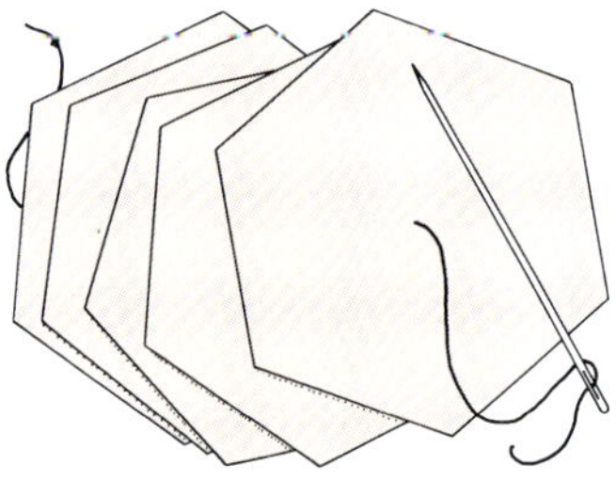

3 Am übersichtlichsten ist es, wenn Sie die Flickengruppen getrennt auffädeln. Auf diese Weise haben Sie während der Arbeit schnell den richtigen Flicken zur Hand. Bewahren Sie den Stoff in Kartons oder Tüten auf, damit er nicht verstaubt. Schneiden Sie ruhig ein paar Flicken mehr zu – dann ist bei Pannen vorgesorgt.

Das Versteifen

Komplizierte und runde Formen müssen mit der Hand genäht werden – wie übrigens früher jede Art von Patchwork genäht wurde. Damit das Muster dennoch exakt gearbeitet werden kann, versteift man die Flicken mit Papiereinlagen. Dazu schneidet man Packpapier in der Größe der fertigen Flicken zu und heftet sie auf die linke Seite der Flicken.

Eckige Formen versteifen

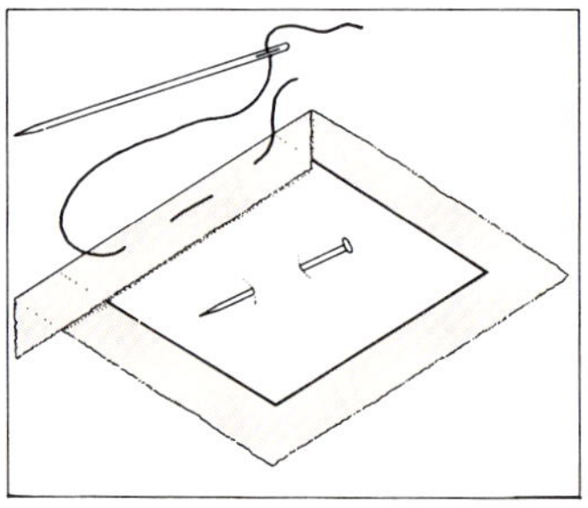

1 Stecken Sie die Einlage auf den Flicken, biegen Sie eine Seite um und heften sie fest.

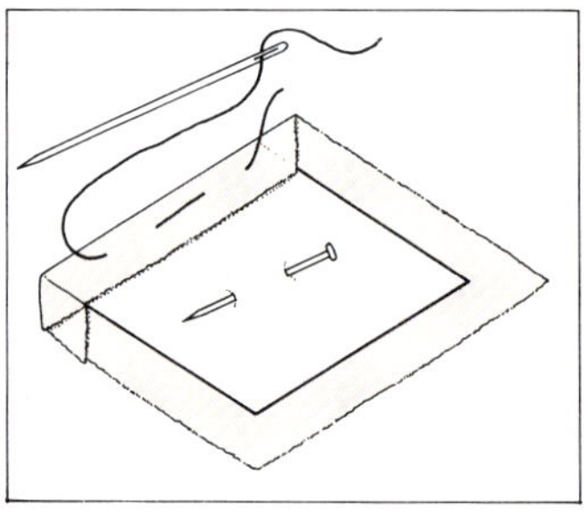

2 Falten Sie die überstehende Spitze der ersten Seite nach innen um.

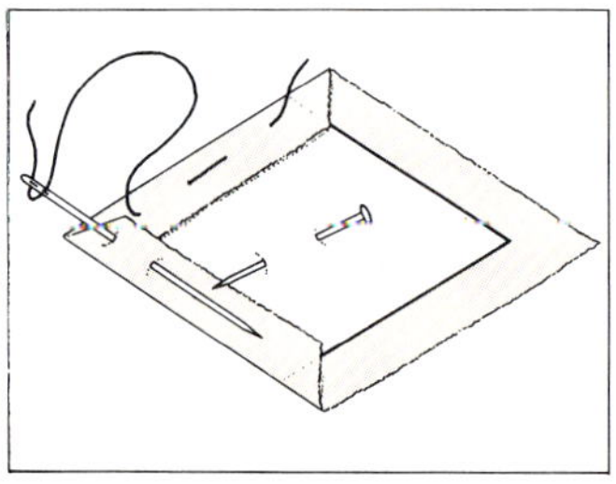

3 Heften Sie die zweite Seite.

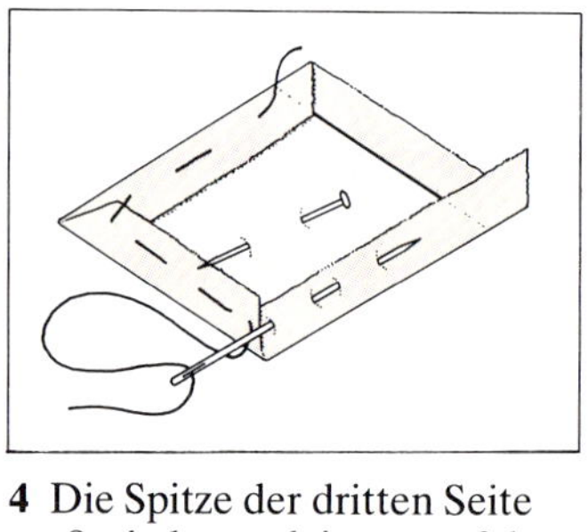

4 Die Spitze der dritten Seite muß wieder nach innen gefaltet werden. Achten Sie darauf, daß saubere Ecken entstehen.

Runde Formen versteifen

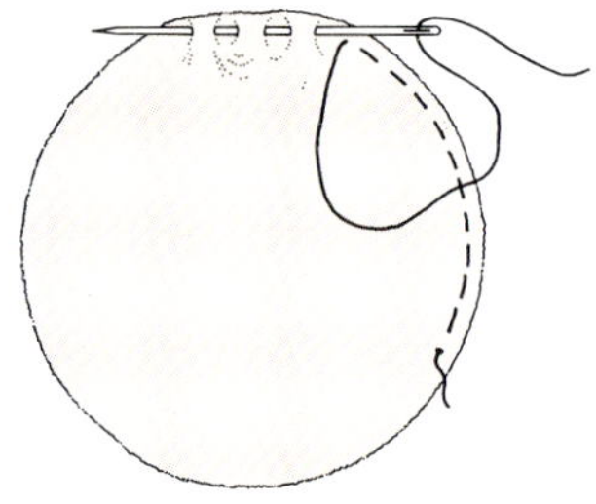

1 Fassen Sie den Flicken knapp vom Rand entfernt mit Vorstichen ein. Lassen Sie den Faden hängen.

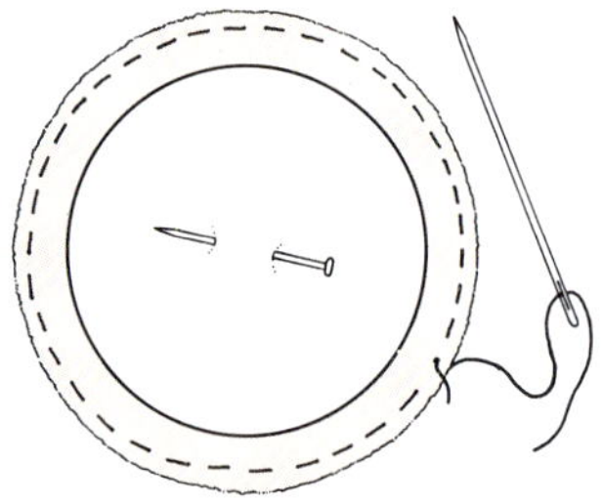

2 Stecken Sie die Einlage fest.

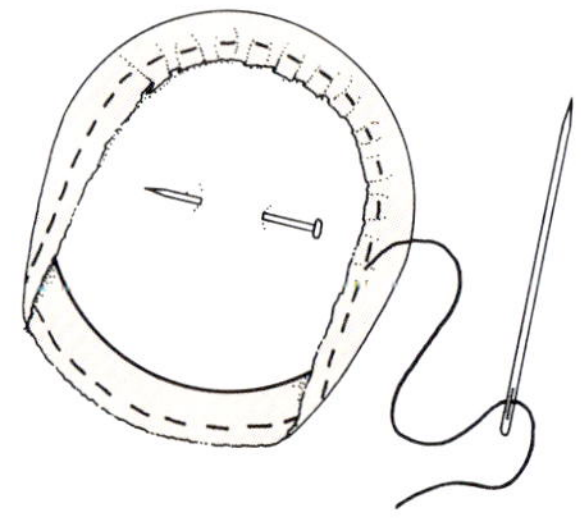

3 Ziehen Sie den Faden an, damit der Stoff über die Einlage gebogen wird.

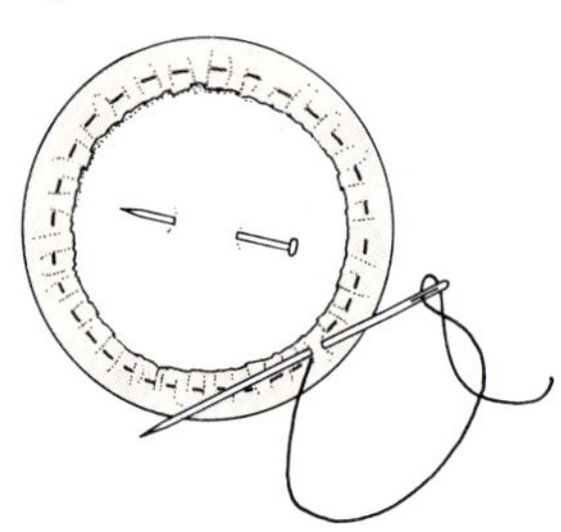

4 Verknoten Sie den Faden und schneiden Sie das Ende ab. Bügeln Sie die Kanten flach.

Zusammennähen mit System

Das Nähen mit der Maschine

Wo immer sich eine Decke nur aus einfachen Formen und geraden Nähten zusammensetzt, sollte man die Nähmaschine benutzen. Dies geht nicht nur schneller, die Nähte werden auch exakter und haltbarer. Selbst komplizierte Muster bestehen oft nur aus Blöcken mit geradlinigen Nähten.

Und so wird's gemacht

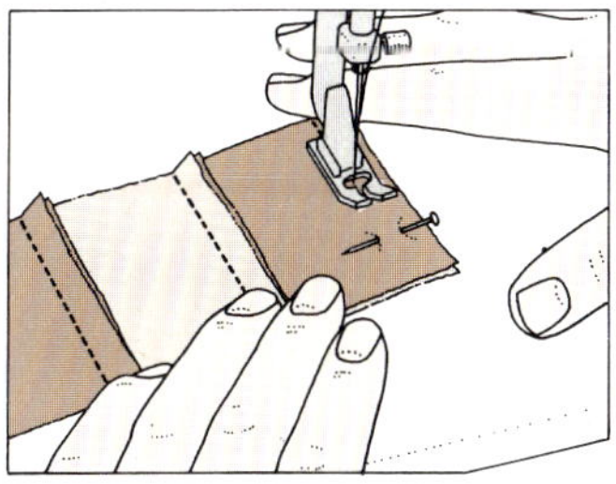

1 Flicken in Musterfolge zusammenstecken und zu Reihen verbinden.

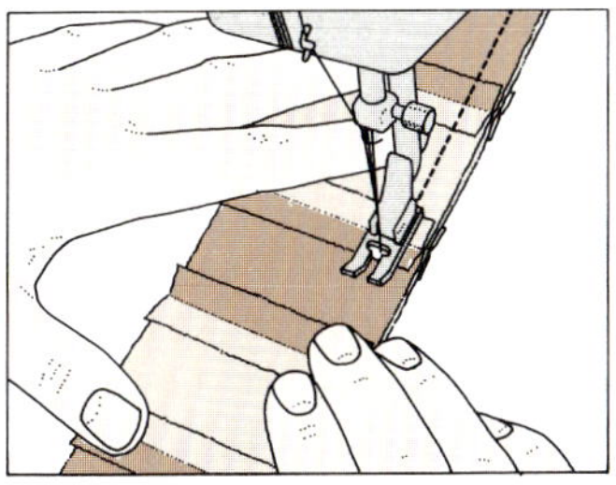

2 Nähte flachbügeln und die Reihen zu den nächstgrößeren Einheiten zusammennähen. Immer 7 mm von der Schnittkante entfernt nähen!

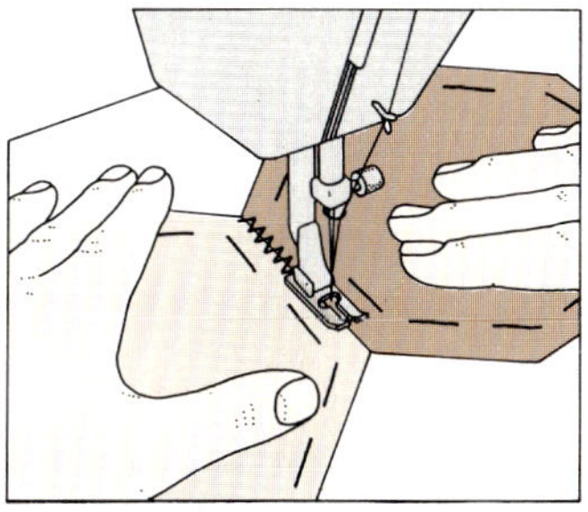

Papierunterlegte, geradkantige Flicken (siehe linke Seite) können durch Zickzackstich verbunden werden. Allerdings sind dann die Nähte sichtbar und müssen in die Musterung eingeplant werden.

Das Nähen mit der Hand

Sie wissen bereits, daß das Nähen mit der Hand eine etwas aufwendige Vorbereitung verlangt, da die Flicken mit Papiereinlagen versteift werden sollten (siehe linke Seite). Wenn sich ein Muster nicht nur aus Dreiecken, Quadraten und Rechtecken zusammensetzt, ist das Nähen mit der Hand fast unvermeidlich. Deshalb sollten Sie aber nicht auf kompliziertere Formen verzichten! Nach etwas Übung werden Sie rascher vorankommen, als Sie glauben. Die Technik ist ganz einfach: Legen Sie die Flicken mit den Kanten aneinander und nähen Sie die Teile mit kleinen überwendlichen Stichen zusammen. Fassen Sie dabei möglichst wenig Stoff und verwenden Sie dünne Nadeln und feinen Faden, dann fallen die Stiche wenig auf.

Auf die Reihenfolge kommt es an

Gleichgültig, ob Sie mit der Hand oder mit der Maschine nähen – legen Sie vorher in einer Skizze der ganzen Arbeit fest, in welcher Reihenfolge die Flicken zusammengenäht werden. Betrachten Sie aufmerksam alle in diesem Kapitel abgebildeten Decken. Nur selten sind sie in einem Stück gearbeitet. Meist bestehen sie aus langen Reihen oder aus quadratischen, selbst wieder untergliederten Blöcken, die erst zum Schluß zusammengenäht werden. Setzen Sie sich ein Ziel, wie viel Sie in einer Woche schaffen: zwei Blöcke oder Reihen, vielleicht sogar mehr?

Reihen

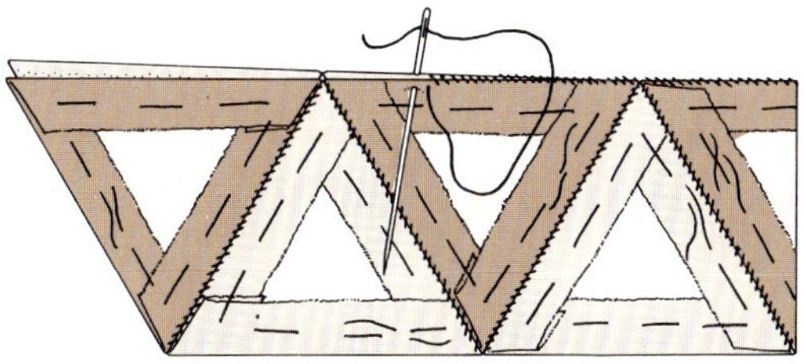

So verbinden Sie Dreiecke

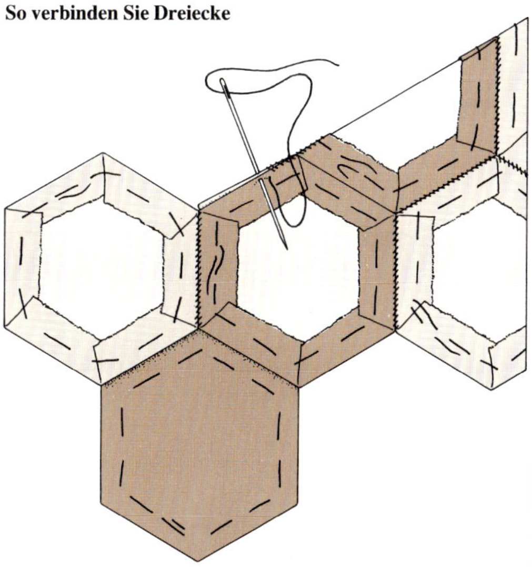

So verbinden Sie Sechsecke

Blöcke

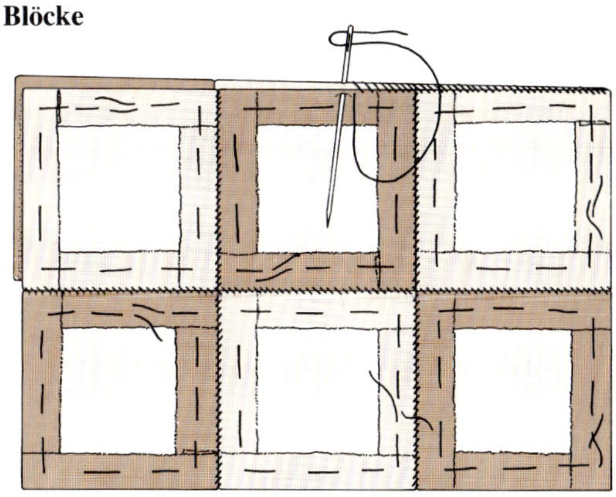

Hier wurden neun Quadrate erst zu drei Reihen, diese dann zu einem Block zusammengenäht.

Das Füttern

Durch das Futter wird die fertige Arbeit gleichzeitig versäubert und verstärkt. Dazwischen kann man eine wärmende Einlage einnähen. Um zu verhindern, daß die Lagen verrutschen, sollte man die Stoffe in gleichmäßigen Abständen mit einem starken Faden zusammenknoten oder durch kleine Knöpfe sichern.

Und so wird's gemacht

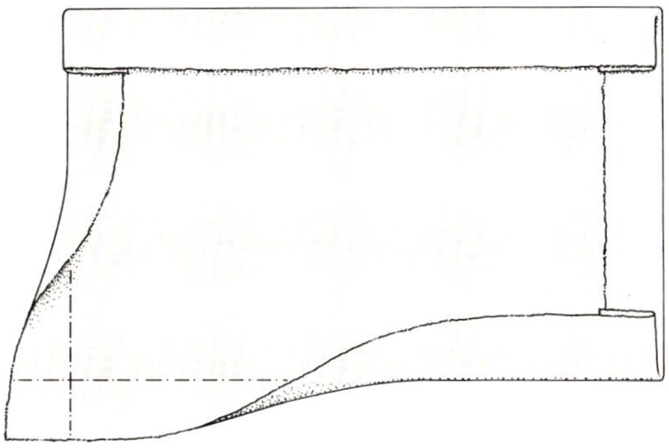

1 Schneiden Sie den Futterstoff nach der Größe der Patchworkarbeit zu. Bügeln Sie die Nahtzugabe um und legen Sie das Futter mit der rechten Seite nach unten auf eine flache Unterlage.

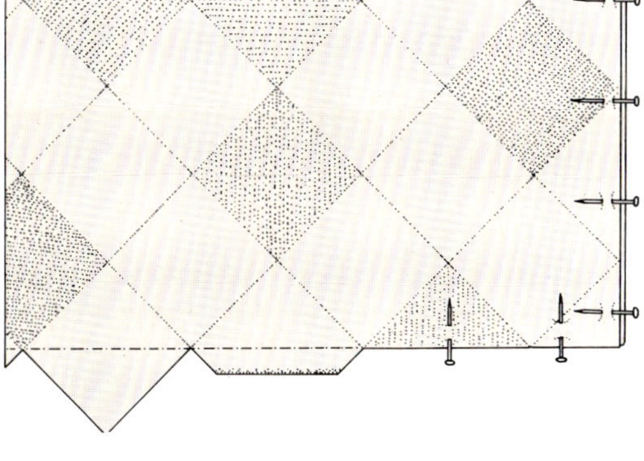

2 Stecken Sie die Patchworkarbeit mit untergeschlagenen Kanten auf dem Futter fest und nähen Sie die Stoffe zusammen.

Bauen Sie Blockhütten!

Nicht umsonst ist bei traditionellen Patchworkarbeiten das Blockhüttenmuster so beliebt: Mit ihm lassen sich die verschiedensten Licht- und Schatteneffekte erzielen. Auch aus den kleinsten Stoffresten lassen sich noch die schmalen Streifen zurechtschneiden, die man zum Aufbau eines Musterquadrats benötigt. Damit die gewünschte Wirkung zustande kommt, muß man den Stoff in drei deutlich voneinander abgegrenzte Farbgruppen aufteilen: Zwei Seiten des Quadrats sind dunkel, zwei hell und das Mittelfeld sollte immer denselben, neutralen Farbton aufweisen. Rot symbolisierte dabei die Feuerstelle.

Blockhütten-Schema; siehe S. II/92

Ananasmuster

Ähnlich wie das Blockhüttenmuster entsteht das Ananasmuster: Ein quadratischer Mittelflicken wird mit schmalen Stoffstreifen umrundet. Die letzte Runde eines Ananasblocks wird mit einem Dreieck zu einem Quadrat vervollständigt. Arbeiten Sie jede Runde aus vier gleichgemusterten Streifen.

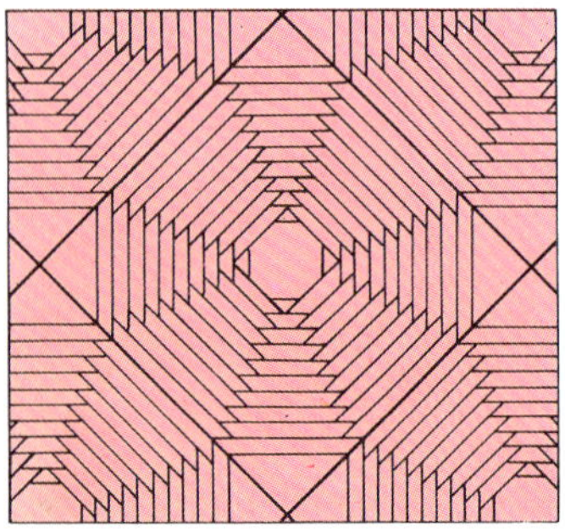

Ananas-Schema; siehe S. II/93

Amerikanische Patchworkdecke im Blockhüttenmuster (1880). Verwendet wurde meist einfarbiger Stoff

Amerikanische Patchworkdecke im Ananasmuster (Mitte 19. Jahrhundert). Wie beim Blockhüttenmuster wechseln helle und dunkle Streifen

Blockhütten-Patchwork, zu Diagonalen angeordnet

Blockhütten-Patchwork in nur zwei Farbtönen

Hier wechseln helle und dunkle Quadrate und Dreiecke

Der richtige Rahmen für Ihre Arbeit

Sie können Ihre Patchworkarbeit mit einer breiten oder schmalen, einfarbigen oder gemusterten Borte einfassen. Unten finden Sie dazu einige Vorschläge. Planen Sie die Borte von Anfang an mit ein, wenn Sie die Größe und Anzahl der Musterblöcke berechnen. Fortlaufende Bordüren verlangen ein spezielles, quadratisches Eckmotiv; jeder Musterblock ist dafür geeignet.

Patchwork mit Tradition: Schuppenmuster

Das Schuppenmuster, wie es auf der Decke von S. II/86 zu sehen ist, muß mit der Hand gearbeitet werden. Es besteht aus lauter gleichen Flicken, die nach einer Schablone in der Form eines Halbkreises, der in einen Stiel ausläuft, zugeschnitten werden. Nach dem Zusammennähen sind die Stiele verdeckt. Wenn man die einzelnen Flicken mit einer Stoffeinlage füttert, bleiben sie beim Nähen besser in Form. Will man sich diese Mühe nicht machen, schneidet man nur einige Papiereinlagen zu (siehe S. II/88). Man arbeitet das Muster entweder in langen Reihen oder in Blöcken, die auf die Spitze gestellt sind.

Flicken mit Stoffeinlage

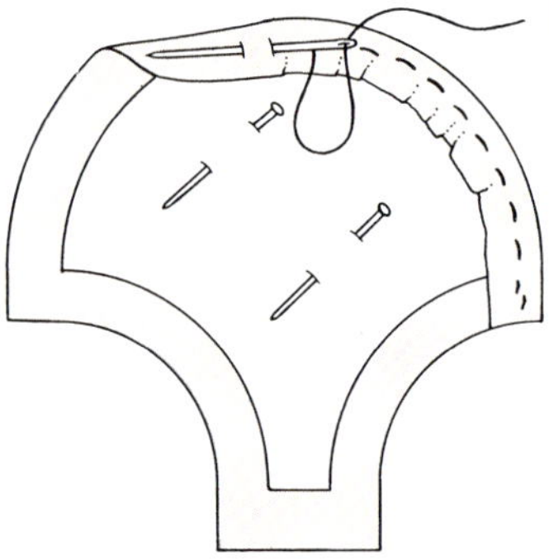

Einlage, am besten aus Nessel, auf die Rückseite des Flikkens stecken. Die runde Kante darüberheften.

Flicken ohne Stoffeinlage

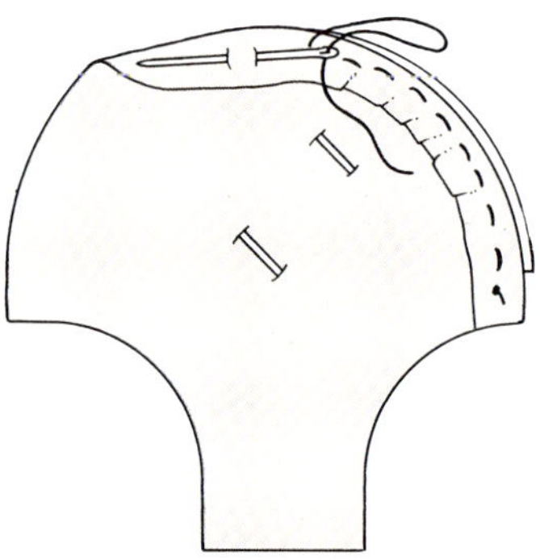

Papiereinlage auf die Vorderseite des Flickens stecken. Falten Sie die runde Kante entlang der Papierkante nach hinten und heften Sie die Nahtzugabe fest. Papier entfernen.

Wie das Schuppenmuster entsteht

Beim Zusammennähen der Schuppen muß man sehr exakt arbeiten, damit die Oberfläche glatt und ebenmäßig wird. Vor dem Zusammennähen sollten Sie die Farbverteilung überlegen. Sie können die Flicken wie unten beschrieben in langen Reihen verbinden oder aber Blöcke herstellen. Die Decke von S. II/86 besteht aus Blöcken von je 49 Flicken; zum Schluß wurden die Blöcke mit Kontrastgarn zusammengefügt.

Und so wird's gemacht

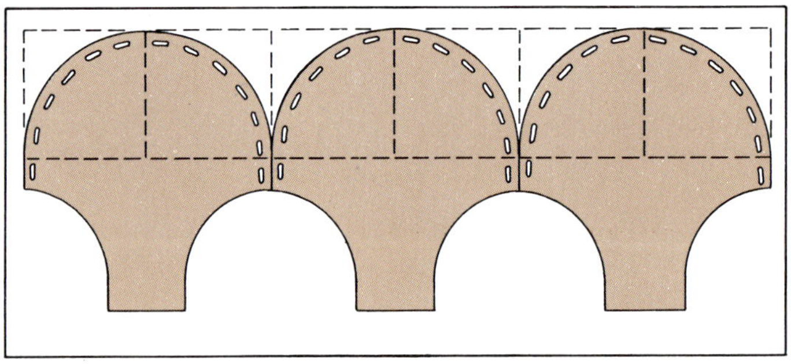

1 Stecken Sie eine Reihe vorbereiteter Flicken auf einer Unterlage, am besten auf einer Korkplatte, mit der rechten Seite nach oben fest.

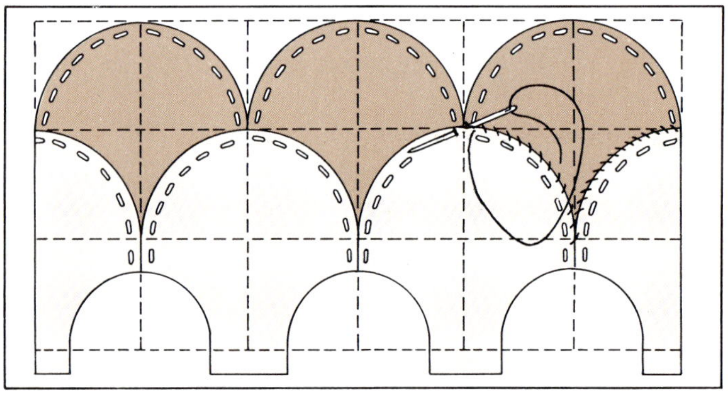

2 Stecken Sie darauf die zweite Reihe so fest, daß sie die erste Reihe überlappt und deren Stiele verdeckt. Nähen Sie nun die zweite Reihe entlang der runden Kanten mit kleinen Saumstichen auf der ersten Reihe fest. Alle folgenden Reihen werden auf die gleiche Weise angefügt. Verwenden Sie am Rand, wo nötig, nur halbe Flicken.

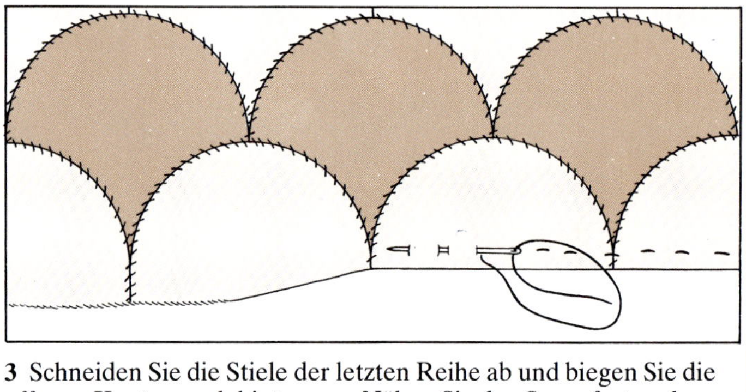

3 Schneiden Sie die Stiele der letzten Reihe ab und biegen Sie die offenen Kanten nach hinten um. Nähen Sie den Saum fest und entfernen Sie alle Heftfäden.

So näht man Blockhütten-Patchwork

Blockhütten-Patchwork wird in quadratischen Blöcken gearbeitet, die je zur Hälfte aus hellen und dunklen Streifen bestehen. Das kleine Mittelquadrat sollte sich farblich von den hellen und dunklen Streifen gleichermaßen abheben. Die Streifen werden im Kreis um dieses Mittelfeld genäht und zurückgefaltet. Bei diesem Muster ist es besonders wichtig, die Nähte sorgfältig auszubügeln. Die fertigen Stükke sollten nur gereinigt, nicht gewaschen werden. Sonst gehen die scharfen Bügelkanten verloren, die nur schwer wieder herzustellen sind.

Die Streifen

Blockhütten-Patchwork gelingt am besten, wenn man die Flikken auf einen Unterstoff näht. Schneiden Sie die Streifen in der doppelten Breite der fertigen Streifen plus 7 mm zu. Außerdem müssen sie 1½ cm länger sein als in der Schablone vorgegeben; die Länge nimmt nach außen hin zu. Am einfachsten ist es, alle Streifen in der größten Länge zuzuschneiden und sie dann während der Arbeit auf die richtige Länge zu bringen. Wie die Streifen zusammengenäht werden, zeigt das Schema unten. Nähen Sie im Uhrzeigersinn.

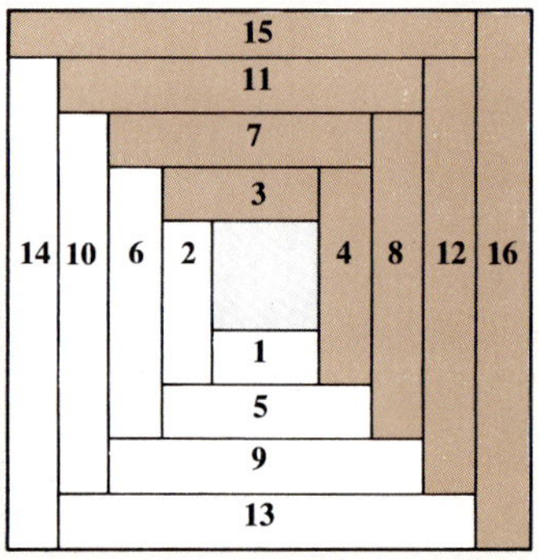

Blockhütten-Schema

Die Blöcke

Die fertigen Blöcke näht man zu Reihen zusammen, die dann zur fertigen Decke verbunden werden. Rechts sehen Sie, wie Sie die Hell-Dunkel-Partien geschickt verteilen können.

Blockhütten-Muster in immer neuen Variationen

Als erstes stellt man eine Schablone in Blockgröße her, an der Länge und Breite der fertigen Streifen abzulesen sind. Danach werden Unterstoff und Streifen zugeschnitten.

Die Schablone

Schneiden Sie aus Karton ein Quadrat in der Größe des fertigen Musterblocks plus ringsum 1½ cm Nahtzugabe zurecht. Zeichnen Sie das Mittelquadrat ein und von diesem aus in gleichmäßigen Abständen immer größer werdende Quadrate. Nun wird der Unterstoff in Schablonengröße zurechtgeschnitten.

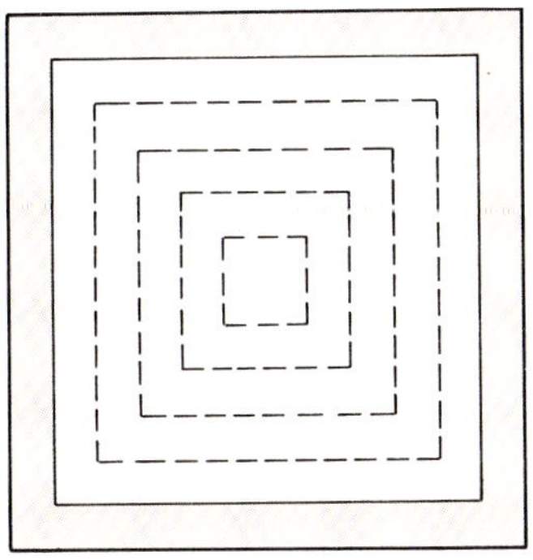

Das Aufnähen der Streifen

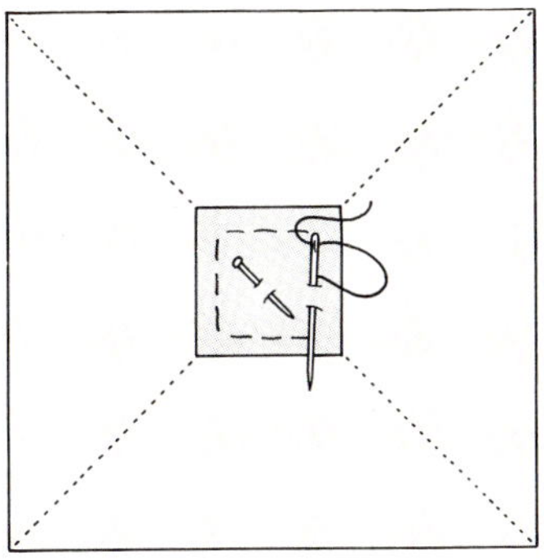

1 Zeichnen Sie auf dem Unterstoff die Diagonalen ein. Die Ecken zweier aneinanderstoßender Streifen müssen später genau auf diesen Diagonalen liegen. Schneiden Sie das Mittelquadrat mit 7 mm Nahtzugabe zu und nähen Sie es mit der rechten Seite nach oben auf.

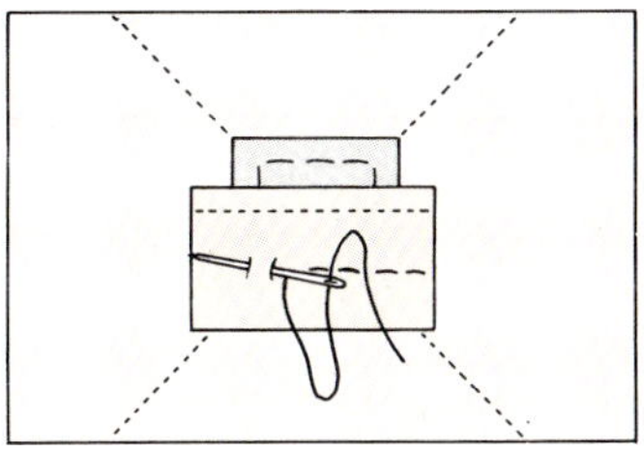

2 Schneiden Sie nun die vorbereiteten Streifen für die erste Runde so zu, daß sie an beiden Enden 7 mm über die Schablone hinausragen. Nähen Sie den ersten Streifen mit der rechten Seite nach unten auf das Mittelquadrat. Die Nahtzugabe nach unten soll genauso breit sein wie der fertige Streifen.

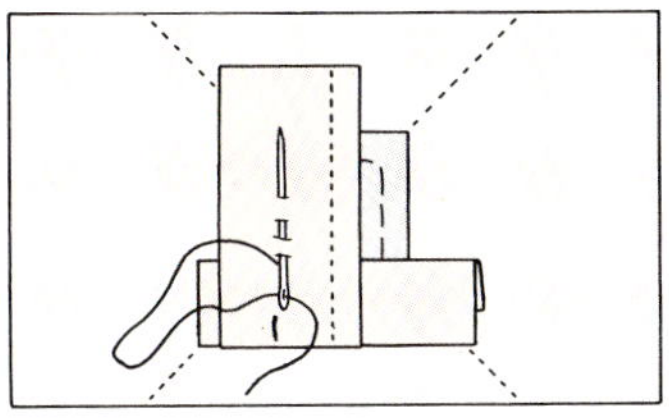

3 Falten Sie den ersten Streifen zurück und befestigen Sie den zweiten genauso.

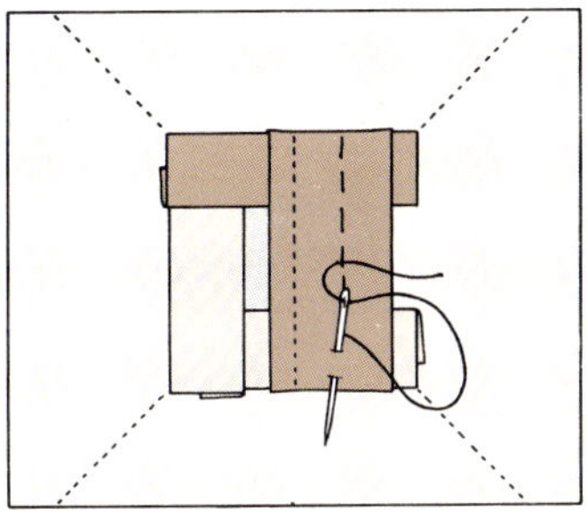

4 Beenden Sie die Runde in der gewünschten Farbverteilung.

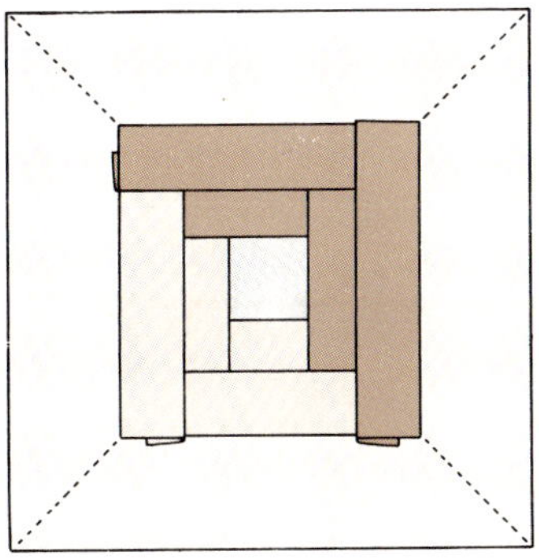

5 Die nächsten Runden werden so aufgenäht, daß sie die vorangehenden Runden um 7 mm überlappen. Bügeln Sie nach jeder Runde die Nähte sorgfältig aus.

Hell-Dunkel-Effekte

Mit den hellen und dunklen Seiten der Blöcke lassen sich verschiedene Muster bilden.

Auf der Spitze stehende Quadrate

Zickzack

Windmühlen

Rauten

Schrägstreifen

Muster-Variationen

Verteilt man die hellen und dunklen Streifen so, daß sie einander gegenüberliegen, erhält man das Treppenmuster. Arbeitet man mit vier Schattierungen derselben Farbe, wirkt das Muster räumlich (siehe Abbildungen unten).

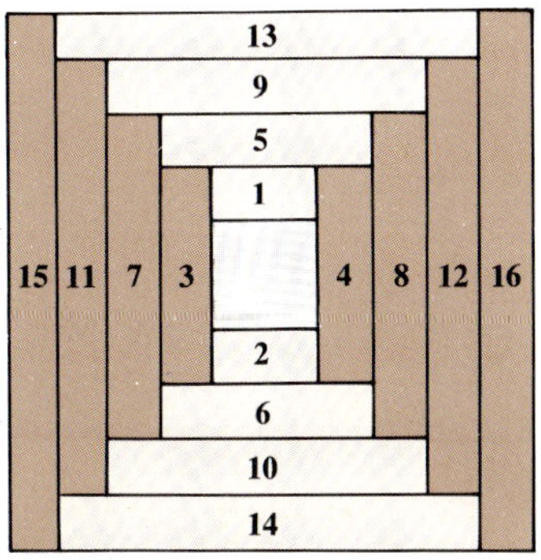

Treppen-Schema

Räumliches Muster aus vier Farbtönen

Das Ananas-Muster

Für dieses attraktive, strahlenförmige Muster, das Sie schon von der Abbildung auf S. II/90 kennen, wird das Blockhütten-Grundschema wie folgt abgewandelt: Nach jeder Streifenrunde näht man vier Streifen diagonal über die Ecken. Jede Runde sollte aus demselben Stoff bestehen.

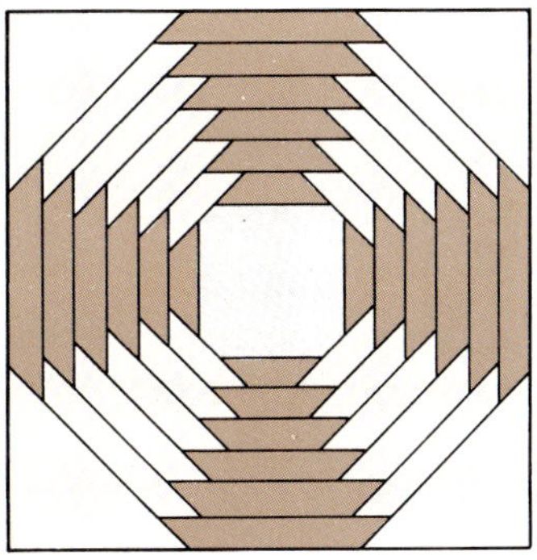

Ananas-Schema

Klare Linien, leuchtende Farben

Die Arbeiten der ,,Amish people" gehören zu den schönsten Beispielen von Patchwork überhaupt. In den Decken spiegelt sich die einfache Lebenshaltung dieser konservativen Sekte wider, die zivilisatorischen Fortschritt und technische Errungenschaften ebenso ablehnt wie Putz und dekoratives Beiwerk. Ihre Angehörigen wanderten im 18. Jahrhundert aus der Schweiz in die USA aus und siedelten vor allem in Pennsylvania. Sie tragen Kleidung aus ungemusterten Baumwoll- oder Leinenstoffen, die teils dunkel, teils aber auch in kräftigen Farben gehalten sind. Aus diesen Materialien bestehen auch ihre Patchworkarbeiten; man kann sie sofort an den streng geometrisch gebauten Mustern erkennen. Der Stil der ,,Amish people", der auf das moderne Design großen Einfluß ausübte, kommt dem heutigen Zeitgeschmack besonders entgegen.

Crazy Patchwork aus Pennsylvania (1920)

,,Stern im Stern" aus Iowa (1935)

,,Sonne und Schatten" aus Pennsylvania (frühes 20. Jahrhundert)

Blockhütten-Patchwork aus Pennsylvania (frühes 20. Jahrhundert)

Sterne im „Crazy Patchwork"-Stil aus Indiana (1929)
Diese Decke besteht aus großen und kleinen Quadraten und aus gleich großen Rauten. Die meisten dieser Rauten wurden aus Crazy Patchwork, das aus unregelmäßigen Formen besteht, zugeschnitten

Scheunenbau
Der Name dieses Musters rührt von dem Brauch her, gemeinschaftlich die Scheune eines Dorfmitglieds aufzubauen

Wieviel Stoff Sie brauchen

Etwas Überraschung ist bei Patchwork immer im Spiel. Dennoch sollten Sie Ihre Entwürfe so genau wie möglich planen. Zeichnen Sie sich zunächst das gesamte Muster in verkleinertem Maßstab auf Karopapier auf; probieren Sie mit Buntstiften verschiedene Farbkombinationen aus.

Die Stoffmenge

Wieviel Stoff Sie benötigen, läßt sich nur annäherungsweise bestimmen. Zur Gesamtfläche der Arbeit müssen Sie mindestens ein Drittel für die Nähte zugeben – je kleiner die Einzelelemente, desto mehr. Teilen Sie die gesamte Stoffmenge durch die Flickengruppen, und zwar nach ihrem Anteil am Muster. Dies alles läßt sich nur ungefähr abschätzen. Falls Sie zu wenig Stoff gekauft haben sollten, können Sie die Arbeit mit einer breiten Randbordüre auf das gewünschte Format vergrößern.

Erst alles zuschneiden

Rechnen Sie anhand Ihrer Musterskizze aus, wie viele Flicken Sie von jeder Gruppe brauchen. Schneiden Sie alle Teile zu, bevor Sie zu nähen beginnen – nur so können Sie sicher sein, daß der Stoff wirklich ausreicht und nicht zum Schluß etwas fehlt.

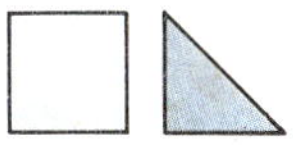

Abwandlung des Scheunenbau-Motivs
Dieses Muster, das so kompliziert aussieht, besteht nur aus hellen und dunklen Quadraten und rechtwinkligen Dreiecken – also aus vier Gruppen verschiedener Flicken

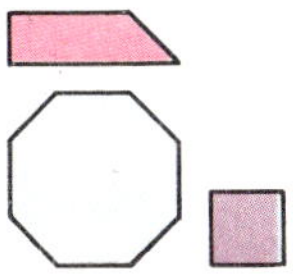

Holländische Fliesen
Achtecke, Quadrate und einseitige Trapeze in vier Farbtönen sind an diesem Muster beteiligt. Auch hier haben Sie vier Flickengruppen

Muster zum Aussuchen

Viele der traditionellen Patchworkmuster, von denen Sie hier eine kleine Auswahl sehen, tragen recht amüsante Namen. Wenn Sie eines davon nacharbeiten wollen, stellen Sie zunächst fest, wie viele Schablonen Sie dafür brauchen, und überlegen dann, wie man die Teile am besten zusammensetzt. Als Beispiel das erste Muster, die „Vögel in der Luft“: Nähen Sie erst die kleinen Dreiecke zusammen. Verbinden Sie das helle und das weiße Dreieck zu einem Quadrat, an das Sie die dunklen Dreiecke anfügen. Zuletzt wird das große Dreieck angenäht. Auch komplizierte Muster lassen sich auf diese Weise aufbauen.

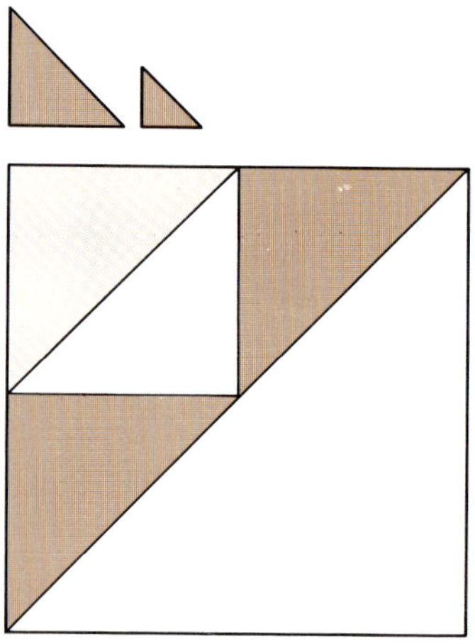
Vögel in der Luft

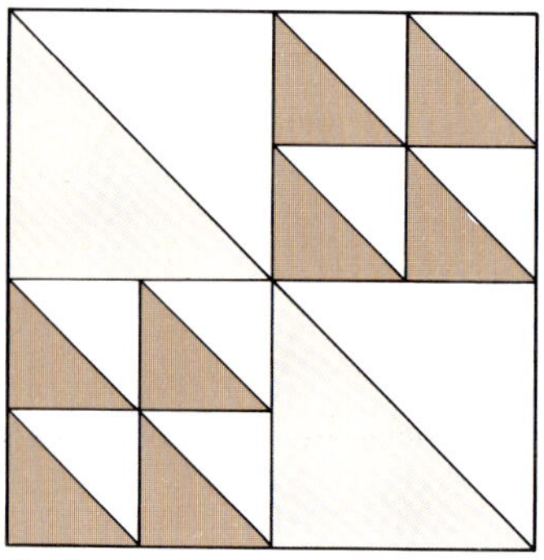
Herde

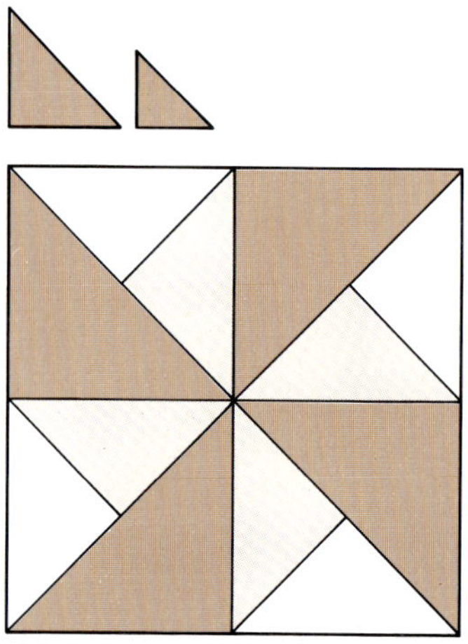
Holländische Windmühle

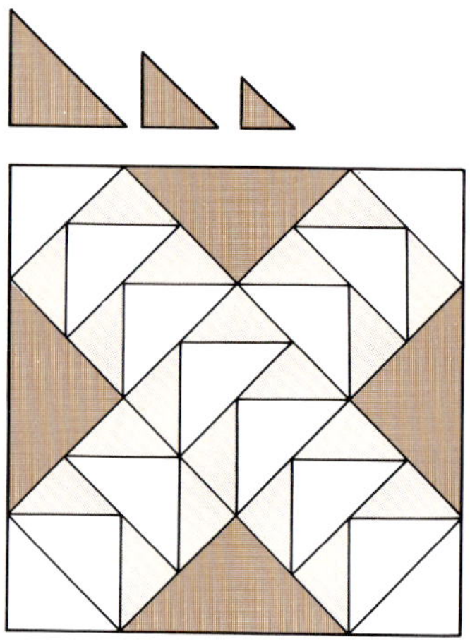
Eisenbahnkreuzung

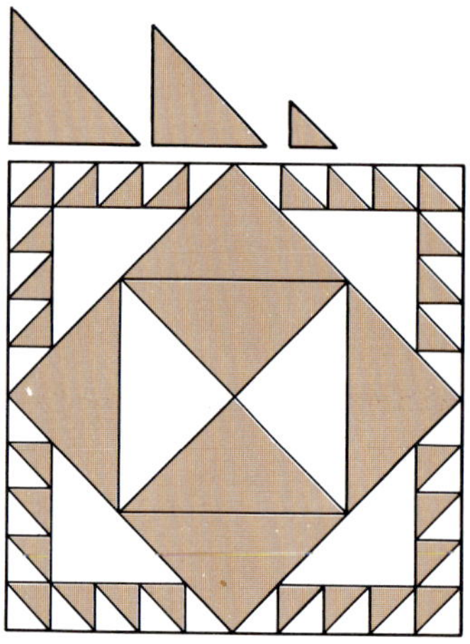
Sanduhr

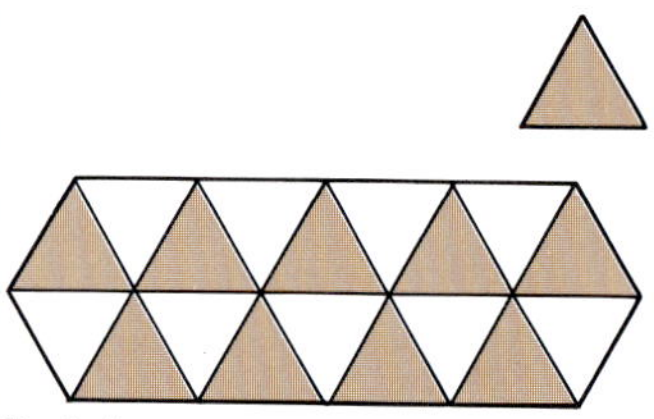
Dreiecke

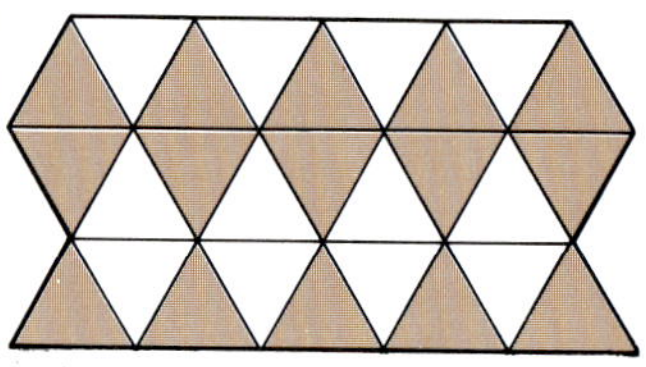
Dreiecke in Rautenanordnung

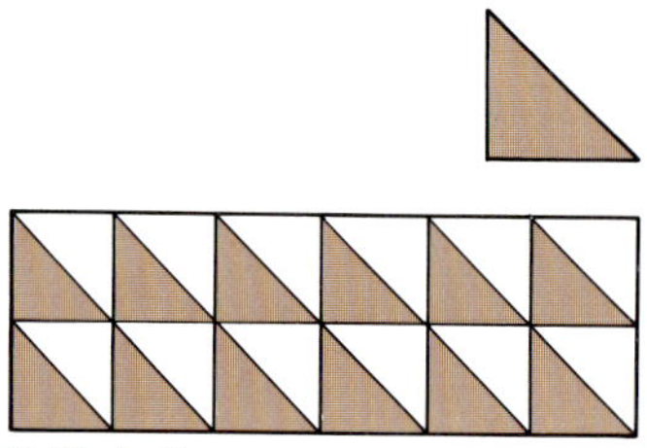
Haifischzähne

Windmühle

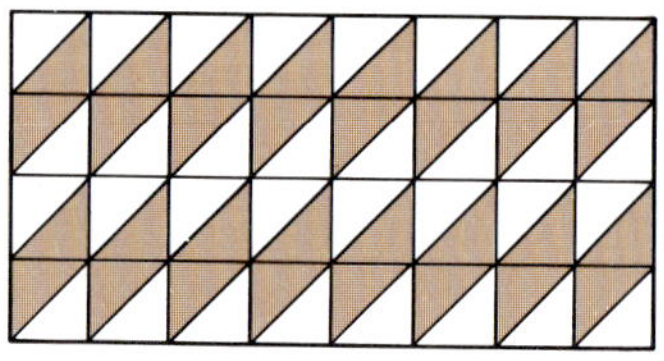
Parallelogramme aus Dreiecken

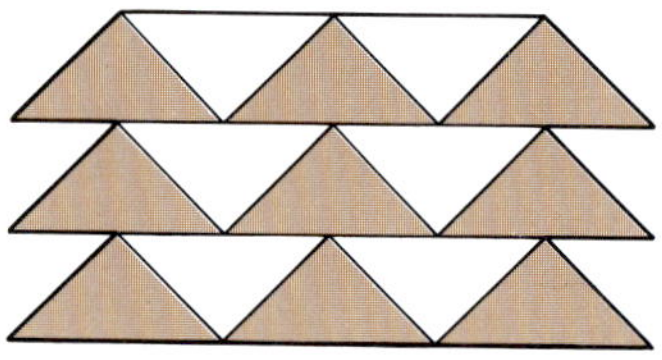
Fliegende Gänse

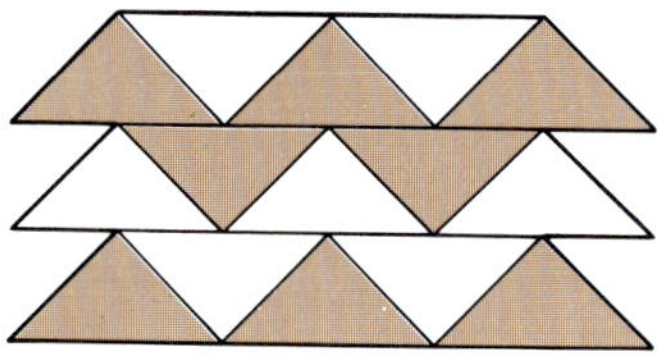
Zickzack

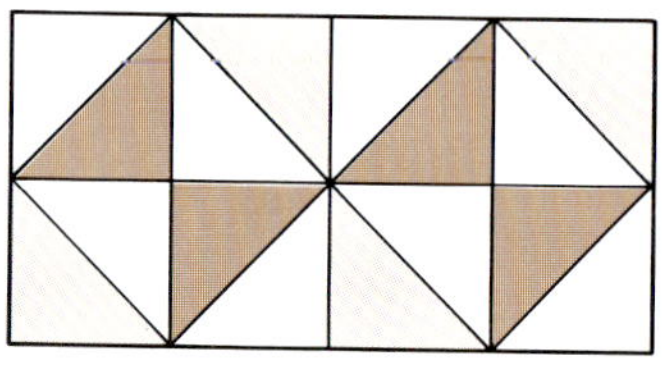
Zerbrochene Teller

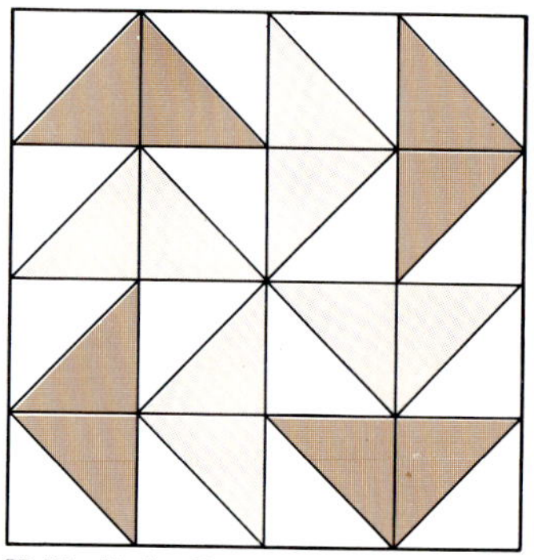
Holländisches Puzzle

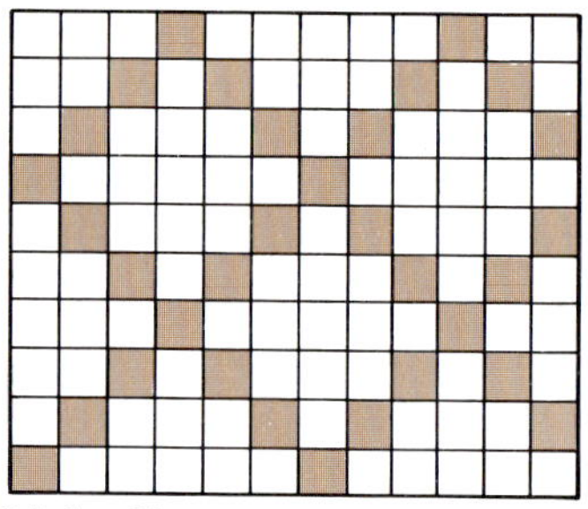
Irisches Gitter

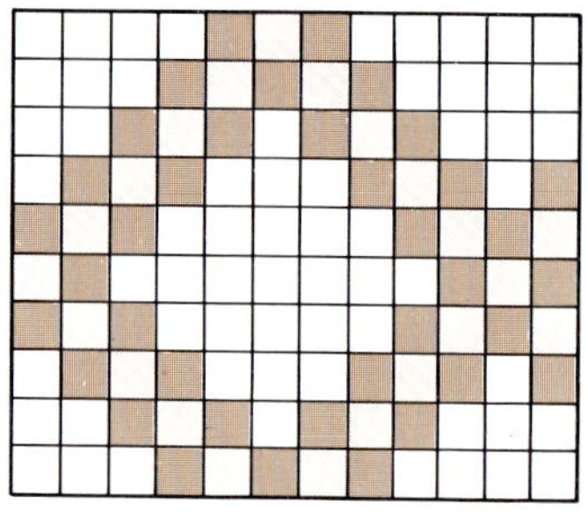
Irisches Doppelgitter

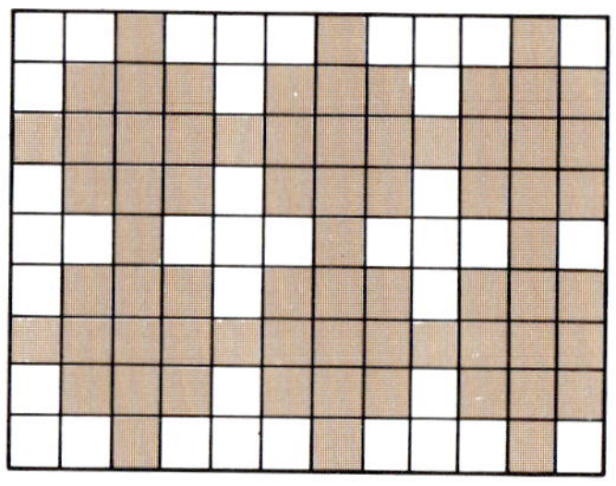
Rauten aus Quadraten

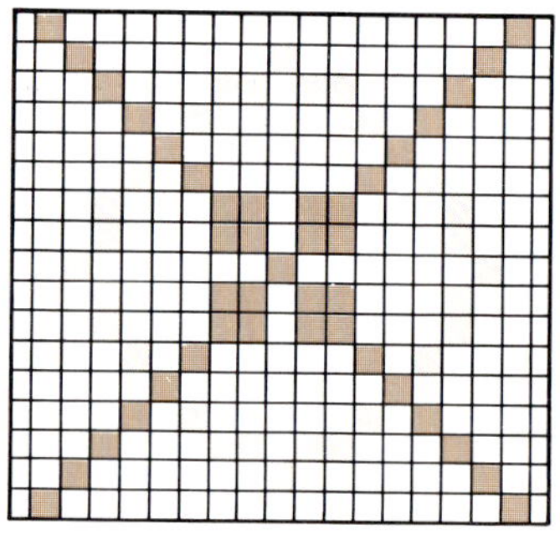
Eingeschlossenes Kreuz

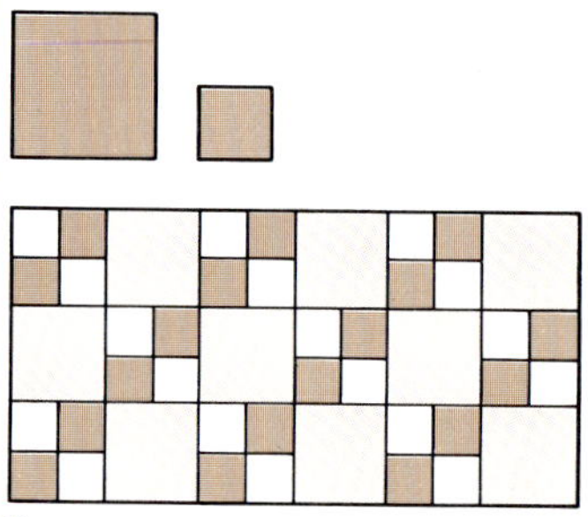
Treppen

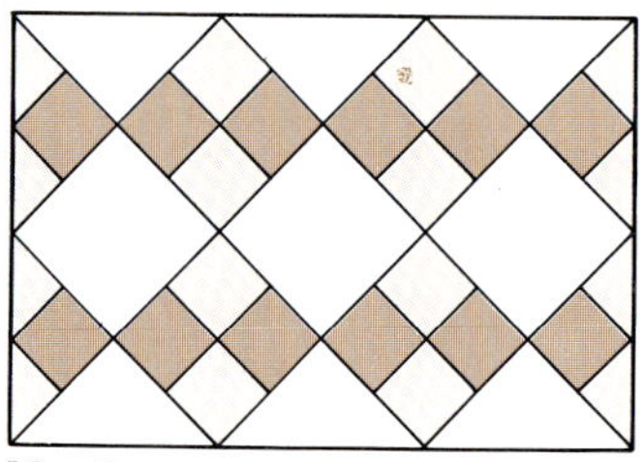
Mosaik

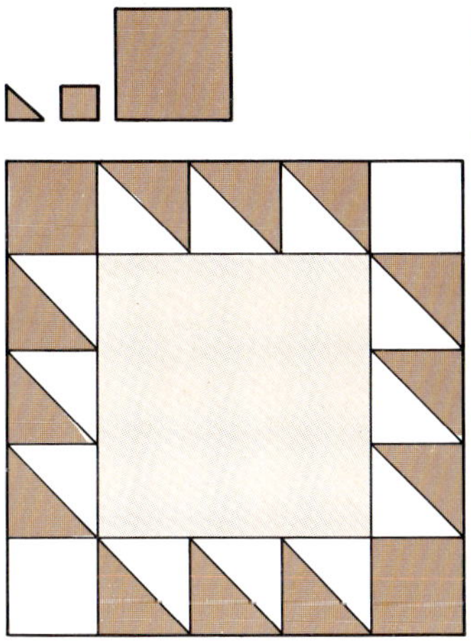
Sägezähne

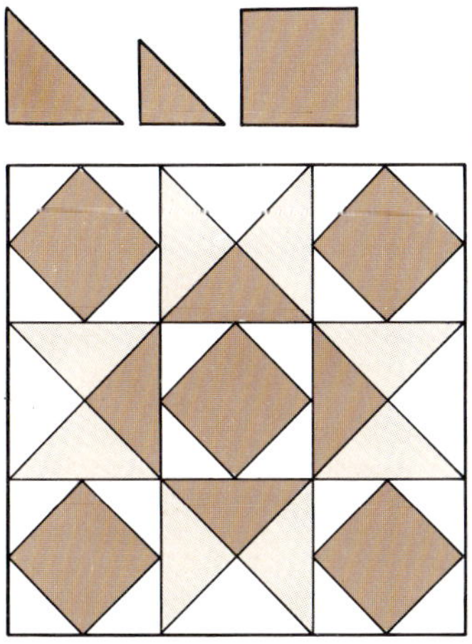
Würfel und Sterne

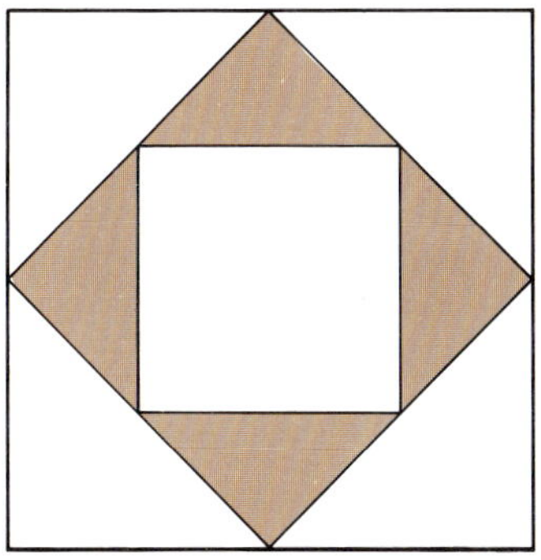
Pflasterstein

Pflasterblock

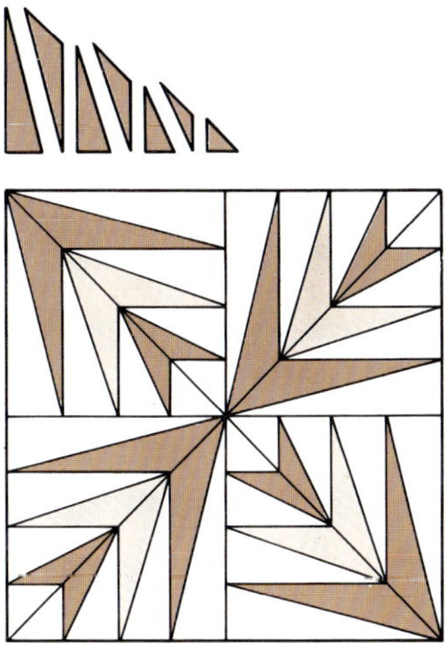
Palmwedel

Kreis von Georgetown

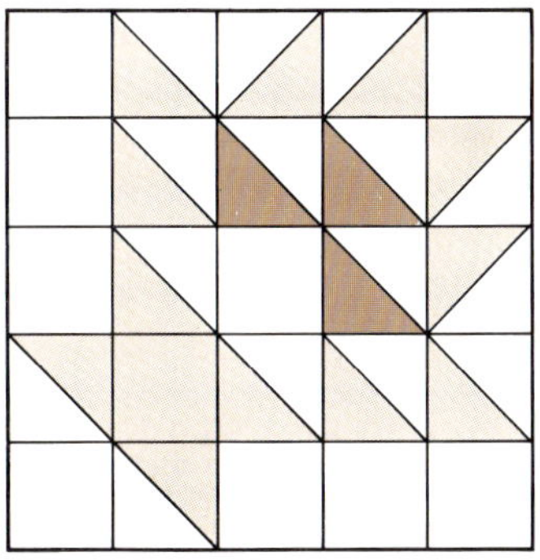
Früchtekorb

Schachbrett im Stern

Kreuz und Krone

Großmutters Lieblingsstück

Domino

Sonnenrad

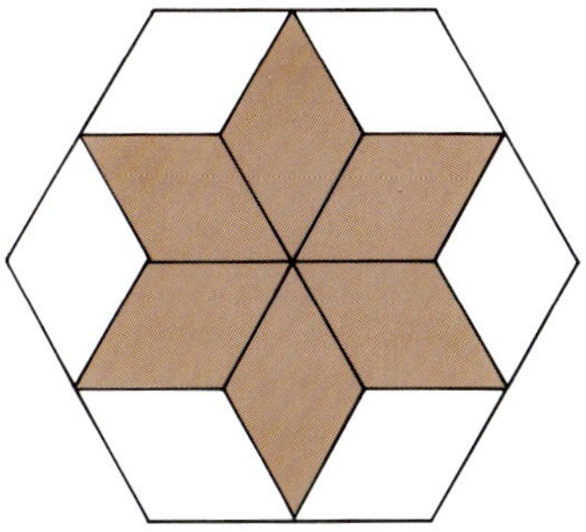
Rautenstern

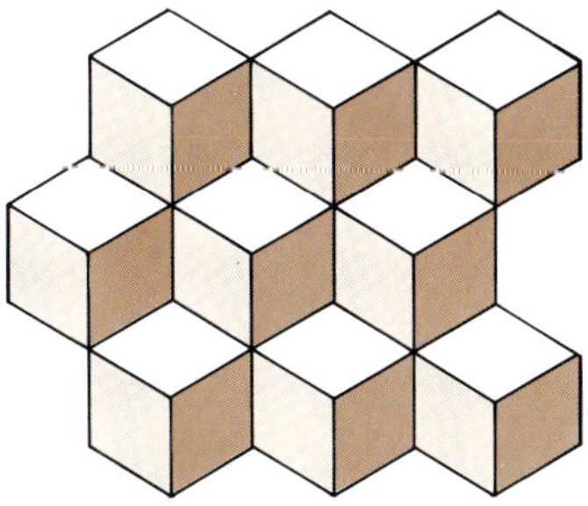
Fallende Würfel

Stern und Würfel

Morgenstern

Seesturm

Hier beginnt man in der Mitte

Wer im Patchwork schon geübt ist, das Nähen mit der Hand nicht scheut und gern einmal ein besonders raffiniertes Stück arbeiten möchte, der sollte sich an diese Technik heranwagen.

Und so wird's gemacht

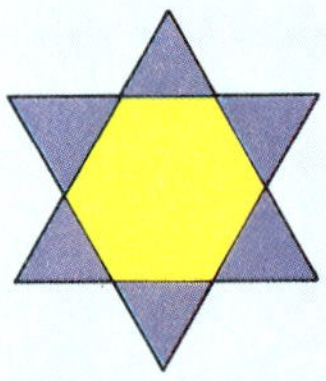

1 Den Ausgangspunkt bildet ein Medaillon oder ein Stern, der aus einem Sechseck und Dreiecken oder aus Rauten besteht.

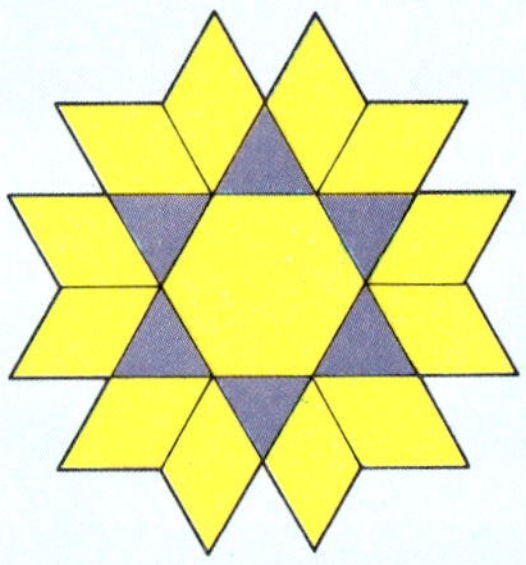

2 Setzen Sie die Flicken Runde für Runde an. Als Zentrum für den Stern von Bethlehem (S. II/84) und für das Sonnenrad (S. II/97) dient ein achteckiger Stern.

3 Zum Schluß kann die Arbeit mit quergestellten oder halbierten Rauten zum Sechs- oder Achteck ergänzt werden.

Ausschnitt aus dem Mittelfeld mit Stern der Decke rechts

Patchwork in der Runde

Sechseckiges Patchwork
Für diese Arbeit wurden bedruckte Stoffe nicht willkürlich zerschnitten, sondern so, daß sich die Muster der einzelnen Flicken zu Rosetten oder Girlanden ordnen. Die Farbfolge ist sehr regelmäßig

Englische Arbeit mit dem Muster der „Fallenden Würfel" (spätes 18. Jahrhundert)
Ein optisches Verwirrspiel bietet diese aus glänzenden Seidenstoffen genähte Decke. Die helle, „beleuchtete" Würfelseite wechselt in jedem Segment die Lage. Im Mittelfeld erscheint die dunkle Kontur eines Sechsecks; bei genauerem Hinsehen entdeckt man in jedem Segment einen Stern. An den Ecken wurde die rundgearbeitete Decke zu einem Quadrat vervollständigt

Farben und Muster

Vier Dinge entscheiden über die Wirkung einer Patchworkarbeit: die Struktur des Stoffs, seine Musterung, die Form der Flicken und die Farbe, die fast immer die wichtigste Rolle spielt. Damit das Patchwork-Muster gut zur Geltung kommt, müssen die einzelnen Flikken deutlich voneinander abgegrenzt sein. Bei der unten auf der linken Seite abgebildeten Decke trägt das Material, glänzende Seide, erheblich zur Attraktivität des Stückes bei. Wie die Musterung des Stoffs einbezogen werden kann, hat die sechseckige Decke darüber gezeigt. Die Lebhaftigkeit der Decke rechts erklärt sich aus den kräftigen, kontrastreichen Farben, der Formenvielfalt und aus der Verwendung gemusterter und einfarbiger Stoffe nebeneinander. Die Decken darunter sind nur aus einfarbigen Stoffen – einmal in hellen, einmal in gedämpften Tönen – gearbeitet und zeichnen sich durch klare, strenge Muster aus.
Bei Mustern aus vielen gleichen Teilen wie z. B. bei der Rautendecke links unten lassen sich auch kleine Stoffreste gut verwerten.

Auch diese Decke wurde – nach Art des Blockhüttenmusters – in der Runde gearbeitet

Die einzelnen Blöcke dieses Musters aus Karos und Sternen wurden nicht direkt aneinandergesetzt, sondern durch Kontraststreifen getrennt

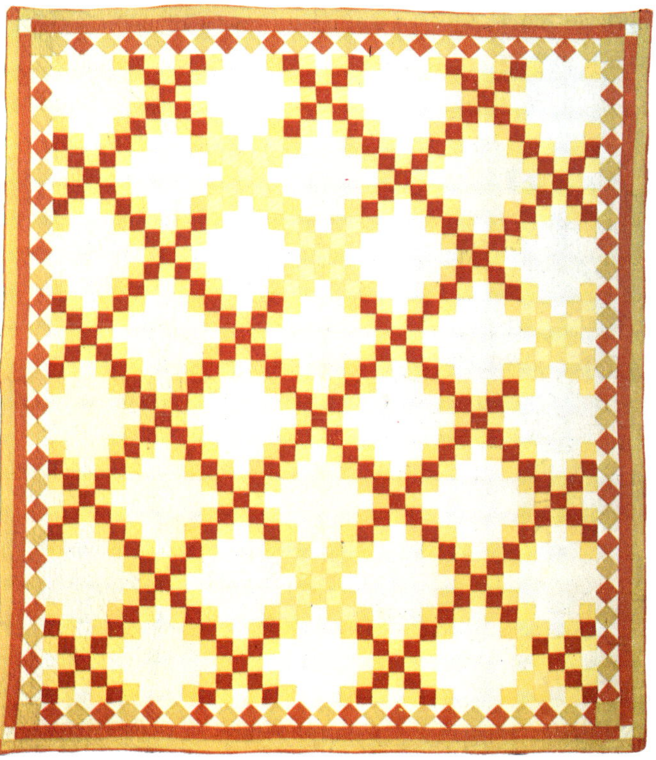

Das Musterschema für das irische Doppelgitter ist auf S. II/96 abgebildet. Als einzige Schablone benötigt man ein kleines Quadrat

Einführung in die Ziersteppereì

Zum Patchwork gehört auch die schöne Technik der Ziersteppereì. Die meisten Patchworkdecken wurden nämlich mit einer warmen Einlage gefüttert und kunstvoll abgesteppt, damit die Lagen zusammenhalten. Doch die Ziersteppereì ist es auch wert, als eine eigene Handarbeit für sich allein ausgeübt zu werden.

Das Material

Die Ober- und Unterstoffe sollten weder zu locker oder zu fest gewebt noch zu rutschig sein. Als Futter können Sie bis zu drei Lagen Synthetikvlies oder Baumwolleinlage verwenden – auch alte Decken ohne schadhafte Stellen sind geeignet. Steppen Sie mit normalen Nähnadeln und mit starkem Baumwoll-Nähgarn Nr. 40.

Der Arbeitsgang

Markieren Sie das Muster auf dem Oberstoff (siehe rechte Seite). Um zu verhindern, daß die Stoffe verrutschen, ziehen Sie am besten über die ganze Fläche im Abstand von etwa 10 cm Heftfäden ein. Die kleine Mühe lohnt sich vor allem, wenn Sie keinen speziellen Stepprahmen besitzen und auf einer glatten Oberfläche – möglichst auf dem größten Tisch in Ihrer Wohnung – arbeiten müssen. Rollen Sie die Decke von den beiden Schmalseiten her auf und steppen Sie von der Mitte zum Rand hin.

Die Muster

Als flächenfüllender Hintergrund eignen sich vor allem Zickzacklinien, Rauten, Diagonale und Karos, die zum Teil mit der Maschine genäht werden können. Kompliziertere Formen werden in Vor- oder Rückstichen mit der Hand gesteppt. Ein großer, runder Stickrahmen kann dabei gute Dienste leisten.

Stepperei mit Mittelmotiv
Vor dem geradlinigen Hintergrund der Karos treten die geschwungenen Formen des Zentralmotivs gut hervor. Nach dem Steppen der Umrisse werden die feinen Innenlinien eingefügt

Zwei besonders schöne Beispiele der Ziersteppereì

Flächenstepperei
In diesem Entwurf tritt kein Element besonders hervor. Die grob oder fein gerasterten Linienmuster und die runden Blattmotive sind ausgewogen verteilt

Die drei Techniken der Ziersteppereì

Wattierte Stepperei
Diese Art der Stepperei ist wohl die bekannteste überhaupt. Sie entstand aus der Notwendigkeit, für warme Dekken oder Kleidungsstücke mehrere Stofflagen rutschfest miteinander zu verbinden

Kordelstepperei
Für diese rein dekorative Form der Stepperei wird das Motiv in einer Doppellinie auf zwei Stofflagen aufgestickt. In den so entstandenen Schlauch zieht man eine Kordel ein. Wie's gemacht wird, steht auf S. II/104

Trapunto
Auch hier stickt man die Motivumrisse auf zwei Stofflagen auf. Anschließend wird das Motiv von der Rückseite her mit weichem Einlagematerial gefüllt. Genaueres hierzu finden Sie auf S. II/105

Vorschläge für Steppmuster

Das Markieren

Gerade Stepplinien werden mit Hilfe eines Lineals markiert. Zum Übertragen komplizierter Motive fertigen Sie sich am besten Schablonen in Originalgröße an.

Mit einer Nadel markieren

Dies ist die sauberste Übertragungsmethode. Legen Sie den Oberstoff auf eine Decke und ziehen Sie mit einer Nadel die Stepplinien nach. Halten Sie die Nadel flach und drücken Sie fest auf. Ausrutscher und Fehler können durch Überdämpfen beseitigt werden.

Nachziehen an den Schablonenkanten

Mit Schneiderkreide markieren

Legen Sie den Oberstoff auf eine glatte, harte Unterlage und zeichnen Sie die Stepplinien entlang des Lineals oder der Schablonenkanten auf.

Mit Kohlepapier markieren

Legen Sie Kohlepapier mit der Kohleseite nach unten auf den Stoff und darauf die Motivvorlage. Zeichnen Sie die Stepplinien mit einem Stift oder Kopierrädchen nach.

Details einzeichnen

Zum Schluß tragen Sie in die Umrisse alle feinen Innenlinien des Musters ein.

Umrisse mit Details ausfüllen

Schablonen traditioneller Steppmotive

Je nachdem, wie Sie das „Innenleben" eines Motivs gestalten, können Sie mit derselben Schablone die verschiedensten Muster hervorbringen – von schlicht bis reich ausgeschmückt. Die einzelnen Motive lassen sich auch zu komplexen Gebilden zusammensetzen, die einen prächtigen Blickfang im Mittelpunkt einer Stepparbeit abgeben können. Beispiele dafür finden Sie auf der übernächsten Seite. Stellen Sie sich von den Motiven Pappschablonen in der gewünschten Größe her. Die Restflächen füllt man mit geraden Linien, Karos oder Rauten.

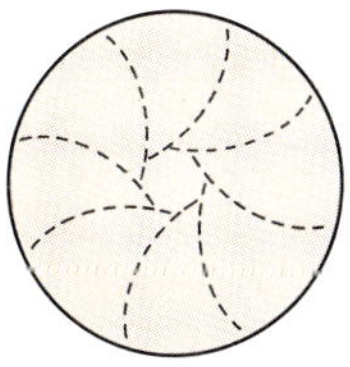

Quirl

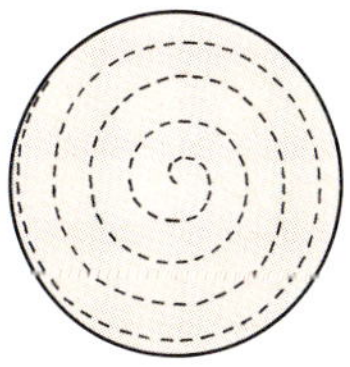

Schnecke

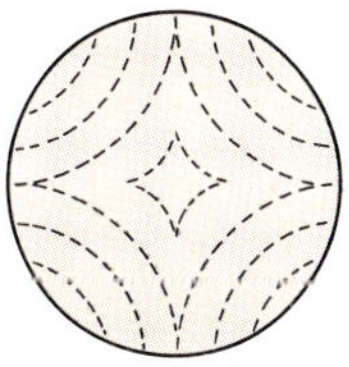

Karokreis

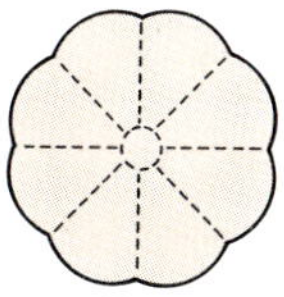

Rose

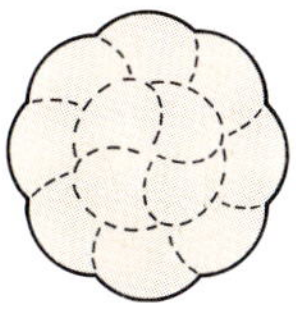

Bögen

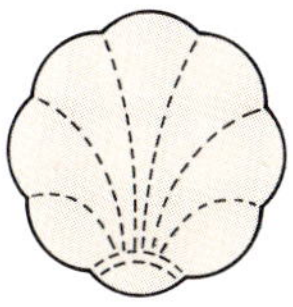

Muschel

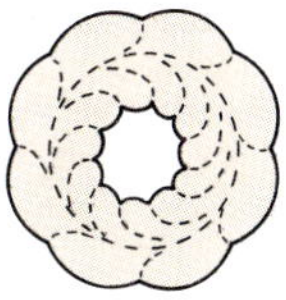

Kranz

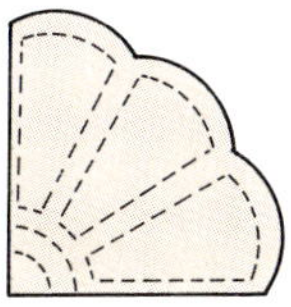

Fächer

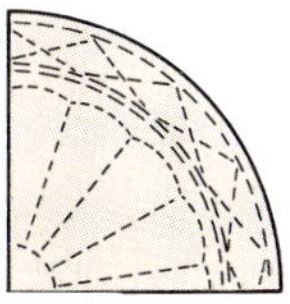

Viertelkreis

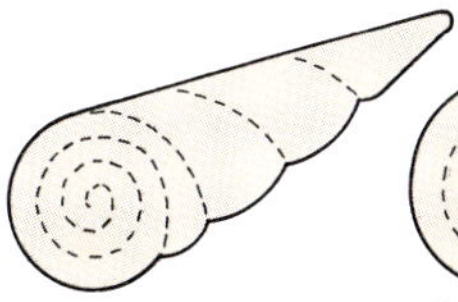

Hörnchen

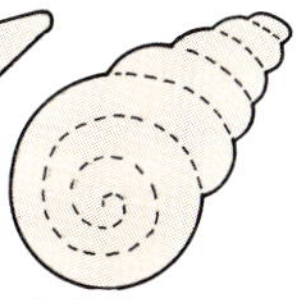

Spirale

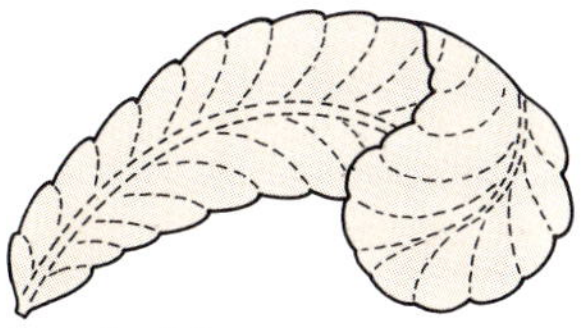

Straußenfeder

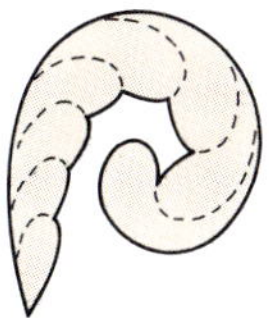

Ringelfeder

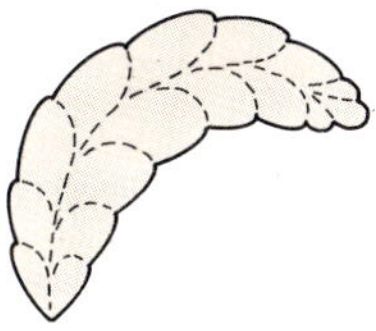

Geschwungene Feder

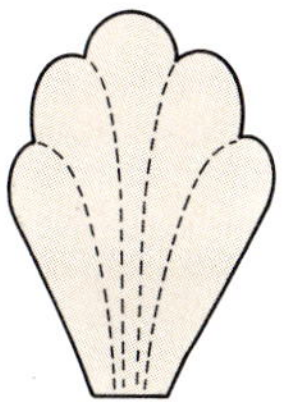

Schlüsselblume

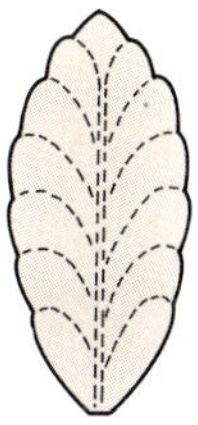

Blatt

Farn

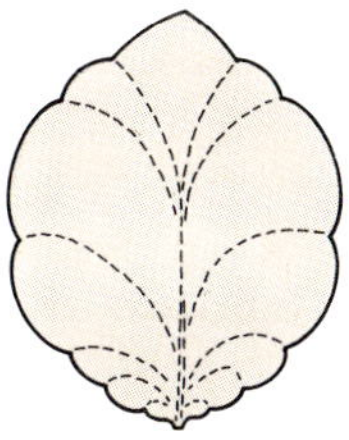

Limone

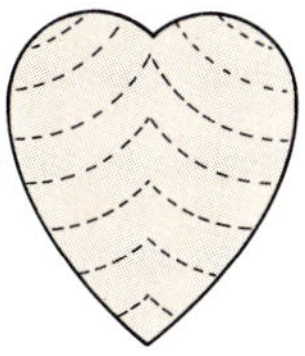

Bogenherz

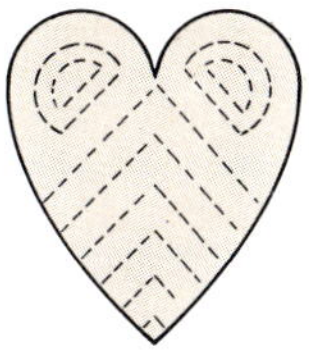

Zickzackherz

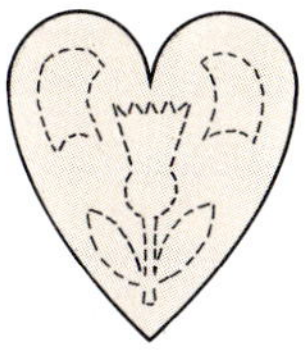

Distel im Herz

Gitterherz

Randbordüren

Arbeiten Sie die Borten fortlaufend oder mit Eckmotiven. So erhält Ihre Stepperei einen hübschen Rahmen.

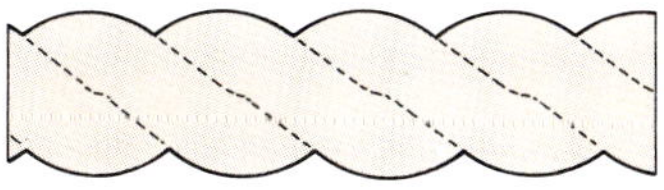

Grobe Kordel

Feine Kordel

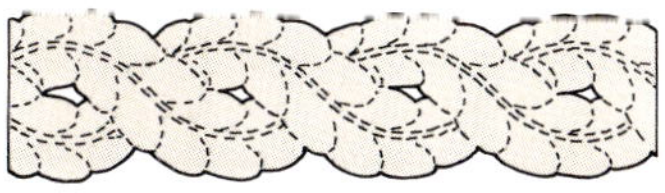

Gedrehte Feder

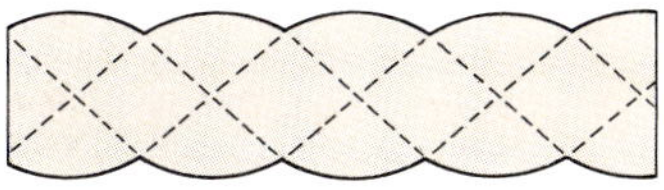

Rautenkette

Geflochtene Kette

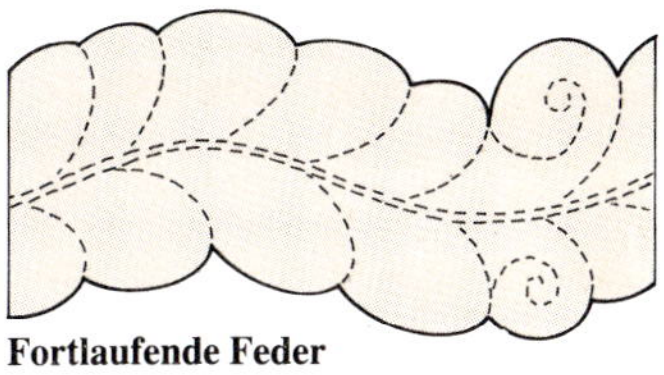

Fortlaufende Feder

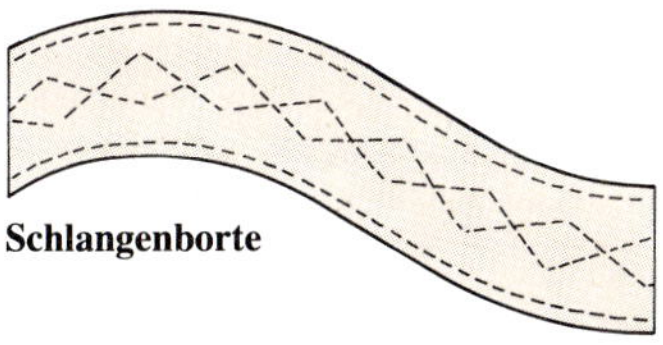

Schlangenborte

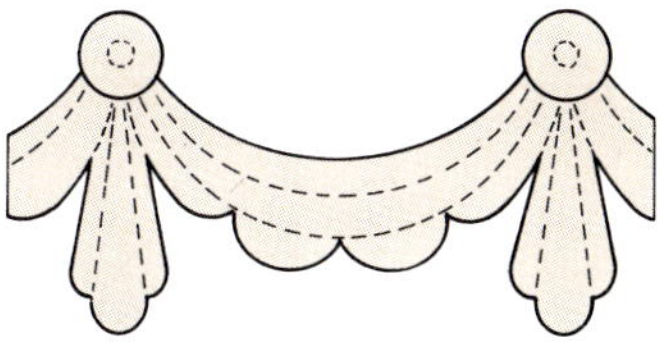

Kordel und Quasten

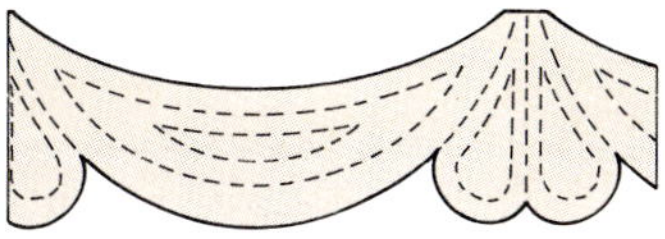

Hängematte

Alte und moderne Steppereien

Als vollendet galt eine Patchworkarbeit früher erst, wenn sie über und über mit kunstvollen Steppereien verziert war – die allerdings meist ohne jede Rücksicht auf das eigentliche Patchworkmuster entworfen waren. Moderne Designer haben in dieser alten Kunst zu neuen Ausdrucksformen gefunden.

Auf dieser Patchworkdecke läßt sich ein Fächer als Eckmotiv erkennen. Die Stepperei ist völlig unabhängig von der Musterung des Stoffs gestaltet

Hier wechseln geradlinige mit geschwungenen Steppmustern

Die Passe dieses Umhangs ist in einfachen geometrischen Mustern abgesteppt

Maschinen- und Rückstichnähte wurden bei dieser Weste verwendet

Steppen und Färben kombiniert

Hier wurde mit dem Pinsel Stoffarbe in geschickten Schattierungen auf grauen Satin aufgetragen, der dann entlang der geometrischen Musterlinien gesteppt wurde. Im Gegensatz zu älteren Arbeiten ergänzen sich hier Farbe und Stepperei. Beim Steppen mit der Maschine muß der Füßchendruck gelockert werden.

Handgefärbter, mit der Maschine gesteppter Wandbehang aus Satin

Maschinengesteppter Bettüberwurf, im „Patchwork-Stil" gefärbt

Zusammengesetzte Steppmuster

Die auf der vorletzten Seite vorgestellten Motive lassen sich effektvoll zu Sternen, Fächern, Kreisen, Blüten oder anderen Formationen gruppieren. Achten Sie immer darauf, daß sich die Steppmotive gut vom Hintergrund abheben. Lassen Sie keine größeren Flächen ungesteppt, da sonst die Einlage verrutschen oder sich zusammenschieben könnte. Für die Hintergründe eignen sich am besten Muster aus geraden Linien.

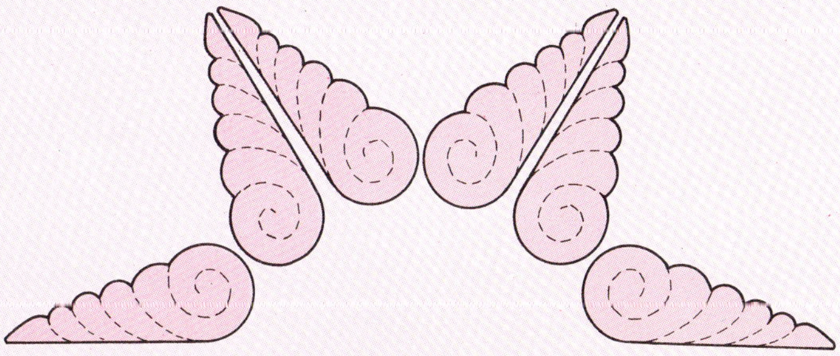

Stern aus Muscheln

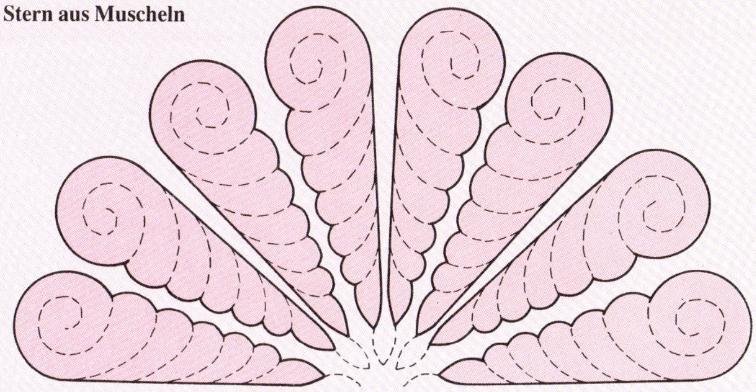

Blüte aus Muscheln

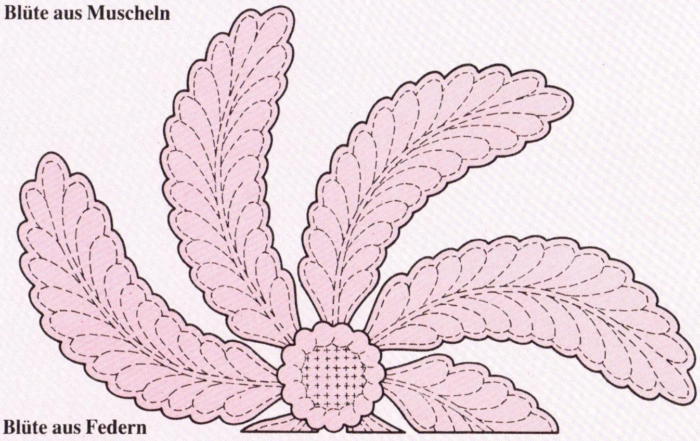

Blüte aus Federn

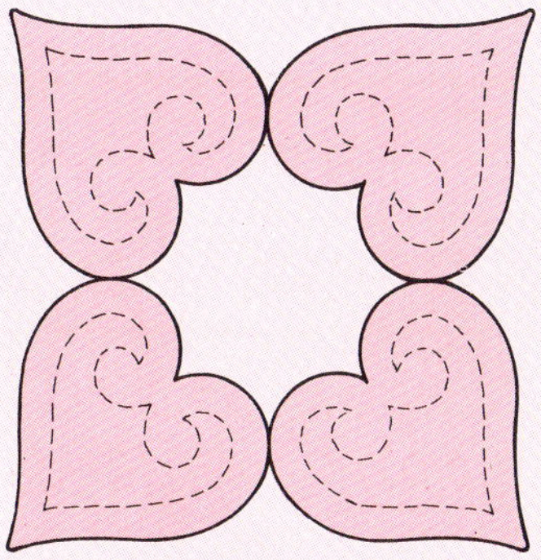

Veilchen aus Herzen

Rose aus Herzen

Besondere Stepptechniken: Erhabene Steppereien

Zwei rein dekorative Arten der Stepperei haben sich in Italien entwickelt: die Kordelstepperei und die Trapunto-Technik. Beide Male erscheinen lediglich die gesteppten Motive erhaben, der restliche Stoff bleibt unwattiert und flach. Die Motive werden jeweils auf nur zwei Stofflagen aufgesteppt; erst zum Schluß wird die Einlage eingezogen. Für beide Techniken hat man fast immer nur weißes Leinen verarbeitet, aus dem dann Kleidungsstücke genäht wurden.

Die frühesten Beispiele erhabener Stepperei zeigen Schriftzüge und ganze Bildszenen, so auch die unten auf dieser Seite abgebildete Decke. Für diese Technik eignen sich auch alle traditionellen, ornamentalen Steppmotive, wie sie auf S. II/101 zusammengestellt sind. Wenn später auch die Rückseite der Arbeit sichtbar sein soll, muß sie durch ein gegengenähtes Futter versäubert werden.

Kordelstepperei auf einer Haube (18. Jahrhundert)

Trapunto-Stepperei auf einem Bettüberwurf (spätes 14. Jahrhundert)

Die Kordelstepperei

Für Kordelsteppereien sollten Sie einen feinen, dicht gewebten Oberstoff verwenden, so daß das Reliefmotiv deutlich hervortreten kann. Der Unterstoff dagegen sollte fein, aber locker gewebt sein. Die Doppelnaht, zwischen die später die Kordel eingezogen wird, wird meist in Vorstichen mit der Hand ausgeführt. Geübte Näherinnen können für einfache Muster jedoch auch die Nähmaschine zu Hilfe nehmen. Der Abstand zwischen den Nähten sollte immer gleich bleiben; er entspricht genau der Dicke der Kordel. Diese sollte fest und stabil sein; ideal sind Kordeln für Polsterarbeiten. Zum Einziehen benötigt man eine stumpfe Nadel mit weitem Öhr.

Und so wird's gemacht

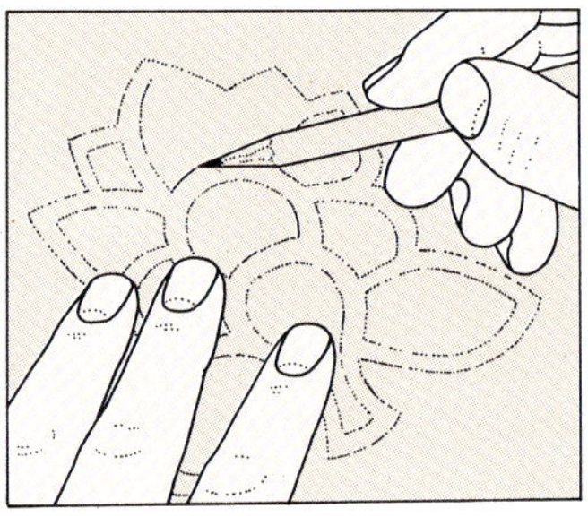

1 Übertragen Sie das Motiv in Doppellinien auf die rechte Seite des Unterstoffs.

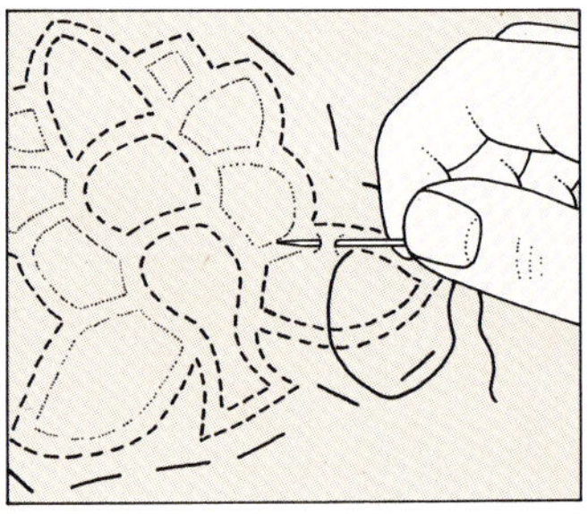

2 Heften Sie die beiden Stofflagen links auf links zusammen und sticken Sie die Linien mit kleinen Vorstichen nach. Am besten geht dies, wenn Sie den Stoff in einen Stickrahmen spannen.

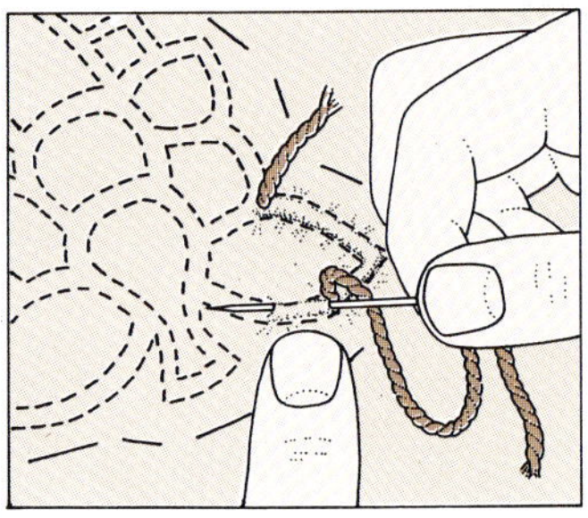

3 Nehmen Sie den Stoff aus dem Rahmen und ziehen Sie die Kordel mit einer stumpfen Nadel von der Rückseite her zwischen die Doppelnaht ein.

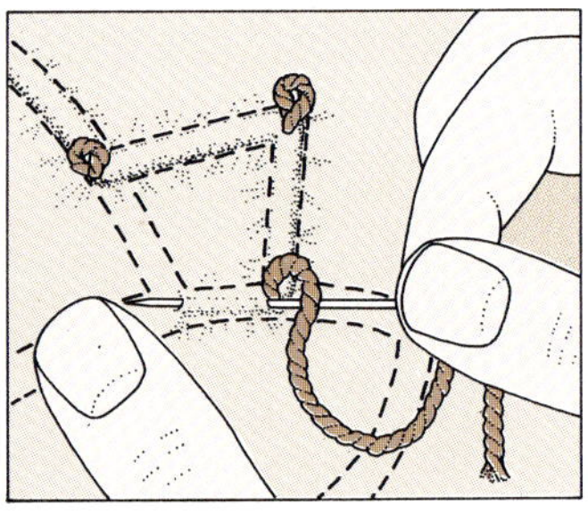

4 Arbeiten Sie vorsichtig in kleinen Schritten, ohne den Stoff zu zerren. Wenn Sie auf eine Ecke stoßen, stechen Sie auf der Rückseite aus und legen die Kordel in eine kleine Schlinge.

Schattenstepperei

Verwenden Sie als Oberstoff feines, durchscheinendes Gewebe. Mit farbiger Kordel oder bunter, fest zusammengedrehter Wolle ausgefüllte Reliefmotive werden dann in zarten Farben schimmern. Vielleicht entwerfen Sie in dieser Technik eine hübsche Bordüre, z. B. für einen Sommerrock?

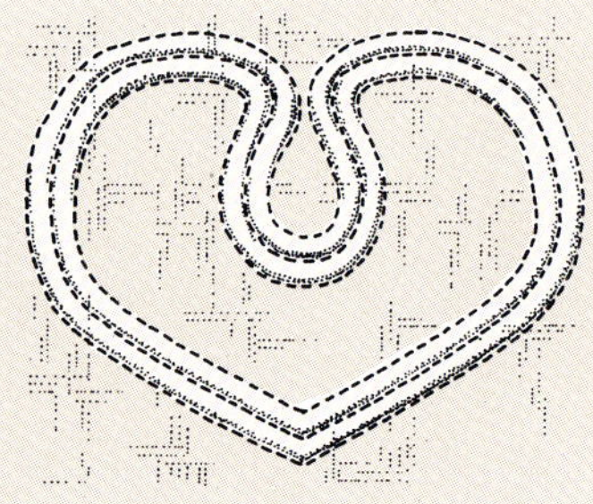

Schattenstepperei

Die Trapunto-Stepperei

Verwenden Sie für die Trapunto-Stepperei dieselben Stoffe wie für die Kordelstepperei. Die Motive werden von der Rückseite her mit weicher Baumwolle ausgestopft. Ein originelles Beispiel zur Anwendung dieser Technik finden Sie auf der übernächsten Seite unten links: Die Wolkenbordüre des Wandbehangs wurde durch Trapunto-Arbeit reliefartig hervorgehoben.

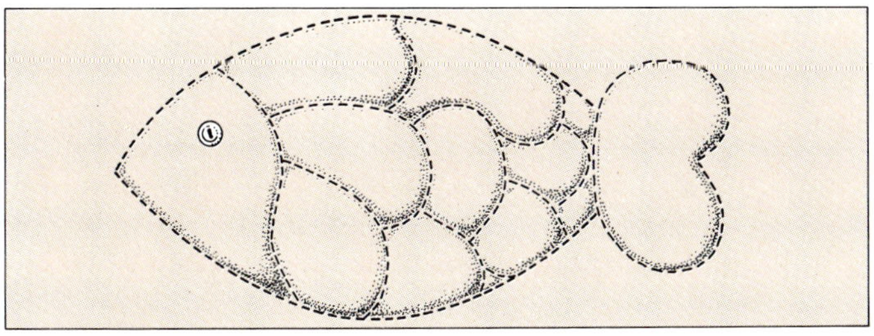

Trapunto-Stepperei

Und so wird's gemacht

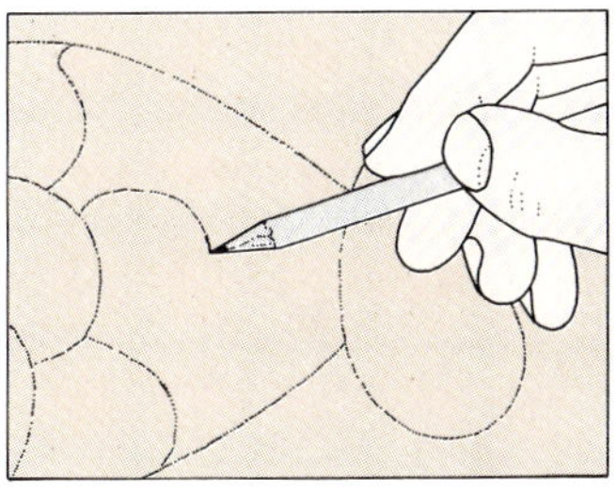

1 Übertragen Sie das Motiv auf die rechte Seite des Unterstoffs. Die zu wattierenden Flächen dürfen nicht zu groß sein.

2 Heften Sie die Stoffe links auf links zusammen und spannen Sie sie, wenn möglich, in einen Stickrahmen.

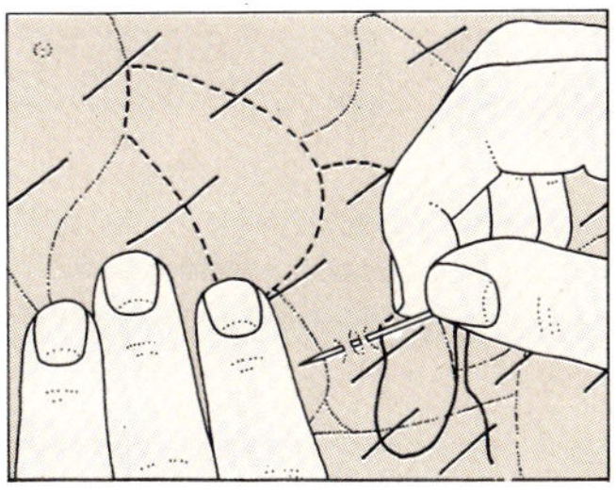

3 Sticken Sie die Stepplinien von der Motivmitte her nach außen mit kleinen, gleichmäßigen Vorstichen nach.

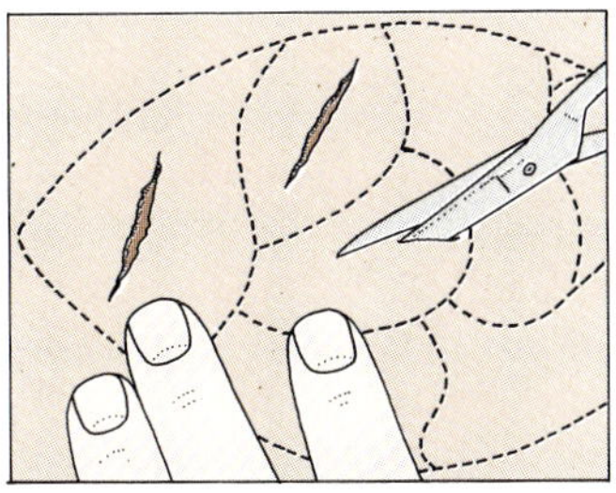

4 Schneiden Sie kleine Schlitze in den Unterstoff oder ziehen Sie bei lockerem Gewebe die Fäden auseinander.

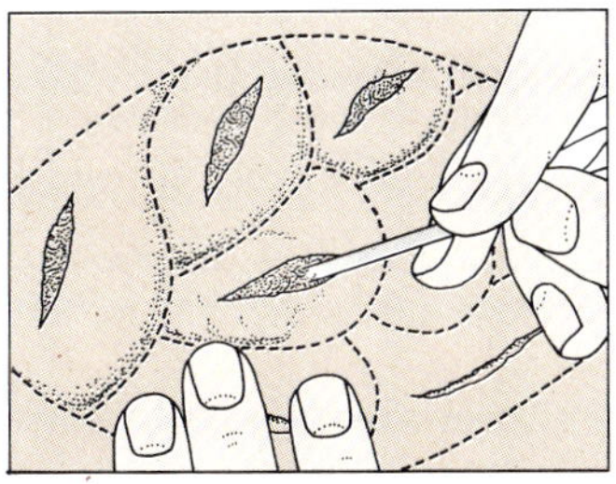

5 Stopfen Sie die Füllung mit Hilfe einer Häkelnadel oder einer stumpfen Sticknadel in die Motivabschnitte.

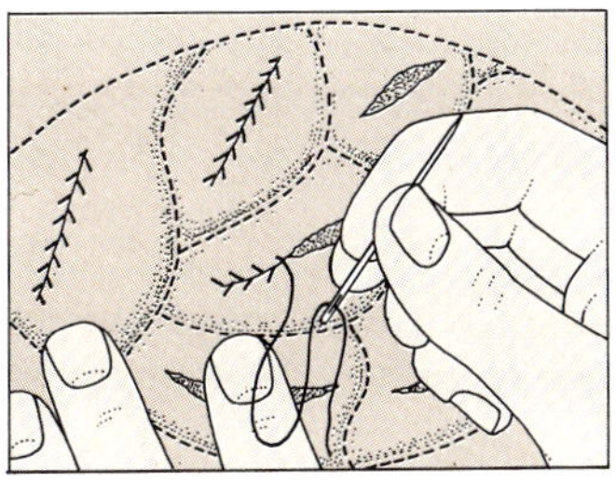

6 Schließen Sie die Schlitze mit kleinen Stichen. Wenn die Rückseite später sichtbar ist, versäubern Sie sie mit einem Futter.

Die letzten Stiche

Die einfachste Methode der Randversäuberung ist, die Kanten nach innen umzuschlagen. Dabei kann zur Verstärkung eine mit Stoff überzogene Kordel eingenäht werden. Hübsch sieht es auch aus, wenn Sie die Ränder mit einer farblich kontrastierenden Paspel besetzen.

Umgeschlagene Kanten

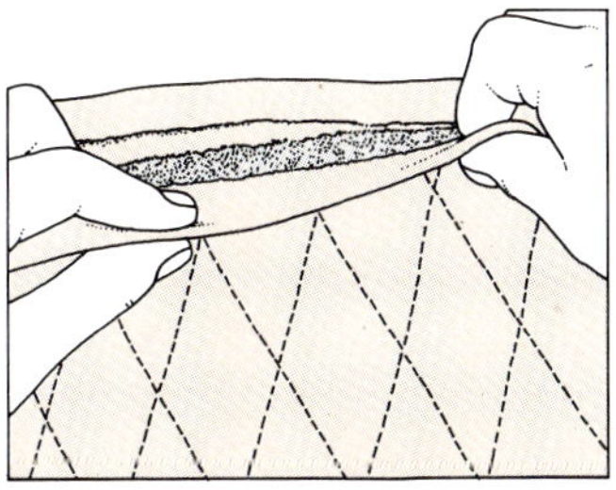

1 Schneiden Sie die Kanten auf 1½ cm Nahtzugabe zurück. Schlagen Sie den Oberstoff um die Einlage (falls vorhanden). Falten Sie den Unterstoff so nach innen, daß die Kanten beider Stofflagen zusammenstoßen.

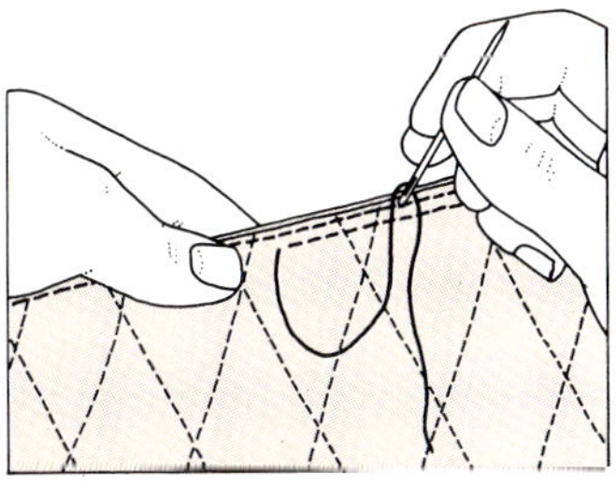

2 Arbeiten Sie so dicht unter den Kanten wie möglich eine Vorstichnaht. Eine zweite Naht, etwa 3 mm darunter angelegt, macht die Ränder noch strapazierfähiger. Sie können die Kanten auch mit der Maschine absteppen.

Der Kordelabschluß

Erste Möglichkeit
Nähen Sie eine Kordel in einen Schrägstreifen ein. Schieben Sie die so überzogene Kordel zwischen die umgeschlagenen Kanten Ihrer Stepparbeit und befestigen Sie sie mit zwei Vorstichnähten. So erhalten Sie einen stabilen Rand.

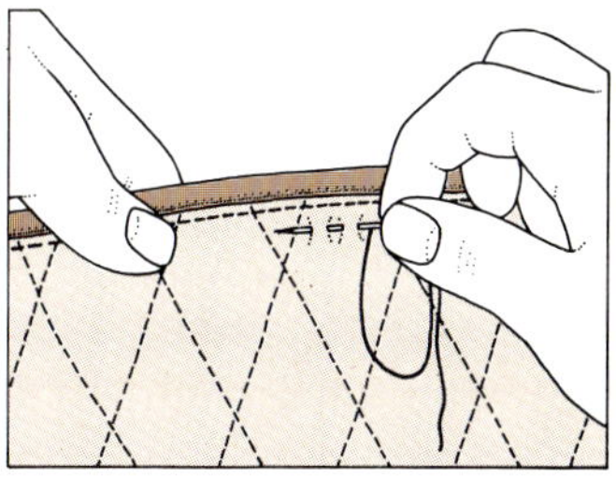

Zweite Möglichkeit
Überziehen Sie eine Kordel mit Schrägstreifen. Nähen Sie sie mit Steppstichen an der umgeschlagenen Kante des Unterstoffs fest. Nähen Sie nun den umgeschlagenen Oberstoff mit unsichtbaren Stichen an der Kordel an.

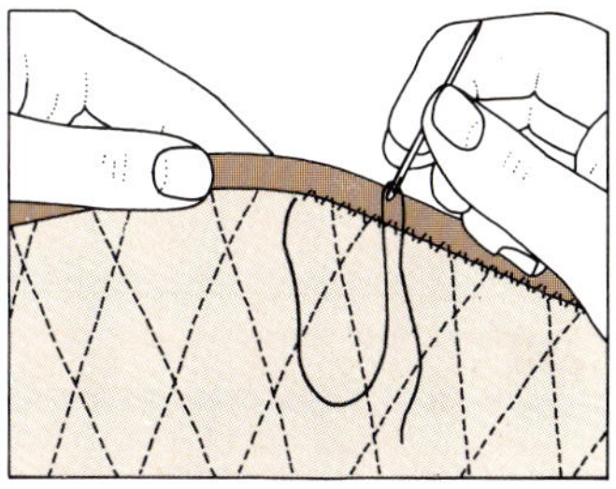

Der Paspelabschluß

Legen Sie das Band mit der rechten Seite nach unten auf den Oberstoff, so daß alle Kanten zusammentreffen. Nähen Sie knapp unterhalb der Kanten eine Reihe Steppstiche. Schlagen Sie das Band auf die Rückseite um und säumen Sie es auf dem Unterstoff an.

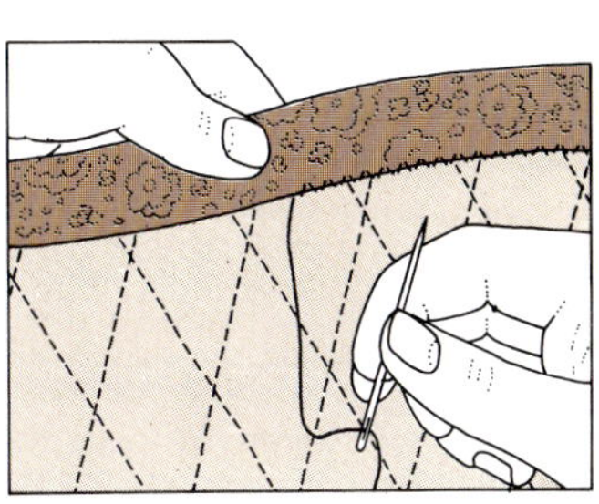

Alte und moderne Applikationen

Die Technik der Applikation, bei der die verschiedensten Formen und Motive aus Stoff ausgeschnitten und auf einen Unterstoff aufgenäht werden, hat sich in vielen Teilen der Welt entwickelt. In Nordamerika jedoch wurde sie, wie auch das Patchwork, zu einer echten Volkskunst, die ihre Blütezeit im 18. und 19. Jahrhundert erlebte. Unten können Sie zwei besonders gelungene Applikationsdecken bewundern. Alle alten Arbeiten wurden mit der Hand angefertigt.

Um 1920 entstand diese Decke mit den schlichten Blumenmotiven, die an eine Kinderzeichnung erinnern. Das Körbchen ist in Patchwork-Technik gearbeitet

Aus 25 einzelnen Quadraten besteht diese Decke, die 1840 zum Gedenken an die Präsidentschaftskampagne William Harrisons entstanden ist

Die modernen Arbeiten, die unten und auf der nächsten Seite abgebildet sind, geben Einblick in die vielfältigen Möglichkeiten der Applikationstechnik. Filz, dessen Kanten nicht versäubert werden müssen, läßt sich besonders leicht verarbeiten. Geschickte Näherinnen steppen die Umrisse mit der Maschine.

So fröhliche Wandbilder können aus buntem Filz entstehen – ein hübscher Wandschmuck fürs Kinderzimmer

An alten Bauernschränken hat sich diese Filzapplikation inspiriert

Träume von paradiesischen Gärten sind in diesem Wandbild festgehalten

Diese moderne Arbeit ahmt mit ihren Motiven den Stil der alten amerikanischen Applikationsdecken nach

Deckenausschnitt, auf dem Wolken und Vögel zu sehen sind

Mehrere Filzlagen wurden hier übereinandergenäht. In der Mitte jeder der winzigen Blüten, die das Hauptmotiv einrahmen, sitzt eine Perle

Die Wolkenborte wurde in der Trapunto-Technik wattiert

Ein norwegischer Künstler entwarf diesen modernen Wandbehang, der einen Teil seiner Wirkung aus den glänzenden Seiden- und Brokatstoffen bezieht

Von demselben Künstler stammt diese in Blau- und Ockertönen gehaltene Landschaft. Beide Applikationen sind handgearbeitet

Wie eine Applikation vorbereitet wird

Als erstes sollten Sie überlegen, welche Art der Applikation Sie für Ihr Vorhaben wählen. Mit der Technik, Stoffmotive auf einen Grundstoff aufzunähen, sind Sie wahrscheinlich schon vertraut. Doch auch hier gibt es Neues zu entdecken: Applizieren Sie doch einmal ein kleines, bestricktes Motiv als Blickfang auf einen Ärmel. Oder setzen Sie ein Gobelinmotiv in die Mitte eines Samtkissens. Wie Sie mit Stickereiapplikationen arbeiten oder Motivumrisse mit Stickstichen betonen können, erfahren Sie auf den Seiten II/112 und 113.

Neben den bekannten aufgesetzten Applikationen bieten auch unterlegte Applikationen reizvolle Möglichkeiten. Hier werden Muster stufenweise aus mehreren Stofflagen herausgeschnitten. Diese Technik wird am Beispiel der indianischen Mola-Applikation auf S. II/114–116 vorgestellt. Ähnliche Effekte erzielt man mit der Scherenschnitt-Applikation (S. II/112). Schließlich können Applikationen auch eingesetzt werden (S. II/116). Dies wirkt besonders hübsch bei Tüllmotiven.

Die einzeln aufgesetzten Blütenblätter sind mit Plattstich umstickt

Aufgesetzte Applikationen lassen sich in mehreren Lagen übereinandernähen. Sie können die einzelnen Motive über eine ganze Fläche verteilen oder nur als Bordüre anordnen. Sobald Sie sich für einen Entwurf entschieden haben, können Sie ihn auf dem Unterstoff vorskizzieren.

So bereiten Sie den Unterstoff vor

Wählen Sie als Grundlage einen Stoff, der sich nicht verziehen kann, und übertragen Sie darauf Ihren Entwurf. Später werden die Motive in diese Zeichnung eingepaßt.

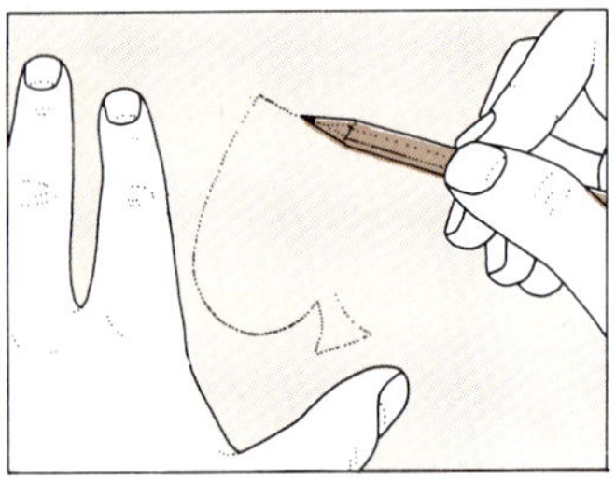

1 Zeichnen Sie die Umrisse der aufzusetzenden Motive mit Bleistift oder mit Hilfe von Kohlepapier auf.

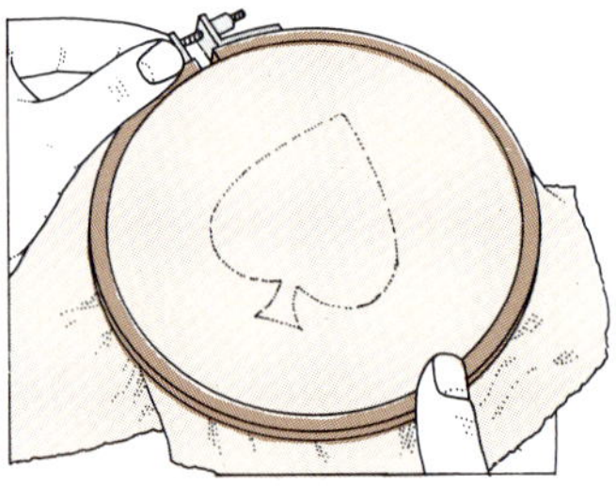

2 Zur Applikation kleiner Motive sollte der Unterstoff möglichst in einen Rahmen gespannt werden.

So bereiten Sie die Applikationsmotive vor

Damit die Kanten nicht ausfransen, können schwerere Stoffe wie zum Beispiel Wolle oder Samt mit einem Futterstoff beklebt werden. Dies sollte mit einem leichten Klebstoff vor dem Ausschneiden der Motive geschehen. Verwenden Sie ihn sparsam, damit er nicht zur Vorderseite durchdringt! Die Kanten leichter Stoffe sollten umgeheftet werden.

Das Bekleben

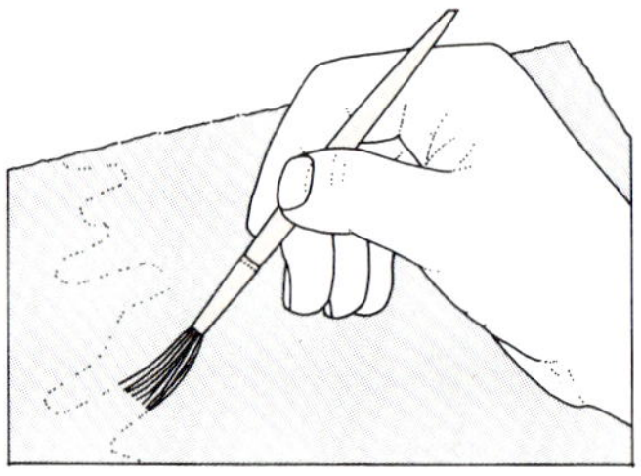

1 Klebstoff dünn auf dem Futterstoff verteilen.

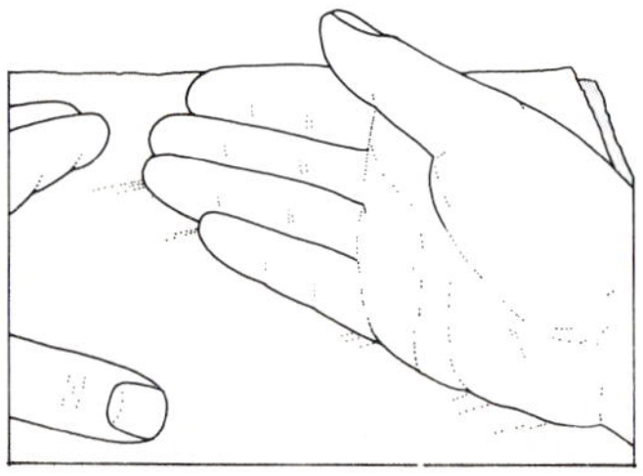

2 Legen Sie den Oberstoff darauf und streichen Sie ihn glatt, damit sich keine Luftblasen bilden können. Die Stoffe müssen fest aufeinanderliegen.

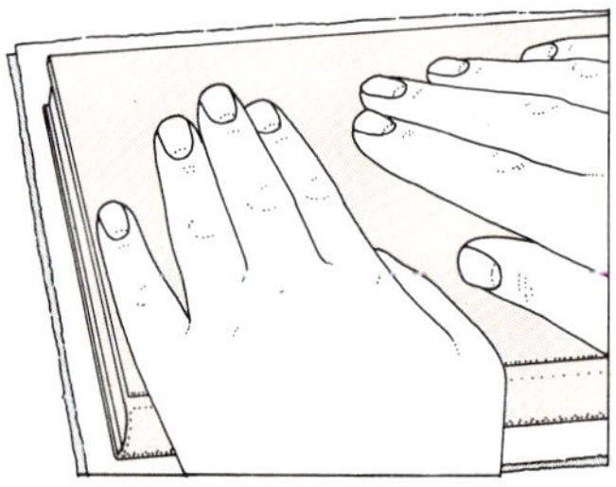

3 Beschweren Sie die Stoffe und lassen Sie sie trocknen.

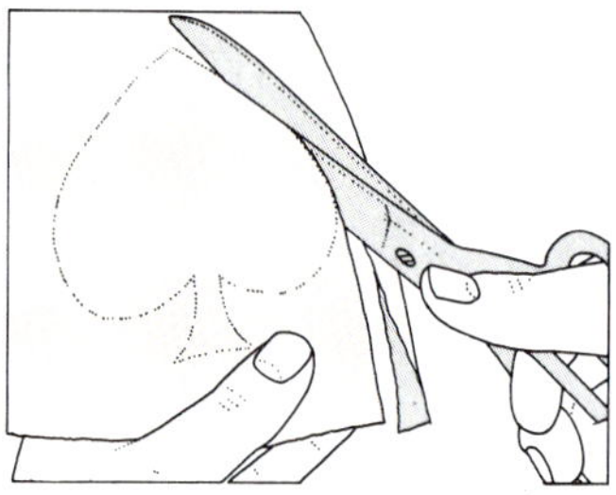

4 Zeichnen Sie die Motive auf und schneiden Sie sie aus.

Das Umheften der Kanten

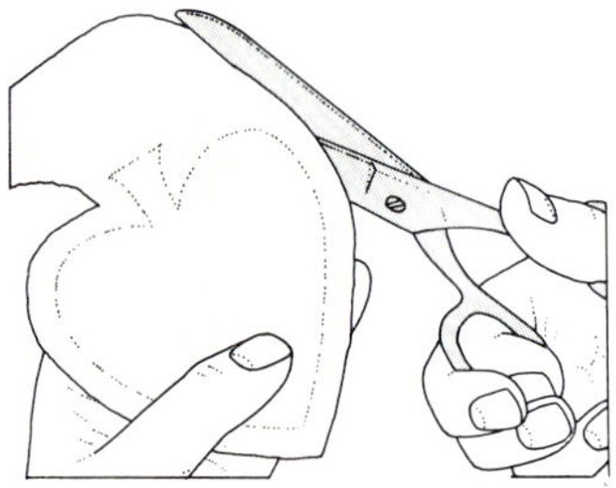

1 Zeichnen Sie das Motiv auf und schneiden Sie es mit ca. 7 mm Nahtzugabe aus.

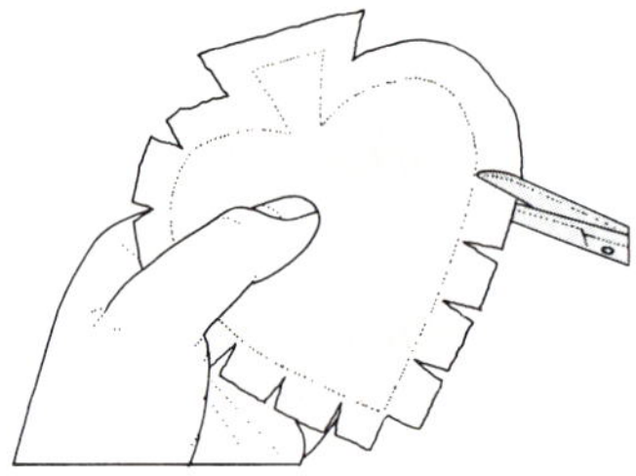

2 Schneiden Sie Rundungen mit einer scharfen Schere ein, damit man sie umfalten kann.

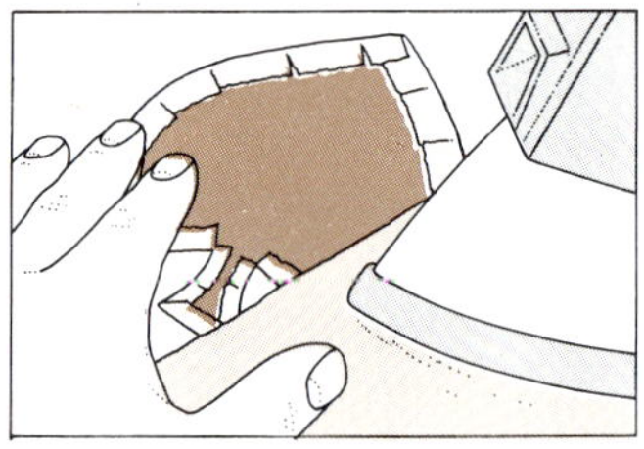

3 Schlagen Sie die Kanten nach hinten um und dämpfen Sie sie flach.

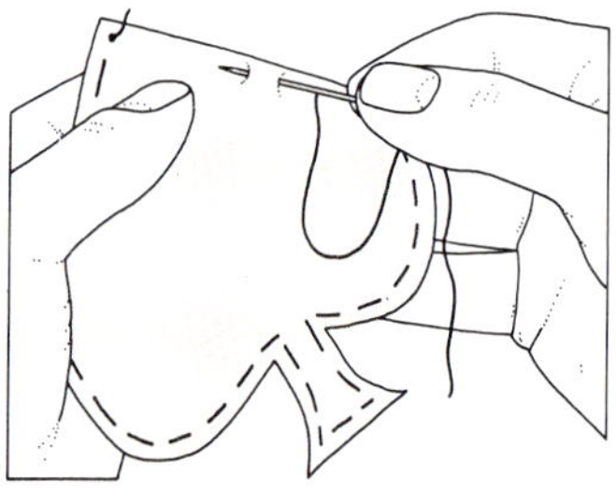

4 Heften Sie an den Rändern entlang, damit die Kanten umgefaltet bleiben.

Das Aufsetzen der Motive auf den Unterstoff

Das Applizieren

Die vorbereiteten Motive können auf den Unterstoff entweder aufgeheftet oder aber aufgeklebt werden. Bei Unterstoffen mit rauher Oberfläche empfiehlt sich das Aufheften, z. B. bei Kord und Samt.

Das Aufkleben der Motive

Legen Sie den Unterstoff auf eine glatte Fläche; hier ist es nicht nötig, ihn in einen Rahmen zu spannen. Verwenden Sie möglichst leichten Klebstoff.

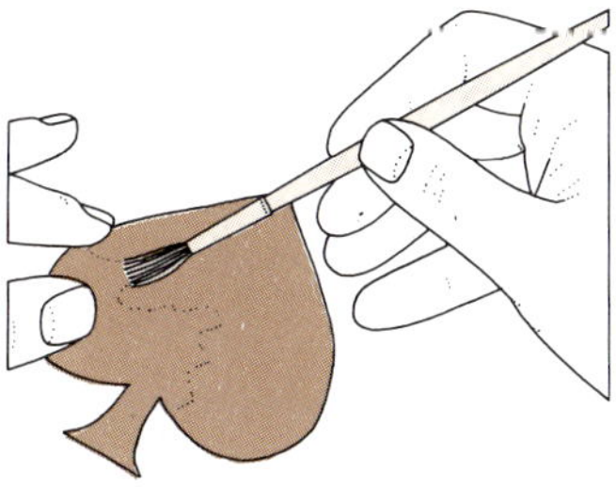

1 Bestreichen Sie die Rückseite der Motive gleichmäßig mit Klebstoff.

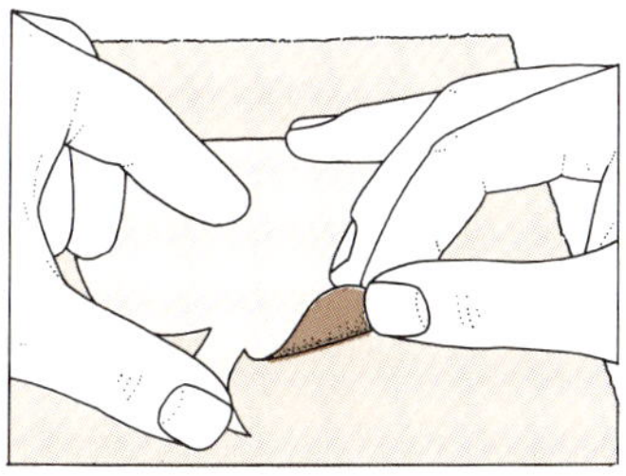

2 Legen Sie die Motive auf den Unterstoff und beschweren Sie sie, bis der Klebstoff völlig trocken ist.

Das Aufheften der Motive

Wenn Sie den Unterstoff in einen Rahmen spannen, können Sie verhindern, daß er beim Applizieren zusammengezogen wird und Falten wirft. Zunächst steckt man die Motive fest.

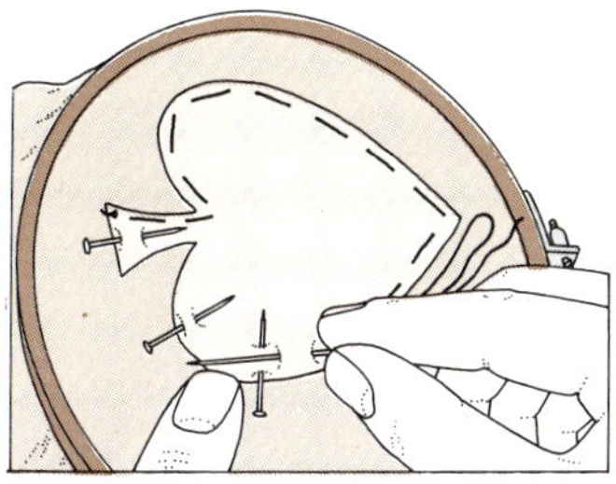

Anschließend heften Sie die Motive auf den Unterstoff.

So nähen Sie die Motive fest

Sind die Motive einmal auf dem Stoffgrund befestigt, können sie endgültig angenäht werden. Unten zeigen wir die dazu gebräuchlichsten Handstiche. Geschickte Näherinnen können aber auch die Nähmaschine einsetzen. Beginnen Sie mit den Motiven, die später teilweise verdeckt werden. Für Blattstiele und schmale Verbindungslinien eignen sich am besten Schrägstreifen, die man leicht in Kurven legen kann. Solche Details kann man aber auch nachträglich aufsticken.

Der Vorstich

Mit diesem Stich kommen Sie am schnellsten voran. Bei dicken Stoffen und Steppereien müssen die Stiche allerdings einzeln gearbeitet werden.

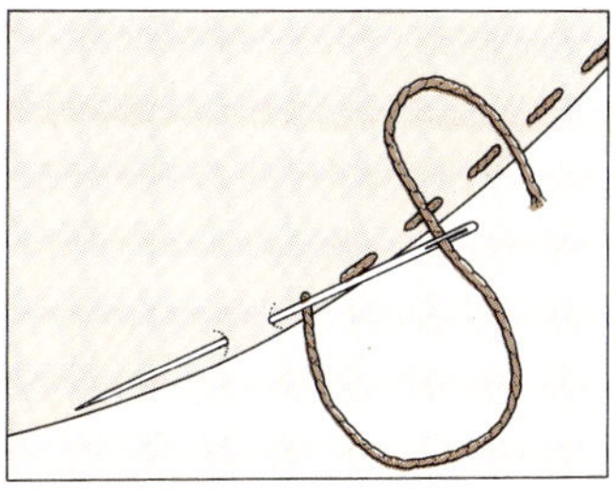

Stechen Sie von hinten zur Vorderseite der Arbeit durch. Arbeiten Sie, wenn möglich, mehrere kleine Stiche auf einmal. So kommen Sie schnell voran.

Der Kettenstich

Dieser Stich hat einen eher dekorativen Charakter, gibt aber den Motiven auch einen guten Halt. Bei runden oder geschwungenen Motiven kommt er am besten zur Geltung.

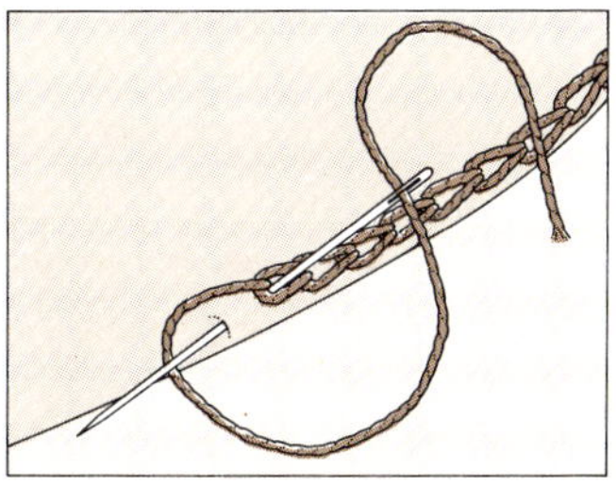

Stechen Sie zur Vorderseite der Arbeit durch. Führen Sie die Nadel durch die Ausstichsstelle zurück und machen Sie einen kleinen Vorstich. Halten Sie dabei den Faden mit dem linken Daumen fest und bilden Sie eine Schlaufe unter der Nadelspitze. Ziehen Sie die Nadel durch und den Faden fest. Wiederholen Sie diesen Vorgang.

Der überwendliche Stich

Bei kleinen Stichen werden hier die Motive fast unsichtbar befestigt. Mit größeren Stichen kann man offene Schnittkanten versäubern.

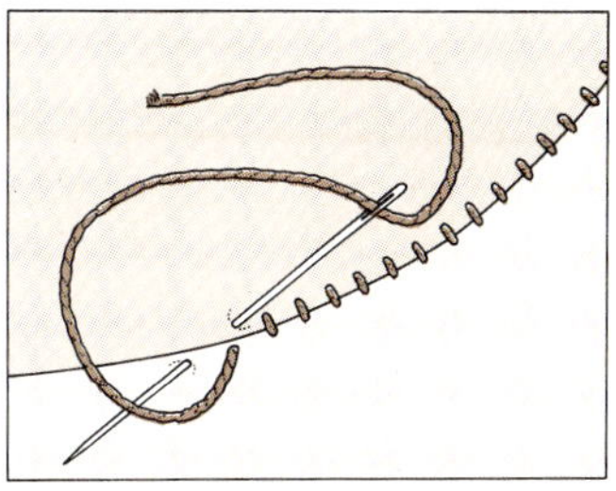

Verwenden Sie einen Faden in der Farbe des applizierten Stoffs. Vernähen Sie den Fadenanfang unter dem Motiv. Stechen Sie an der Motivkante zur Vorderseite durch und fassen Sie beide Stofflagen. Arbeiten Sie kleine Schrägstiche, die nicht zu fest angezogen werden dürfen. Die Stiche fallen kaum auf, wenn Sie nur wenige Gewebefäden fassen.

Der Steppstich

Den Stepp- oder Rückstich verwendet man, wenn man die Konturen der Motive hervorheben möchte.

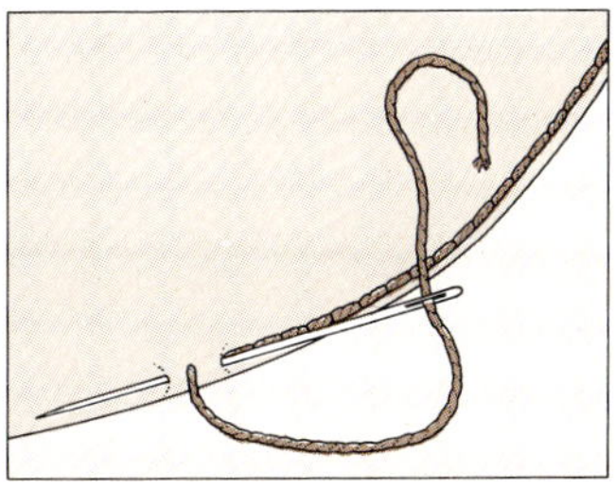

Stechen Sie zur Vorderseite und einen kleinen Stich zurück. Führen Sie die Nadel nach der doppelten Stichlänge wieder zur Vorderseite. Bei der ersten Ausstichstelle wird wieder eingestochen.

Spaß für Kinder und Anfänger

Filz, Leder und Kunststoffe fransen nicht aus und brauchen daher nicht vorbereitet zu werden. Sie sind am leichtesten zu handhaben und besonders für Anfänger oder Kinder zu empfehlen.

So wird appliziert

Die Formen werden ausgeschnitten und direkt auf den markierten Unterstoff appliziert. Nach dem Aufheften oder Aufkleben näht man sie nach einer der links beschriebenen Methoden fest. Anfänger wählen dazu am besten den Vorstich oder den überwendlichen Stich. Arbeiten Sie in kleinen, regelmäßigen Abständen.

Rosetten

Gerade mit Stoffen, die keine Vorbereitung benötigen, kann man leicht Reliefwirkungen erzielen. Dazu werden Teile des Motivs vor dem Aufnähen gereiht. Auf diese Weise lassen sich auch hübsche Stoffrosetten – zum Beispiel für eine Blumenwiese – herstellen. Man näht dazu einen Stoffstreifen zu einem Ring zusammen und reiht ihn dann.

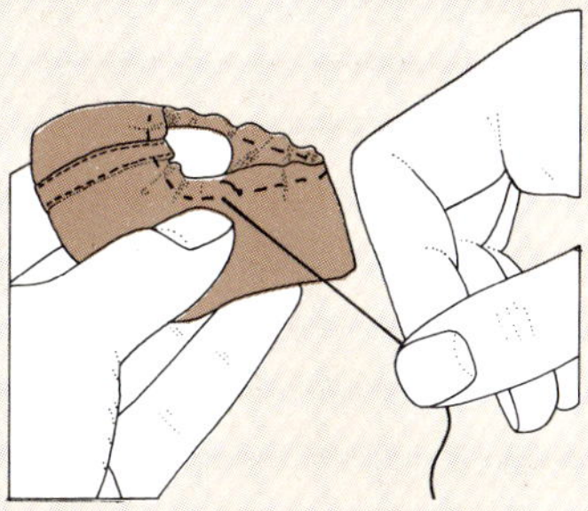

1 Arbeiten Sie Vorstiche entlang einer der beiden Kanten des Stoffrings.

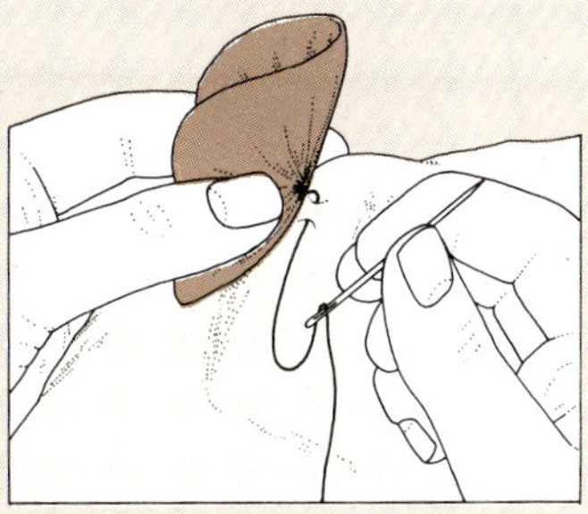

2 Befestigen Sie die Rosette auf dem Unterstoff.

Applikationen mit einfarbigen Stoffen

Ebenso wichtig wie der Entwurf ist bei Applikationen die geschickte Wahl der Stoffe. Die zeitgenössischen Arbeiten auf dieser Seite wurden alle mit einfarbigen Stoffen gestaltet; die Details sind aufgestickt. Besondere Effekte lassen sich durch fein abgestufte Farbübergänge, aber auch durch die Gegenüberstellung von Kontrastfarben erreichen. Den Eindruck von Glas oder Nebel kann man mit durchscheinenden Stoffen erwecken, die zum Schluß über die Applikation genäht werden.

Stiefmütterchen Nur zwei Grautöne wurden für dieses elegante Kissen mit dem riesigen Stiefmütterchen verwendet. Die Konturen der Blütenblätter sind mit weißem und silbernem Faden nachgestickt, und zwar im engen Zickzackstich der Nähmaschine

Besuch im Zoo. Das Raubtierhaus und die Vogelvolieren sind farblich geschickt vom Hintergrund abgesetzt

Viehauktion. Ein kleiner Trick, das dunklere Rot der nach hinten verlaufenden Ziegelmauern, verleiht dem Gebäude Räumlichkeit

Grelle Farbkontraste spiegeln die Erregung der Motorrad- und Autorennen wider. Beachten Sie die Windschutzscheibe aus Gaze

Der graphische Effekt wird durch den einfarbigen Hintergrund unterstrichen

Applikationen mit bedruckten Stoffen

Bedruckte Stoffe lassen sich auf zweierlei Weisen verarbeiten. Kleingemusterte Stoffe lockern den Entwurf des oberen der beiden unten abgebildeten Kissen auf. Die Motive wurden ohne Rücksicht auf das Stoffmuster ausgeschnitten. Anders das Kissen darunter: Aus den einzeln ausgeschnittenen Motiven großgemusterter Blatt- und Blumendrucke entstand ein Baum; auch der Vogel stammt direkt von einem bedruckten Stoff. Die umstickten Konturen verleihen dem Entwurf Plastizität.

Sparsam verwendetes Blau setzt den Beige-Oliv-Tönen ungewöhnliche Kontraste auf. Der gemusterte Stoff läßt den Baumstamm wirklichkeitsnah erscheinen

Kleinkarierter Stoff und Spitze ergeben ein hübsches Kleid. Der mit Borten eingerahmte Entwurf scheint auf dem blauen Samt wie auf Wasser zu treiben. Der Samt ist mit vereinzelten Knötchenstichen besetzt

Wandbehang mit Vase
Stepperei, Applikation und Stoffmalerei wurden hier auf raffinierte Weise kombiniert. Die Blumen auf der Vase sind mit feinen Details bestickt. Wer Glück hat, findet großblumige Stoffe mit ähnlicher Wirkung

Weste mit Applikationen
Streng geometrisch wurde diese Weste aus einfarbigen und gemusterten Stoffen gestaltet. Ihre Wirkung beruht vor allem auf dem Gegensatz von Hell und Dunkel. Beachten Sie den winzigen, kleingemusterten Streifen um den Halsausschnitt

Besondere Applikationstechniken: Stickerei und Scherenschnitt

Wem es zu lange dauert, größere Flächen zu besticken, kann kleine Stickmotive als Blickfang applizieren. Stickstiche eignen sich auch gut zur Motivumrandung. Eigenartige Effekte entstehen bei der Scherenschnitt-Applikation (siehe rechts).

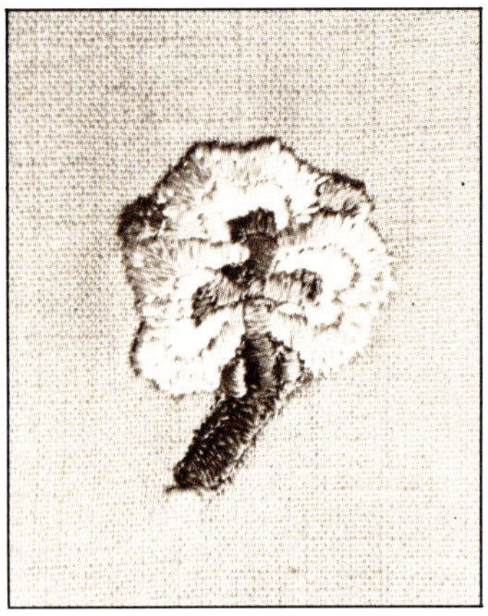

Stickmotiv

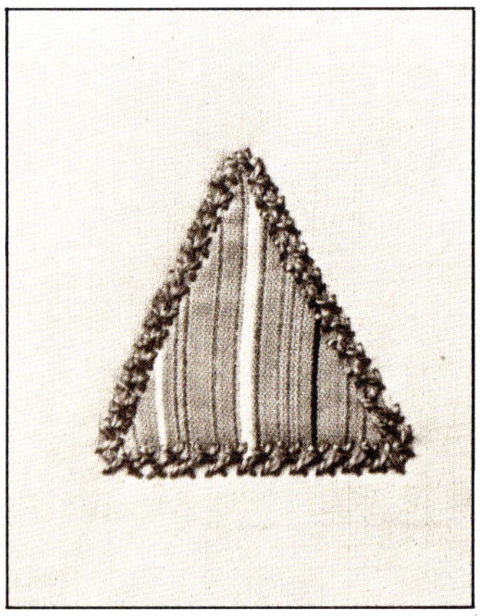

Umrandung im Hexenstich

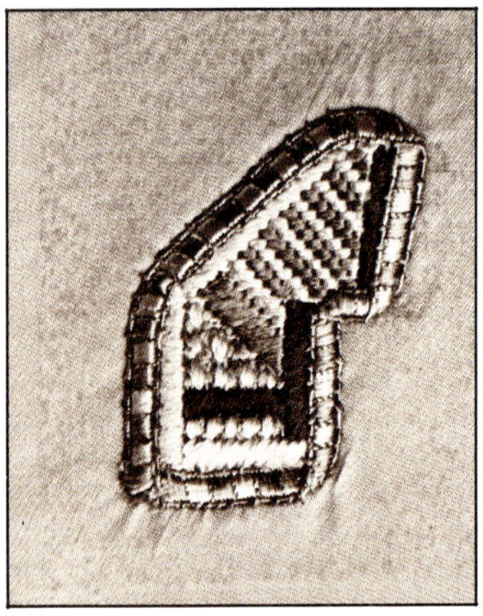

Gobelinmotiv

Umrandung im gestuften Plattstich

Ideal zum Applizieren sind kleine, gestickte Motive wie Blätter, Blumen, Bäume, Figuren und Tiere. Im 17. und 18. Jahrhundert war diese Art der Applikation sehr beliebt, um Bettüberwürfe oder Vorhänge mit wenig Aufwand in eine kostbare Handarbeit zu verwandeln. Auch bestickter Filz wurde häufig appliziert. Das Reizvolle an dieser Technik ist, daß die Motive erhabener wirken, als wenn man sie direkt aufstickt.

So appliziert man Stickmotive

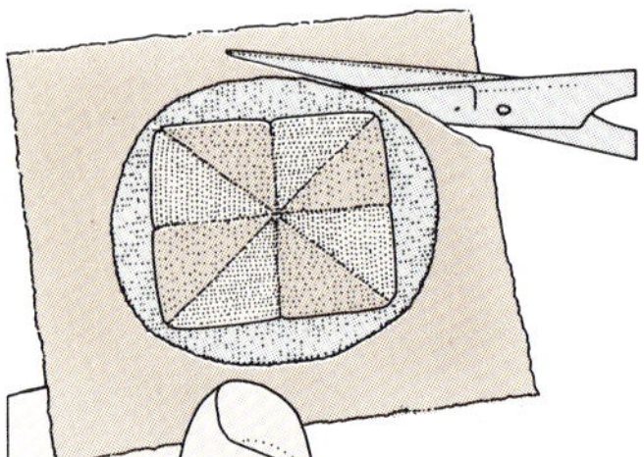

1 Sticken Sie das entworfene Motiv auf und schneiden Sie es knappkantig aus.

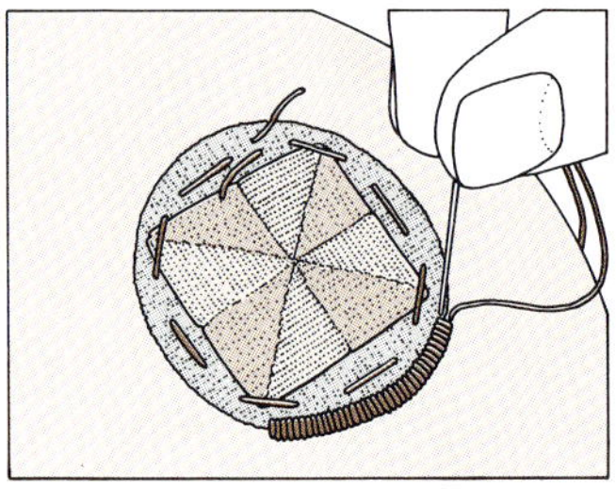

2 Überdecken Sie beim Applizieren die offenen Kanten mit dichten Stickstichen.

Gobelinmotive

Gobelinstickereien, mit Seiden- oder Wollfaden auf feinem Stramin ausgeführt, kommen besonders gut zur Geltung, wenn sie auf einfarbige, edle Stoffe wie Samt und Seide appliziert werden. Auf diese Weise entsteht ohne große Mühe der Eindruck einer wertvollen Gobelinarbeit. Der Vorgang ist ganz einfach.

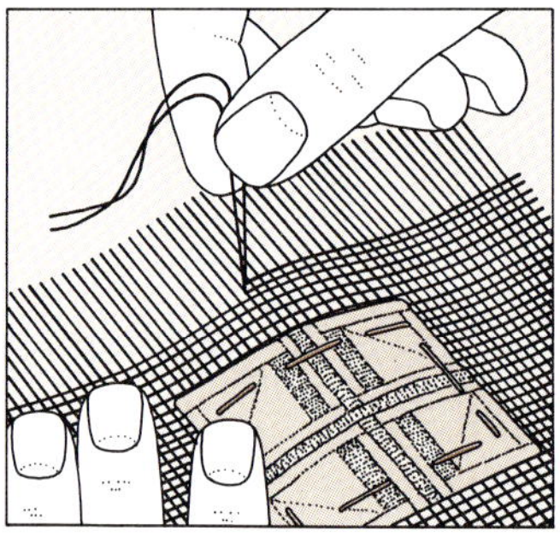

1 Sticken Sie das Motiv auf ein größeres Stück Stramin und heften Sie es auf den Unterstoff. Lösen Sie die Fäden bis zum Motivrand.

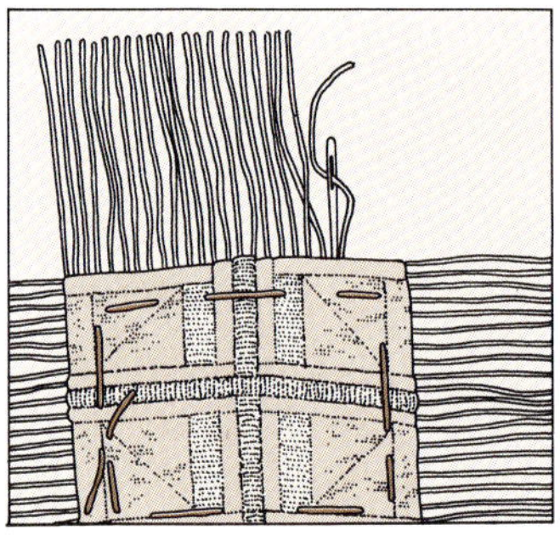

2 Stechen Sie mit einer Nadel die Straminfäden auf die Rückseite des Unterstoffs.

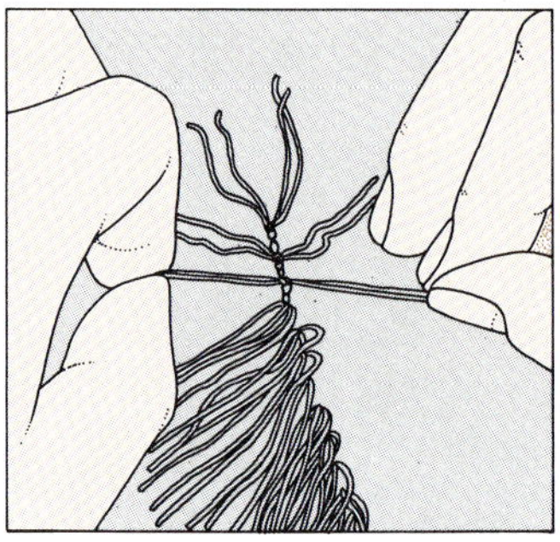

3 Verknoten Sie die Fäden paarweise, ohne sie zu fest zusammenzuziehen.

Scherenschnitte

Applikationen in dieser Technik sind häufig bei Indianern zu sehen. Die Unterstoffe leuchten oft in kräftigen Farben; sie können auch in der Patchworktechnik zusammengesetzt sein. Der einfarbige Oberstoff, meist weiße Baumwolle, wird zusammengefaltet, bevor die Muster eingeschnitten werden. Versuchen Sie's am besten zuerst einmal mit Papier!

1 Der Oberstoff, der genauso groß wie der Unterstoff sein muß, wird vierfach gefaltet.

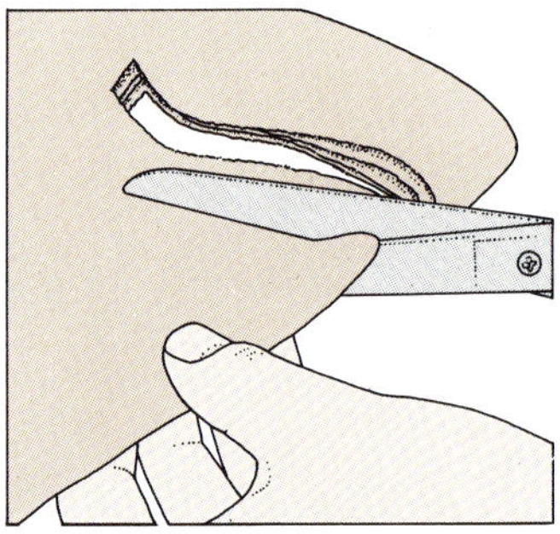

2 Schneiden Sie das zuvor mit Papier ausprobierte Muster aus.

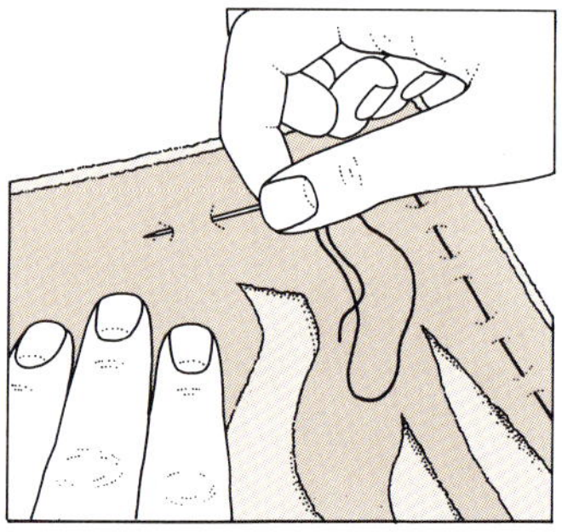

3 Öffnen Sie diesen Scherenschnitt und heften Sie ihn auf den Unterstoff. Versäubern Sie die offenen Kanten mit Knopflochstich oder einem der Stiche rechts.

Dekorative Ränder für Applikationsmotive

Umstickte Ränder

Im Prinzip können Sie die Umrisse der applizierten Motive mit jedem linienhaften Stickstich hervorheben. Die gebräuchlichsten Stiche sind unten zusammengestellt. Dicht an dicht gearbeitet, können sie auch offene Motivkanten versäubern, so daß diese nicht umgeschlagen zu werden brauchen. Umstickte Ränder verleihen jeder Applikation mehr Plastizität.

Der Festonstich

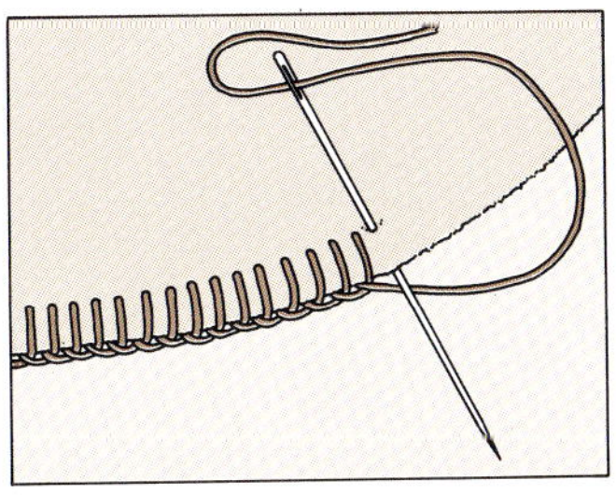

Stechen Sie die Nadel dicht an der Motivkante aus. Stechen Sie etwas oberhalb davon durch beide Stofflagen und führen Sie die Nadel am Motivrand wieder heraus. Der Faden liegt unter der Nadel.

Der Hexenstich

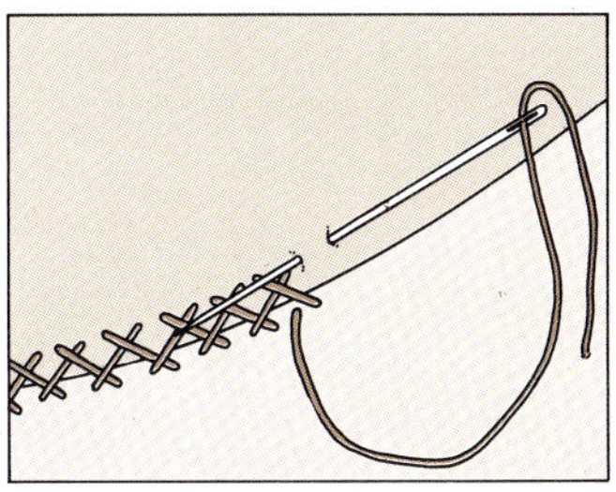

Stechen Sie am Motivrand aus. Führen Sie die Nadel schräg nach rechts oben und arbeiten Sie einen Rückstich. Der nächste Rückstich liegt wieder schräg unterhalb des letzten Rückstichs, und zwar dicht am Motivrand.

Der gestufte Plattstich

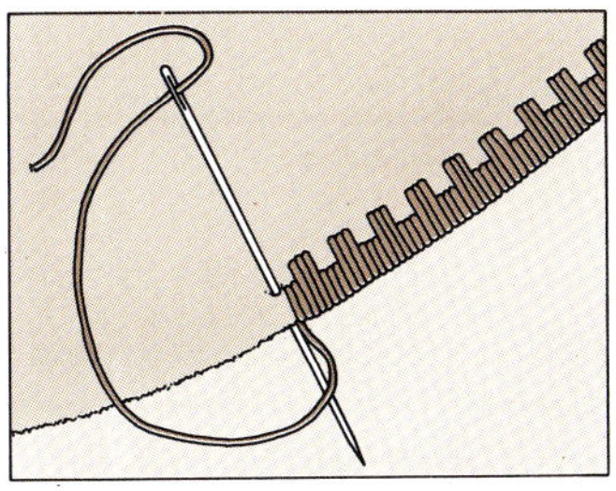

Mit verschieden langen, geraden Stichen lassen sich viele Muster bilden. Setzen Sie die Stiche dicht an dicht.

Der erhöhte Plattstich

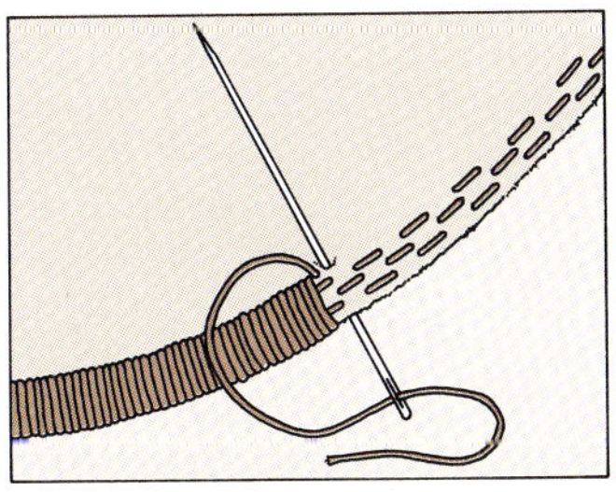

Arbeiten Sie zunächst drei oder mehr Vorstichreihen entlang den Motivkanten. Stechen Sie dabei durch beide Stofflagen. Die Vorstiche dienen als „Wattierung" für die Plattstichumrandung.

Der Korallenstich

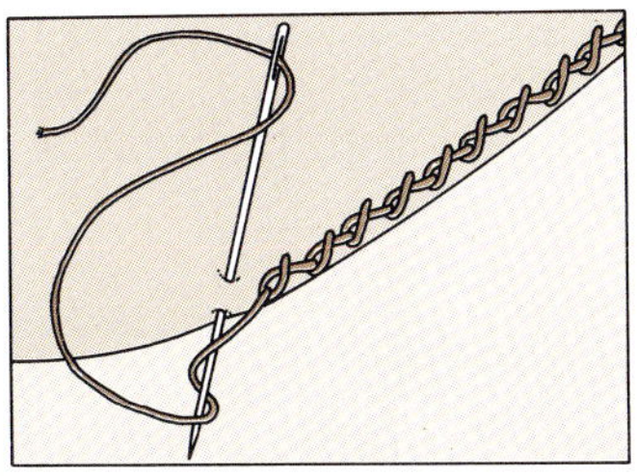

Fassen Sie am Motivrand beide Stofflagen mit einem kleinen Schrägstich nach unten. Schlingen Sie den Faden um die Nadelspitze und beenden Sie den Stich. Wiederholen Sie diesen Vorgang.

Der Bäumchenstich

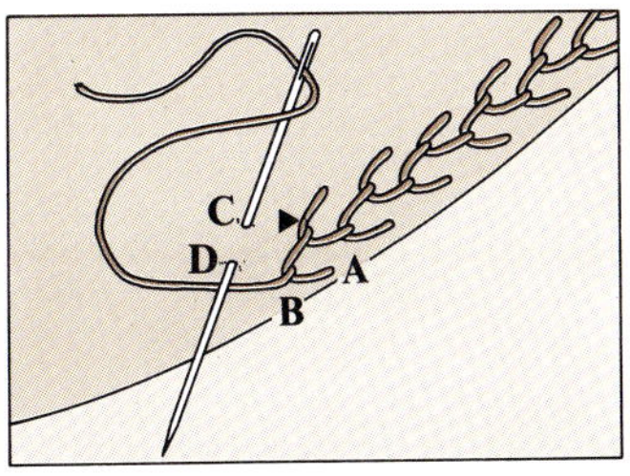

Stechen Sie an der Pfeilspitze aus und bei A wieder ein. Legen Sie dabei den Faden nach rechts zur Schlaufe; führen Sie die Nadel in B heraus. Legen Sie den Faden nach links, stechen Sie von C nach D.

Kordelabschlüsse

Die Couchage- oder Hochstickerei ist eine Technik, bei der Kordeln, Schnüre, Bänder oder Fäden auf den Stickgrund gelegt und durch sichtbare oder unsichtbare Stiche festgehalten werden. Gerade mit Applikationen läßt sich die Hochstickerei gut kombinieren.

Auf die Farbe kommt es an

Je nachdem, welche Farbe Sie für die Umrandung wählen, können Sie verschiedene Effekte erzielen. Optisch vergrößert wird das Motiv, wenn es durch eine gleichfarbige Kordel abgesetzt wird. Kleiner wirkt es, wenn die Kordel dieselbe Farbe wie der Unterstoff hat. Kontrastfarben heben das Motiv besonders hervor. Man kann auch zwei oder mehrere Kordeln nebeneinander aufnähen.

So führt man die Fäden

Arbeiten Sie von rechts nach links. Die linke Hand führt locker den aufgelegten Faden, den man mit der rechten Hand mit kleinen Stichen befestigt. Kordeln werden bei jedem Stich durch Gegendrehen leicht geöffnet, damit die Nadel besser durchdringen kann. Wenn das zur Umrandung gewählte Material breit genug ist, kann man damit auch offene Schnittkanten versäubern. Die Abbildung zeigt den Vorgang deutlich.

Und so wird's gemacht

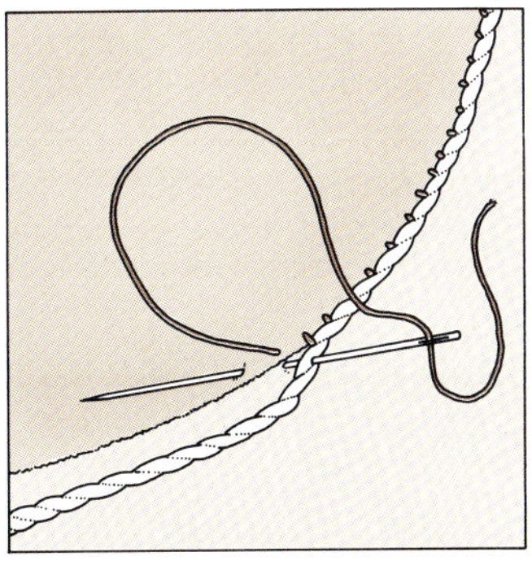

Stechen Sie den Nähfaden zur Vorderseite der Arbeit durch. Befestigen Sie die aufgelegte Kordel in regelmäßigen Abständen mit kleinen Stichen. Vernähen Sie zum Schluß alle Fäden auf der Rückseite.

Hohlsaumränder

Geradlinigen Applikationen aus locker gewebten Stoffen können Sie mit Hohlsaumstichen duftige, spitzenähnliche Umrisse geben. Sticken Sie mit feinem, aber starkem Faden, der starken Zug aushält.

Der Doppelsaumstich

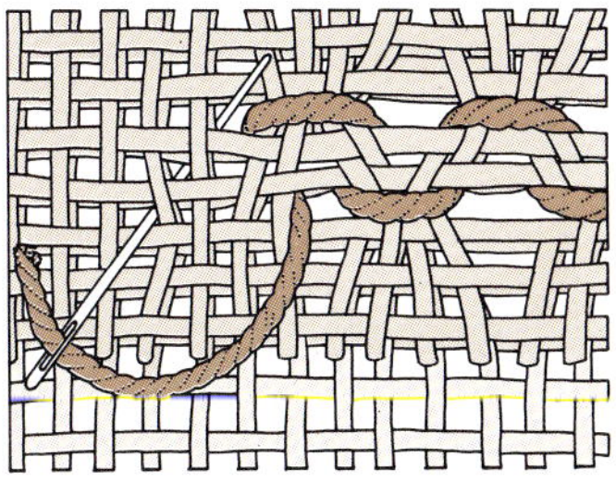

1 Sticken Sie kleine, waagrechte Stiche durch beide Stofflagen. Stechen Sie links beim letzten Stich ein und ziehen Sie den Faden fest an.

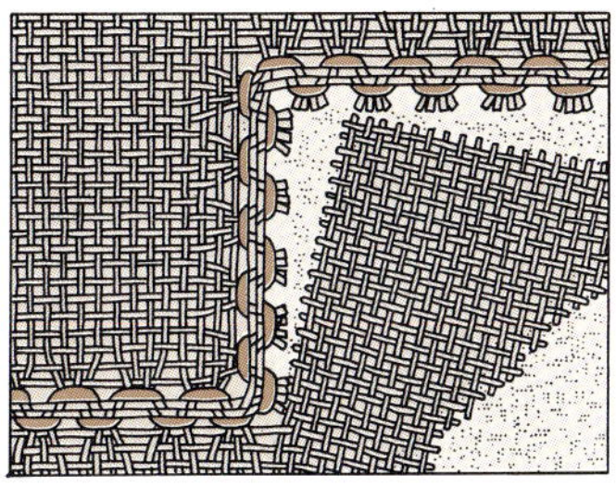

2 Schneiden Sie die Motivränder knappkantig zurück.

Der türkische Dreieckstich

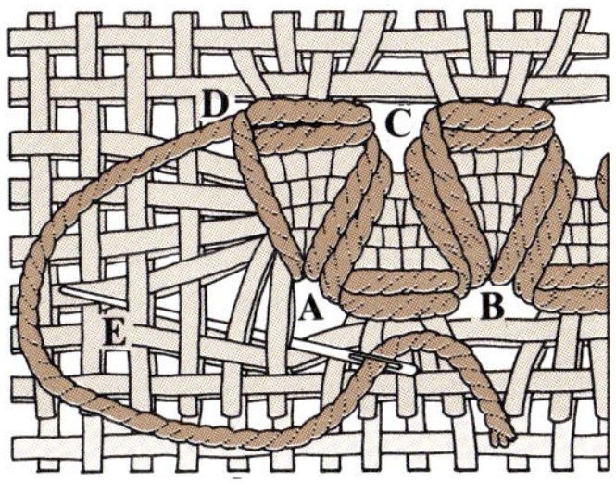

Stechen Sie in A aus und arbeiten Sie zwei Rückstiche zwischen A und B. Es folgen zwei Rückstiche zwischen A und C, dann zwischen C und D und schließlich zwischen D und A. Stechen Sie vor zu E und wiederholen Sie den Vorgang, der mit zwei Rückstichen zwischen E und A beginnt. Schneiden Sie zum Schluß die Ränder knappkantig zurück.

Applikation aus Südamerika

Bei den Cuna, einem Indianerstamm in Panama, hat sich eine eigene Form der Applikation herausgebildet. In den Farben und Mustern lebt die traditionelle Körperbemalung weiter. Das typische Kleidungsstück ist ein Baumwollhemd, wie es rechts in der Mitte abgebildet ist. Sein Hauptteil besteht aus einem sogenannten Mola – einem Rechteck aus mehreren Lagen verschiedenfarbiger Stoffe, in die die Musterlinien eingeschnitten werden. Diese Technik der unterlegten Applikation wird auf der übernächsten Seite genau erklärt.

Die Molas der Cuna zeichnen sich durch kräftige, leuchtende Farben und ursprüngliche Formen aus. Das Fisch-Mola oben besteht aus zwei Stofflagen, der Vogel links aus mehreren. Die rote Gefiederzeichnung wurde zum Schluß aufgenäht

Für die Kaninchen dieses Tier-Molas wurde roter, grüner, schwarzer und gelber Stoff aufeinandergelegt; Katze und Fuchs sind nachträglich appliziert

Bei diesem typischem Cuna-Hemd sind einzelne Stellen farbig unterlegt

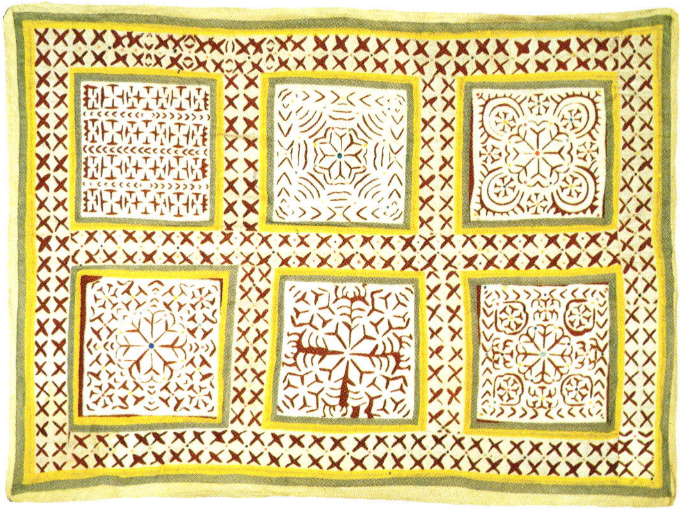

Dieser indianische Baldachin ist mit Scherenschnitt-Applikationen verziert; die Technik ist auf der vorletzten Seite beschrieben

Applikation aus Palästina

Das traditionelle Gewand der Palästinenserin ist reich verziert mit Applikation und Stickerei. Auf ein schlicht geschnittenes Kleid aus schwarzem Baumwollstoff werden verschieden breite, zum Teil bestickte Streifen in lebhaften Farben aufgenäht. Für den Saum des unten abgebildeten Kleids wurde die Technik der unterlegten Applikation benutzt. Wie Edelsteine leuchten die unzähligen Pünktchen, die mit bunten Seidenfäden im Plattstich aufgestickt sind. Die Dreieckmotive sind mit Hexenstich eingefaßt.

Der Ausschnittschlitz dieses palästinensischen Frauengewands wird durch eine mit Seidenquasten und Perlen besetzte Kordel zusammengehalten. Das ganze Gewand ist handgearbeitet

Auf diesem Ausschnitt lassen sich die Dreiecks- und Zickzackapplikationen und die gestickten Pünktchen gut erkennen

Applikation aus England

In England hat sich eine eigene Form der Applikation entwickelt, die heute fast vergessen ist. Im Zeitalter des Barock setzte man Szenen aus dem höfischen und biblischen Leben in reliefartige Bilder um. Diese als „Stumpwork" bezeichneten Reliefapplikationen sind so sehr auf England begrenzt, daß dafür kein deutscher Ausdruck geprägt wurde.

Wie Reliefapplikationen hergestellt wurden

Die zentralen Szenenmotive wurden mit Füllmaterial unterlegt und gewannen dadurch an Räumlichkeit und Tiefe. Wenn auch durch solche Plastizität Wirklichkeitsnähe angestrebt wurde, war man auf der anderen Seite ganz unbekümmert um Perspektive und Proportionen: Überdimensionale Trauben und Eicheln füllen den Hintergrund unseres Beispiels. Der Arbeitsvorgang war kompliziert: Zunächst nähte man die Füllung auf dem Unterstoff fest. Die danach zugeschnittenen Motive wurden bestickt und appliziert. Röcke und Vorhänge versteifte man mit Draht; Köpfe und Hände wurden aus Holz geschnitzt und mit Stoff überzogen. Oft wurden Gold- und Silberfäden oder sogar Perlen mit eingearbeitet.

„Stumpwork"
In dieser englischen Arbeit aus dem späten 17. Jahrhundert ist Reliefapplikation mit reicher Stickerei kombiniert. Pflanzen und Haare werden durch Knötchenstiche anschaulich wiedergegeben. Kleine Glasperlen stellen Edelsteine, Beeren und Tautropfen dar

Unterlegte Applikation

Unterlegte Applikationen von der Art der indianischen Molas, die auf der vorletzten Seite abgebildet sind, können Sie auch leicht selbst herstellen. Üben Sie am Anfang mit nur zwei Stoffen, bevor Sie mit mehreren Lagen experimentieren. Dann brauchen Sie nur einen Stoff einzuschneiden, den oberen.
Mehrfarbigkeit läßt sich auch erreichen, ohne viele Stoffschichten übereinanderzustapeln. Dazu appliziert man an den gewünschten Stellen verschiedenfarbige Stoffe auf einen Unterstoff und schneidet das Muster nur aus dem Deckstoff heraus.

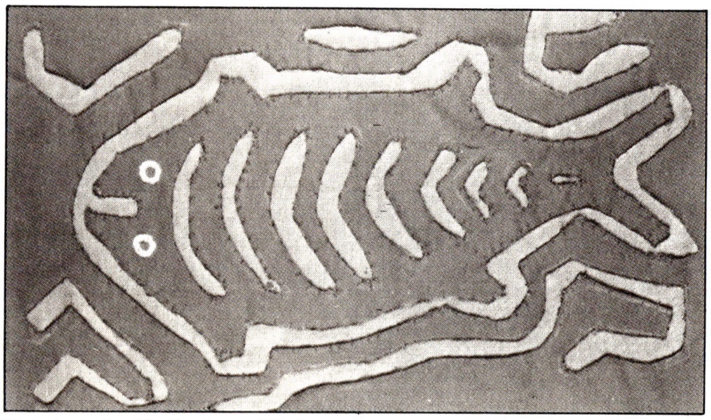

Unterlegte Applikation in zwei Farben

Die Stoffe

Verwenden Sie am besten leichte Baumwolle, von der Sie bis zu fünf Lagen ohne Schwierigkeiten aufeinanderlegen können. Da sehr viele Einschnitte gemacht werden müssen, sollten Sie leicht ausfransende Stoffe meiden. Zeichnen Sie die Muster in Doppellinien auf und arbeiten Sie systematisch – entweder von der Motivmitte nach außen oder von außen nach innen.

Und so wird's gemacht

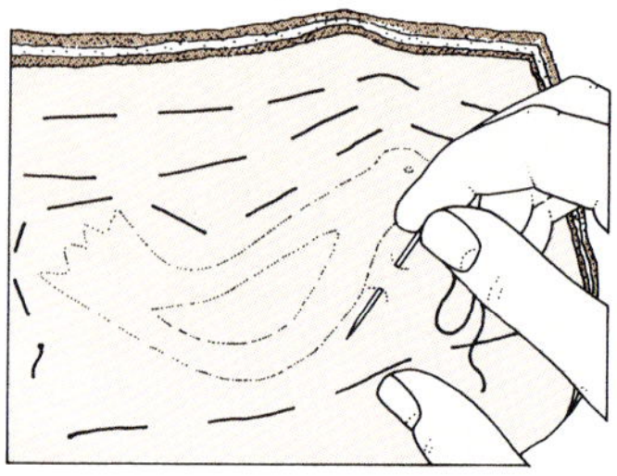

1 Zeichnen Sie die Motive auf den Oberstoff und heften Sie die Stoffe in der Reihenfolge, in der sie im Muster erscheinen, aufeinander.

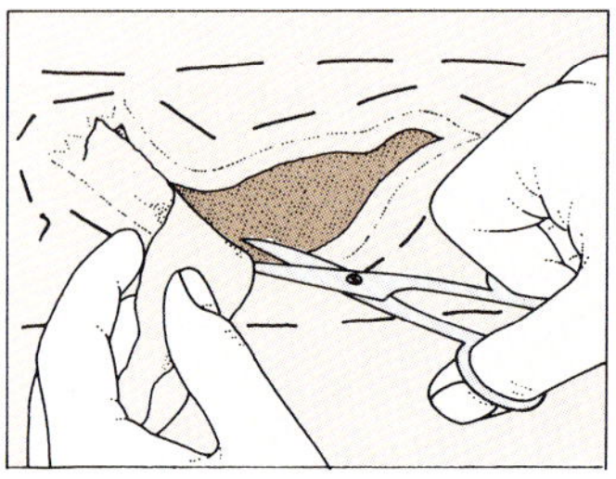

2 Schneiden Sie zwischen den Muster-Doppellinien durch den Oberstoff.

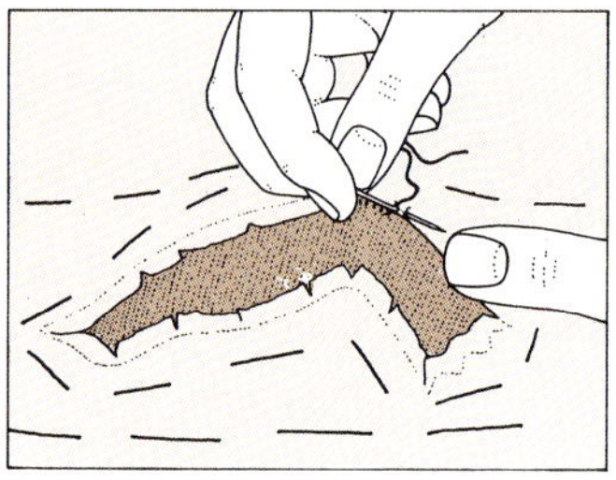

3 Schneiden Sie die Nahtzugaben an den Rundungen ein und schlagen Sie sie mit der Musterlinie als Bug nach innen um. Säumen Sie sie an.

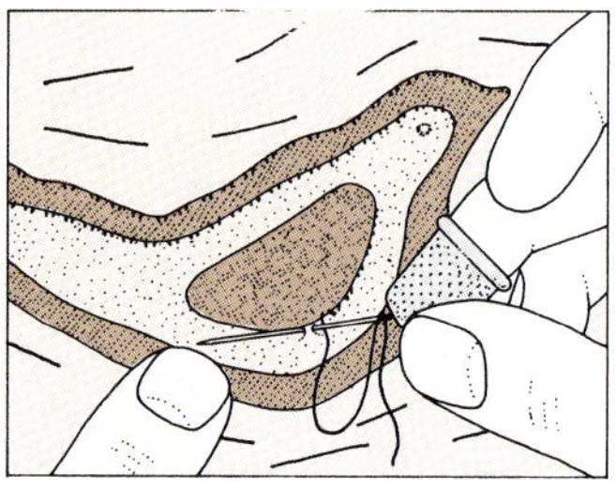

4 Arbeiten Sie Schicht für Schicht auf dieselbe Weise.

Schattenapplikation

Bei dieser Technik werden farbige Motive aus dichterem Stoff zwischen zwei Lagen von durchsichtigem Stoff eingenäht. Tüll, Organza und Musselin eignen sich besonders.

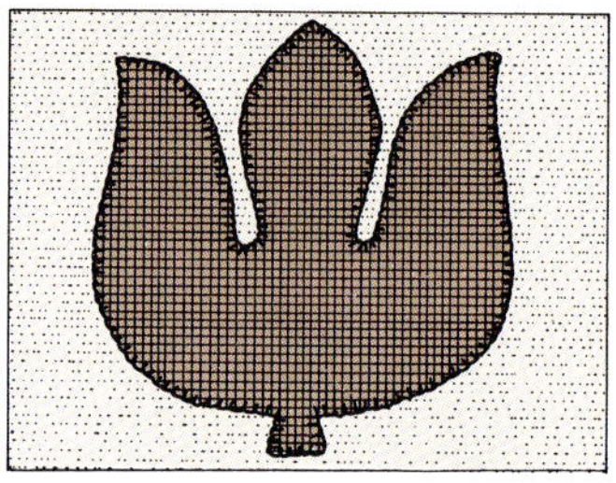

Beispiel einer Schattenapplikation

Und so wird's gemacht

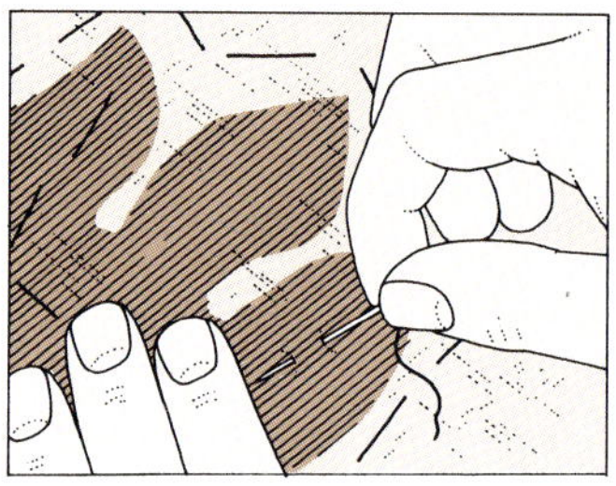

1 Heften Sie zunächst die farbigen Motive auf den Unterstoff und dann den Oberstoff darauf.

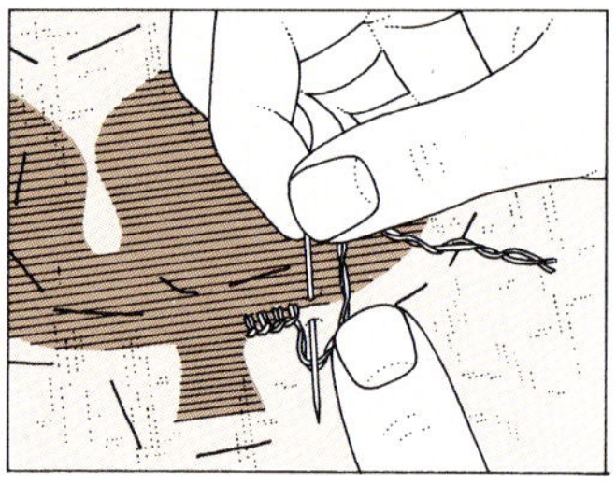

2 Sticken Sie die Motivränder durch alle Stofflagen mit Feston- oder Knopflochstich nach.

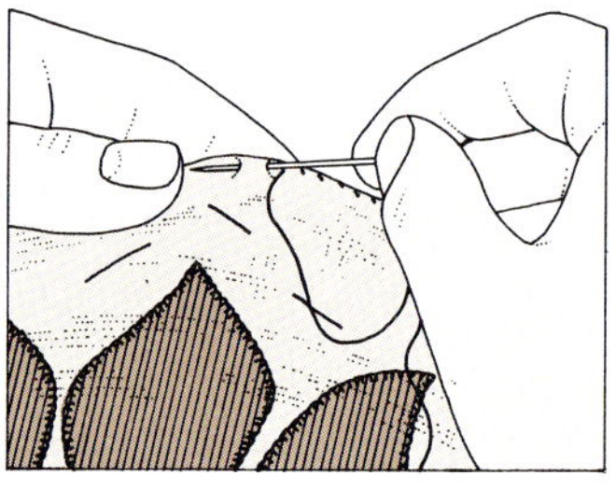

3 Schlagen Sie zum Schluß die offenen Kanten des Ober- und Unterstoffs nach innen und nähen Sie sie mit kleinen Stichen zusammen.

Eingelegte Applikation

Hier werden netzartige Gewebe, z. B. Tüll, und dichtere Stoffe kombiniert. Eingelegte Applikationen wirken hübsch auf Vorhängen und Tischdecken. Sie gelingen am besten, wenn Sie einen Stickrahmen benutzen.

Applikation auf Tüllgrund

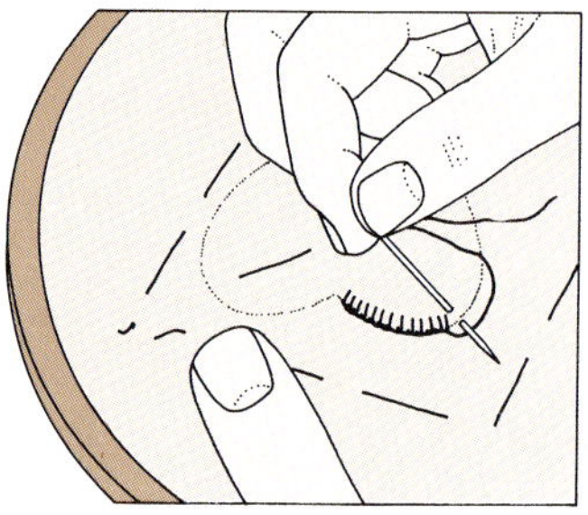

1 Übertragen Sie das Motiv auf den dichteren Stoff und heften Sie diesen auf den Tüllgrund. Sticken Sie die Motivkonturen nach.

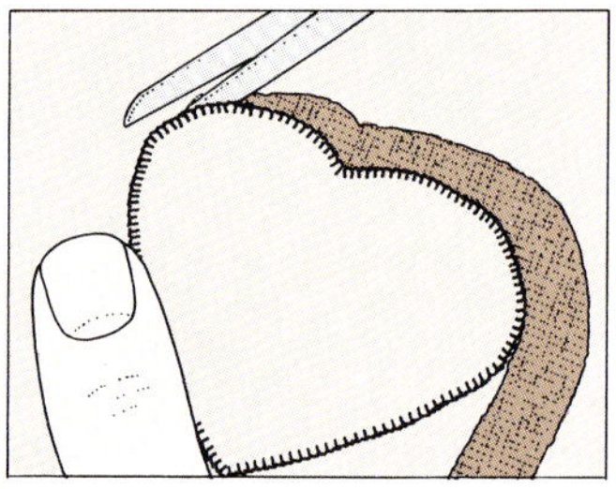

2 Entfernen Sie die Heftfäden und schneiden Sie den überstehenden Stoff knappkantig ab. Benutzen Sie dazu eine Schere mit abgerundeten Enden, um nirgends einzuschneiden.

Applikation mit Tüllmotiven

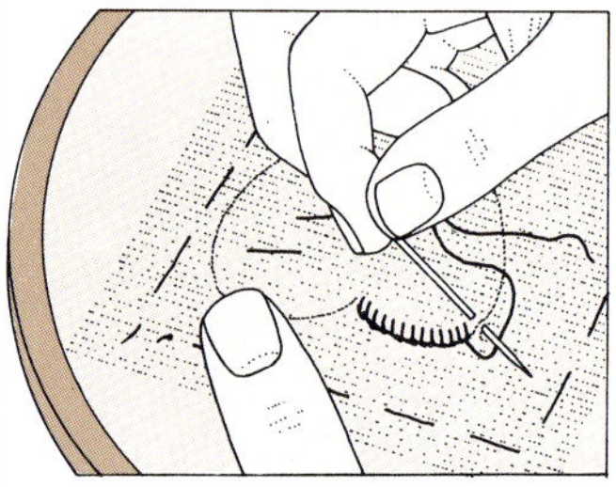

Übertragen Sie das Motiv auf den Unterstoff und heften Sie den Tüll darüber. Sticken Sie die Umrisse nach. Entfernen Sie die Heftfäden und schneiden Sie den überstehenden Tüll zurück. Schneiden Sie auch den Unterstoff innerhalb des Motivs heraus.

Register

Gobelin-Stickerei

Makramee, Flechten Teppichknüpfen, Weben

Patchwork *(Musternamen erscheinen kursiv)*

Bildnachweis
Die Exklusivfotos für dieses Buch stammen alle von John Cousins.
Sonstige Quellen:
21 Antiques: 82/83; Cooper Bridgeman Library: 87 o. l., 106 o. r.; DMC: 34 r.; Freda Craft Stores: 114 u. l. und u. r.; Angelo Hornak: 2, 87 u. r., 115 l.; Metropolitan Museum: 14 u.; Picturepoint: 44; The Rope Shop: 190; Ianthe Ruthven: 114 o. l., o. r. und M. r.; Victoria and Albert Museum: 1, 14 o., 84, 86, 104, 115 r.

Impressum

Prinzenstraße 7, D-8000 München 19, Telefon 0 89/13 20 01. Telex 5 215 528 tvf d
Übersetzung aus dem Englischen: Dietmar Bomba und Sonja Winner (Gobelin-Stickerei, Patchwork), Susi Maria Roediger (Makramee, Flechten, Teppichknüpfen), Ingeborg Wheeler (Weben)
Redaktion: Inge Andreas
Printed in Italy
ISBN 3-920 954-23-8

Die umfassende Handarbeitsschule in drei Bänden

Makramee

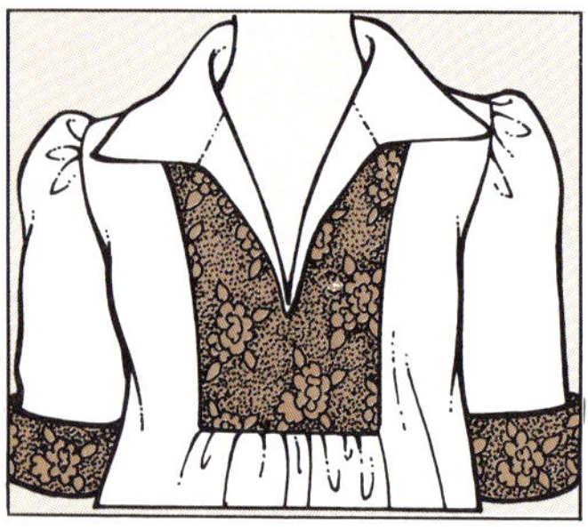

Nähen

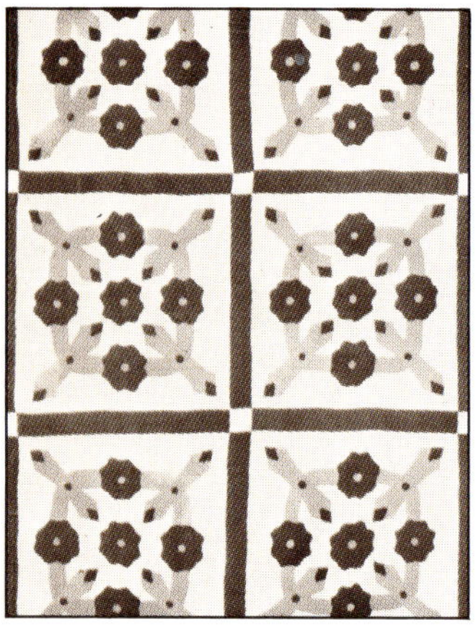

Patchwork

Macht Ihnen die Arbeit mit diesem Buch Spaß? Wollen Sie sich auch in anderen Handarbeitstechniken vervollkommnen? Die umfassend angelegte, dreibändige Enzyklopädie

Handarbeiten – leicht gemacht

läßt keine Fragen offen. Hier alle Themen auf einen Blick:

Band 1

Stricken · Häkeln · Sticken

Sämtliche Techniken und zahlreiche Vorschläge zum Nacharbeiten: Pullis, Häkelspitze, Stickbilder und vieles andere.

Band 2

Gobelin-Stickerei · Makramee · Teppichknüpfen
Flechten · Weben · Patchwork

Die besondere Handarbeit: Gürtel und Buchhülle in der Gobelintechnik. Blumenampel aus Makramee. Gewebtes Kinderwestchen. Patchworkdecke mit Zierstepperei und und und . . .

Band 3

Nähen

Die grundlegende Einführung in die Kunst des Selbstschneiderns. Grundschnitte für Röcke, Blusen, Kleider. Nähen für die Wohnung. Mit vielen Ideen und Anregungen.

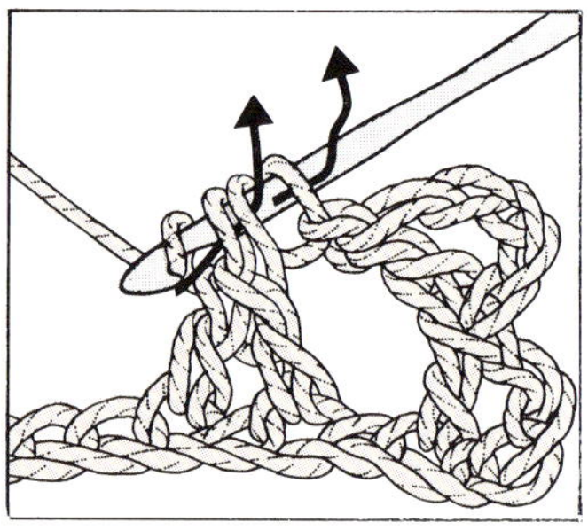

Häkeln

Stricken

Sticken

Weben

Teppichknüpfen

Gobelinstickerei